Hasso Ralf Stefen

Mauern, Türme und Portale -

Zeugen der Vergangenheit

Unterwegs zu historischen Bauwerken in der DDR,
unterwegs in der deutschen Geschichte

Ein Reisetagebuch

1976

Bedanken möchte ich mich bei all den Personen, die mich beim Schreiben
meiner ersten Reisebeschreibung unterstützt haben, insbesondere aber bei:
Frau Elisabeth Anders,
den Herren Prof. Klaus-Peter Meißner, Prof. Reinhard Brühl und
Herrn Walter Flegel vom Literaturkollegium Brandenburg e.V.
die mir mit Ratschlägen zur Seite standen.

Impressum:

Alle Rechte liegen beim Autor
Hasso Ralf Stefen
14478 Potsdam, Bertolt-Brecht-Str. 15
Herstellung: Books on Demand GmbH, Norderstedt

ISBN 3-8311-2411-6

gewidmet
meiner Ehefrau Irmgard
sowie meiner verstorbenen Mutter
Frau Gertrud Kaufmann

Vorbemerkungen

Wer hat nicht schon einmal die persönliche Erfahrung gemacht, dass er beim Betrachten der Abbildung eines markanten Bauwerkes sofort die Stadt, die Gegend, die Landschaft erkannte, in der es steht. Sehenswerte Bauten, egal ob zu sakralen oder profanen Zwecken errichtet, sind es, die Orten und Landschaften ihr unverwechselbares Gepräge geben, ja oftmals sogar das Panorama bestimmen können. Um so unverwechselbarer und sehenswerter wird ein Ort, je mehr er von der historischen Architektur erhalten konnte. Diese Architektur ist aber auch gleichsam ein Zeugnis der Geschichte des Ortes und der in ihm lebenden Menschen, vielfach sogar eine in Stein gearbeitete Chronik, die nicht selten unmittelbare Bezüge zu der deutschen Geschichte hat. Damit werden historische Bauwerke vielfach zum Spiegelbild der Zeit ihrer Entstehung. Das macht den enormen Reiz altehrwürdiger Bauten aus, der einen unwillkürlich gefangen nimmt. Wer hat bei der Betrachtung der Bilder von Bauten und ganzer Stadtansichten nicht auch schon die Lust verspürt, diese in natura bestaunen zu können? Die Lust zum persönlichen Kennenlernen, zum Nachvollziehen der Geschichte ist die Triebfeder für einen Wirtschaftszweig, der für die Kommunen immer größere Bedeutung erlangt: den Fremdenverkehr, oder modern ausgedrückt, den Tourismus. Vielfach ist die urbane Architektur und die unmittelbare landschaftliche Umgebung das einzige Kapital einer Stadt, ja einer ganzen Gegend, das zu Erwerbszwecken für Menschen und Kommunen zur Verfügung steht. Der Fremdenverkehr hat sich vielerorts zum bestimmenden Wirtschaftsfaktor entwickelt, ja, er ist teilweise der einzige. Ist dann ein vernünftiges Konzept vorhanden, die Sehenswürdigkeiten, ihre Besonderheiten, die Anektoten, Sagen und Legenden um sie herum dem Besucher näher zu bringen, ihn darauf neugierig zu machen, ihn die Geschichte erleben zu lassen, dann lässt der Erfolg nicht lange auf sich warten. Wenn die Infrastruktur den Wirtschaftsfaktor Fremdenverkehr ausreichend berücksichtigt, geht es dem Ort, der Stadt, der Gegend recht gut, kann fast jeder Gewerbetreibende daran verdienen. Und der Tourist lässt gerne sein Geld in einer Stadt, wenn er sich in dieser gut aufgehoben und vor allen Dingen verstanden fühlt. Leider blieben diese Tatsachen häufig doch nur ein Wunschtraum, so auch in der DDR. Warum dies so war, das will ich versuchen, aus meiner ganz persönlichen Sicht in der Folge zu beleuchten.

Mit meiner Ehefrau und einem Freund habe ich aus gleichen Interessen heraus viele Orte besucht, um ihre historisch sehenswerten und wertvollen Bauwerke kennenzulernen, ja sie zu erleben. Dies wurde mit der Zeit zu einem schönen, aber auch lehrreichen Hobby. Wie bin ich nun dazu gekommen, über viele Jahre einen Teil des Urlaubes dafür zu verwenden? Lassen Sie mich das hier kurz darstellen.

Von frühester Kindheit an begeisterten mich Burgruinen wie auch andere Bauten der Vergangenheit. In meiner kindlichen Fantasie wurden bereits verfallene Scheunen zu sagenumwobenen Objekten. Bei Burgruinen malte ich mir in meiner Fantasie aus, wie sich wohl das Leben in der Burg abgespielt haben könnte. Die Reichhaltigkeit der Sagenwelt im Thüringer Wald - hier bin ich geboren - tat dabei das ihrige. Mit den Jahren der fortschreitenden Kindheit erweiterte sich mein Interesse an alten Bauten, es wurde einfach spezifischer. Wie gerne ging ich durch die engen Gassen unserer Kreisstadt Schmalkalden mit ihrer mittelalterlichen Bebauung. Ganz allmählich begannen mich Kirchenbauten vergangener Epochen anzuziehen. Auf die evangelische Kirchengemeinde in Schmalkalden war ich neidisch, hatte sie doch die berühmte gotische St. Georgskirche, während die katholische nur ein schlichtes und kleines Gotteshaus aus der ersten Hälfte des 20. Jahrhunderts ihr eigen nannte. Große und berühmte Dome, Klöster und Stadtkirchen kannte ich, wenn überhaupt, nur von Abbildungen her. Sie faszinierten mich und in mir entwickelte sich der Wunsch, diese einmal aus der Nähe sehen zu können. Leider blieb das lange Zeit nur ein Wunschtraum und musste es wohl auch bleiben.

1957 kam ich nach Potsdam. In der Jugendgruppe Sankt Michael der katholischen Kirchengemeinde Sankt Peter und Paul wurde mein Interesse an Kirchenbauten weiter gesteigert. Unser Gruppenleiter war es, der aus eigener Begeisterung uns die deutschen mittelalterlichen Dome und Klosterkirchen näher brachte. In den Gruppenabenden warf er mit einem Projektor die Bilder der Kirchen auf die Leinwand und beschrieb uns Bauweise und Besonderheiten. Er verstand es, uns, seine Zuhörer, für das Thema zu interessieren und zu begeistern. Dabei blieb er nicht nur an der Oberfläche des Themas, nein, er ging auch fachlich in die Tiefe. So führte Ludwig, so hieß unser Gruppenführer, uns in die Stilepochen der Architektur ein. Wir lernten die Romanik, die Gotik, die Renaissance, den Barock, den Klassizismus kennen und unterscheiden. Spezifische Besonderheiten der einzelnen Kunstepochen wurden uns vermittelt. Seine Begeisterung übertrug sich wie von selbst auf mich. Aus meiner ursprünglichen Kindheitsbegeisterung begann sich nun langsam aber stetig ein echtes Interesse für die Architektur früherer Epochen zu entwickeln.

So war es ein lange gehegter Wunsch von mir, die mittelalterliche Architektur zumindest auf dem Gebiet der DDR kennenzulernen. Dabei richtete sich mein Interesse selbstverständlich in erster Linie auf Sakralbauten. Profanbauten fanden zwar auch meine Bewunderung, aber doch bei weitem nicht so wie Kirchenbauten. Bei Profanbauten hatte es mir vornehmlich die historische urbane Bebauung angetan, und diese dann in ihrer ganzen funktionalen Vielfalt, also vom Rathaus, über Stände-und Innungshäuser bis hin zu ganzen Straßenzügen von Bürgerhäusern. - Reisen zu den mich interessierenden Bauwerken mussten zwangsläufig ein Wunschtraum bleiben, solange ich nicht motorisiert war. 1975 kauften wir uns unser erstes Auto, einen gebrauchten Trabant. Und nun war plötzlich mein Wunschtraum in greifbare Nähe gerückt. Mein damaliger Freund Gottfried, wie ich früher Mitglied der Jugendgruppe Sankt Michael, hatte ähnliche, ja gleiche Interessen. Auch seine Begeisterung für sakrale Architektur ging auf die Gruppenabende mit Ludwig zurück. Oft und lange erwogen und diskutierten wir die Möglichkeiten, doch wenigstens in der DDR die mittelalterlichen Bauwerke zu besuchen. Meine Frau Irmgard war es dann, die uns animierte, doch nun endlich zu beginnen, unseren Wunsch in die Tat umzusetzen und eine Rundfahrt vorzubereiten.

So begannen wir im Herbst 1975 die erste Rundfahrt zu planen und vorzubereiten.

Wir stellten uns eine mehrtägige Fahrt in Form einer Studienreise vor. Als erster Reisetermin wurde Ostern 1976 ins Auge gefasst, also erst in etwa sechs Monaten. Die Vorbereitungen mussten zwangsläufig so frühzeitig beginnen. In der DDR Hotelzimmer zu bekommen, darf man sich nicht so einfach vorstellen. Die vorhandenen Hotelkapazitäten deckten nicht im geringsten den Bedarf ab. Fast ein halbes Jahr im Voraus musste man Übernachtungen buchen. Reservierungen konnten erfolgen, wenn der FDGB, der Gewerkschaftsdachverband der DDR, keine Ansprüche für den Feriendienst erhob. Erst dann konnten Vormerkungen erfolgen, und das auch nur unter Vorbehalt. Es konnte schließlich sein, und ist uns auch mehrfach passiert, dass die zuständigen regionalen SED-Leitungen wie auch die staatlichen Kommunalverwaltungen kurzfristig die Hotelkapazitäten anderweitig verwendet sehen wollten, und Ausweichmöglichkeiten gab es ja meistens nicht. Es gelang uns, die Hotelzimmer entlang unserer Besichtigungsroute zu buchen. Der erste Tag sollte ja eigentlich in Halle enden, aber in der Bezirksstadt war kein einziges freies Hotelzimmer, und das immerhin sechs Monate im Voraus, zu bekommen. So mussten wir auf die Kreisstadt Bernburg ausweichen. Eine andere Möglichkeit sahen wir nicht, es sei denn, wir hätten uns für eine ganz andere Route entschieden. Die zweite Übernachtung konnten wir in Magdeburg buchen.

Die Rundfahrt zu Ostern war ein voller Erfolg, und so blieb sie nicht die einzige. Die Fahrten wurden zu einer regelrechten Tradition. Mit nur wenigen Unterbrechungen unternahmen wir sie über längere Zeit jährlich. Und das gleich zweimal im Jahr: zu Ostern und im Herbst, und da möglichst dann, wenn der 7. Oktober, der Staatsfeiertag der DDR, auf einen Wochentag fiel. Der Hintergrund ist so einfach wie banal: es sollten so wenige Urlaubstage wie möglich eingesetzt werden. Verlief die erste Rundfahrt nur über drei Tage, so waren es später vier und sogar fünf. Nachdem wir die nähere und weitere Umgebung Potsdams befahren und ihre Sehenswürdigkeiten besichtigt hatten, änderten wir unsere Routentaktik. Am ersten Tag fuhren wir nachmittags nach Arbeitsschluss zu unserem ersten Hotel. Eigentlich begann dann hier erst die Rundfahrt richtig.

Von Fahrt zu Fahrt erhielten wir ein anderes Verhältnis zu unserer Heimat, einfach ein intensiveres. Wir mussten erkennen, dass das Gebiet der DDR unwahrscheinlich viele Sehenswürdigkeiten für uns bereithielt. Beim Kennenlernen dieser Sehenswürdigkeiten waren wir dann allerdings häufig auf uns alleine gestellt, denn das eingangs erwähnte Marketingkonzept für den Fremdenverkehr gab es in der DDR so gut wie gar nicht. Die Städte und Kreise hatten zwar den politischen Auftrag, den Fremdenverkehr als Wirtschaftszweig zu entwickeln, aber diese waren damit meist überfordert. Kirchen und Klöster sind nun einmal historisch gesehen oft von Orden und Persönlichkeiten des Klerus errichtet worden, Profanbauten, insbesondere Burgen und Schlösser von Herrscherpersönlichkeiten und Adelsgeschlechtern. Dies in die touristische Vermarktung der Bauwerke mit einzubeziehen, fiel den Verantwortlichen auf kommunaler Ebene äußerst schwer, von einigen ganz markanten Touristikzielen einmal abgesehen. Viel zu eng waren die ideologischen Grenzen, viel zu gering der Spielraum, in dem sich die Kommunen bewegen konnten. Wie sollte eine Stadt- oder Kreisverwaltung einen Dom, eine Kloster-kirche oder eine Stadtkirche, ein Schloß, ein Rathaus als Sehenswürdigkeit und künstlerischen Höhepunkt herausstellen und gleichzeitig die Entwicklung der revolutionären Klassen würdigen? Das geht einfach nicht, und so blieben die Fremdenverkehrskonzepte nur ein Wunschtraum. In unserem Falle mussten wir das mit Fantasie und Improvisationsvermögen ausgleichen.

Kirchenpolitisch gehörte das Gebiet der DDR zu den vornehmlich evangelischen Regionen Deutschlands. Bis auf wenige kleine Regionen, wie zum Beispiel das Eichsfeld, war die DDR für die katholische Kirche Diasporagebiet. Evangelische Kirchen hielten ihre Gotteshäuser, wenn es nicht gerade Vereinbarungen mit den zuständigen staatlichen Stellen gab, außerhalb der Gottesdienstzeiten grundsätzlich geschlossen. Leider mussten wir aber auch feststellen, dass sich viele katholische Pfarrämter dieser Praxis anschlossen, obwohl dies ihrer Seelsorgephilosophie widersprach. Sie wollten ganz einfach so Diebstählen und Vandalismus vorbeugen. Lediglich dann, wenn die Kirchen sehenswerte Kunstwerke mit größerer Bedeutung für die Kulturpolitik der DDR in ihrem Inneren verwahrten, bestimmte der Staat bisweilen, wann das Gotteshaus in musealer Manier offen zu halten war.

Geschlossene Kirchen bedeuteten aber nun keineswegs, dass der kunstbegeisterte Besucher auf die Besichtigung verzichten musste. In den allermeisten Fällen habe ich einen Ansprechpartner gefunden, der uns dies ermöglichte. Vielfach war es der Pfarrer selbst, dessen Gattin oder deren Kinder, die Küstersfamilie oder einfach eine Mitarbeiterin, ein Mitarbeiter des Pfarramtes. Irgend eine freundliche Seele fand sich fast immer, uns das Betreten der Kirche zu ermöglichen.

Durch viele Kirchen wurden wir sogar geführt. In der atheistisch ausgerichteten Republik nahmen vornehmlich die Pfarrer und Priester die Gelegenheit wahr, soweit es ihre Zeit zuließ, Besuchern mit ehrlichem Interesse ihre Kirche vorzustellen und zu erläutern. Besonders dann, wenn wir uns als Christen zu erkennen gaben, war die Bereitschaft der Geistlichen recht groß, uns ihr Gotteshaus näherzubringen. Das waren uns dann die liebsten Besichtigungen, blieb doch hier kaum eine Frage unbeantwortet. Uns wurden dabei Sachverhalte, historische und liturgische Hintergründe aber auch aktuelle Sorgen und Probleme der Gottesmänner bekannt, die wir wohl sonst kaum erfahren hätten, schon gar nicht aus der uns zugänglichen Literatur. Die Führungen wurden dann zu einem wahren Erlebnis. Geistliche sind von ihrer Berufung aber auch von ihrer Ausbildung her prädestiniert, Gotteshäuser mit der entsprechenden fachlichen und thematischen Tiefe zu erklären. Und fast immer spürte man, wie stolz sie auf ihre Kirche waren. Der Funke der Sympathie sprang bereits nach wenigen Minuten über.

Ganz anders verliefen Besichtigungen von Bauwerken, die sich in staatlicher Verwaltung befanden. Es ist eben etwas völlig anderes, wenn Vater Staat die Hand auf einem Bauwerk hatte. Kirchen, Burgen, Schlösser, Rathäuser und andere historisch bedeutsame Gebäude in staatlicher Verwaltung konnte man eben gar nicht oder wenn, dann nur zu bestimmten Zeiten besichtigen. Das mussten wir, um nur einige Beispiele zu nennen, an der Marienkirche in Mühlhausen, der Klosterkirche Schulpforta, dem Dom zu Merseburg, dem Schloß Hartenfels in Torgau, dem Schloß Nossen erfahren. Die Besichtigung der Klosterkirche Schulpforta war nicht möglich, weil sich auf dem Klostergelände eine Polytechnische Oberschule befand. Der Schlagbaum an dem Klosterportal war für uns nicht zu überwinden. Die wöchentlich ausgeschriebenen Besichtigungszeiten für den Dom zu Merseburg ließen es nicht zu, dass wir diese in unserem geplanten Programmablauf berücksichtigen konnten. Der Versuch von telefonischen Terminabstimmungen blieb erfolglos. Ähnlich erging es uns an der Mühlhäuser Marienkirche. Etliche Jahre war die Kirche in den Sommer-und Herbstmonaten täglich eine Stunde geöffnet. So jedenfalls entnahmen wir es einer Informationstafel am Eingangsportal. Für größere Gruppen waren zwar telefonische Terminabsprachen möglich, aber drei Personen wurden nicht als Gruppe anerkannt. Die Lage der Öffnungszeit war für uns so ungünstig, dass wir auf eine Besichtigung verzichten mussten. Der Hof des Torgauer Schlosses Hartenfels sowie der des Nossener Schlosses blieben für uns tabu, weil in den Gebäudekomplexen jeweils der Rat des Kreises und dazu noch das Volkspolizeikreisamt untergebracht waren. Das Sicherheitsbedürfnis der Kommunalverwaltung verbot einfach ein Begehen der Höfe durch Touristen. Die Aufzählung solcher Unannehmlichkeiten ließe sich noch beliebig fortführen. Weitere Gründe für Versagen des Betretens und Besichtigens, für die jederman Verständnis haben musste, waren die Nutzung der Gebäude als Fachschule, Betriebsferienheim, Sanatorium, Feierabend- wie auch Pflegeheim, Kinderheim, Krankenhaus, Konzertsaal. Wir erwarteten ja bei vielen solcher Bauwerke gar nicht, dass wir sie von innen besichtigen konnten, aber die Aussenfassaden sowie die Höfe und Gärten hätten wir doch gerne in Augenschein genommen.

Besonders sehenswerte Bauwerke, die sich in staatlicher Verwaltung befanden, wurden recht häufig regionalen Museen zugeordnet oder auch schon mal als eigenständiges Museum geführt. Soweit dies Dome und Klosterkirchen betraf, wurden zwar Führungen angeboten, aber deren Qualität ließ zu wünschen übrig. Sie gingen an den Besonderheiten des Bauwerkes, vornehmlich den historischen und nutzungsbedingten, vorbei. So haben wir bei der Besichtigung des Naumburger Domes kaum etwas über die Verlegung des Bischofssitzes von Zeitz nach Naumburg erfahren. Der Naumburger Meister ist zwar gewürdigt worden, was aber das revolutionierend Neue an seiner Kunst war, das wurde nicht erwähnt. Die Damen und Herren waren mit der Thematik einfach überfordert. Trotzdem muss man ihnen bescheinigen, dass sie sich in der Regel sehr viel Mühe gaben, auf die Besucher einzugehen und deren Zwischenfragen zu beantworten.

Etliche Pfarrer und Pfarrämter, denen eine Führung bei der Besichtigung ihrer Kirchen nicht möglich erschien, statteten uns dann wenigstens mit schriftlichen Ausarbeitungen aus, in denen die Geschichte des Ortes, die Baugeschichte der Kirche und die Erläuterung der Kunstwerke beschrieben waren. Bisweilen hatten diese Ausarbeitungen eine gute bis sehr gute informatorische Qualität. Sie stützten sich teilweise auf Werke der Kunst-und Architekturgeschichte. Das ging dann aus dem Quellenverzeichnis hervor. Gewiss, das war zwar kein vollwertiger Ersatz für eine Führung, aber immerhin mehr als gar nichts. Es war der gelungene Versuch, dem Besucher die Kirche, ohne Begleitung, etwas näher zu bringen. Entweder lagen die Schriften aus, oder man erhielt sie, wenn man sich den Schlüssel im Pfarramt abholte. In den vergangenen Jahren haben sich solche schriftlichen Kirchenführer in Kurzform zu einer gängigen Praxis entwickelt. Hier haben wohl die Museen Pate gestanden.

Auf unseren Fahrten kamen wir durch sehr viele Städte und Dörfer. Und in den wenigsten Fällen hatten diese das Erscheinungsbild, wie wir es erhofften und von dem man sagen könnte, dass es die Grundlage für eine vernünftige Fremdenverkehrspolitik sei. Sehr oft trafen wir das für die DDR so typische Grau-in-grau an. Es fiel uns anfangs schwer, uns mit dieser Tatsache auseinanderzusetzen. Je mehr wir uns mit den Baudenkmalen und ihrem Zustand befassten, um so mehr standen wir vor der Frage, warum so viele Bauten so marode waren. Wir begriffen, dass unter den gegebenen Umständen in der DDR eine wesentliche Besserung auf dem Bauerhaltungssektor nicht zu erwarten war. Gestatten Sie mir deshalb an dieser Stelle ein paar Betrachtungen zu den Hintergründen für diese Zustände, so wie wir sie und die dafür in Frage kommenden Ursachen sahen.

Fast alle Kirchen, die wir besuchten, standen auf Listen der Staatlichen Denkmalpflege, entweder auf den Kreis-, Bezirks-, nationalen oder gar internationalen Listen. Wir waren erstaunt, wie viele Kirchen die DDR-Politik als Baudenkmal erklärte. Leider Gottes bestand aber oftmals, ja meistens, die Arbeit der Denkmalpflege lediglich darin, den Bedarf an Sanierungs-und Restaurierungsarbeiten zu verwalten. Viel zu gering waren die finanziellen Mittel, die dem Institut zur Verfügung gestellt wurden. Der Bestand an schützenswerten Bauwerken war viel zu groß für die Möglichkeiten des Institutes. Regierung und Partei wurden zwar nie müde zu erklären, dass, gemessen am Bruttosozialprodukt des Landes, die Denkmalpflege der DDR wesentlich mehr finanzielle Mittel zur Verfügung gestellt bekäme, als vergleichbare Institutionen anderer Staaten, insbesondere der westlichen, einschließlich der Bundesrepublik. Das mag zwar einerseits stimmen, aber andererseits hatten in diesen Ländern die Denkmalpflege-Institute auch nicht die ausschließliche, also materielle, finanzielle und politische Verantwortung für die Pflege und Erhaltung der Baudenkmäler. Dort waren es die Privatinitiative, die Eigenverantwortung der Kirchen, Privatpersonen, Unternehmen und nicht zuletzt die fachspezifischen Verbände und Vereine, die die Hauptlast der denkmalpflegerischen Arbeit zu tragen hatten. Der Denkmalpflege kommt dort im Wesentlichen die kulturpolitische Verantwortung zu. Mit den politischen wie auch politisch-ökonomischen Zielstellungen des Sozialismus hatte sich unsere Republik diese Möglichkeiten selbst genommen. Und wenn es die Privatinitiative in ausreichendem Umfang bei uns gegeben hätte, das gesetzliche Monopol des Staates auf Grund und Boden, die politisch bedingte Einschränkung von

Privateigentum, das Verbot, privat aus Grund, Boden und Kapital Gewinn zu erzielen, all das hätte sie gar nicht wirksam werden lassen. Und so verfiel ein Großteil der schützenswerten Architektur. Die Kirchen waren zwar aufgefordert, aktiv an der Erhaltung der Bausubstanz mitzuwirken, aber welche Möglichkeiten hatten sie denn schon materiell wie auch finanziell? Planerisch durften sie so gut wie gar nicht mitwirken.

Ich hatte bereits davon geschrieben, dass Führungen durch die Pfarrer uns einen sehr guten Einblick in deren Sorgen und Probleme gaben. Vornehmlich die Sorgen über die Erhaltung der Kirchen erdrückte die Gottesmänner. Welche Möglichkeiten hatten sie, die unbefriedigende Situation zu beeinflussen? Fast keine, außer natürlich die, als Bittsteller bei bundesdeutschen Synoden evangelischer Kirchen und katholischen Bistümern aufzutreten. Meistens waren ihre Bemühungen ja sogar von Erfolg gekrönt.

Es verblüffte uns immer wieder, dass bundesdeutsche Kirchen, egal welcher Konfession, sich für die Erhaltung der Kirchenbauten bei uns mit verantwortlich fühlten. Dies war für uns so gar nicht selbstverständlich. Geld aus dem „Westen" waren eben Devisen und damit immer sehr willkommen. Wir lernten sogar Seelsorger kennen, von denen der Staat direkt verlangte, finanzielle Mittel in westdeutschen Kirchen freizumachen. Ein Mitspracherecht der geldgebenden Kirchen bei der Planung und Durchführung der Restaurierungen und Sanierungen ergab sich freilich daraus nicht.

Bis jetzt habe ich nur von Sakralbauten gesprochen. Noch gar nicht einbezogen habe ich den weitaus größeren Sektor der Profanarchitektur bis hin zum Bürgerhaus. Hier wirkte sich die fehlende Privatinitiative noch verheerender aus. Und wer wollte schon in der Bundesrepublik hierfür finanzielle Mittel bereitstellen, handelte es sich doch fast ausnahmslos um enteignete Bauwerke.

Der Standpunkt des Staates, die Denkmalpflege und die Gebäudewirtschaftsbetriebe ausschließlich mit Haushaltmitteln auszustatten, kann man ja an sich nicht als falsch bezeichnen. Die Höhe der bereitzustellenden Planmittel reichte bereits nicht einmal für die Sicherstellung der notwendigen Erhaltungsmaßnahmen. Die Planmittel wurden bemessen an den Planergebnissen der Volkswirtschaft. Die tatsächlich erwirtschafteten Ergebnisse blieben aber weit hinter den Planzielstellungen zurück, auch wenn das Partei und Regierung niemals öffentlich zugeben wollten. Die unbefriedigende Leistungskraft der Wirtschaft ließ es gar nicht zu, die Denkmalpflege mit den notwendigen finanziellen Mitteln auszustatten. Trotzdem haben wir bisweilen die Arbeit des Institutes bewundert. Gemessen an den geringen und niemals ausreichenden Mitteln, hat das Institut Unwahrscheinliches geleistet. Auf unseren Rundfahrten hatten wir viele Gelegenheiten, Mitarbeiter des Institutes kennenzulernen. Immer wieder kam von ihrer Seite bei den Gesprächen zum Ausdruck, dass diese sehr unglücklich über die unhaltbaren Zustände waren, und dass sie seelisch unter dem Verfall der Bauwerke litten, hatten sie sich doch meist aus Kunstbegeisterung und Idealismus dieser Arbeit verschrieben.

Ein Umdenken in gewissen Ansätzen machte sich Ende der siebziger Jahre bemerkbar. Die Erschließung der DDR für den internationalen Tourismus machte es möglich. Jedoch sehr schnell wurde sichtbar, dass die Leistungskraft gerade mal für die international bedeutsamen Bauwerke ausreichte. Mit der Zielstellung allein war es eben nicht getan. Zwar wurde die Sanierung von Altbauten nun offiziell in das Wohnungs-und Gesellschaftsbauprogramm aufgenommen. Aber was nutzte dies? Viel zu umfangreich war der Bedarf, zu groß die bis dahin entstandenen Schäden. Zur Realisierung des anspruchsvollen „sozialen Wohnungsbauprogrammes" wichen die Kommunen auf die „grüne Wiese" am Rande der Ortschaften aus und ließen dort Plattenbausiedlungen errichten. Mitte der achtziger Jahre wohnte zum Beispiel in Potsdam etwa ein Drittel der Stadtbevölkerung in Plattenbauten. Gewiss, der hohe Bedarfsdruck an sozialem Wohnraum wurde durch die Plattenbausiedlungen spürbar gemindert, aber attraktiver wurden die Städte damit nicht. Ein Nahziel in der Sozialpolitik wurde zwar annähernd erreicht, jedoch blieb die Sicherung der urbanen Stadtstruktur auf der Strecke. Die Städte wurden für den Fremdenverkehr, insbesondere für den internationalen, immer unattraktiver. Ein Ausweg aus dieser Misere sollten Schwerpunktsanierungen sein. Beispiele in Berlin, Erfurt, Leipzig, Dresden, Wittenberg, aber auch in Potsdam belegen das. Diese Schwerpunktsanierungen von kompletten Straßenzügen und Plätzen waren zumindestens ein Ansatzpunkt. So entstanden wieder sehenswerte Bauensemble in den historischen Stadtkernen. Die Qualität, die dabei die Denkmalpflege an den Tag legte, hält internationalen Vergleichen durchaus stand. Die Schwerpunktkonzepte, wenn auch nur eine Notlösung, taten den Stadtkernen sichtlich gut. Aber das waren eben nur ausgewählte Objekte und Ensemble. Der weitaus größte Teil der Fassaden bot einen jammervollen Anblick. Wie zum Hohn hing an vielen der vor sich hingammelnden Häuserfassaden das weiß-blaue Baudenkmalzeichen. Die bei der Betrachtung gewonnenen Eindrücke drückten sich in der ganzen Bandbreite unserer Gefühle von Wehmut bis Zorn aus. Die begonnenen und teilweise schon realisierten Stadtsanierungskonzepte ließen dann unsere Stimmung etwas steigen. In den einzelnen Reisebeschreibungen werde ich auf diese Konzepte näher eingehen.

Wir lernten bald, dass es keinen Zweck hatte, sich nur von den Gefühlen leiten und beeinflussen zu lassen. Das hätte uns auf Dauer nur die Lust und die Freude an den Rundfahrten genommen. So machten wir aus der Not eine Tugend. Was konnten schon die Bauten für ihren Zustand? Was konnten sie für die unzureichende Werterhaltungspolitik in unserem Lande? Gar nichts. Hier musste unsere Fantasie mit eingebracht werden. Das Gebäude betrachten und sich dabei vorstellen, wie es wohl saniert aussehen könnte oder müsste, oder besser, wie es im Originalzustand ausgesehen haben könnte, das war die Methode. Nur so war es uns möglich, in dem grauen Meer verfallender Bausubstanz architektonisch wertvolle Gebäude zu erkennen und zu betrachten. Bisweilen fragten wir uns aber auch, warum das eine oder andere Gebäude zum Baudenkmal erklärt worden war. Für uns war in solchen Fällen nur ein Grund denkbar: die Erinnerung an einen berühmten Architekten und Baumeister, eine bestimmte Bauweise oder auch nur an einen historisch bedeutsamen Bewohner zu seiner Zeit.

Heute wissen wir, dass bei unseren Fahrten die Ortschaften, seien es nun Städte oder

Dörfer, zu kurz gekommen sind. Die Planung der Rundfahrten konzentrierte sich eben auf ausgewählte Bauwerke. Da wir jedoch keine wissenschaftlichen Studienreisen unternehmen wollten, sondern aus Spaß und Freude an der Architektur unserer Altvorderen, bin ich heute andererseits der Ansicht, dass die Schwerpunkte richtig verteilt sind. Wir beließen es zumeist bei relativ kurzen Stadtrundfahrten oder Rundgängen. Dass die hierbei gewonnenen, in den einzelnen Reisebeschreibungen wiedergegebenen Eindrücke absolut subjektiv sind, versteht sich von selbst.

Gewiss, dem Leser werden meine bisherigen Darlegungen vielleicht etwas überzeichnet und zu schwarz gemalt vorkommen. Das stimmt aber nur zum Teil. Wir sind stets recht kritisch an die Bauwerke herangegangen. Sie sind schließlich ein Teil unserer Heimat. Und so empfanden wir neben den beschriebenen enttäuschten Gefühlen auch immer wieder Freude und Stolz auf das, was unsere Heimat zu bieten hat. Wer, wie wir, sich für die Architektur früherer Epochen in unserer Republik interessierte, musste zwangsläufig auf Fragen zu ungelösten Problemen kommen. Deshalb habe ich diesen so viel Platz eingeräumt.

Unsere Rundfahrten vermittelten uns die Erkenntnis, welch herrlich schöne Landschaften und Gegenden unsere Republik hat. Ob es nun die Mittelgebirge waren, die Seengebiete und Flusslandschaften, die Ebenen oder die künstlich angelegten Parks, immer wieder eröffneten sich uns reizvolle Ausblicke. Die hier gewonnenen Eindrücke und die, die wir durch die Besichtigung von Bauwerken erhielten, bilden eigentlich eine nicht zu trennende Einheit. Eine ganz wichtige Erkenntnis tat sich uns auf: In früheren Zeiten passte man die Architektur in wesentlich stärkerem Umfang an die landschaftlichen Gegebenheiten an, als wir dies in unserem Jahrhundert tun. Die erreichte Harmonie zwischen Natur und Architektur ließ uns immer wieder erstaunen. Nur so ist es zu verstehen, dass sich im Burgen-und Schloßbau, bei der Sakralarchitektur, beim Bau von Ausflugszielen, bei der urbanen Architektur, ja sogar bei industriellen Bauten sowie Brücken und Tunneln der Eisenbahn regionale Besonderheiten herausbildeten, die den Charakter ganzer Landschaften prägten. Der Mensch lebte im Einklang mit Natur und Landschaft, die ihn auch formte und ernährte. Was haben wir moderne Menschen des 20. Jahrhunderts hier nicht alles unserem rationalen Kosten-Nutzen-Denken geopfert?

Sehr oft haben wir darüber gesprochen, dass unsere Eindrücke und Erlebnisse mehreren Menschen zugänglich gemacht werden müssten. Mir wurde öfters geraten, unsere Rundfahrten doch zu Papier zu bringen. Dies nunmehr zu tun, ist meine erklärte Absicht. Dem Leser bin ich aber noch ein paar Erklärungen schuldig. Es ist keineswegs vorgesehen, hier eine fachliche Abhandlung vorzulegen. Dies ist in populärwissenschaftlicher Form von einer ganzen Reihe hervorragender Kunsthistoriker getan worden. Absichtlich habe ich auf fotografische Dokumentationen verzichtet. Allzu schnell hätte ich mich in die Nähe dokumentarischer Baubeschreibungen begeben. Das kann und darf ich mir nicht anmaßen. Ich möchte vielmehr unsere Erfahrungen im Umgang mit Baudenkmalen auf dem Gebiet der DDR, unsere dabei gewonnenen Eindrücke wiedergeben. Natürlich darf man beim Lesen der Reiseberichte nicht vergessen, dass wir Laien in Sachen Historik, Kunsthistorik und im Besonderen der Architekturhistorik sind. Wenn es mir dennoch gelingt, den Leser neugierig auf ein Bauwerk, auf einen Ort zu machen, dann habe ich einen Teil meines Zieles erreicht. Allerdings lassen Sie mich an dieser Stelle betonen und wiederholen, dass unsere Erfahrungen und Eindrücke subjektiv sind und damit keinen Anspruch auf Verallgemeinerung oder gar fachspezifische Richtigkeit haben. Es ist auch keineswegs beabsichtigt, hier Touristikwerbung zu betreiben. Dazu hätten die Beschreibungen denn doch anders angelegt werden müssen. Nein, ich will ganz einfach darlegen, wie wir mit der Architektur unseres Landes, ihrer Geschichte, ihrer regionalen Bedeutung umgegangen sind. Sollte dies den Leser motivieren, es in ähnlicher Weise für sich selbst nachzutun, seine nähere und fernere Umgebung, eben seine Heimat neu zu entdecken und zu erforschen, wäre das ein Erfolg.

Für die Beschreibung der einzelnen Fahrten habe ich die Form eines Reisetagebuches gewählt. Dabei verzichte ich absichtlich auf Vergleiche und Bezugnahmen auf spätere Reisen, sondern bleibe, wie es eben in Tagebüchern die Regel ist, in der Gegenwartsform. Die Beschreibungen unserer Eindrücke geben somit ein subjektives Abbild der gesellschaftlichen Situation auf dem Sektor der Architektur, eben ein selbst empfundenes Zeitbild, wieder. Es ist somit auch der Versuch der Vergangenheitsbewältigung für einen ausgewählten Bereich des gesellschaftlichen Lebens in der DDR.

Kunsthistorische und architektonische Fachausdrücke, ohne die nun mal die Beschreibung von Bauwerken nicht auskommt, werden in der Anlage erläutert. Somit verzichte ich im laufenden Text auf sie näher einzugehen, da dies dem Zusammenhang des beschriebenen Gedankens abträglich sein könnte.

UNSERE ERSTE RUNDFAHRT IM FRÜHJAHR 1976
vom 20. März bis 22. März

Alles begann eigentlich damit, dass meine Frau uns, das heißt meinen Freund Gottfried und mich aus dem Träumen riss und uns aufforderte, nun endlich mit der Vorbereitung für eine Rundfahrt durch die DDR zu beginnen. Aber wo sollten wir ansetzen? So erinnerten wir uns wieder der Gruppenabende mit Ludwig vor vielen, vielen Jahren. Welche berühmten Kirchen auf dem Gebiet unserer Republik hatte er vorgestellt? Ohne groß nachzudenken fielen uns die Stiftskirchen St. Servatius in Quedlinburg und St. Cyriakus in Gernrode sowie die Dome von Halberstadt, Magdeburg, Stendal und Brandenburg ein. Damit hatten wir schon ein paar Höhepunkte unserer Fahrt. Schnell war eine Route ausgewählt, und anhand dieser weitere Besichtigungspunkte, fast ausschließlich mittelalterliche Kirchen, vorgemerkt.

Wir schrieben den zehnten Monat des Jahres 1975. Als Reisezeitpunkt wählten wir die Tage um Ostern 1976 aus. Vorsichtig, wie wir zu Werke gingen, wollten wir nicht über drei Tage hinaus planen, konnten wir doch nicht wissen, was uns während der Fahrt unterwegs erwarten würde. Sechs Monate im Voraus wollten wir keinesfalls die Vorbereitung derart in die Tiefe treiben und uns bei den Pfarrern oder ihren Ämtern anmelden. Die Zeit bis dahin musste nach unserer Ansicht eigentlich ausreichen, die Hotelzimmer zu reservieren. In den Vorbemerkungen hatte ich dies bereits ausführlicher beschrieben.

Das Besichtigungsprogramm, das wir uns für die dreitägige Fahrt vorgenommen hatten, nahm mittlerweile einen recht großen Umfang ein. Gottfried meinte, es sei ja noch gar nicht sicher, dass wir das ganze Programm absolvieren könnten. Da würde es schon noch schrumpfen. Auf den Wegen zu uns interessierenden Bauwerken wollten wir von den Städten und Dörfern einen zumindest kleinen Eindruck bekommen. Zwar sollte unsere Fahrt keine Erkundung der Ortschaften werden. Die ausgewählten Kirchen sind samt und sonders mittelalterliche Bauwerke. So wollten wir das Umfeld derselben auch in Augenschein nehmen, ohne gleich Stadt- oder Regionsforschung betreiben zu wollen. Was uns dabei erwartete, konnten wir zu dem Zeitpunkt noch nicht wissen. Und das war auch gut so.

1. Tag: Sonnabend, der 20. März

Die Zeit zwischen der Planung unserer Reise und der Osterwoche 1976 war recht schnell vergangen, und das, obwohl wir dem Beginn unserer Fahrt entgegenfieberten. Unser Trabi wurde reisefertig gemacht, unser Koffer auch, der natürlich viel zu voll gepackt war. Nun konnte es Oster-Sonnabend werden. Der brach dann jedoch nicht gerade zu unserer Begeisterung an. Der Wetterbericht vom Vortag hatte recht behalten. Der Blick aus dem Fenster war nicht gerade berauschend. Wie vorausgesagt, war es am heutigen Morgen recht windig, aber wenigstens trocken. Das war ja schließlich auch schon etwas. Hatten wir uns über viele Wochen auf die Reise gefreut, wäre es deprimierend gewesen, bei Regen starten zu müssen.

Nach dem Frühstück packten wir unsere für die Fahrt benötigten sieben Sachen in den Kofferraum des Trabi. Nun konnte es eigentlich losgehen, wenn Gottfried auch schon da wäre. Der fand sich dann mit der ihm wohl gebührenden Verspätung ein. Nachdem auch sein Gepäck verstaut war, starteten wir. Unser Gespräch drehte sich natürlich nur um das, was uns in den vor uns liegenden drei Tagen erwarten würde. Irmgard mit ihrem realitätsbewussten Denken beendet die Diskussion mit der Ansicht, dass wir, egal wie es verlaufen würde, auf jeden Fall unsere Heimat besser kennenlernten. Recht hatte sie.

Auf der Fernverkehrsstraße F2 fahren wir in Richtung Süden, durchfahren Michendorf und Seddin und gelangen nach Beelitz. Obwohl diese märkische Kleinstadt auch schon ein ansehnliches Alter aufzuweisen hat, bietet sie unserer Ansicht nach keine Sehenswürdigkeiten, die einen Halt rechtfertigen würden. So fahren wir weiter. Ohnehin sind wir froh, wenn wir das Kopfsteinpflaster hinter uns gelassen haben. Irmgard meint, hier stünden wohl sogar die Straßen unter Denkmalschutz. Eines wird uns aber doch recht schnell bewusst, die Straßenverhältnisse werden uns noch öfters störend beeinflussen. Aber das wussten wir ja, das ist nun mal DDR-Alltag. Hinter Beelitz wird es auch besser, wenn wir auch bisweilen wegen der Frostaufbrüche zu langsamer Fahrt gezwungen werden.

Jüterbog ist unser erstes Ziel, und dem geht es nun entgegen. Kurz vor den Toren der Stadt durchfahren wir einen kleinen Ort mit Namen Kloster Zinna. Das hiesige Kloster kennen wir noch nicht näher, aber unser heutiges Programm lässt eine Besichtigung nicht zu. Meine Frau schlägt vor, dass wir eine Liste anlegen, in die alle Besichtigungswünsche für kommende Fahrten aufgenommen werden, eine Vormerkliste, wie sie sie bezeichnet. Ein Verantwortlicher hierfür ist schnell ausgeguckt: Gottfried. Mehrheitlich überstimmt, nimmt er schließlich die Aufgabe an.

16

Die Kreisstadt im Fläming, JÜTERBOG

Jüterbog, das erste Ziel unserer Reise, grüßt uns schon von weitem mit seinen Kirchtürmen. Vornehmlich die Türme der Nikolaikirche bestimmen das Stadtpanorama. Unser Tourist-Atlas weist Jüterbog als eine Stadt mit 13000 Einwohnern aus. Durch das Zinnaer Tor fahren wir in die Fläming-Kreisstadt. Wie ein Relikt aus vergangenen Zeiten versucht es dem Verkehr zu trotzen. Wir fahren in die Stadt ein, die sich uns - die Bürger mögen es uns verzeihen - einerseits als Ackerbürger-und Handwerkerstadt zeigt, andererseits aber auch als eine Kleinindustriestadt. Auf jeden Fall vermittelt sie uns den Eindruck einer Provinzstadt, und damit liegen wir sicherlich nicht falsch. In Vorbereitung unserer Fahrt haben wir uns mit der Geschichte Jüterbogs auseinandergesetzt. Die Vorgeschichte der märkischen Stadt kann man nur bedingt und das auch nur an wenigen Bauten erkennen. Bevor ich weiter auf unsere Eindrücke in Jüterbog eingehe, möchte ich einige Bemerkungen zu seiner historischen Entwicklung machen.

Das erste mal wird Jüterbog urkundlich von dem Chronisten und Bischof Thietmar von Merseburg erwähnt. Dieser schreibt von einer befestigten slawischen Siedlung mit Namen „jutriboc" im Zusammenhang mit der Zurückdrängung der Polen, die 1007 bis 1008 unter Boleslaw Chrobry bis an die Elbe vorgestoßen waren. Erzbischof Tagino von Magdeburg war es, der erfolgreich die Polen zurückwarf. Dies war wohl nicht mehr als ein etwas größerer Grenzkonflikt, wie wir es heute bezeichnen würden. Im 12. Jahrhundert kam es dann zur Ostexpansion, die zur Unterwerfung der Slawen, so auch in diesem Gebiet, führte. Die Gegend um Jüterbog kam in den Besitz des Askanierfürsten Albrecht des Bären. Kirchlicherseits gliederte Erzbischof Wichmann von Magdeburg den Ort und seine Umgebung in sein Erzbistum ein. Die Folgezeit zeigt, dass der Kirchenfürst größeren Einfluss auf den Ort ausübte als der Askanier. Die seelsorgerische Betreuung der Siedlung übertrug Wichmann den Prämonstratensern. 1171 holte er Zisterzienser aus dem Kloster Altenberg in die Gegend von Jüterbog und wies ihnen Zinna zur Ansiedlung an. Hier gründeten die Mönche das Kloster, an dem wir heute bereits vorbeifuhren. Das Kloster hatte die Aufgabe, in diesem Gebiet die Agrarkultur aufzubauen. Gleichzeitig siedelte Wichmann Niederländer und Flamen hier an. So entstand neben dem bestehenden Slawenort eine Siedlung, der er 1174 das Magdeburger Stadtrecht verlieh. Das heißt also: vor zwei Jahren feierte Jüterbog sein 800-jähriges Stadtjubiläum. Mit der Verleihung des Stadtrechtes erhob der Erzbischof die junge Stadt zur Hauptstadt der gleichnamigen Provinz. Die planmäßige Entwicklung der Stadt wurde jedoch bald für längere Zeit unterbrochen. Die Ursachen hierfür sind sicherlich in den Aufständen der bedrängten Slawen in den Jahren 1178 bis 1180 zu suchen, die dem Ort zahlreiche Zerstörungen und Verwüstungen gebracht haben sollen. Erst im 13. Jahrhundert sind wohl diese Schäden überwunden worden. Es folgte ein Aufbau der Stadt, aber nun in stärkerem Umfang durch das Bürgertum. So kommt Jüterbog zu Wohlstand und Bedeutung. Wie in vielen Landstrichen in Deutschland hinterläßt im 17. Jahrhundert der Dreißigjährige Krieg riesige Schäden, die die Entwicklung der Stadt abrupt unterbrechen. Die Folge war, dass die wirtschaftliche Bedeutung Jüterbogs zunehmend verfiel. Die Entwicklung der deutschen Lande ging fortan an der märkischen Stadt vorbei. Heute ist Jüterbog Kreisstadt und hat zumindest wieder regionalpolitische Bedeutung. Zudem wurde die Kleinindustrie in und um die Stadt planmäßig entwickelt.

Wie ich bereits erwähnte, kamen wir duch das Zinnaer Tor in die Stadt. Hier möchten wir der Nikolaikirche einen Besuch abstatten. Aber zuvor wollen wir uns einen, wenn auch, zeitlich bedingt, kleinen Eindruck von der Stadt selber machen. Für ein vollkommenes Bild der Flämingstadt reicht es natürlich nicht aus. Schließlich wollen wir ja nur das urbane Umfeld der Nikolaikirche kennenlernen. Das heißt, es kann hier nur ein Überblick erfolgen, gilt Jüterbog doch als eine historisch bedeutende Stadt, für deren Kennenlernen wesentlich mehr Zeit erforderlich wäre.

Die Fernverkehrsstraße F2 führt uns ins Stadtzentrum. Das Bild, das sich uns in den Straßen bietet, passt so gar nicht zu einer Stadt, die vor kurzem ihr 800-jähriges Stadtrecht feierte. Die meisten Straßenzüge werden von vernachlässigten Häuserfassaden beherrscht. Gewiss, auch hier in Jüterbog hat man mit Schönheitsreparaturen begonnen, aber das ist bei dem Gesamtzustand der Architektur der Stadt der berühmte Tropfen auf dem heißen Stein. Vorherrschend sind Fassaden mit Putzschäden, zumindest an den Bürger-und Wohnhäusern.

Jüterbog ist nicht gerade reich an historischer Architektur. Und so ist es wohl für den Fremdenverkehr einigermaßen unattraktiv. Am besten sehen noch die wenigen historischen Gebäude aus. An denen kann man unschwer erkennen, dass die Stadtväter an der Verschönerung ihrer Stadt interessiert sind. Hier sind vornehmlich zu nennen: die Nikolaikirche, unser nächstes Ziel, die Kirche Unser Lieben Frauen, das Rathaus, das sich hanseatisch gibt, der Abtshof und nicht zu vergessen die Reste der ehemaligen Stadtbefestigung mit den beiden erhaltenen Stadttoren. Im wesentlichen konzentriert sich dies alles auf das unmittelbare Stadtzentrum. Dieses ist ja auch das einzige Kapital der Stadt. Die meisten Bürgerhäuser würden wir, hauptsächlich den letzten beiden Jahrhunderten zuordnen. Dabei wurde sehr sparsam Fassadenschmuck eingesetzt. Dies entspricht dem Provinzcharakter Jüterbogs. Viele Gebäude scheinen aus der Gründerzeit zu stammen, aber es zeigen sich auch einige aus der Epoche des Bauhauses, also aus den zwanziger und dreißiger Jahren dieses Jahrhunderts.

Die vor den Toren der Stadt liegende Konzentration sowjetischer Einheiten wirkt sich auf das Straßenbild nachdrücklich aus. Ständig und überall begegnen wir sowjetischen Uniformen. Das vermittelt den Eindruck, als sei Jüterbog eine rein sowjetische Garnisonsstadt. Teilweise bemächtigt sich unser das Gefühl, als seien in dieser Stadt die Uniformen unserer Republik gar nicht zu finden. Selbst die sonst in den Straßen überall präsente Volkspolizei scheint sich hier rar zu machen.

Unsere viel zu kurz geratene Stadtrundfahrt muss zwangsläufig ihrem Ende entgegengehen. Wir wenden uns nun dem eigentlichen Ziel in Jüterbog zu: der Nikolaikirche.

Die Stadtpfarrkirche St. Nikolai zu Jüterbog

In der Nähe der Kirche, auf dem Kirchplatz, stellen wir unser Auto ab. Die Bebauung des Platzes scheint zu den ältesten der Stadt zu gehören. Der Anblick der Häuser ist jammervoll. Sie verfallen zusehends, und trotzdem sind sie allesamt noch bewohnt. In scharfem Kontrast dazu erhebt sich stolz die mittelalterliche Pfarrkirche. Wir stehen vor einer großen Backsteinkirche aus der zweiten Hälfte des 14. Jahrhunderts. Die Größe und die Bauweise zeugen von der Stellung, dem Reichtum aber auch von dem Selbstbewußtsein der Bürgerschaft Jüterbogs im Mittelalter. Hier zeigt er sich wieder, der Widerspruch zwischen dem Gestern und dem Heute. Konnte sich die Bürgerschaft im Mittelalter eine solch aufwendige und repräsentative Kirche leisten, so leidet der Ort heute eher an Bedeutungslosigkeit. Pfarrkirchen, Rathäuser, Ständehäuser und nicht zuletzt Stadtmauern mit aufwendigen Toren, das waren die sichtbaren Zeichen, mit denen sich das Bürgertum von der Zentralkirche und der Territorialmacht abzugrenzen suchte. Je aufwendiger die Bauten gestaltet wurden, um so reicher und einflussreicher war das Bürgertum.

So, wie sich die Nikolaikirche heute zeigt, ist sie ein Bauwerk, das in mehreren Abschnitten errichtet wurde. Das große, einheitlich gestaltete Dach lässt einen schon die Hallenkirche erahnen. Der große Chorabschluss verrät uns, dass die Kirche im Inneren wohl einen Hallen-Chorumgang hat. Damit schließt sich diese Kirche der märkischen Bautradition des Mittelalters an. Die markantesten Bauteile von St. Nokolai sind aber zweifellos die beiden Westtürme. Sie sind so hoch aufgeführt, dass sie dem Stadtpanorama den Blickfang geben. Auf etwa quadratischem Grundriss erheben sie sich über mehrere Geschosse, lediglich durch einfache Gesimse gegliedert. Einen besonderen Reiz übt die Laufbrücke zwischen den beiden Türmen aus, die in Höhe des Abschlusses der Turmschäfte beide miteinander verbindet. Auffällig, aber auch unverwechselbar für die Nikolaikirche sind die unterschiedlich gestalteten Turmabschlüsse. Während der südliche auf dem letzten Turmgeschoss lediglich einen Pyramidenhelm trägt, ist der nördliche aufwendiger gestaltet, zudem höher und mit einem Barockhelm bekrönt. Was die Ursachen für die unterschiedliche Gestaltung sind, entzieht sich unserer Kenntnis. Vielleicht ist aber auch, wie in etlichen mittelalterlichen Stadtkirchen üblich, ein Turm nachträglich erhöht worden, um in dem Achteckaufsatz eine Türmerwohnung einzurichten.

Ungewöhnlich erscheint uns der Westabschluss, der für die erste Hälfte des 15. Jahrhunderts belegt ist. Über die Baugeschichte dieses Westbaues ist so gut wie gar nichts überliefert. In der zweiten Hälfte des 14. Jahrhunderts wurde die Kirche nach Westen hin um ein Joch verlängert und mit der Doppelturmfront abgeschlossen. Erst danach wurde der Westbau vervollständigt. Was uns dabei sehr erstaunt, ist die Tatsache, dass dieser in Feld-und Bruchsteinbauweise ausgeführt wurde. Das ist nach unserer Auffassung ein stilistischer Rückgriff in frühere Bauepochen, denn in dem Langhauskörper zeigt sich ja die gotische Backsteinbauweise. In die Westfront wurde ein sehenswertes Portal eingefügt, das nun seinerseits eindeutig der Spätgotik zuzuordnen ist. Gewände und Bogenfeld sind sehr aufwendig und maßwerkreich gestaltet. Dazu wurde der Patronatsheilige, der Hl Nikolaus mit einbezogen.

Am Außenbau fallen uns noch zwei Kapellenanbauten auf, die hinsichtlich ihrer Gestaltung eindeutig in die Spätgotik weisen. Diese eingeschossigen Kapellen sind in den Giebeln nach hanseatischer Manier abgestuft worden. Trotz des Unterschiedes der Bauweise stören sie unserer Ansicht nach den Gesamtanblick des Bauwerkes keinesfalls, sondern gliedern sich in das Baukonzept sehr gut ein. Die Backsteinmauern der Kirche zeigen bereits Verwitterungserscheinungen. Diese sind sicherlich in unserem Jahrhundert mit seinen veilfältigen Umweltsünden entstanden.

Leider müssen wir feststellen, dass die Kirche geschlossen ist. Darauf waren wir zwar vorbereitet, aber nun, nachdem uns die verschlossene Portaltür den Zugang verwehrt, sind wir doch etwas enttäuscht. Auf dem Kirchplatz erfahren wir, dass der Pfarrer, wie auch der Küster verreist seien, und dass ein benachbarter Pastor die Vertretung übernommen habe. Und das zum Osterfest? Allerdings gäbe es da noch eine ältere Frau aus dem Kirchenvorstand, die im Besitz des Kirchenschlüssels sei. Ich lasse mir die Adresse geben. Man sagt mir, es sei ganz in der Nähe und beschreibt mir den Weg . So mache ich mich denn nach dorthin auf. Eine ältere, sehr freundliche Frau begrüßt mich, hört sich mein Anliegen an und ist auch gleich bereit, mit mir zur Kirche zu kommen. Unterwegs erzählt sie mir, dass sie in Vorbereitung des morgigen Gottesdienstes ohnehin noch einiges am Altar zu erledigen habe. Ich drücke meine Freude und meinen Dank darüber aus. Wir gehen gemeinsam die kurze Strecke bis zur Kirche. Dort erwarten uns Irmgard und Gottfried. Wir machen uns miteinander bekannt. Dabei weist uns die freundliche Frau darauf hin, dass sie uns über die Geschichte wie auch die Baugeschichte der Kirche nicht weiterhelfen kann. Wenn wir ohne Erläuterungen das Bauwerk besichtigen wollten, sollten wir getrost eintreten. Sie schließt die Kirchentür auf, bittet uns einzutreten, und wendet sich dann sofort dem Altar zu.

Wir betreten eine hochgotische, dreischiffige Hallenkirche. Das Kircheninnere wurde in den Jahren 1973 bis 1975 renoviert, so hatten wir vor dem Eintritt erfahren. Somit steht der Kirchengemeinde nun wieder ein freundlicher Kirchenraum für die Gottesdienste zur Verfügung. Bevor wir einen Rundgang durch die gotische Halle machen, setzen wir uns erst einmal in eine Bankreihe und lassen das Kircheninnere auf uns wirken. Wie von außen vermutet und in der Mark öfters anzutreffen, werden die Seitenschiffe im Osten als offener Chorumgang um den Altar herumgeführt. Einen solchen Chorumgang zu bauen, hatte in der Regel mehrere Ursachen. Zum einen bot er die Möglichkeit zu liturgischen Prozessionen, zum anderen konnten an der Außenwand Epitaphien von Stiftern und Honoratioren angebracht werden, um diese somit in Ehren zu halten und für ihr Seelenheil zu beten. Ein dritter Grund war oftmals, dass anstatt der Epitaphien zwischen die Strebepfeiler, soweit nach innen gezogen, kleine Kapellen mit Stiftungsaltären gesetzt wurden. So auch in dieser Kirche. Von den Altären in den Strebepfeilernieschen ist allerdings keiner erhalten geblieben.

Der gesamte Innenraum der Hallenkirche ist mit hochgotischen Kreuzrippengewölben eingewölbt. Für die Scheitelhöhe der Gewölbe sind die Achteckpfeiler, die die Schiffe wie auch die Joche voneinander trennen, sehr schlank. Sie enden in ebenfalls achteckigen Kämpferplatten, auf denen die Gewölbedienste ruhen. In der Längsrichtung sind die Pfeiler mit Scheidebögen untereinander verbunden. Das erinnert uns fast an Arkadenbögen. Sollte hier der basilikalen Bauweise ein Rest von Referenz erwiesen worden sein? Für den Raumeindruck der Halle wirken sich die Scheidebögen jedoch sehr günstig aus. Die schlanken Pfeiler, die Scheidebögen und nicht zuletzt der offene Chorumgang verleihen der Kirche eine große Weiträumigkeit. Die gotischen Gewölbe ziehen unseren Blick wie automatisch nach oben. Und genau das ist neben den statischen Funktionen des Spitzbogens auch die gewollte Wirkung. Das Kircheninnere lebt von diesen gotischen Formen. Der Kircheninnenraum ist nahezu schmucklos. Diese Schmucklosigkeit in Verbindung mit den gotischen Bauformen geben dem Kirchenraum die enorme Wirkung und Würde. Die Ausstattung tritt in den Hintergrund. Während der liturgischen Handlung wird sie dann für eine bestimmte Zeit in den Vordergrund gerückt. Fast das ganze Kircheninnere ist hell geputzt. Lediglich die Gewölberippen und die Dienste sind in ihrer Backsteinstruktur belassen und bilden somit einen schönen Kontrast zu den geputzten Flächen. Der Raum strahlt Ruhe und Erhabenheit aus. Seine Schlichtheit mit der Konzentration auf die architektonischen Linien lässt es uns nicht schwerfallen, hier das Gefühl der Andacht zu finden.

Wir reißen uns aus unseren Gedanken. Um mit Tucholski zu sprechen: „Jeder saß auf seinem Stern". Der Rundgang durch das Hallenlanghaus schließt sich der besinnlichen Einkehr an. Dabei stellen wir fest, dass trotz der nur kurze Zeit zurückliegenden Renovierung an der Nordostaußenwand in Nähe der Dienstansätze Feuchtigkeitsflecke zu sehen sind. Schade, dass sich auf diese Weise schon wieder Schäden in die Kirche einschleichen können. - Aus einer Kirchenbeschreibung wissen wir, dass das Gotteshaus früher prächtig ausgemalt war, aber bereits im 16. Jahrhundert übertüncht wurde. Die figürliche Ausmalung passte nicht zu der Glaubensphilosophie der Protestanten. Bei der letzten Renovierung wurde nun versucht, etwas von der freigelegten früheren Ausmalung zu retten. Die Qualität der Farben hat unter dem Putz sehr stark gelitten. So blieb wiederum nur die Übertünchung. Aber ein kleiner Rest der ursprünglichen Ausmalung wurde an der nördlichen Langhausaußenwand belassen. Die zerstörerische Wirkung des Putzes ist gut zu sehen. Wir können nicht viel mehr erkennen als schwer zu identifizierende Figurenumrisse. Mehr als eine historische Dokumentation kann dies keinesfalls sein.

Zwar hatten wir in der bereits erwähnten Kirchenbeschreibung gelesen, dass die Nikolaikirche früher 33 Altäre besaß, doch davon ist außer dem Hauptaltar beziehungsweise den Resten davon, nichts mehr erhalten. Er wurde in einzelne Teile zerlegt, die an den Langhauswänden angebracht wurden. Als Hauptaltar dient heute ein Barockaltar, der uns aber nicht gerade beschreibenswert erscheint. Da ist die Renaissance-Kanzel schon eher hervorzuheben. An den Langhauswänden haben einige Gemälde, unter anderem welche aus der Cranach-Werkstatt, wie wir meinen, die Zeit überdauert. Der Hauptteil der Ausstattung ging in der reformatorischen Zeit verloren. Ob uns der Kirchenraum, in dem wir uns jetzt wohlfühlen, mit einer aufwendigen Ausstattung auch so gefallen würde? Wir lassen die Frage unbeantwortet im Raum stehen.

Von den beiden angebauten Kapellen können wir uns nur die südliche ansehen. Der Kapellenraum wirkt sehr niedrig. Das liegt daran, dass die Gewölbe einerseits selber nur eine geringe Scheitelhöhe haben, andererseits die Dienste sehr niedrig angesetzt sind. Für die Außenproportionen erscheint uns der Kapellenraum sehr gedrungen. Die Gewölbe dieses Raumes sind vollständig ausgemalt. Es sind Heilige, Engel und Evangelistensymbole dargestellt. Wie in der Spätgotik üblich, sind die Figuren mit Pflanzenornamenten und Ranken umrahmt. Diese Ornamente ziehen sich bis in die Gewölbezwickel. Die Qualität der Ausmalung ist sehr gut, zumindest nach unserer laienhaften Auffassung. Wenn wir besagter Kirchenbeschreibung glauben dürfen, haben wir hier die Originalfarben vor uns, die lediglich gereinigt wurden. Die Kapelle wird wohl heute als Taufkirche genutzt. In der Mitte steht ein gotisches Taufbecken. Eine Pieta in einer Mauernische zieht unsere Aufmerksamkeit auf sich. Abbildungen dieser Pieta haben wir schon irgendwo gesehen, aber wo? Sollte es sich hier um ein Original oder nur um eine Kopie handeln? Sollte die Plastik sich aus vorreformatorischer Zeit herüber gerettet haben? Fragen über Fragen, auf die wir zur Zeit keine Antwort wissen.

Unvermittelt tritt die Frau aus dem Kirchenvorstand zu uns und bittet, die Kirchenbesichtigung zu beenden. Wir sind ehrlich erstaunt, wie schnell die Zeit bei der Betrachtung des Gotteshauses vergangen ist. Was wir sehen wollten, haben wir gesehen. Warum nicht an dieser Stelle unseren Besuch von St. Nikolai beenden? Als wir uns bedanken und der netten Frau eine Spende für die Kirche geben wollen, bittet sie uns, das Geld doch lieber in den Spendenkasten zu werfen. Als das Geld im Kasten klingt, kommt uns die Geschichte über Johann Tetzel in den Sinn. Wenn die Überlieferungen stimmen, hat die eben von uns besichtigte Kirche eine wichtige Rolle bei der Reformation gespielt. Tetzel war Dominikanerpater und unter anderem hier als Prediger tätig. Aber er befasste sich nicht alleine mit dem Gottesdienst. Der Dominikaner hatte sich dem Ablasshandel verschrieben. Mit falschen Versprechungen brachte er viele Menschen um ihr Geld. Wer kennt nicht den spöttischen Vers über Tetzels Machenschaften: „Wenn das Geld im Kasten klingt, die Seele in den Himmel springt". Dieser Ablasshandel war bei den Kritikern in Verruf geraten, weil sie darin einen Verrat an Gottes Wort sahen. So ist es nicht verwunderlich, dass nicht weit weg von hier, an der Wittenberger Universität, Professor Martin Luther seine Stimme gegen die betrügerischen Machenschaften des Paters erhob. Als Antwort darauf erklärte Tetzel nun von der Kanzel herab Luther als Ketzer. Das machte bei dem Gebranntmarkten das Maß voll und er schlug an der Schlosskirchentür seine berühmten 95 Thesen an. Das war im Jahr 1517. Vorausgesetzt, diese Geschichte ist authentisch, hat die Nikolaikirche zu Jüterbog, und in ihr Tetzel, den unmittelbaren Anlass zur Reformation geliefert. Auf die Frage, ob denn der Tetzelkasten noch existiere, erhalten wir zur Antwort, dass dieser im Abtshof ausgestellt sei. Die Gemeinde bemühe sich allerdings darum, ihn wieder in ihre Kirche zurückzubekommen.

Wir treten aus der Kirche heraus und sofort weht uns wieder der eisige Wind um die Nase. Da meiner Frau kalt ist, verabschieden wir uns von der freundlichen Frau, steigen in das Auto und starten, dem nächsten Ziel entgegen: der Lutherstadt Wittenberg.

Die Martin-Luther-Stadt empfängt uns

Die märkische Kleinstadt verlassend wenden wir uns nach Süden. Und weiter geht es auf der Fernverkehrsstraße F2 in Richtung Wittenberg, unserem nächsten Ziel entgegen. Die Berzirksgrenze überfahrend verlassen wir den Bezirk Potsdam. Dabei müssen wir zu unserer Freude feststellen, dass die Straßenqualität um einiges besser geworden ist. Hier, im Bezirk Halle, gibt man sich offensichtlich mehr Mühe mit der Straßenerhaltung. Nach einer knappen Dreiviertelstunde taucht die Martin-Luther-Stadt am Horizont auf und grüßt mit ihren Türmen.

Die Elbe überquerend fahren wir in die Lutherstadt ein. Gleich auf den ersten Blick scheint Wittenberg eine Stadt mit wesentlich urbanerem Charakter zu sein als die vor kurzem verlassene Fläming-Kleinstadt. So lassen wir uns von dem Gefühl leiten, dass der erste Eindruck immer der ausschlaggebende ist. Wittenberg hat schließlich nicht so einen Dornröschenschlaf mitgemacht, mitmachen müssen, wie Jüterbog. In dieser Stadt schlägt heute noch das Herz der Reformation. Zudem hatte sie längere Zeit eine Universität, und dazu noch eine recht berühmte.

In der berühmten anhaltinischen Stadt angekommen, beschließen wir, zunächst einen Besuch der Schlosskirche. Sodann soll sich ein Rundgang durch das Stadtzentrum anschließen. Wir fahren zu dem Parkplatz am Schlosspark, ganz in der Nähe der Schlosskirche. Beim Aussteigen aus dem Auto weht uns sofort der eisige Wind entgegen. Meine Frau ist konsterniert, dass wir es nun nicht nur mit dem Wind zu tun haben. Es ist zudem auch noch nasskalt geworden. Missmutig nimmt sie die Erklärung von uns beiden anderen auf, dass wir zunächst einmal dem Wetter insofern entfliehen, wenn wir die Schlosskirche aufsuchen.

Die Schloßkirche zu Wittenberg

Die Kirche ist, wie es ihr Name bereits aussagt, Bestandteil des kurfürstlichen Residenzschlosses. Allerdings bestimmte Kurfürst Friedrich der Weise seine Hofkirche auch gleichzeitig als Universitätskirche. Damit wollte er sicherlich zum Ausdruck bringen, wie viel ihm an der von ihm gegründeten Lehranstalt lag. Damit erklärt sich auch, warum die Lutherschen Thesen an die Schlosstür geschlagen wurden. Diese war gewissermaßen das schwarze Brett der Universität. Studenten wie auch Lehrer kamen allesamt hier regelmäßig vorbei.

So, wie sich die Schlosskirche heute zeigt, ist sie ein Bau aus der ersten Hälfte des 16. Jahrhunderts, der später durch Umbauten, wie zum Beispiel den Einbau der Emporen, verändert wurde. Uns empfängt ein Bauwerk, das äußerlich einfach und recht schmucklos erscheint, eben so gar nicht dem Namen einer Schlosskirche gerecht zu werden scheint. Wenn da nicht der Turm wäre. Der fällt gänzlich aus dem Rahmen. Auf den ersten Blick erkannten wir ihn gar nicht als Kirchenturm, sondern eher als Blickfang für das Schloss. Und vielleicht haben wir mit diesem Eindruck ja sogar recht, denn wie viele Schlosskirchen gibt es, die keinen eigenen Turm haben. Es ist ein Rundturm, und solche findet man ja nicht sehr häufig an Kirchen. Das, was ihn uns so ungewöhnlich erscheinen lässt, ist seine Bekrönung. Den Abschluss bildet eine Kuppel. Ist der Schaft des Turmes sehr schlicht gehalten und lediglich durch Lisenen und Gesimsbänder gegliedert, so ist die Kuppel schon als prunkvoll zu bezeichnen. Diese ist kupfergedeckt. Die grüne Farbe der Patina verleiht ihr eine enorme Wirkung. Die Kuppel endet in einer aufgesetzten Laterne in sehr schöner spätgotischer Formensprache. Den Übergang vom Schaft zur Kuppel bilden filigrane spätgotisch maßwerkgeschmückte Ziergiebel. Diese, wie auch die Laternenspitze, sind zudem krabbengeschmückt. Der Kontrast zwischen der grün leuchtenden Patina und dem filigranen Zierwerk vermittelt einen reizvollen Anblick. Ebensolches Ziermaßwerk findet man auch am Übergang vom Turm zum Langhaus. Damit wird der schlichte Turmschaft wunderbar aufgewertet. Der Turm ist nicht als Westturm ausgebildet, sondern steht an der südwestlichen Außenmauer des Langhauses.

Bereits an der Außenfront des Langhauses kann man ablesen, dass die Kirche in ihrem Inneren Emporen hat. Die Fenster verlaufen nicht, wie an gotischen Kirchen üblich, durchgehend, sondern sind in Höhe des Emporeneinbaues unterbrochen. Zwar sind die unteren Fenster ebenso wie die oberen dreibahnig, in den Abschlüssen weichen sie aber gravierend voneinander ab. Sind die oberen mit maßwerkgeschmückten Spitzbögen abgeschlossen, so findet man an den unteren Gardinenbögen. Ein sicheres Zeichen für eine bauliche Veränderung in spätgotischer Zeit. Gardinenfenster an Kirchen sind gar nicht so üblich. Dieses spätgotische Schmuckelement kennen wir eigentlich mehr von Profanbauten her. Sollte hier etwa eine Referenz an den Schloßbau erfolgen? Eines aber ist unbenommen, die Unterbrechung der Fenster gliedert den sonst schlichten Außenbau auf. Stellt schon das Residenzschloss in Wittenberg eine Sehenswürdigkeit dar, so hat es der Baumeister ausgezeichnet verstanden, die Schlosskirche besonders hervorzuheben.

Durch das Südportal, das sogenannte Thesenportal, beabsichtigen wir das Gotteshaus zu betreten. Das Portal hat seinen Namen, wie man sich leicht denken kann, von dem Anschlagen der berühmten 95 Thesen Martin Luthers im Jahre 1517. Die ursprünglichen Türblätter sind selbstverständlich nicht mehr vorhanden. Im Zuge der Rekonstruktion im 19. Jahrhundert wurde das heutige Portal geschaffen. In die Türblätter aus Bronze sind reliefartig in lateinischer Sprache und gotischer Schrift die Thesen eingearbeitet. Trotz intensiven Bemühens können wir die Schrift nicht entziffern. Auch Gottfried fällt es sehr schwer, obwohl er sich doch in der lateinischen Sprache auskennt. Mit dieser Tür wurde nachträglich ein Denkmal für den historisch und kirchenpolitisch bedeutsamen Schritt geschaffen. Der Tympanon des recht einfach gearbeiteten Gewändeportals zeigt in einem Fresko den Gekreuzigten und zu seinen Füssen Luther und Melanchthon in protestantischen Talaren. Über dem Portal ist noch ein Zierfeld mit spätgotischen Gardinenbögen, in das auch Texte in gotischer Schrift eingefügt sind. Leider sind die Schriftzeichen doch schon sehr verwittert. Flankiert wird das Schriftfeld von zwei auf Wappensockeln stehenden Figuren, offenbar Fürsten. Das Portalschmuckwerk halten wir für spätgotisch. Die Verbindung von Spätgotik und Neugotik im Portalbereich kann als gelungen bezeichnet werden.

Wir betreten das Gotteshaus und sind erstaunt, in einer frisch restaurierten Kirche zu stehen. Der Kircheninnenraum macht einen sehr guten Eindruck auf uns. Um wieviel anziehender und schöner wirken doch Kirchenräume mit frischen Farben. Bereits am Eingangsportal konnten wir feststellen, dass die Schlosskirche ein wahrer Besuchermagnet ist. Jetzt, im Kircheninneren, kommen wir uns vor wie in einem vielbesuchten Museum. So etwa kennen wir den Besucherverkehr in den Schlössern von Sanssouci. Der Menschenstrom ergießt sich durch den Mittelgang in den Altarraum. In den Bankreihen sitzt kaum jemand. Wir tun es jedoch, und fallen prompt auf. Das macht uns aber gar nichts aus. Schließlich wollen wir die Kirche ja nicht nur besichtigen, sondern auch erleben. Aber zunächst wollen wir die Gesamtkonzeption des Raumes erfassen und auf uns wirken lassen. Das Konzentrieren fällt uns allerdings recht schwer, zu vielfältig sind die akustischen aber auch optischen Eindrücke, die vornehmlich von den Besuchern ausgehen. Ein einziges Stimmengewirr bemächtigt sich unser. Nimmt denn keiner von denen wahr, dass er sich in einem Gotteshaus befindet? Offenbar nicht. In der Kirche Sammlung und Andacht zu finden, ist aussichtslos. Und allmählich erkennen wir, dass dies sogar gewollt ist. Die Schlosskirche ist Teil des Schlossmuseums und als solcher gar nicht dazu erkoren, Gläubigen das Beten zu ermöglichen. Ob es an dieser Kirche überhaupt einen Pfarrer gibt? Wir bezweifeln es. Die Kirche wird ausschließlich ihrer Rolle als Abteilung Reformation des Museums gerecht. Was soll da ein Geistlicher? Der würde nur stören und die Informationsfunktion, die der Staat der Schlosskirche zugedacht hat, verfälschen. So versuchen wir uns auf die architektonische Konzeption zu konzentrieren. Ich sagte schon, dass der gesamte Innenraum einen sehr guten Eindruck auf uns macht. Die Denkmalpflege hat sich bei der Restauration große Mühe gegeben. Hier durfte allerdings auch nicht gespart werden. Hier erkannte der Staat die internationale Bedeutung des Bauwerkes und versuchte somit aus dem ständigen Besucherstrom einen Geldregen zu machen. Andererseits war wohl aber auch die Hoffnung auf eine größere internationale Anerkennung der DDR-Politik der Vater des Gedankens.

So, wie wir die Kirche heute erleben, ist sie eine spätgotische Saalkirche, die im 19. Jahrhundert einige Veränderungen erfahren hat. Nichts erinnert mehr daran, dass sie ursprünglich, also bis ins 16. Jahrhundert der Römisch Katholischen Kirche angehörte. Heute zeigt sich die Schlosskirche als typisch evangelisches Gotteshaus, und diesem Anspruch muss sie als Geburtsstätte der Reformation auch gerecht werden. Aber ich möchte doch erst einmal auf die architektonische Gestaltung des Kircheninneren eingehen, das, so unsere bescheidene Meinung, durch die Rekonstruktions-und Restaurationsarbeiten im vorigen Jahrhundert sehr gewonnen hat. In dem Restaurator haben wir niemand anderes zu sehen, als Karl Friedrich Schinkel, der hervorragend auf die Intensionen des mittelalterlichen Baumeisters eingegangen ist. Wie kam aber gerade Schinkel zu dem Auftrag hier in Sachsen? Nach dem Wiener Kongress kam Wittenberg zu Preußen. Da Schloss und Kirche in den Napoleonischen Kriegen stark beschädigt wurden, ließ der preußische König Friedrich Wilhelm IV. das Bauensemble wegen seiner Bedeutung für die evangelische Kirche instandsetzen und restaurieren. Natürlich kam für den Monarchen niemand anderes als Restaurator in Frage als der königliche Hofbaumeister und Konservator selbst. Der ging bei der Arbeit sehr behutsam vor, um die historische Bausubstanz besser als vordem zur Wirkung und mit den neuen pastoralen Bedingungen in Einklang zu bringen. Bereits aus spätgotischer Zeit hatte die Kirche eingebaute Emporen. Ich erwähnte das schon bei der Beschreibung der Außenansicht. Eine Zeichnung aus dem Ende des 16. Jahrhunderts zeigt uns den damaligen Bauzustand. Die Emporen sind darin als nachtäglicher Einbau sofort zu erkennen. Das Verdienst Schinkels ist es, diesen Zustand verändert zu haben. Heute bilden die Emporen mit dem gesamten Innenraum eine harmonische Einheit.

Die gotischen Formen, insbesondere im Altarraum, ziehen unwillkürlich unsere Blicke nach oben zu den wunderschönen Netzgewölben. Diese schuf der obersächsische Kirchenbaumeister Conrad Pflüger. Schinkel setzte den äußeren Strebepfeilern auch im Kircheninneren entsprechende entgegen. Ob hier der Restaurator befürchtete, die äußeren könnten auf Dauer dem Gewölbeschub nicht standhalten, oder ob die inneren Strebepfeiler lediglich ein architektonisches Glied seiner Raumkonzeption waren? Mit diesen zusätzlichen Strebepfeilern erreichte er im Innenraum jedoch eine wunderbare Harmonie. Aus den Pfeilern entwickeln sich kämpferlos fensterüberspannende Spitzbögen sowie die Gewölbedienste für die Netzgewölbe. Wir Laien vermögen nicht zu sagen, wo die Pflügerschen Gewölberippen enden und wo die Schinkelschen beginnen. Die nachträglich eingebauten Pfeiler werden zum Bestandteil der Gesamtkonstruktion und fügen sich somit harmonisch in die Raumkonzeption ein. Das meinte ich, als ich vorhin vom Eingehen auf die Intension der mittelalterlichen Baumeister sprach. Zwischen die Strebepfeiler wurden die Emporen eingebaut. So hat die Schlosskirche zu Wittenberg ihr unverwechselbares Aussehen erhalten, das sie in aller Welt berühmt machte. Die Wirkung des gesamten Innenraumes wird zudem noch durch die Ausmalung der Gewölbe und der Bögen über den Fenstern verstärkt. Während es in den Gewölben vornehmlich Pflanzenornamente sind, erkennen wir an den Fensterbögen an orientalische Teppichornamente erinnernde Schmuckbänder.

An den Strebepfeilern, die über die ganze Tiefe der Emporen reichen, stehen auf einfachen Konsolsockeln Standbilder von Persönlichkeiten, die sich um die Reformationen im Allgemeinen und Wittenberg im Besonderen verdient gemacht haben. Die Mehrzahl der dargestellten Personen kennen wir nicht. Mit diesen Säulenfiguren wirkt das Kircheninnere auf uns wie das Mittelschiff einer Reichskirche. Eine unmittelbare Bezugnahme auf den Schmalkaldischen Bund, der für die Einführung und Durchsetzung der Reformation gestritten hat, finden wir in den Wappen der beteiligten Herrscherhäuser und freien Städten in den Brüstungsfeldern der Emporen. Dass es so viele waren, wussten wir bisher noch nicht. Übrigens, an den Emporen gibt es den einzigen Hinweis auf den späteren Einbau derselben. Die Stützkonstruktion bildet arkadenförmige Bögen zwischen den Strebepfeilern, die aber nicht gotisch sind, sondern eher renaissance wirken. Für gotische Bögen reichte offenbar die zur Verfügung stehende Höhe nicht.

Die Ostpartie des Gotteshauses hat einen polygonalen Abschluss mit fünf Seiten eines Oktogons. Auch hier im Chorabschluss finden wir die eingebaute Empore, können aber nicht erkennen, ob sie begehbar ist. Vor der Empore, im Altarraum, steht der mächtige, in seinen Formen spätgotische Altar mit drei maßwerkverzierten Kielbogenarkaden, die in krabbengeschmückten Fialen enden. Da uns von Abbildungen aus nachreformatorischer Zeit her bekannt ist, dass die Kirche ehemals eine barocke Altarwand besaß, ist anzunehmen, dass dieser heutige Altar der Restaurationsphase des vorigen Jahrhunderts entstammt. Für uns Laien ist nicht ersichtlich, dass er in der neugotischen Epoche geschaffen wurde. In den Arkaden stehen, Christus beiderseits flankiert von Petrus und Paulus. Dieser wunderbare Altar rundet das harmonische Gesamtbild der Kirche ab. Sein Schöpfer hat ihn mit dem Kirchenraum zu einer Einheit werden lassen. Wieder ein Beispiel für die gelungene Rekonstruktion im vorigen Jahrhundert.

Im Altarraum finden wir aber noch weitere bemerkenswerte Kunstwerke. Da sind zum einen die lebensgroßen Alabasterskulpturen, die die Kurfürsten Friedrich den Weisen und Johann den Beständigen darstellen. Beide, in Ritterrüstung, sind in kniender Haltung dem Altar zugewandt. Die Figuren stammen wohl aus dem Jahre 1537. Die Künstler sind unbekannt. Beide Figuren wirken sehr natürlich und lebensnah. Es fasziniert uns, wie genau der Künstler jedes Detail in den Gesichtszügen, in der betenden Haltung und an der Rüstung dargestellt hat. Zum anderen sind da noch die beiden Grabmale für eben die genannten Herrscher. Friedrich der Weise starb 1525, sein Nachfolger, Johann der Beständige 1532. Beide Bronzegrabmale wurden in der berühmten Visher-Hütte in Nürnberg in Auftrag gegeben. Während das von Friedrich von Peter Visher dem Jüngeren geschaffen wurde, entstammt das Johanns von Hans Visher. Stellten die beiden Alabasterfiguren schon äußerst bemerkenswerte Kunstwerke dar, so werden sie durch die Grabmale, insbesondere das von Friedrich, noch übertroffen. Wie überliefert ist, wurde das Friedrichs-Grabmal von Peter Visher in Nürnberg als Meisterstück vorgelegt. Die Gesichtszüge des Kurfürsten erinnern etwas an Bilder von Lucas Cranach d.Ä. Vielleicht hat der Künstler ein Porträt von Cranach als Vorlage gehabt. Andere Quellen verweisen darauf, dass Friedrich bei seinem Aufenthalt auf dem Reichstag in Nürnberg dem Künstler Modell gestanden haben soll. Wie es nun auch sei, das Bronzestandbild hat eine unheimlich große Ausdruckskraft und zeugt von dem hervorragenden Können des Meisters. Der Kurfürst steht unter einem Rundbogen, angetan mit dem Kurmantel, den Kurhut auf dem Kopfe. In der Hand hält er das erhobene Kurschwert. Über dem Bogen prangt das Wappen Friedrichs. Das Grabmal ist reich geschmückt mit Ornamentschmuck und 16 weiteren Wappen. Die filigrane Ziselierarbeit des Schmuckwerkes fasziniert uns. Wie war das mit den einfachen Werkzeugen des 16. Jahrhunderts nur möglich? Aber das alles wird noch in den Schatten gestellt von den Ziselierarbeiten am Hermelinkragen, am Hermelinhut sowie an dem Hintergrund. Dieser ist in zarten orientalischen Teppichornamenten gestaltet worden. Ein Meisterwerk ohnegleichen. Das Grabmal Johanns ist zwar ebenfalls sehenswert und künstlerisch sehr wertvoll, aber an das Friedrichs reicht es unserer Meinung nach keineswegs heran. Hieran kann man ablesen, dass es in einer solch berühmten Werkstatt wie der Visher- Hütte auch Unterschiede in der künstlerischen Gestaltung gab und dass jeder Meister seinem Werk seinen individuellen Stempel aufdrückte. Es bleibt nun dem Betrachter vorbehalten zu entscheiden, welches

Werk wertvoller ist. Das ist und bleibt rein subjektiv. Dabei beziehen wir uns selbstverständlich mit ein, denn auch wir können nur subjektiv urteilen.

In der Schlosskirche sind aber noch ein paar beachtenswerte Grabplatten, teilweise auch in Bronze, zu bewundern. Da wären zunächst die beiden sehr bescheiden wirkenden Platten von Martin Luther und Philipp Melanchthon zu nennen, die nicht aus Nürnberg stammen, sondern in Erfurt angefertigt wurden. Nur mit einem Schriftzug versehen, verraten sie dem Betrachter, wer hier bestattet ist. So bescheiden, wie der Reformator lebte, so schlicht ist auch sein Grab. Für einen der ersten protestantischen Pröpste, Henning Göde, ist eine Grabplatte vorhanden, die nun allerdings wieder aus Nürnberg stammt. Was uns an diesem Kunstwerk etwas irritiert, ist das Thema der Darstellung: eine Marienkrönung. Das zeigt uns nämlich, dass die frühen protestantischen Geistlichen die Gottesmutter als Himmelskönigin verehrten. Die Ablehnung der Verehrung Mariens muss demnach in späteren Zeiten entstanden sein und ist wohl in keiner Weise auf Luther und die anderen Geistlichen der Reformation zurückzuführen. Die in die Nordwand eingelassene und figürlich gestaltete Grabplatte für Martin Luther ist kein Original, sondern eine Kopie. Das Original ist in der Michaelskirche zu Jena zu bewundern. Das Kunstwerk wurde vom Kloster Loccum für Wittenberg gestiftet, aber in den Wirren nach der Auflösung des dort ansässigen Kurfürstentums verblieb sie in Thüringen. So wurde zumindest ein Abguss in der Lutherstadt aufgestellt, um der Stiftung noch einigermaßen gerecht zu werden. Dieser Nachguss erfolgte im Rahmen der Rekonstruktion im vorigen Jahrhundert. - Ebenfalls beachtenswert ist noch ein Bronzetaufbecken, das recht ungewöhnlich gestaltet ist. Aber, was heißt hier ungewöhnlich? Das Werk mit neugotischer Formensprache ordnen wir nach dem ersten Ansehen Schinkel zu und liegen, wie wir später erfahren, damit vollkommen richtig. Schade! Es bleibt bei der Vielzahl der Kunstwerke in diesem Gotteshaus in seiner Beachtung hinter den übrigen zurück.

Damit geht unser Rundgang durch die Wittenberger Schlosskirche seinem Ende entgegen. Gewiss gibt es von diesem Bauwerk noch vieles mehr zu berichten. Aber wäre es dann noch die Schilderung der eigenen Eindrücke? Belassen wir es bei dem Beschriebenen. Schade nur, dass die pastorale Atmosphäre in diesem Hause so gar nicht zu spüren ist. Ein rein gefühlsmäßiger Widerspruch bemächtig sich unser. Etwas anderes aber beeindruckt uns. Wir konnten ein positives Beispiel für die Arbeit der Staatlichen Denkmalpflege erleben. Das Institut hat hier sein Können unter Beweis gestellt, eine Leistung, die sich sehen lassen kann. Und das ist schon eine besondere Erwähnung wert. Die Restaurierung wurde notwendig, weil Schloss und Kirche in den letzten Tagen des Zweiten Weltkrieges noch erheblichen Schaden erlitten haben.

Ein Spaziergang durch das Zentrum WITTENBERGS und seine Geschichte

In guter Stimmung und vollauf befriedigt verlassen wir die Schlosskirche und wenden uns der Stadt selber zu. Auf dem Wege zu einem weiteren Höhepunkt unserer heutigen Fahrt, der Marienkirche, wollen wir das Stadtzentrum etwas kennenlernen. Kaum vor der Kirche, empfängt uns schon wieder der eisige Wind. Meine Frau bleibt stehen und verkündet mit entschlossener Stimme, sie brauche etwas, um sich aufzuwärmen. Auch wir beiden anderen frieren, wollen es aber nicht zugeben. Nicht weit von der Schlosskirche entfernt betreten wir also eine Gaststätte. Hier lassen wir uns eine schmackhafte Soljanka servieren. Irmgard und Gottfried bestellen sich noch einen Grog. Ich, als Kraftfahrer muss mich mit einem Gesöff begnügen, das zwar schwarz ist, aber noch nicht einmal in der Nähe von Kaffee gesucht werden darf. Auf diese Weise durchgewärmt, setzen wir unseren kleinen Stadtrundgang fort.

Obwohl Wittenberg, ebenso wie Jüterbog, eine Provinzstadt ist, macht sie auf uns einen wesentlich besseren Eindruck als die Flämingstadt. Die Häuserfronten sind doch schon um einiges stärker gegliedert und reicher geschmückt. Es sieht eben alles viel gefälliger aus. Die Bürgerhäuser würden wir den letzten drei Jahrhunderten zurechnen. Natürlich ist auch hier zu verzeichnen, dass ein Großteil aus der Gründerzeit zu stammen scheint. Der Zustand der Gebäudefassaden lässt sich auf der Zustandsskala von katastrophal bis sehr gut einordnen. Vornehmlich die Hauptstraßen sind einigermaßen gut anzusehen. Die innerstädtische Sanierung hat in der Elbestadt doch schon mehr Fuß gefasst. Das ist die Stadt immerhin ihrem Ruf schuldig. Allerdings darf man nicht in die Nebenstraßen gehen, sich also nicht von den Hauptstraßen entfernen. Hier lässt die Sanierung noch auf sich warten. Wittenberg hat aber auch einen Sanierungskomplex zu bieten: den Rathausplatz. Der ist es mir wert, dass ich ihn gesondert beschreibe. Wir bekommen das befriedigende Gefühl, dass die Stadtväter der Elbestadt von dem Willen beseelt sind, etwas für ihre Stadt zu tun. Schließlich wird sie ja von Touristen aus der ganzen Welt wegen ihrer Rolle in der Reformation besucht. Aber nicht nur die kirchenreformatorische Geschichte prägte die Stadt. Jahrhundertelang war sie Residenz, fürstliche Residenz. Und so wird es an dieser Stelle wohl doch erforderlich, dass ich einen kleinen Abstecher in die Geschichte der Elbestadt mache.

Wittenberg wird im Jahre 1180 erstmals urkundlich erwähnt. Näheres wissen wir darüber nicht, denn diese Nennung bezieht sich gar nicht auf den Ort, den es zu dieser Zeit mit ziemlicher Sicherheit schon gegeben hat, sondern auf einen Burgward zur Sicherung des Elbeüberganges. Etwa an der Stelle des heutigen Schlosses hat er sich befunden. Allein das ist nicht die einzige Funktion des Burgwardes. Der Askanierfürst Albrecht der Bär hatte ihn in ein Verteidigungssystem gegen den in dieser Gegend ansässigen slawischen Stamm der Wenden einbezogen, der im Zuge der Ostexpansion christianisiert werden sollte. Aus dem befestigten Platz wurde im Laufe der Zeit eine Niederungsburg, in der man sicherlich eine Vorgängerin des heutigen Schlosses zu sehen hat.

Der Askanierherzog Albrecht II., einer der Nachfolger Albrecht des Bären, wählte als erster Fürst die Elbestadt zu seiner ständigen Residenz. Nach der Erbteilung des Herzogtums Sachsen war ihm Sachsen-Wittenberg zugefallen, wie das Teilherzogtum nun genannt wurde. 1293 verlieh Albrecht II. der Siedlung das Stadtrecht. Das begünstigte natürlich ihre wirtschaftliche aber auch gesellschaftliche Entwicklung. 1356 verlieh Kaiser Karl V. dem Herzog die Kurwürde. Diese blieb auch bestehen, als nach dem Aussterben des Askanierhauses im Jahre 1422 das Kurfürstentum als Lehen an die Wettiner ging. Die neuen Kurfürsten bestätigten alle Rechte der elbestädtischen Bürgerschaft und erteilten zudem noch das Recht des Salzverkaufes. Residenz der wettinischen Kurfürsten blieb Wittenberg.

Kurfürst Friedrich der Weise gründete 1502 in Wittenberg die Universität. Schon sehr bald zeigte sich, dass die Zünfte einerseits und die Lehranstalt andererseits zu einer echten Opposition gegenüber der Kirche werden sollten. Martin Luther, Augustinermönch mit Doktorwürde, lehrte unter anderem hier in Wittenberg. Am 31. Oktober des Jahres 1517 schlug er aus Protest gegen Ablasshandel und Ketzerverfolgung seine berühmten 95 Thesen an die Schlosskirchentür. Diesen Tag begehen alle evangelischen Christen der Welt als die Geburtsstunde der Reformation. Seitdem entwickelte sich die Stadt zum Wallfahrtsort der Reformationsanhänger. Natürlich war Wittenberg die erste deutsche Stadt, in der ausschließlich nach der protestantischen Glaubenslehre gepredigt wurde. Der sich in der Folge entwickelnde Glaubensstreit blieb lange Zeit auf Wort und Schrift beschränkt. Kaiser Karl V. war es dann, der den Schmalkaldischen Bund aller protestantischen Fürsten mit Unterstützung deutscher kaisertreuer Fürsten militärisch angriff. Kurfürst Johann-Friedrich der Großmütige, der Führer des protestantischen Bündnisses, übergab die Stadt kampflos, nachdem der Bund 1547 durch die kaiserlichen Truppen bei Mühlberg geschlagen wurde. Das bedeutete gleichzeitig das Ende des Kurfürstentums Sachsen-Wittenberg, denn der Fürst musste seine Kurwürde abgeben. Das Herzogtum kam zur albertinischen Linie der Wettiner. Damit wurde die politische und wirtschaftliche Entwicklung der Stadt abrupt unterbrochen, denn sie lag nunmehr am Rande des Herzogtums und hatte fortan nur noch eine untergeordnete Bedeutung.

Seit dieser Zeit begann für die Elbestadt ihr provinzialisches Schicksal. Dies wurde endgültig besiegelt, als die Universität nach Halle verlegt wurde. Zwar kam Wittenberg noch im Namen der Lehranstalt vor, aber das hatte keinerlei förderliche Bedeutung für die Stadt. Heute ist Wittenberg Kreisstadt und führt den Ehrennamen „Martin-Luther-Stadt". So hat sie zumindest wieder eine regional-politische Bedeutung. Außer dieser entwickelte sich die Elbestadt zunehmend, und das bis heute, zu einem Zentrum des Fremdenverkehrs in Sachen Reformation.

Hier, in der Altadt, wird die Bedeutung der Universität in den vergangenen Jahrhunderten für Wittenberg sichtbar. An vielen Häuserfassaden finden wir Hinweisschilder, aus denen hervorgeht, wer von Rang und Namen, von wann bis wann in dem Gebäude gewohnt oder gewirkt hat. Und alle waren es jedem bekannte Persönlichkeiten der deutschen Wissenschaft und Kunst, die in den Lexika der Welt für immer ihren Platz gefunden haben. Sie waren es auch, die in erheblichem Maße die Stadt mit prägten, und da wären vor allem drei dieser Männer, mit denen die Elbestadt wohl auf ewig in

Verbindung gebracht wird: Martin Luther, Philipp Melanchthon, Lucas Cranach d.Ä.. Ihre Häuser sind architektonische Höhepunkte in der Altstadt.

Zwei Höhepunkte hält die Lutherstadt noch für uns bereit, die auch wohlweislich in unserem Programm aufgeführt sind: die Marienkirche und der Rathausplatz. In dieser Reihenfolge möchten wir sie auch besichtigen. Jedoch daraus wird nichts. Wie nicht anders zu erwarten, ist die Marienkirche verschlossen. Aber geschlagen geben wir uns deshalb nicht. Zunächst mache ich mich zum Pfarramt auf. Der Pfarrer ist leider nicht zu Hause und seine Frau ist mit Backen beschäftigt. Unseren Wunsch, die Marienkirche von innen zu besichtigen, versteht sie wohl, aber gegenwärtig ist der Zeitpunkt ungünstig. So kommen wir zu dem Kompromiss, dass wir uns zunächst auf dem Rathausplatz die Zeit vertreiben und dann noch einmal bei ihr vorbeischauen.

Der Rathausplatz in Wittenberg

Die Elbestadt hat unserer Meinung nach einen der schönsten Rathausplätze in der DDR. Das liegt sowohl am Rathaus selbst als auch an der Gesamtgestaltung des Platzes mit den Standbildern der Reformatoren. Doch zunächst möchte ich auf das Rathaus eingehen. Wir stehen vor einem spätgotischen Bau mit zwölf Achsen Ausdehnung, der später im Renaissance-Stil umgebaut bzw. verändert wurde. Er ist turmlos, sieht man von dem Dachreiter mit einer Laterne ab. Wie bereits an der Stadtkirche kann man auch am Rathaus den einstigen Reichtum der Stadt ablesen. Welche Stadt konnte es sich schon leisten, einen Zwölfachsenbau als Rathaus zu errichten? Das Gebäude braucht gar keinen Turm als Blickfang, so imponierend wirkt es in Umfang und Gestaltung. Bleibt nur die Frage, wo hier die Ratsglocke geläutet wurde, denn mehr als eine kleine Feuerglocke liess sich ja wohl in dem Dachreiter nicht unterbringen. Der Renaissance-Umbau hat unserer Meinung nach dem Bau der Spätgotik in keiner Weise geschadet. Im Gegenteil, dieser wurde durch den Umbau richtig aufgewertet. Insofern bilden die Elemente der beiden Bauepochen eine harmonische Einheit. Die Renaissance-Umgestaltung erfolgte an der Außenfront hauptsächlich oberhalb der Traufhöhe. An der Längsseite - wir stehen vor der Schaufassade im Süden des Gebäudes - sind vier, jeweils über drei Achsen reichende Quergiebel im Dachbereich als Zwerchgiebel errichtet worden. Die schönen Renaissancegiebel mit ihren geschwungenen Abstufungen und der horizontalen Gesimsgliederung ergänzen die in den unteren Geschossen vorhandenen gotischen Gardinenfenster hervorragend. Selbstverständlich wurden die Giebelseiten des Rathauses in die Umgestaltung mit einbezogen. Zwei schöne Schaugiebel zieren die Stirnseiten, auch sie mit geschwungenen Abstufungen.

Als ein architektonisches Kleinod möchte ich den Ratsbalkon mit Baldachin und Unterbau bezeichnen. Der Baldachin ruht auf Säulen und endet nach drei Seiten portikusartig. Der Unterbau, wiederum auf Säulen, bildet somit die Überdachung des Rathausportals. Die Freitreppe nimmt sich hier als schöne Ergänzung aus. Die sonst einfach und ohne größere Baugliederung gehaltenen drei Geschosse bekommen erst durch diese wunderbare Renaissance-Ergänzung ihr würdiges Aussehen und ihren Reiz. Das Rathaus macht auf uns einen fast majestätischen Eindruck. Vor nicht allzu langer Zeit hat das Gebäude eine Restaurierung erfahren. Es wirkt sehr gepflegt. Natürlich ist es jetzt, am frühen Sonnabend-Nachmittag, geschlossen. Schade, denn wir hätten zu gerne einen Blick in das Treppenhaus und den Ratssaal geworfen. Bekanntlich sind diese an mittelalterlichen Rathäusern am prachtvollsten gestaltet. Das Gebäude des Rates der Stadt zeugt von dem Stolz, dem Selbstbewußtsein und natürlich auch von dem Reichtum der Bürgerschaft.

Aber nicht nur das Rathaus macht den enormen Reiz des ganzen Platzes aus. Da sind zunächst die beiden überlebensgroßen Standbilder der Reformatoren zu nennen. Sie stehen in gebührendem Abstand rechts und links vor dem Rathaus. Beide Standbilder entstammen dem vorigen Jahrhundert. Beide weisen in ihrer Gestaltung Ähnlichkeiten auf. So werden beide Reformatoren durch reich geschmückte neugotische Baldachine überspannt. Während das Luther-Standbild von Schadow und der dazu gehörige Baldachin von Schinkel geschaffen wurden, entstammt das Melanchthon-Standbild von Drake und der Baldachin von Strack. Beide Männer stehen in würdevoller, ja ich möchte sagen, predigender Haltung auf ihren Sockeln und schauen auf den Platz und das dortige Treiben herab. Besonders die Baldachine sind mit vielfältigem neugotischem Maßwerk geschmückt, das jeweils an den Ecken und den Bogenscheiteln in Fialen übergeht. Dadurch werden die überlebensgroßen Standbilder besonders hervorgehoben. Baldachine waren schon im Mittelalter als Sinnbild des Schutzes betrachtet worden. Sollte hier gezeigt werden, dass die protestantische Tradition dem besonderen Schutz der Hohenzollern gewiss sein konnte? Wahrscheinlich geht die sichtbare Verehrung der beiden Reformatoren auf den preußischen König Friedrich Wilhelm IV. zurück, der ein sehr gläubiger und praktizierender Christ war. Da war es sicherlich nur recht und billig, dass die besten preußischen Künstler für die Lutherstadt verpflichtet wurden. Und heute? Heute kann die Stadt stolz darauf sein, in ihren Mauern Werke dieser berühmten Männer zu haben.
    Der Rathausplatz erhält zudem seine gute Wirkung, da ein Großteil der den Platz umgebenden Bürgerhäuser bereits frische Farben zeigen. Hier wurde einmal ein Gesamtkonzept der Stadtsanierung verwirklicht. Giebelhäuser und Traufenhäuser wechseln sich in zwangloser Reihenfolge ab. Viele der Giebelhäuser zeigen ebenso schöne Stufengiebel wie das Rathaus, wenn auch nicht so aufwendige. Sie entstammen demnach wahrscheinlich dem ausgehenden 16. und beginnenden 17. Jahrhundert. Andere Häuser würden wir dem Barock zurechnen. An der Südseite des Platzes stehen auch einige Gebäude aus dem vorigen Jahrhundert, also aus der Gründerzeit. Der Wechsel der Bauepochen und die Farbenfreudigkeit der Fassaden geben dem Platz seinen besonderen Reiz. Das Rathaus und die Standbilder stellen dabei den gestalterischen Höhepunkt dar. Ursprünglich waren Rathausplatz und Kirchplatz vereinigt und bildeten ein großes Areal. Im 16. Jahrhundert wurde dann die Häuserzeile zwischen Rathausplatz und Marienkirche

gesetzt und somit zwei benachbarte Plätze geschaffen. Dafür sind sicherlich im Zusammenhang mit der Universitätsgründung der steigende Wohnraumbedarf und die Platznot innerhalb der Stadtmauern verantwortlich. Der Kirchplatz ist hierdurch zwar sehr beengt in seiner Flächenausdehnung, aber der Rathausplatz wurde zu dem, was ihn heute als einen der schönsten Rathausplätze macht.

Hiermit möchten wir die Besichtigung dieses außergewöhnlichen Bauensembles beschließen. Es wird langsam Zeit, sich mit der Marienkirche zu befassen. Hoffentlich hat die Gemahlin des Pfarrers nun etwas Zeit für uns.

Die Stadtpfarrkirche St. Marien zu Wittenberg

Gottfried schlägt vor, zunächst sich den Außenbau anzusehen. So würden wir eventuell sichergehen, dass wir nicht zu früh bei der Pfarrersfrau läuten. So machen wir es denn auch. Die Türme der Marienkirche prägen gemeinsam mit dem der Schlosskirche das Stadtbild sowie das Panorama der Lutherstadt. Wir überqueren den Rathausplatz, um zu der Kirche zu gelangen, die etwas abseits von diesem steht, umgehen die Häuserzeile, die die beiden Plätze trennt. Und dann liegt die stolze Kirche vor uns. Leider steht das Gotteshaus so nahe an der westlichen Kirchplatzbebauung, dass die Westfront fast von dieser erdrückt wird. Eine Betrachtung des imposanten Bauwerkes in seiner Gesamtheit ist somit nicht möglich, zumindest nicht so, dass man einen vollen Eindruck von der Turmfront her bekommt. Man steht zu nahe an derselben. Betrachtet man sie aus einiger Entfernung, so sieht man eben nur die Türme, soweit sie über die Bürgerhäuser hinausragen. Aber auch das ist ein reizvoller Anblick.

Was uns sofort auffällt, ist die Harmonie, die das Bauwerk ausstrahlt. Kein Wunder, dass diese Kirche, ebenso wie die Schloßkirche zu den Wahrzeichen der Elbestadt zählt. Die Türme erinnern uns entfernt an die der Nikolaikirche in Jüterbog, nur enden hier beide in gleicher Gestaltung sowie gleicher Höhe und sind dem Nordturm von St. Nikolai sehr ähnlich. Auch hier verbindet eine Laufbrücke beide Türme am Ende des obersten Geschosses. Zudem haben sie einen Aussichtsrundgang, wie man an den Geländern erkennen kann. Zwischen den beiden Türmen erhebt sich ein Mittelbau, der aber nicht die Höhe der Turmschäfte erreicht. So gestaltet sich die Turmfront zu einer beeindruckenden Westgruppe. Die Schallöffnungen in den obersten Turmgeschossen sind mit reichhaltigem Maßwerk versehen. Ansonsten sind die Schäfte schmucklos, sieht man von den Ecklisenen und Gesimsbändern ab. Die Schmucklosigkeit verleiht den Türmen den Ausdruck der Wehrhaftigkeit.

Das Langhaus wird durch ein hohes und mächtiges Satteldach abgeschlossen. Form und Größe des Langhauses aber auch das hohe einheitliche Satteldach lassen im Inneren eine gotische Hallenkirche vermuten. Die endet im Osten in einem eingezogenen Chor mit geradem Abschluss. Der eingezogene Chor lässt nun wieder vermuten, dass er einer späteren Bauperiode entstammen könnte. So, wie die Kirche vor uns steht, zeugt sie in beeindruckender Weise von dem Selbstbewusstsein und dem Reichtum der mittelalterlichen Stadt. Stadtkirchen des Mittelalters faszinieren uns immer wieder aufs Neue, und gotische noch mehr als romanische. Wie bei gotischen Kirchen üblich, kann man an den Strebepfeilern die Jocheinteilung des Bauwerkes ablesen. Hier haben wir es mit einer vierjochigen Halle zu tun. Drei große gotische Fenster sind zu bewundern. Ein viertes ist durch einen Vorbau, sicherlich eine kleine Eingangshalle verdeckt. Die Langhausfenster sind dreibahnig und werden mit schönen Maßwerken abgeschlossen, die unserer Meinung nach schon in die Spätgotik weisen. Der Chor ist nach den Fenstern und Strebepfeilern zu urteilen, in drei Joche eingeteilt. Die Chorfenster sind niedriger als die des Langhauses. Auch sie sind dreibahnig. Die abschließenden Maßwerke sind einfacher und deuten in die Hochgotik. Während die Strebepfeiler am Chor schmucklos sind, weisen die des Langhauses eine ganz andere Form auf. Im unteren Teil sind sie als Sockel gestaltet. Auf diesen stehen Apostelfiguren, die von reich gestalteten Baldachinen überdacht werden. Die enden in maßwerkgeschmückten Wimpergen und Fialen. Dass es sich um Apostel handeln muss, entnehmen wir zwei der Figuren. In einer glauben wir den Hl Andreas an dem Andreaskreuz zu erkennen. An der Muschel, wenn auch hier nicht am Hut, meinen wir in einer anderen Figur den Hl Jakobus d.Ä. zu erkennen. Es ist also anzunehmen, dass auch die restlichen Figuren Apostel darstellen. Die Heiligenfiguren sind recht einfach gearbeitet. Sie scheinen aus Sandstein zu sein, denn sie zeigen schon erhebliche Verwitterungserscheinungen. Ein solcher Schmuck an einer Stadtkirche ist, sieht man einmal von Backsteinkirchen ab, nicht unbedingt üblich. Die Wittenberger Bauherren haben es verstanden ihr Gotteshaus aufzuwerten und besonders herauszustellen. Figurenschmuck an den Strebepfeilern kennen wir eigentlich nur von Reichskirchen. An der Südseite weist der Vorbau, der bis zur Traufhöhe reicht, ein zweitüriges Portal aus. Der Vorbau entstammt einer späteren Bauperiode. Das können wir erkennen, obwohl ein Baugerüst große Teile der Eingangshalle verdeckt.

Der Chor mit seinem geraden Abschluss gibt uns Rätsel auf. Die Tatsache des geraden Ostabschlusses wundert uns nicht. Das gibt es an mehreren Stadtpfarrkirchen aus gotischer Zeit. Vielmehr ist es die asymmetrische Gestaltung des Ostgiebels. Der ist in hanseatischer Manier als Stufenschaugiebel gestaltet. Er reicht nicht über die ganze Breite der Chorostwand, und weicht zudem aus der Mitte nach Süden ab. Was hat das zu bedeuten?

Nun, da wir den Außenbau von St. Marien besichtigt haben, wende ich mich wieder dem Pfarrhaus zu. Die Pfarrersfrau empfängt mich und äußert mit vergnüglicher Miene, sie sei schon der Meinung gewesen, wir hätten es uns anders überlegt. Die freundliche Frau greift nach dem Kirchenschlüssel und begibt sich mit mir zur Kirche. Dabei zeigt sie sich etwas erstaunt über das Hobby, dem wir frönen. Heute sei dies nicht mehr häufig anzutreffen. Das sei der eigentliche Grund, weshalb sie gerne bereit wäre, uns die Pfarrkirche zu zeigen. Wir fühlen uns geschmeichelt, denn mittlerweile sind wir an der

Kirchentür angelangt. Beim Aufschließen der Kirche schränkt sie ein, ihre Zeit sei trotzdem recht begrenzt. Vor dem Eintreten machen wir uns miteinander bekannt.

Wir betreten nun durch das Südportal das Gotteshaus, eine, wie wir bereits richtig vermuteten, dreischiffige gotische Hallenkirche. Sie entstammt der ersten Hälfte des 15. Jahrhunderts. Eine leichte Enttäuschung können wir aber nicht verbergen. Gemessen an der Firsthöhe und den Proportionen des Außenbaues hatten wir eine andere Scheitelhöhe der Gewölbe erwartet. Das Kircheninnere wirkt auf uns eher gedrungen. Die Pfarrersfrau kann uns dazu so gut wie gar nichts sagen, wie sie überhaupt zu der Baugeschichte sehr wenig zu berichten weiß. Der Innenraum des Gotteshauses macht auf uns zudem einen düsteren Eindruck. Wir werden aufgeklärt, dass nach jahrelangem Ringen mit der Renovierung der Kirche nun begonnen werde. Die Gerüste am Südportal würden bereits zu den Maßnahmen gehören. Die Renovierung ist auch bitter notwendig. 1929, so bekommen wir gesagt, sei die Kirche letztmalig renoviert worden. Die Gemeinde habe lange um die jetzt beginnende Renovierung gekämpft, aber die Denkmalpflege habe das für Wittenberg zur Verfügung stehende Geld ausschließlich in das Schloss und die Schlosskirche gesteckt. Da hätte diese historisch wichtige Kirche immer verzichten müssen. Nunmehr sei allerdings Geld aus dem Westen bereitgestellt worden, werden wir aufgeklärt. Die wirklich guten Beziehungen des Kirchenvorstandes sowie die ihres Mannes hätten das ermöglicht. Und dieses Geld hätte nun den Ausschlag gegeben, dass die Renovierung jetzt beginnen könne. Allerdings lasse es das Institut nicht zu, dass die geldgebenden Kirchen der Bundesrepublik bei der fachlichen Vorbereitung der Renovierung mitwirken dürften. Das sei ausschließlich Sache der Staatlichen Denkmalpflege. Nur sie sei für die stilechte Erhaltung der mittelalterlichen und denkmalgeschützen Architektur verantwortlich. Selbst die Gemeinde habe so gut wie keinerlei Mitspracherecht. Eine vollständige Restaurierung wären Pfarrer und Gemeinde zwar lieber, aber das sei die berühmte Taube auf dem Dach, die Renovierung dagegen der Spatz in der Hand.

Die Pfarrersfrau hat Verständnis für unseren Wunsch, dass wir zunächst in einer Bankreihe Platz nehmen, bittet uns aber vorsorglich daran zu denken, dass sie nicht unbegrenzt Zeit für uns habe. Sie nutzt die Zeit, um uns die Geschichte der Reformation etwas näher zu bringen. Sie lässt die Bedeutung der Marienkirche aufleben, als das Gotteshaus, in dem Martin Luther vor und nach der Reformation predige. Sie würdigte außerdem die protestantischen Geistlichen der ersten Tage. Wir hören von Melanchthon, den wir bereits kennen, von Bugenhagen, von Henning Göde. Wir erfahren von der protestantischen Umgestaltung der Kirche, auf die sie bei der kurzen Führung noch eingehen wolle.

Der Gesamtzustand des Hallenlanghauses macht auf den ersten Blick auf uns nicht den harmonischen Eindruck, den wir von gotischen Pfarrkirchen her kennen und den wir vor ein paar Stunden in St. Nikolai in Jüterbog erleben konnten. Störend wirkt, zumindest auf uns, auch die Asymmetrie des Chores, die hier im Inneren sofort ins Auge fällt. Was die Gebäudegrenzen im Osten von außen dennoch symmetrisch erscheinen lässt, wird hier im Kircheninneren sichtbar. Nördlich sind über die ganze Länge des Chores die Sakristei und eine Kapelle angefügt worden. Der Chor wurde gemeinsam mit den Anbauten dann unter ein einheitliches Dach genommen.

Aber zurück zum Innenraum. Wie in Jüterbog kennzeichnen achteckige Pfeiler das gotische Hallenlanghaus. Jedoch wirken sie durch die gedrungene Höhe des Raumes nicht so schlank wie dort. In Längsrichtung entwickeln sich direkt aus den Pfeilern Scheidebögen, die die optische Trennung der Schiffe voneinander verstärken helfen. Aus den kämpferlosen Pfeilern entwickeln sich außerdem die Gewölbedienste. Sie ruhen auf kleinen Konsolsockeln. Die Dienste münden in einfachen hochgotischen Kreuzrippengewölben. Der Kirchenraum ist einschließlich der Gewölbeflächen geputzt. Lediglich die Gewölberippen und die Dienste sind in ihrer Natursteinstruktur belassen. Wir können uns gut vorstellen, wie sich dieser farbliche Kontrast nach Abschluss der Renovierung auswirken wird. Bereits im 16. Jahrhundert, wohl noch vor der Reformation, wurden Emporen in die Marienkirche eingebaut. Von diesen ist allerdings nichts mehr erhalten. Der in Dresden arbeitende italienische Baumeister Pozzi ersetzte 1811 die baufällig gewordenen Emporen durch neugotische. Sie fügen sich sehr gut in das Gesamtkonzept des Gotteshauses ein. Die gedrungene Scheitelhöhe der Gewölbe lässt das Mittelschiff breiter erscheinen, als es in Wirklichkeit ist. Die Gewölbescheitelhöhe im Chor ist wesentlich niedriger als die des Langhauses, so dass sich hier eine Ostwand mit einem Triumpfbogen ergibt. Das hebt den Altarraum in seiner sakralen Bedeutung besonders hervor. Diese Konzentrierung auf den heiligsten Bereich der Kirche ist es, die den Gesamteindruck so positiv beeinflusst. Plötzlich geht in uns eine Meinungsänderung vor sich. Der nicht auf die Hallenachse zentrierte Chor tritt in den Hintergrund. Nun erscheinen uns die Proportionen von Langhaus und Chor plötzlich doch harmonisch. Der erste negative Eindruck ist einem positiven gewichen. Wir meinen nun doch, dass auch in dieser Kirche der Betende die Andacht, die besinnliche Ruhe findet. Uns geht es jedenfalls so. Das bringen wir der Pfarrersfrau gegenüber zum Ausdruck. Sie freut sich darüber und nimmt es als Lob und Anerkennung.

Nun lenkt die freundliche Frau unsere Aufmerksamkeit auf die Ausstattung der Kirche. Das wohl wichtigste Ausstattungsstück ist zweifellos der Hauptaltar im Chor. Wir erkennen in ihm sofort einen Cranach-Altar. Dieser Renaissance-Altar ist als Tryptichon mit Predella gearbeitet. Was wir als Laien nicht erkennen und nun gesagt bekommen, ist die Tatsache, dass der Altar nicht von einem Künstler stammt. Während das Mittelfeld von Lucas Cranach d. Ä. gemalt wurde, werden die Seitenflügel und die Predella Lucas Cranach d. J. zugeschrieben. Aber auf alle Fälle gilt dieser Altar als das unumstrittene Hauptwerk der Cranach-Werkstatt. Auf allen vier Bildern sind Menschen in der Tracht und Mode der Reformationszeit dargestellt. Damit wollten sich wohl die Schöpfer oder die Auftraggeber eindeutig von Altarbildern der Römischen Kirche abgrenzen, so erläutert die Pfarrersgattin. Das Mittelfeld, das größte Bild, stellt eine Abendmahlszene dar. Christus und die Apostel sitzen um einen runden Tisch. Einer der Apostel, mit dem Rücken zum Betrachter, jedoch mit dem Gesicht dem hinter ihm stehenden Mundschenk zugewandt, hat die Züge des Reformators. Aber nicht die von Cranach-Bildern bekannten, sondern die des Junker Jörg. Überhaupt scheint es, als ob alle Anwesenden mit Ausnahme von Jesus Christus mit sich, mit ihrem Nachbarn oder mit wer weiß was beschäftigt sind, nur nicht mit der heiligen Handlung. Das Bild vermittelt uns eher den Eindruck einer angeregten Runde. Lediglich Johannes, der Lieblingsjünger des Herrn, schmiegt sich an den Meister und hat seine Augen auf ihn gerichtet. Wir machen unsere Führerin auf unseren Eindruck aufmerksam, aber sie weiß über den Hintergrund dieser Darstellung nichts zu sagen. Sie habe, so sagt sie, sich noch niemals darüber Gedanken gemacht. Der linke Altarflügel zeigt eine Taufszene. Die Taufe wird von Melanchthon gespendet. Der rechte Flügel weist eine Beichtszene aus. Bugenhagen, einer der Pastoren der ersten protestantischen Tage, nimmt die Beichte ab. Zwar fehlen hier die wesentlichen Merkmale der Ohrenbeichte, aber dennoch ist aus dem Bild zu ersehen, dass die protestantische Kirche in ihren Anfängen gar nicht daran dachte, Beiche und Absolution abzuschaffen. Nach der Epitaphplatte für Henning Göde in der Schlosskirche mit einer Marienkrönung ist dies hier nun das zweite Mal, in dem uns gezeigt wird, dass die frühe protestantische Kirche sich weit weniger radikal zeigte, als wir es heute von der evangelischen Seite kennen. Die Religionsauffassungen der Protestanten müssen sich demnach erst in späteren Zeiten zu dem gewandelt haben, was sie heute sind. Unter dem Hauptbild befindet sich die Predella. Sie zeigt den Gekreuzigten. Luther, auf einer Kanzel stehend und offenbar predigend, zeigt auf diesen. So schließt sich der Kreis der protestantischen Religion und ihrer Sakramente. Das Wort Gottes und die Erlösung der Menschheit durch den Tod Jesu Christi am Kreuz wird als Hauptinhalt des Werkes sichtbar.

Zweifellos ist der Cranach-Altar der künstlerische wie auch liturgische Höhepunkt in der Marienkirche. Die Gattin des Pfarrers zeigt uns noch weitere Gemälde, zum Teil auch aus der Cranach-Werkstatt. Diese Häufung ist nicht verwunderlich, waren die Cranachs doch angesehene Wittenberger Bürger und zählten zu den Honoratioren der Stadt. Sie waren aufs engste mit der Reformationsstadt verbunden, aber auch mit der Reformation selbst. Auch ein Epitaph für Lucas Cranach d. J. bekommen wir zu sehen. Ein sehr natürlich gestaltetes Relief mit der Darstellung der Grablegung Christi zieht unsere Aufmerksamkeit auf sich. Die Darstellung ist sehr lebensnah.

Auf eine sehr schöne Bronzearbeit macht uns unsere Führerin noch aufmerksam, ein Taufbecken, das Hermann Visher d. Ä. aus Nürnberg zugeschrieben wird. Einem Kanzelkorb gleich ist die Beckenumrandung gestaltet. Apostelfiguren sind in den Feldern fast vollplatisch dargestellt. Dass es sich um Apostel handelt, erfahren wir von der Pfarrersfrau. Die einzelnen Felder sind voneinander durch Schmuckleisten getrennt, die Strebepfeilern gleichen. Der Hintergrund ist mit wunderschönen Ziselierarbeiten geschmückt. Wieder beherrscht uns die Frage wie vordem in der Schlosskirche, wie das wohl damals, vor Jahrhunderten, gemacht worden ist. Das Taufbecken wird durch einen zentralen Fuß getragen, der von vier zusätzlichen Eckständern umgeben ist. An diesen Ständern sind wieder Figuren zu erkennen. An den Eckfüßen erkennen wir Löwen, das Zeichen der weltlichen Herrschaft. Die Löwen halten das fürstliche Wappen mit ihren

Pranken. Die Tiere sind unserer Auffassung nach Fantasiegebilde. Woher sollten auch Künstler des Mittelalters die Gestalt und Anatomie von Löwen kennen? An der Mähne kann man erkennen, dass sie die Großkatzen darstellen sollen.

Die Gattin des Pfarrers bittet uns nun, ihr doch nachzusehen, dass sie uns keine weitere Zeit widmen könne. Es gäbe noch so vieles, das sie uns gerne zeigen möchte, aber die Zeit lasse es eben nicht zu. So unangemeldet, wie wir im Pfarramt aufgetaucht sind, müssen wir eingestehen, dass mit so einer umfangreichen Führung nicht zu rechnen war. Uns für die Freundlichkeit und die Führung bedankend werfen wir eine Spende in den dafür bereitstehenden Kasten. Es klingt nicht so, als ob schon viel Geld darin wäre. Und diese Kirche werden doch sicherlich viele Menschen besuchen. Wir werden aus der Kirche geführt. Die Pfarrersfrau interessiert sich noch für unser weiteres Programm und wünscht uns dazu viel Erfolg.

Der Saale-Metropole entgegen

Damit geht unser Besuch in der Lutherstadt Wittenberg seinem Ende entgegen. Auf dem Wege zu unserem Auto durchqueren wir nochmals das Stadtzentrum. An der Schlosskirche ist immer noch reger Besucherverkehr. Zu unserm Glück hat sich das Wetter nun doch noch gebessert. Befriedigt setzen wir uns in den Trabant und starten in Richtung Halle. Die Zeit ist schon recht fortgeschritten. So lange wollten wir uns ursprünglich hier gar nicht aufhalten. Unsere Vorbereitung der Fahrt konnte eben doch nicht alle Eventualitäten berücksichtigen. Um diese Zeit wollten wir eigentlich bereits in der Saalestadt sein. Um etwas Zeit zu sparen, fahren wir bei Coswig auf die Autobahn. Bei der Stadtdurchquerung in Coswig wird meine Frau durch Wegweiser auf spätere mögliche Ziele aufmerksam. Sie regt an, den Wörlitzer Park sowie Schloss und Park Oranienbaum in unsere Vormerkliste aufzunehmen. Gottfried notiert es. An der Abfahrt Halle verlassen wir die Autobahn und biegen mit der Fernverkehrsstraße F100 ab. Diese Straße ist sehr gut, fast schon wie eine Autobahn ausgebaut, und so kommen wir zügig voran. In einiger Entfernung grüßt uns Landsberg. Diesmal ist es Gottfried, der von sich aus der Liste künftiger Ziele ein weiteres hinzufügt.

Über die Hochstraße kommen wir in die Bezirksstadt und wenden uns dann sofort dem Zentrum zu. Halles Verkehrsführung ist für uns Fremde etwas verwirrend. So dauert es doch einige Zeit, bis wir uns dem Zentrum genähert haben und unser Auto unter der Hochstraße parken können. Vom ersten Anblick an macht Halle auf uns den typischen Eindruck einer Industriestadt, einer Industriegroßstadt. Und das ist sie ja schließlich auch. Bereits die Verkehrsdichte, die wir hier zu spüren bekommen, erhärtet diese Feststellung. Dabei ist heute Sonnabend. Wie mag die Straße zum Berufsverkehr frequentiert sein? Durch das Hochstraßensystem, das teilweise noch über der Firstlinie der umgebenden Häuser liegt, wird das Zentrum der Stadt doch wesentlich vom Durchgangsverkehr entlastet. Das kommt natürlich der Innenstadt zugute, wenn es andererseits für uns auch einen eigenartigen Anblick bietet, mit dem wir uns so gar nicht anfreunden können. Aber das ist ein wohl notwendiges Zugeständnis an das Moderne und die Anforderungen des späten 20. Jahrhunderts. Wie ich schon sagte, parken wir unter der Hochstraße. Zu Fuß begeben wir uns ins Zentrum. Näher war mit dem PKW nicht heranzukommen. So jedenfalls erscheint es uns. Die Suche nach einem Parkplatz würde dort sicherlich eher zu einer Katastrophe. In der Saalemetropole wollen wir uns außer einem kurzen Rundgang durchs Zentrum, der Fußgängerzone aber auch der Marktkirche und dem Dom widmen. Der heutige Besuch kann nur ein erstes Kennenlernen bedeuten. Selbst an mittelalterlichen sehenswerten Kirchen hat die Bezirksstadt vieles mehr zu bieten, als wir heute auf unserem Programm haben.

Die Marktkirche St. Marien zu Halle

Das Zentrum der Saalestadt, den Marktplatz, haben wir erreicht. Von hier aus wollen wir zu unserem kleinen Stadtbummel ansetzen. Beginnen werden wir ihn mit einer der wohl schönsten spätgotischen Stadtpfarrkirchen, die in der DDR zu finden sind: der Marktkirche. Den Marktplatz in nordwestlicher Richtung überquerend nähern wir uns der stolzen viertürmigen Marienkirche. Sie ist ein imponierendes Bauwerk. Eine Stadtpfarrkirche mit vier Türmen, das ist ungewöhnlich. Die Gründe für diese Eigentümlichkeit müssen in den lokalen Besonderheiten zu suchen sein. Und so ist es auch. An der Stelle des heutigen Bauwerkes haben im frühen Mittelalter zwei romanische Kirchen in unmittelbarer Nähe gestanden: die Gertrudenkirche und die Marienkirche. Beide Gotteshäuser waren von ihren Friedhöfen umgeben. Mit der weiteren Entwicklung der Saalestadt haben sich dann wohl Umstände ergeben, die aus bürgerlich-städtischen Gesichtspunkten nicht mehr haltbar waren und auf eine Veränderung drängten. So ist es nur logisch, dass anstelle der beiden bestehenden Kirchen eine neue, dem gewachsenen Repräsentationsbedürfnis der Bürgerschaft entsprechende Pfarrkirche geplant wurde. Sie sollte Stellung und Reichtum, aber auch das gestiegene Selbstbewusstsein der Stadt zum Ausdruck bringen. Ungewöhnlich ist nur der Bauplan, der dem damaligen Stadtherren, dem Kardinal Albrecht von Brandenburg, unterbreitet wurde. Auf diesen Kirchenfürsten werde ich später noch einmal näher eingehen. Die beiden romanischen Kirchen sollten bis auf ihre Turmpaare abgerissen werden. Zwischen diesen, die lediglich gotisiert werden mussten, sollte ein großes und prächtiges Langhaus in Form einer spätgotischen Hallenkirche entstehen. Die Ungewöhnlichkeit dieses Vorschlages muss der Kardinal sofort erkannt haben, denn er stimmte zu. Somit entstand ein städtebaulich hervorragendes Bauensemble aus der viertürmigen Pfarrkiche und dem benachbarten Roten Turm, eben das Ensemble, das noch heute als das Wahrzeichen Halles gilt.

Als wir uns der Marktkirche nähern, fallen uns die Baumaterialien auf, die in ihrer Nähe lagern. Sie lassen uns erahnen, und die Ahnung trügt nicht, dass die Kirche wegen Bauarbeiten geschlossen ist. Etwas enttäuscht sind wir schon, aber mit so etwas müssen wir eben rechnen. Auf alle Fälle freuen wir uns aber andererseits, dass die Denkmalpflege sich wieder einer berühmten Kirche angenommen hat und sie einer Restaurierung unterzieht. Nach Abschluss der Baumaßnahmen werden wir der Marktkirche einen nochmaligen Besuch abstatten.

Der Außenbau wird, wie ich bereits erwähnte, durch die vier Türme geprägt. Stellen die westlichen eine mächtige Westwerkgruppe dar, so wirken die östlichen feingliedriger. Sie wirken wie Chorbegrenzungstürme. Diesen Eindruck unterstreicht der Mittelbau zwischen den beiden achteckigen Türmen. Dieser Mittelbau macht auf uns einen eigenartigen Eindruck. Er wirkt wie ein gerader Ostabschluß, hat aber alle Merkmale eines nicht vollendeten und nicht voll aufgeführten Mittelturmes. Schwere Strebepfeiler an den Türmen und zwei schlanke am Mittelbau runden den Anblick im Osten der Kirche ab. Sie verleihen auch der Ostseite den Eindruck der Wehrhaftigkeit. Gegliedert sind Türme und Mittelbau durch geschossbegrenzende Gesimse mit Rundbogenfriesen. Dazu werden die Türme außerdem durch Ecklisenen geschmückt. Abgeschlossen werden sie durch Barockhelme mit aufgesetzten Laternen. Beide Türme haben Aussichtsplattformen unter den Helmen, die durch eine Laufbrücke miteinander verbunden sind.

Ganz anders zeigen sich die Westtürme. Sie erheben sich wuchtig auf quadratischem Grundriss über vier Geschosse und lassen nur geringen Platz für einen verbindenden Mittelbau. Die Türme werden abgeschlossen durch Achteckaufsätze, die in spätgotischen Spitzhelmen enden. Acht einfache Wimperge bilden den Übergang zwischen Achteckgeschossen und Helmen. Das verleiht den oberen Zonen der Türme den Eindruck einer Leichtigkeit, die im Widerspruch zu dem unteren wuchtigen Westwerkbau zu stehen scheint. Wimperge und Spitzhelme sind schiefergedeckt. Der Eindruck der Wehrhaftigkeit des Westwerkunterbaues wird vornehmlich durch vier schwere und mehrfach abgestufte Strebepfeiler unterstützt.

Das Langhaus ist schlicht und einfach gestaltet. Auffallend ist der geringe Abstand der Strebepfeiler voneinander. Dadurch hat das Langhaus sehr schlanke Fenster und einen sehr hohen Grad der Mauerauflösung. Die Gliederung durch die Strebepfeiler überträgt sich im Inneren auf die Jocheinteilung. Danach zu urteilen, müsste die Marktkirche eine recht enge Stellung der Pfeiler im Langhaus aufweisen. Daraus kann man andererseits ableiten, dass die Pfeiler sehr schlank sein müssen. Der Anzahl der Fenster entsprechend müsste das Gotteshaus zehn Joche lang sein. Wir wissen, dass hier sehr schöne Netzgewölbe zu bewundern sind. Sie waren eigentlich der Grund, warum wir die Kirche in das Programm aufgenommen haben, denn sie sind weit über die Grenzen der Stadt berühmt. Aber zurück zum Außenbau. Die Fenster wurden, trotzdem sie so schlank sind, dreibahnig gestaltet. Sie haben recht schlichtes Maßwerk.

In unmittelbarer Nähe der Westturmgruppe schließt sich der tiefer gelegene Salzmarkt an. Am östlichen Rand hat dieser Platz mit dem Markthaus seine Begrenzung. Die mittelalterliche Gestaltung des Gebäudes gibt der Marktkirche, die hinter ihm aufwächst, den eigentlichen Reiz. So, wie die Kirche vom Salzmarkt aus wirkt, könnte man meinen, eine Reichskirche vor sich zu haben. Das Markthaus, die rechts davon liegende Freitreppe zum Markt und das höher gelegene Gotteshaus mit seinen vier Türmen haben etwas Erhabenes an sich, dem sich der Betrachter einfach nicht entziehen kann. Dabei wird einem aus der Entfernung, etwa aus der Mitte des Salzmarktes, erst so richtig bewusst, wie hervorragend die Baumeister es verstanden haben, die romanischen Türme zu gotisieren und mit dem spätgotischen Langhaus zu einer harmonischen Einheit zu verbinden. Der Anblick ist so faszinierend, dass wir ihn eine Weile genießen. Gottfried ist es dann, der uns daran erinnert, dass ja noch der Dom und der „Bummelboulevard" auf uns warten.

Eindrücke von HALLE an der Saale im Lichte seiner Geschichte

Zeitlich sind wir nun doch etwas eingeengt. Ob wir unser Programm noch bei Tageslicht absolvieren können? Zunächst soll der Stadtbummel fortgesetzt werden. Also steigen wir die Freitreppe zum Marktplatz wieder empor und widmen uns demselben. An der westlichen Seite, aber doch östlich der Marienkirche, steht eines, ja vielleicht „das" Wahrzeichen der Saalemetropole, der Rote Turm. Er wurde in den Jahren 1418 bis 1506, wie es so schön damals hieß, „...zur Zierde der hochberühmten Stadt und Gemeinde Halle" erbaut. Bis vor kurzem entbehrte dieser Turm allerdings noch seines stolzen spätgotischen Spitzhelmes, eine Folge der Kriegseinwirkungen. In der Presse hatten wir verfolgt, dass der Turm einer Restaurierung unterzogen wurde. Der Helm wurde am Boden montiert und gedeckt. Das Aufsetzen desselben mittels Hubschrauber vor ein paar Wochen war der krönende Abschluss der Arbeiten. Das Fernsehen berichtete ausführlich darüber. Majestätisch beherrscht der Turm nun wieder den Platz. Südöstlich des Turmes blickt einer der berühmtesten Söhne der Stadt, Georg Friedrich Händel, von einem Sockel auf den Marktplatz und das Treiben auf demselben herab. Ob er sich heute in Halle wohlfühlen würde?

Stehen wir hier, auf dem Marktplatz an der Wiege der Saalestadt? Salzquellen gaben ihr den Namen. Die Ausnutzung derselben haben schon in vorgeschichtlicher Zeit zur Besiedlung geführt. 806 wird eine Befestigung zum Schutz der Salzquellen urkundlich genannt, was als erste dokumentierte Nennung von Halle gedeutet wird. In der zweiten Hälfte des 10. Jahrhunderts wird von der Errichtung der Burg Giebichenstein zum Schutz des Saaleüberganges berichtet. Es entstanden mehrere Siedlungskerne, die dann 1120 zusammengelegt wurden. Wann der Ort das Stadtrecht erhielt und durch wen, entzieht sich unserer Kenntnis. Durch die Salzgewinnung hatte die Stadt einen enorm wirtschaftlichen Aufschwung zu verzeichnen. Sie entwickelte sich zu einer Salzmetropole, wenn ich dies einmal ausdrücken darf. Im Jahre 1280 tritt Halle der Hanse bei. Um diese Zeit hat die Stadt ihre wirtschaftliche Blüte. Bis 1479 bleibt sie Mitglied des Handelsbundes. Aus dieser Zeit haben sich nur ganz wenige architektonische Reste in unsere Gegenwart herübergerettet.

Tatsache ist allerdings, dass die Erzbischöfe von Magdeburg schon sehr früh Halle als ihre Nebenresidenz auserwählten. So nehmen wir sicherlich nicht zu Unrecht an, dass die Verleihung des Stadtrechtes auf einen dieser Kirchenfürsten zurückgeht. Bis zur Einführung der Reformation blieb die Saalestadt im Besitz der Kleriker. Der letzte klerikale Stadtherr von Halle war Kardinal Albrecht von Brandenburg, seines Zeichens Erzbischof von Magdeburg und Mainz, der von 1520 bis 1541 hier residierte. Die Stadt hat unter seiner Herrschaft die Entwicklung zu einer Metropole der Wissenschaft und Kunst erfahren. Andererseits verschärften sich aber auch die Gegensätze zwischen dem aufstrebenden Bürgertum und dem Kardinal. Bereits sein Vorgänger, Erzbischof Ernst von Magdeburg, hatte ab 1484 die an der Saale gelegene Moritzburg als Zwingburg gegen die Bürgerschaft errichten lassen. Albrecht versuchte nun die Abhängigkeit der Stadt vom Erzbistum und natürlich seiner Person mit Zuckerbrot und Peitsche durchzusetzen. Die Entwicklung zu einer Stadt von Wissenschaft und Kunst brachte Halle sehr viele Vorteile. Der Gehorsam gegenüber dem Stadtherren war der Preis dafür. Der Sieg der Reformation in der Saalestadt war dann auch gleichzeitig Sieg des Bürgertums über den Kirchenfürsten. Nach einigen vergeblichen Versuchen, die Römisch-Katholische Kirche in Halle zu halten, musste er schließlich die Stadt der Reformation überlassen und verließ sie in Richtung Magdeburg.

Der wirtschaftliche Aufschwung hielt noch nicht einmal weitere einhundert Jahre an. Der Dreißigjährige Krieg brachte der Stadt weitreichende Zerstörung. Von dem nach diesem Krieg erfolgten Wiederaufbau ist so gut wie nichts mehr an Architektur vorhanden. Allzu großzügig ging man in der Gründerzeit mit den Bauten aus der Hansezeit sowie denen aus Renaissance und Barock um. Sie mussten den modernen Bürgerhäusern aus dem Ende des 19. und Anfang des 20. Jahrhunderts weichen. Gewiss, es sind etliche sehr schöne und absolut sehenswerte Häuser im Jugendstil entstanden, aber was da an Bauten früherer Epochen geopfert wurde, ist schon recht bedauerlich. Bis auf die mittelalterlichen Kirchen, den Roten Turm, ein paar historischen Gebäuden und Bürgerhäusern sowie geringen Resten der ehemaligen Stadtbefestigung sind nur ganz wenige Zeugnisse aus vorhergehenden Jahrhunderten zu finden. Die Bautätigkeit in der Gründerzeit ging einher mit der Entwicklung zu einem Industriezentrum, ja Halle wurde „das" Industriezentrum in Mitteldeutschland. Der gewaltige Bauboom hielt bis in die dreißiger Jahre an. Es finden sich in Halle auch etliche Bauten aus der Bauhausepoche.

Der Zweite Weltkrieg bescherte der Stadt wiederum umfangreiche Zerstörungen, deren Narben zum Teil heute noch zu sehen sind. Wie schon vor dem Kriege begonnen, wurde Halle jetzt zum Zentrum der chemischen Industrie in Ostdeutschland entwickelt. Viele Industriezweige haben außer der Chemie in der Saalemetropole ihren Sitz. Nicht alle Kriegslückenbebauungen sind hinsichtlich des Stadtbildes als geglückt zu bezeichnen. Unter dem Diktat der Notwendigkeit des schnellen und effektiven Wiederaufbaues wurden aus funktionaler und rationaler Sicht eine Vielzahl von Bauten errichtet, die so gar nicht in ein harmonisches Stadtbild passen. Unsere Regierung hat die Bausünden der Gründerzeit wiederholt. - Heute ist Halle eine Bezirkshauptstadt in der DDR und dazu eine der wichtigsten. Sie wird ihrem Ruf als Industriemetropole vollauf gerecht. Unser Tourist-Atlas weist Halle als eine Großstadt mit 233000 Einwohnern aus.

Der Marktplatz zeigt sich uns als typischer zentraler Platz einer Industriestadt. Er wirkt etwas schmuddelig auf uns. Kein Vergleich mit dem vor Stunden besuchten Rathausplatz von Wittenberg. Jetzt am Sonnabend-Nachmittag ist hier reges Treiben, aber trotzdem ist keine Hektik zu verspüren. Das Wochenende kündigt sich eben an. Die Straßenbahn quietscht und rumpelt, während sie den Platz überquert. Fast gegenüber der Marienkirche steht das monströse, nicht gerade ansehnliche Rathaus der Stadt. An ihm vorbei werden wir gleich in die Klement-Gottwald-Straße gehen. Aber ich will nicht vorgreifen, denn dieser Komplex an städtischer Sanierung ist es mir schon wert, dass ich ihm ein eigenes Kapitel widme. Von dem Zustand der Bebauung, die den Marktplatz umgibt, ist zu vermerken, dass hier doch schon mehr für die Erhaltung der vorhandenen Bausubstanz getan wurde, als wir das in den bisherigen Kleinstädten vorfanden. Wir befinden uns eben in einer Bezirkshauptstadt, die ein Aushängeschild für einen ganzen Verwaltungsbezirk darzustellen hat. Da sieht alles viel gefälliger, eben gepflegter aus. Man darf allerdings nicht übersehen, dass der Dreck und Staub, den der Verkehr auf dem Platz mit sich bringt, die Fassaden schon erheblich beeinträchtigt. Aber das ist nun mal der Preis für den technischen Fortschritt im Verkehr.

Die Fußgängerzone in Halle

Wir gehen am Rathaus vorbei und nähern uns der Klement-Gottwald-Straße. Hier ist im Rahmen eines umfassenden Sanierungskonzeptes eine Straße zu einer Fußgängerzone umgewandelt worden. Wenn uns nicht alles täuscht, so kann diese Straße von sich behaupten, die erste Fußgängerzone der DDR zu sein; „Bummelboulevard", wie man das hochtrabend nennt. Der rege Fußgängerverkehr, gepaart mit der farbenfrohen Gestaltung der Häuserfassaden und der gefällig gestalteten Schaufenster hat ein fast schon weltstädtisches Fluidum, so kommt es uns vor. Insbesondere die sanierten Häuserfronten gefallen uns sehr. Der weitaus größte Teil der Gebäude entstammt der Gründerzeit. Die Fassaden sind vielfach aufwendig gegliedert. Die einzelnen Architekturelemente, wie rustikale Außenwandgliederungen, Balkone, Fensterrahmungen, Portalgestaltungen und Fassadenschmuckwerk sind in gut abgestimmtem farblichen Kontrast zu der Grundfarbe der Häuser gewählt. Wie schön sehen doch intakte Straßenzüge aus. Leider ein viel zu selten in der DDR anzutreffender Anblick. Es ist ein sehr schönes Gefühl, durch diese Straße mit ihrem bunten Treiben zu schlendern. Jetzt, am beginnenden Wochenende, herrscht in dieser Straße eine äußerst rege Betriebsamkeit. Meine Frau äußert dazu mit Erstaunen, hier treffe sich wohl halb Halle. Aber Hektik ist trotzdem nicht zu verspüren. Gottfried meint, uns würde sicherlich die Fußgängerzone ohne solch ein Gewimmel nur halb so gut gefallen. Damit könnte er recht haben. - Dass es sich in der Klement- Gottwald-Straße um eine gewachsene Bebauung und nicht um eine planerische Baumaßnahme handelt, kann man gut erkennen. Es herrschen zwar die in Reihenflucht gebauten Bürgerhäuser vor, jedoch werden sie immer wieder durch kleine platzartige Nischen unterbrochen, die begrünt sind und in denen Bänke stehen, die zum Verweilen einladen. Obwohl in Reihe gebaut, weist jedes Haus seine eigenständigen Architekturformen und Gliederungselemente auf. Das und die farbliche Vielfalt lassen die Bebauung so gut aussehen. Die Geschäfte sind fast ausnahmslos gefällig eingerichtet und dekoriert, was für den staatlichen Handel nicht unbedingt die Regel ist. Es geht also, wenn man in den Leitungsetagen von HO und Konsum nur will.

Zwar schneidet eine Hauptverkehrsstraße, der Francke-Waisenhaus-Ring, die Fußgängerzone und das sogar mit starkem Autoverkehr und einer Straßenbahnlinie, aber das beeinträchtigt deren Harmonie nur unwesentlich. Eine Ampelanlage ermöglicht uns, bequem auf die andere Straßenseite zu kommen. Nach Überqueren der Ringstraße taucht man wieder in die malerische Atmosphäre der von Fußgängern beherrschten Straße ein. Gleich an der Straßenecke grüßt uns der Leipziger Turm. Er ist eines der wenigen erhaltenen Zeugnisse der ehemaligen Stadtbefestigung und gehörte früher zum Galgentor, was immer dessen Bedeutung im Mittelalter gewesen sein mag.

Gegen Ende der Klement-Gottwald-Straße beginnen dann allerdings die modernen Plattenbauten zu überwiegen. Hier waren wohl die Kriegseinwirkungen am schwersten gewesen. Zu einem Wiederaufbau der historischen Häuser konnte man sich im Stadtrat, egal aus welchen Gründen, nicht entschließen. Zu unserem Erstaunen finden wir hier am Ende der Fußgängerzone eine Kaufhalle geöffnet. Meine Frau als gestandene Verkäuferin muss sich diese selbstverständlich ansehen. Wir begleiten sie natürlich, und wir kaufen auch ein paar Kleinigkeiten. Wieder auf der Straße, stellen wir fest, dass in der näheren Umgebung der Kaufhalle auch noch ein Kunstgewerbegeschäft und in der Nähe des Leipziger Turmes eine Buchhandlung geöffnet haben. So kommt meine Frau doch noch zu einem kleinen Einkaufsbummel. Natürlich komme ich in der Buchhandlung zum Unmut meiner Frau nicht an den Schallplatten vorüber. Wir werfen auch einen Blick in das Konsum-Hotel „Rotes Roß". Schnell sind wir uns einig, dass wir bei einem nochmaligen Besuch in Halle, und der steht so gut wie fest, hier übernachten wollen. In einer kleinen rustikal eingerichteten Bauernstube kehren wir kurz ein. Mit ihrem Interieur passt sie hervorragend in die von Fußgängern beherrschte Straße.

Bei der Fortsetzung unseres Rundganges kommen wir an der Ullrichskirche vorbei. An ihrer Außengestalt erkennen wir sofort die gotische Hallenkirche. Sie war ehemals die Klosterkirche des Serviten-Ordens, besser bekannt im Volksmund als Marienknechte.

Nach den Kriegsbeschädigungen wurde sie restauriert. Ob dies im Zusammenhang mit der Fußgängerzone steht, konnten wir nicht erfahren. Sie dient heute als Konzertsaal. Wie bei staatlich verwalteten Bauwerken aus dem Mittelalter üblich, können wir das Kircheninnere nicht besichtigen, und wäre es nur ein kurzer Blick ins Innere. Wir werden aufgefordert, heute abend das Konzert zu besuchen. Da könnten wir uns die Halle von innen ansehen. Karten gäbe es noch. Zu dieser Zeit wollen wir aber bereits im Hotel sein. Und so gehen wir, zwar mit Bedauern, wieder an den Ausgangspunkt der Fußgängerzone, den Marktplatz zurück. Wir wollen schließlich noch den Dom besichtigen.

Der Dom zu Halle/Saale

Halle und ein Dom? Wir können uns nicht entsinnen, jemals etwas über einen, wenn auch nur kurzzeitigen Bischofssitz in der Saalestadt gelesen zu haben. Auch Gottfried, der während seines ersten Studiums einige Zeit in der Saalemetropole zubrachte, kann das nicht erklären. Aber wie viele Städte gibt es, in denen Stiftskirchen aufgrund ihrer regionalen Bedeutung nachträglich zu Domen erhoben wurden. Sicherlich ist es auch hier so.

Uns begrüßt der polygonale und verhältnismäßig hohe Chor einer gotischen Kirche. Durch die enorme Höhe wirkt er sehr schlank. Eigentümlich, aber keineswegs störend, wirken die oberhalb der Traufe errichteten Renaissance-Schmuckgiebel. Südlich des Chores, am Domplatz, steht ein siebenachsiges und zweigeschossiges Gebäude, dem wir die sakrale Bestimmung und Vergangenheit sofort ansehen. Leider ist es in einem beklagenswerten Zustand. Bis zur Höhe der Fenster des Hochparterres breitet sich die Feuchtigkeit und wie uns scheint auch der Hausschwamm aus. Das Gebäude ist vollkommen ohne jeden Schmuck. Das Walmdach hat drei recht niedrige Fledermausgauben. Wir wenden uns dem Torhaus zu, das sich, etwas von der Platzfront zurückgesetzt, südlich an das eben betrachtete Gebäude anschließt. Auch hier finden wir den gleichen beklagenswerten Zustand. Schon besser sieht ein kleinerer Kirchenbau aus, dessen Apsis sich an das Torhaus anschließt. Die Apsis reicht bis an die Traufe des Kirchenbaues. Gegliedert ist sie durch Fensteröffnungen in zwei Geschossen, die allerdings zugemauert sind, sowie zwei bis an die Traufe heranreichende Strebepfeiler, die in wesentlich schlechterem Zustand sind als die Apsis selbst. Aus einem Schild am Chor entnehmen wir, dass es sich bei dieser Kirche um die ehemalige Privatkapelle Kardinals Albrecht von Brandenburg handelt. Wir durchschreiten das Torhaus - das Tor ist glücklicherweise nicht geschlossen - und stehen in einem Hof, der auf uns den Eindruck eines Klosterhofes macht.

Nach wenigen Augenblicken des Umherschauens stellen wir fest, dass wir beobachtet werden. Ein älterer Herr sieht uns aus einem Fenster schauend interessiert zu. Als wir uns an ihn wenden wollen, verlässt er mit der Bitte um einwenig Geduld das Fenster, um kurz darauf aus dem Hause zu treten. Er erkundigt sich nach unserem Begehren, und ob er uns helfen könne. Von diesem freundlichen Herren erfahren wir nun einiges über die Geschichte des Domes. Wie wir bereits vermuteten, stehen wir tatsächlich in einem Kloster, und zwar in einem ehemaligen Dominikanerkloster. Klostergebäude und Kirche entstammen der zweiten Hälfte des 13. Jahrhunderts. Im 16. Jahrhundert ließ Kardinal Albrecht, auf der Suche nach einer für ihn geeigneten Residenz, kurzum das Kloster verlegen und den Baukomplex nach seinen Vorstellungen umbauen. Der Papst hatte ihm dazu die Erlaubnis erteilt. Die frühgotische Klosterkirche wurde nun, der Bedeutung des Klerikers entsprechend, in der Manier einer Reichskirche großzügig umgestaltet. Die Abtskapelle wurde seine Privatkapelle. Wir standen gerade eben vor der Ostseite des Chores. Zwar blieb die frühgotische Struktur des Klosters erhalten, aber die Strenge und Schmucklosigkeit der monastischen Bauformen wurden durch Renaissance-Ergänzungen aufgelockert. Ältere Gebäude des Klosters, die sich nicht für einen Umbau eigneten, ließ der Kardinal abreißen und durch solche, die der Bauepoche entsprachen, ersetzen. Der gesamte Baukomplex sollte eben seiner Person und seinem kirchlichen Amt gerecht werden. Der Rat der Stadt Halle hat dann später, um die Bedeutung der Saalestadt hervorzuheben, die umgebaute Klosterkirche zu einem Dom erhoben. Unsere anfängliche Vermutung über den Hallenser Dom war also gar nicht so falsch. Ob nun gewollt oder ungewollt, die Stadt hat mit diesem Schritt dem Erzbischof von Magdeburg und Stadtherrn, Kardinal Albrecht von Brandenburg, nachträglich ein Denkmal gesetzt. Ohne diesen Kleriker könnte Halle nicht eine solche Kirche in ihren Mauern haben, ein Bauwerk, das sich mit vielen Reichskirchen in Deutschland messen kann. 1803, als Halle zu Preußen kam, wurde der gesamte Komplex säkularisiert und diente fortan weltlichen Zwecken. In der ehemaligen Residenz des Kardinals Albrecht, also den Renaissancegebäuden, ist heute ein Museum der Stadt Halle untergebracht, das allerdings um diese Tageszeit seine Pforten geschlossen hat.

Vom Klosterhof aus können wir die turmlose ehemalige Klosterkirche der Dominikaner in Augenschein nehmen. Der Ordensregel des Klerikerordens entsprechend war sie ohne Turm errichtet worden. Wie weiterhin bei den Dominikanern üblich, sind das Langhaus und der Chor länger gestaltet, als dies andere Orden an ihren Kirchen praktizierten. Zudem ist das Gotteshaus ohne Querhaus, auch eine Bauweise, wie man sie häufig bei Dominikanerkirchen antrifft. Fenster und Strebepfeiler zeigen uns, dass wir es hier mit einem achtjochigen Hallenlanghaus zu tun haben. Die frühgotischen Fenster sind dreibahnig, enden in Spitzbögen mit sich abwechselnden einfachen Maßwerken und reichen bis fast an die Traufe heran. Auch hier, an der südlichen Längsseite der Hallenkirche, wurden oberhalb der Traufe in der Gliederung der Strebepfeiler Ziergiebel errichtet, die denen am Chor genau entsprechen. Auch die nördliche Langhausaußenwand ist mit solchen Giebeln abgeschlossen. So geht von dem Sakralbau eine für uns eigenartige, aber keinesfalls negative Wirkung aus. Der Baumeister der Umgestaltung hat es hervorragend verstanden, die Bauformen der Frühgotik mit den Ergänzungen der Renaissance zu verbinden. Dieses harmonische Außenbild lässt einen schon erahnen, was im Inneren der Kirche zu erwarten ist.

Der ältere Herr bedauert, dass er uns nicht in den Klostergarten führen kann. Er habe dazu keinen Schlüssel, so erklärt er, sich fast entschuldigend. So müssten wir uns mit der Besichtigung der Südfassade und des Klosterhofes begnügen. Die Nordfassade würde der südlichen genau entsprechen. Bauliche Abweichung von dieser gäbe es nicht. Schade nur, dass wir uns nicht die wenigen erhaltenen Reste des Kreuzganges ansehen können. Wir bekommen zur Antwort, dass die vorhandenen ruinösen Elemente keine Schlussfolgerungen auf den Kreuzgang in seiner Gänze mehr zuließen. Und nun bereitet uns der freundliche Herr noch eine empfindlichere Enttäuschung. Er habe auch keinen Schlüssel für die Kirche. Der Küster, wie auch dessen Frau, seien nicht zu Hause, und nur sie hätten die Berechtigung, Besucher in das Gotteshaus einzulassen. Gottfried ist wiederum der erste, der auch hier, wie vordem an der Marktkirche, die Situation richtig erfasst. Er meint, ob wir bei dieser Tageszeit noch viel in der Kirche sehen würden, sei dahingestellt. Und da wir die Marktkirche nach ihrer Restaurierung noch einmal besuchen wollen, würde es sich anbieten, dass wir dann auch den Dom besichtigen. Wir müssen ihm recht geben und verabschieden uns dankend, bei dem Herrn, der uns so nett in die Geschichte des Gotteshauses eingeführt hat.

Das Ende des ersten Tages in Bernburg

Eigentlich wollten wir uns in Halle noch die Moritzkirche, neben der Marienkirche die zweitwichtigste Pfarrkirche der Stadt, ansehen, aber die fortgeschrittene Zeit lässt es nicht zu. Wir steigen deshalb in unser Auto, sagen der Saalestadt Lebewohl und fahren auf den Fernverkehrsstraßen F6 und F71 nach Bernburg. Es beginnt schon zu dunkeln, als wir in die Stadt einfahren. Wider aller Erwartung finden wir unser Hotel schnell. Der Zufall ist uns dabei zu Hilfe gekommen. In der Nähe unserer heutigen Herberge, des „HO-Hotels Goldene Kugel", stellen wir das Auto am Straßenrand ab. Als wir vor dem Hotel stehen, müssen wir feststellen, dass das Gebäude auch schon bessere Tage gesehen hat. Zumindest zeugt die Straßenfassade davon. Über dem Eingang prangt das Wahrzeichen des Hauses, die goldene Kugel. Das heißt, dass sie golden ist, kann man eigentlich nur erahnen, denn die Farbe ist weitgehend abgeblättert.

Wir treten ein und wenden uns an die Rezeption. Ein Glück für uns, dass wir bereits bei der Buchung die zeitlich späte Ankunft angemeldet hatten. Somit warten die Zimmer, von uns belegt zu werden. Das Hotel ist vollkommen ausgebucht, und ohne die Anmeldung der späten Ankunft hätte es passieren können, dass die Zimmer bereits weiterverkauft wären. So streng sind die Sitten. Bevor wir auf die Zimmer gehen, um uns frisch zu machen, frage ich, ob für uns im Restaurant ein Tisch reserviert werden könne. Die Reaktion der Dame an der Rezeption zeigt mir, dass ich soeben etwas Unverschämtes verlangt habe. Wir werden belehrt, dass der Hotelbetrieb und der Gaststättenbetrieb zwei verschiedene Objekte der HO seien, und da habe man vom Hotel her auf die Platzreservierung keinerlei Einfluß. Zufällig läuft uns ein Kellner über den Weg. Der nimmt unseren Wunsch auf. So gehen wir erst einmal, uns frischmachen.

Mit entsprechendem Hunger machen wir uns auf, die Hotelgaststätte kennenzulernen. Zum Essen werden wir in einer rustikal eingerichteten Bauernstube, die total verräuchert ist, platziert. Unser einmal gewonnener Eindruck setzt sich auch hier wiederum fort. Nach dem Essen werden wir gebeten, in einen anderen Raum umzuziehen, aber nicht bevor wir hierzu Eintrittskarten gekauft haben. Dort sei dann ein Tisch für uns reserviert. Wir glauben nicht recht gehört zu haben. Für die Hotelgaststätte müssen Hotelgäste Eintritt bezahlen. In den Gaststätten der HO ist man eben vor Überraschungen nie sicher. Gottfried und ich wollen gerade unserer Empörung Luft machen, da bittet uns meine Frau die Gebühr zu bezahlen und sich zu fügen. In welcher Gaststätte würden wir denn wohl heute und zu dieser Zeit noch Plätze bekommen. Artig kommen wir der Aufforderung nach.

Der Gastraum, der uns nun empfängt, ist schon eher als Restaurant zu bezeichnen. Auch ist er nicht so verräuchert. An dem zugewiesenen Tisch nehmen wir Platz. Hier sind die Tische weiß gedeckt. Über die Flecke auf den Tischdecken muss man hinwegsehen. Wir geben unsere Bestellung auf und bekommen prompt zur Antwort, Bier würde in diesem Teil des Restaurants nicht ausgeschenkt. Hier herrsche Weinzwang. Dabei setzt der Ober seine feierlichste Amtsmiene auf. Bedeppert fügen wir uns in das Unvermeidliche. Gottfried langt in seinen mitgebrachten Beutel, zaubert einen Kasten Pralinen hervor und gratuliert Irmgard nachträglich zum Geburtstag. Zudem erklärt er, der nunmehrige Abend wäre sein Geburtstagsgeschenk. Und das mit Wein, aus dem er sich nicht allzuviel macht. Aber es wird dann doch noch ein netter Abend.

Die Gespräche drehen sich natürlich um den heutigen Tag, dem ersten Tag unserer ersten Rundfahrt in Sachen historischer Architektur. Die gewonnenen Eindrücke sind sehr vielfältig, die Erfahrungen, die wir dabei gesammelt haben, ebenso. Hatten wir vor Beginn der Fahrt doch einige Bedenken, was uns auf der Fahrt erwarten würde, so sind wir angenehm überrascht worden. Dabei belassen wir es für heute Abend. Unsere kleine Runde wird aufgehoben; die Betten warten. Jetzt erst nehmen wir die Einrichtung unserer Zimmer richtig wahr. Sie ist solide. Obwohl das Hotel an einer Hauptstraße liegt, ist im Zimmer nicht viel davon zu merken. So haben wir einen ruhigen und erholsamen Schlaf. Den brauchten wir auch, denn der starke Wind hat uns in dem kleinen Trabi ganz schön mitgenommen.

2. Tag: Sonntag, der 21. März

Unser Aufbruch in Bernburg und die Fahrt in den Harz

Zu der vereinbarten Zeit treffen wir uns vor dem Hotel-Restaurant, das nun zum Frühstückszimmer geworden ist. Jetzt, beim Frühstück, macht die Gaststätte einen ganz anderen Eindruck, als gestern Abend. Sauber gedeckte Tische empfangen uns. Auch das Angebot kann sich sehen lassen. Der Service stimmt ebenfalls. So werden wir etwas versöhnt für den gestrigen Abend. Aber auch so etwas muss man mitgemacht haben. Wir lassen es uns schmecken. Nach der übereinstimmenden Meinung, dass man in diesem Hause gut schlafen kann, kommen wir gleich zur Sache: der Einschätzung des gestrigen Tages. Wenn die beiden folgenden Tage ebenso verlaufen wie der gestrige, dann würden wir für weitere Rundfahrten plädieren. Wir fassen eine zweite Fahrt im Monat Oktober ins Auge. Auch ein konkreter Terminvorschlag kommt in Betracht. Der 7. Oktober fällt auf einen Donnerstag. Da bräuchten wir nur für den Freitag einen Urlaubstag zu nehmen. In Potsdam werden wir uns die Ziele und die möglichen Übernachtungsorte aussuchen. Auf die Frage, ob er die zweite Fahrt vorbereiten und die Zimmer bestellen wolle, lehnt Gottfried mit gestenreichen Handbewegungen und der Bemerkung ab, wir hätten nun schon Erfahrungen gesammelt. Da sollten wir ruhig so weitermachen. Wir bezahlen unser Frühstück und sind über den Preis erstaunt. Im Vergleich zu dem gestrigen Abend war das Frühstück äußerst preiswert. Wir verlassen etwas versöhnt das Hotel. Die Zimmer sind bereits bezahlt, das Gepäck im Auto verstaut und so können wir in den zweiten Tag unserer Rundfahrt starten.

Bernburgs Straßen sind für uns ein einziges Labyrinth. Ein System von Einbahnstraßen und darüber hinaus eine ganze Reihe von Straßensperrungen sowie Umleitungen als Folge von Bauarbeiten machen es uns als Ortsfremde recht schwer, sich hier zurechtzufinden. Ein Gutes hat allerdings die Irrfahrt: Wir bekommen einen Eindruck von der Stadt. Einerseits zeigt sie sich als Industriestadt aber auch Provinzstadt, andererseits vereint sie in sich alle Merkmale einer historisch gewachsenen Stadt. Irmgard schlägt vor, Bernburg auf die Vormerkliste zu setzen. Gottfried vermeldet, dass dies schon längst erfolgt sei.

Auf der F185 verlassen wir Bernburg, nachdem wir endlich doch noch den Weg aus dem Saalestadt-Labyrinth gefunden haben. Wir fahren in Richtung Harz. Dabei passieren wir Aschersleben, eine Kreisstadt am östlichen Rand des Gebirges. Bei der Durchfahrt - ein Aufenthalt ist für heute nicht vorgesehen - haben wir sofort den Eindruck, dass auch diese Stadt auf unsere Vormerkliste gehört. Was wir in aller Kürze beim Vorbeifahren zu sehen bekommen, erscheint uns durchaus wert, einmal genauer in Augenschein genommen zu werden. Aschersleben ist eine sehenswerte mittelalterliche Stadt. Aus realistischer Sicht geben wir uns keiner Hoffnung hin, dass sich dieser gute Eindruck auch in den Nebenstraßen fortsetzt, denn wir befahren ja heute nur Hauptstraßen. Und bereits in diesen Verkehrsadern ist nicht alles zum Besten bestellt. Auch Aschersleben teilt eben das Schicksal der meisten DDR-Städte. Daran scheint auch die Tatsache nichts zu ändern dass die Vorharzstadt eine sehr bekannte Adresse für den FDGB-Feriendienst ist.

Die Fahrt geht weiter in Richtung Gernrode, einer Stadt, die in den Ausläufern des Harzes liegt. Ein Stück hinter Aschersleben taucht am Horizont das Mittelgebirge auf, das wie kein anderes in der DDR Zeugen der Vergangenheit Deutschlands für den Besucher bereithält. Der Grund hierfür ist in der Tatsache zu suchen, dass der Harz zum sogenannten Königsgut der sächsischen Herzöge sowie der späteren ottonischen Könige und Kaiser gehörte. Nach meiner Meinung haben wir hier im Harz die geschichtsträchtigste Region der DDR vor uns. Als Kernland der Ottonen präsentiert es sich mit einer Fülle historischer Bauwerke, die zum Teil nur als Ruinen die Zeit überdauert haben.

Man sagt ja dem Harz auch nach, dass er von allen Mittelgebirgen die stärksten alpinen Eindrücke vermittelt. Die schroffen Schluchten und Täler, die Felsen, die teils murmelnden, teils gurgelnden Bäche und Flüsse wie auch die Zeugnisse der Vergangenheit schlagen sich in einer Fülle von Sagen und Legenden nieder. Vornehmlich die Ruinen sind von ihnen umrankt. Unserem Dichterfürsten Goethe muss es der Harz auch angetan haben, denn einige der Sagen hat er in seinen Werken verarbeitet. Noch eine Besonderheit hat dieses Mittelgebirge, und dazu nicht gerade eine freundliche, auf die man stolz sein könnte. Mitten durch den Harz verläuft die willkürlich festgelegte Staatsgrenze, die Deutschland in zwei getrennte Staaten mit unterschiedlichen Systemen teilt. Der Brocken, der höchste Berg des Gebirges, und so etwas wie der König der Berge in Mitteldeutschland, liegt zum Teil auf dem Gebiet der DDR und ist doch für uns so unendlich weit entfernt. Die Ursache ist in seiner strategischen Bedeutung als politischer und grenznaher Horchposten zu suchen. Es ist unmöglich, außer man trägt die Grenzeruniform, von diesem Berge die viel gerühmte Weitsicht zu genießen.

Bei der Fahrt durch Ballenstedt weist meine Frau auf die Burg und gibt damit kund, dass sie dorthin auch einmal möchte. Gottfried weiß, was er zu tun hat. Dabei erklärt er uns, dass ihm dieser Ort nicht fremd sei, da er dienstlich schon des öfteren hier zu tun gehabt hätte. Das Sehenswerteste sei noch das Schloss auf dem Berge, in dem zeitweilig auch einmal ein Kloster untergebracht gewesen sei. Hier stoßen wir wieder auf eine Besonderheit des Harzes. Nicht nur in Ballenstedt wurden in intakte Burganlagen Klöster gelegt. So finden wir in diesem Mittelgebirge einige Klöster, in denen die baulichen Bedingungen der Burg und nicht die monastischen Bautraditionen ausschlaggebend waren. - Wir bleiben noch eine Weile auf der F185 und biegen dann nach Gernrode ab. Hier im Harz haben wir für heute zwei markante Besichtigungspunkte auf unserem Programm, das eben genannte Gernrode und Quedlinburg, und in beiden Orten vornehmlich die Stiftskirchen.

Die Harzkleinstadt GERNRODE

Angesichts der berühmten Stiftskirche hatten wir eine bedeutsame Kleinstadt erwartet. Wie enttäuscht sind wir, als uns eine kleine Provinzstadt empfängt. Sie macht so gar nicht den mittelalterlichen Eindruck, den wir in der Umgebung von St. Cyriakus angenommen hatten. Das ist sicherlich unter anderem dem Umstand zuzuschreiben, dass Gernrode sehr lange seinen dörflichen Charakter beibehalten hat. So gesehen, haben wir wohl mit unserer enttäuschten Ansicht der Kleinstadt unrecht getan. Für das Stadtbild bedeutet das, dass die mittelalterliche urbane Architektur nur in Ansätzen zu finden ist. Die in den Harzstädten dominierende Fachwerkarchitektur ist zwar auch vorhanden, nur nicht in dem Umfang, wie von uns erwartet. Etliche Bürgerhäuser sehen von ihrer Gestaltung her so aus, als seien sie Fachwerkbauten. Und wahrscheinlich sind sie es auch. Nur hat man sie wohl in späterer Zeit verputzt. Ansonsten scheint die Architektur aus den letzten drei Jahrhunderten vorzuherrschen.

In den Ferienkatalogen des FDGB ist Gernrode allererste Adresse. Die Ferienheime haben fast alle das Niveau gehobener Urlaubsansprüche. Auf einen Ferienkomplex werden wir besonders aufmerksam, fällt er doch gänzlich aus dem Rahmen. In ihm vermutet man gar keine Urlaubereinrichtung, sondern eher ein Sanatorium. Es hat eben alle Merkmale der äußeren Erscheinung in sich vereint, die zu einer Erholungsklinik gehören.

Das Erscheinungsbild der Harzstadt und ihre Entwicklung sind untrennbar mit der Geschichte der Stiftskirche St. Cyriakus verbunden. Die Kleinstadt hat sich aus einer Siedlung entwickelt, die in der Nähe der Burg Geronisroth entstanden ist. Die Landwirtschaft und die Dienste auf der Burg waren wohl die Haupteinnahmen der Einwohner. Diese Burg Geronisroth, von der sich der heutige Ortsname ableitet, gehörte nicht irgend einem Adligen, sondern dem Territorialherrscher, Graf Gero. Ob dieser Graf zum Geschlecht der Sachsenherzöge, also zu den Liudolfingern, gehörte, konnte nicht zweifelsfrei geklärt werden. Einige Autoren gehen aber davon aus. Bereits 950 hatte Gero bei Frose ein Benediktinerkloster gestiftet. Warum dies nicht zu seiner Grablege wurde, vermag ich nicht zu sagen. Dazu machte er ein Stift, das er 961 gründete und in der Nähe seiner Burg errichten ließ. In einer Urkunde Kaiser Ottos I. wird über diese Gründung berichtet. Das ist auch gleichzeitig die früheste bekannte urkundliche Nennung von Gernrode. Wie lange schon die Siedlung vordem bestand, davon ist nichts bekannt. Gero übereignete dem Stift seinen gesamten Besitz an Grund und Boden, darunter auch den Ort Gernrode. Demzufolge waren die Einwohner dem Stift gegenüber zur Fron verpflichtet. Sicherlich hat das Stift die Entwicklung des Ortes positiv beeinflusst, kamen doch ständig viele Fremde durch ihn zum Stift, darunter nicht wenige Adlige. So kann man sicherlich annehmen, dass dies eine erste Form von Fremdenverkehr war, durch den sich Gernrode wirtschaftlich entwickelte. Und nichts anderes ist auch heute seine Haupteinnahmequelle. Das Stift prägte einerseits die Entwicklung des Ortes, war wohl andererseits aber darauf bedacht, die feste Abhängigkeit nie locker werden zu lassen. Das Bürgertum des Ortes hatte nicht das Selbstbewusstsein wie das anderer Harzorte, was vermutlich in der erwähnten Abhängigkeit zu suchen ist. So sind mir keine geschichtsträchtigen Ereignisse bekannt, die hier unbedingt erwähnt werden müssten.

Außer der Stiftskirche und einigen wenigen sehenswerten Bürgerhäusern, darunter, wie bereits erwähnt, ein paar Fachwerkhäuser sowie das Rathaus aus dem Jahre 1620, hat die Stadt nur wenige architektonische Sehenswürdigkeiten. Hatten wir gestern Jüterbog als eine Ackerbürgerstadt empfunden, so haben wir hier tatsächlich eine vor uns. Mit der Herausbildung des Fremdenverkehrs im Harz nahm die Stadt eine etwas günstigere Entwicklung. Fremdenverkehr und Kurbetrieb wurden miteinander verknüpft. Das war im vorigen Jahrhundert. Einige für den Kurbetrieb typische Gebäude haben wir angetroffen. Wiederum einige davon werden vom FDGB-Feriendienst genutzt. Andere dienen kurfremden und erholungsfremden Zwecken. Eigentlich schade. Wie ich schon erwähnte, ist Gernrode allererste Urlaubsadresse der DDR. Jedoch die Funktionäre des FDGB interessieren nur Urlauberzahlen. Wie in vielen typischen Urlaubsorten der DDR übersteigt die Zahl der im Jahresverlauf durch Gernrode geschleusten Urlauber um ein Vielfaches die Einwohnerzahl, die von unserem Tourist-Atlas mit 5000 angegeben wird. Das Aussehen des Ortes hat da leider absolut keinen Stellenwert in den Entscheidungen. Diese negativ anmutenden Eindrücke sollten beim Leser aber keineswegs überbewertet werden. Gewiss, für die Stadtsanierung ist in Gernrode nicht allzuviel getan worden, schon gar nicht wie man es in einem solchen Urlauberort vermuten sollte. Aber verglichen mit den gestern besuchten Orten finden wir hier Gott-sei-Dank nicht die massiven Verfallserscheinungen.

Die Stiftskirche St. Cyriakus zu Gernrode

Nun wird es aber Zeit, dass wir uns dem eigentlichen Ziel in dieser Harzkleinstadt zuwenden. In der Nähe der Stiftskirche stellen wir unseren Trabi ab. Und dann stehen wir vor der, ja man kann sagen, weltberühmten Kirche. Wie schon befürchtet, treffen wir die Stiftskirche verschlossen an. Bevor wir jedoch versuchen, jemanden zu finden, der uns den Zugang ermöglicht, sehen wir uns das berühmte Gotteshaus erst einmal von außen an. Auf der Südseite des Bauwerkes stehend, bekommen wir einen ersten Eindruck von den ursprünglichen Ausmaßen des ehemaligen Stiftes. Lediglich ein Gebäude des ursprünglichen Komplexes hat außer der Kirche die Zeit überdauert. An diesem Gebäude sind Spuren eines früheren Bauteiles zu sehen, der abgerissen wurde. Wir sind der Meinung, dass es sich dabei um den Kreuzgang gehandelt haben muss. An der Entfernung zwischen der Kirche und diesem Gebäude kann man ermessen, welch große Fläche der Kreuzgang ehemals umschloss.

Hier, an dieser Stelle, halte ich es für angebracht, zunächst einmal auf die Geschichte des Stiftes einzugehen. Wie ich bereits erwähnte, wurde es 961 erstmals urkundlich genannt. Graf Gero hat mit seiner Gründung eine Entwicklung fortgesetzt, die Mathilde, die Witwe Heinrichs I., in Quedlinburg begann und die für das Königsgut der ottonischen Könige und Kaiser so typisch wurde. St. Cyriakus war kein Kloster im üblichen Sinne, sondern ein Stift für adelige Fräuleins. Die Insassinnen nahmen mit dem Gelübde nicht den Schleier auf Lebenszeit, sondern unterwarfen sich freiwillig für eine bestimmte Zeit, teilweise auch nur zu Ausbildung und Erziehung, der Benediktiner-Ordensregel. Die Stiftsdamen durften ihre Dienerschaft behalten. Sie konnten sogar mit der Einwilligung der Äbtissin das Stift zeitweilig verlassen. Heiraten konnten sie ebenfalls, mussten dann natürlich aus der klösterlichen Gemeinschaft ausscheiden. Es war also keineswegs vorgesehen, die adeligen Stiftsdamen in ein strenges Nonnenleben einzubinden. Vielmehr sollten sie auf ihre künftigen gesellschaftlichen Pflichten vorbereitet werden, um als Gattin von Feudalherren den entsprechenden Anforderungen gerecht werden zu können. Solche Stifte gab es mehrere. Weitere befanden sich - und ich beschränke mich auf das Königsgut - in Quedlinburg, aber auch in Gandersheim.

Geros Sohn Siegfried starb bereits 959, also noch vor der Gründung des Stiftes, und Enkel hatte der alte Graf nicht. So nahm er das ihm zustehende Eigenkirchenrecht für sich in Anspruch, gründete das Damenstift und setzte seine Schwiegertochter Hatui als erste Äbtissin ein. Als solche regierte diese bis zu ihrem Tode 1014. Von Anfang an hatte Gero für das Stift die Reichsunmittelbarkeit angestrebt. Zudem wurde es 963 direkt dem Papst unterstellt. Damit konnte kein weltlicher Lehnsherr und auch kein territorial herrschender Bischof Einfluss auf die Entwicklung des Stiftes nehmen. 999 wird in einer Urkunde Kaiser Ottos III. das Stift Gernrode den drei kaiserlichen Damenstiften Quedlinburg, Gandersheim und Essen gleichgestellt. Alle Wünsche des alten Grafen hatten sich somit erfüllt. Gero, der 965 starb, wurde seinem Vermächtnis entsprechend in der Stiftskirche beigesetzt. Nach dem Eigenkirchenrecht des alten Grafen kam es nun den Stiftsdamen zu, täglich für das Seelenheil des Gründers zu beten.

Wir stehen an der Südseite des Bauwerkes. Das Erscheinungsbild ist so gar nicht das einer romanischen Basilika, wie wir sie uns vorstellen. Das liegt daran, dass hier an der Südseite der einzige noch vorhandene Kreuzgangflügel und über ihm, quasi im Obergeschoss, der Nonnengang liegt. Beide Gänge verdecken die Südaußenwand des Langhauses und lassen uns als Laien die basilikale Bauform nicht sofort erkennen. Der Nonnengang über dem Kreuzgang ist eine bauliche Besonderheit. Über diesen Gang gelangten die Stiftsdamen in die Nonnenempore. Sie konnten und durften schließlich nicht im Mittelschiff dem Gottesdienst folgen sowie ihrer Tagesgebete nachgehen. Dieses war den Laien vorbehalten. Da hatten während der liturgischen Handlungen Angehörige des Stiftes nichts zu suchen. Eine solche Raumkonzeption fanden wir auch in anderen Nonnenklöstern vor. Wir stiegen die Treppe zu dem Nonnengang empor, mussten aber feststellen, dass die Tür zur Nonnenempore verschlossen war. Eigentlich hatten wir auch nichts anderes erwartet.

Außer dem Nonnengang finden wir noch weitere Eigentümlichkeiten an dem Sakralbau. Wir stehen vor einer Kirche, die wir gar nicht in eines der Schemata mittelalterlicher Kirchenarchitektur, und hier speziell der von Klosterkirchen, eingliedern können. Ja, sie erscheint uns, wenn ich das so ausdrücken darf, irgendwie fremdländisch aber dennoch anziehend zugleich. Auf alle Fälle, und das steht zweifelsfrei fest, haben wir in diesem Bauwerk die älteste Steinkirche auf dem Gebiet der DDR vor uns. Von den An- und Umbauten späterer Jahrhunderte abgesehen, haben wir es mit dem Kern des Gründungsbaues zu tun, der im 10. Jahrhundert begonnen wurde. Vom Osten her betrachtet, gleicht der Bau noch am ehesten einer ottonischen oder romanischen Kirche. Der Chor, von einer hohen Apsis abgeschlossen, tritt aus der Ostwand des Querhauses heraus. Zwei wesentlich niedrigere Nebenapsiden flankieren die Hauptapsis. Wir gehen um die Kirche herum und stellen fest, dass das Querhaus nur unwesentlich, ja fast gar nicht, aus der Langhausfront heraustritt. Während die südliche Langhausfront durch Kreuzgangflügel und Nonnengang die Basilika nicht gleich erkennen läßt, zeigt uns die nördliche das gewohnte basilikale Bild des Obergadens und des tiefer angesetzten Seitenschiffes.

Die Westfront wird von den beiden Rundtürmen, dem Zwischenbau und der aus diesem heraustretenden mächtigen Westapsis geprägt. Diese Apsis gehört nicht dem Gründungsbau an. Sie ist viel feingliedriger gestaltet als ihr östliches Gegenstück. Zudem ist sie wesentlich breiter. Sie entstammt Umbaumaßnahmen aus dem 12. Jahrhundert. Dieses Bauelement bestimmt maßgeblich das auf uns eigentümlich wirkende Erscheinungsbild der Kirche. Natürlich sind hier die beiden flankierenden Rundtürme mit zu nennen. Die Proportionen der Westtürme entsprechen so gar nicht unseren Vorstellungen und Erfahrungen von frühmittelalterlichen Westturmgruppen. Andererseits haben gerade sie in Verbindung mit der mächtigen Westapsis St. Cyriakus weit über die Grenze des Landes berühmt gemacht. Diese Westansicht findet man in allen Dokumentationen, die Gernrode oder die Stiftskirche zum Inhalt haben. Die Rundtürme, nach gleichem Baumuster errichtet, weisen aber in den baugliedernden Schmuckelementen Unterschiede auf. Diese Türme, so scheint es uns, weisen Merkmale der Neoromanik auf. Und tatsächlich erfahren wir dann später, dass Anfang unseres Jahrhunderts die Türme wegen Baufälligkeit abgerissen und neu aufgerichtet werden mussten.

Um uns die Kirche von innen anzusehen, gehe ich erst einmal ins Pfarrhaus, denn wir finden alle Türen und Portale verschlossen. Der Pfarrer ist leider nicht anwesend und seine Gattin bedauert, dass sie keine Zeit für uns habe. Auf meine Miene hin, die wohl deutlich meine Enttäuschung zum Ausdruck bringt, ist sie bereit, mir den Schlüssel für die Kirche anzuvertrauen. Sie bittet mich allerdings, die Tür hinter uns von innen wieder zu verschließen. Diese Vorsichtsmaßnahme sei unbedingt erforderlich. Zum einen seien Besuche außerhalb der festgelegten Führungszeiten nicht gestattet, zum anderen habe es in der Vergangenheit schon etliche Verschmutzungen und Beschädigungen bei ständiger Begehbarkeit gegeben. Ich verspreche, niemand anderes mit uns in die Kirche zu lassen und bedanke mich artig für ihre Freundlichkeit. Nun können wir wenigstens das berühmte Bauwerk vollständig besichtigen. Eine Führung wäre uns selbstverständlich viel lieber gewesen, aber alles Gute ist wohl nie beisammen. So betreten wir das Gotteshaus an der Nordseite des Querhauses und verschließen die Tür von innen, wie uns geheißen.

An das Dämmerlicht in der Kirche müssen wir uns erst gewöhnen. Zudem fröstelt meine Frau. Es ist auch wirklich recht frisch hier in der Kirche, aber das geben wir natürlich nicht zu. Das Bauwerk hat eben hier im Inneren die Morgenkühle bewahrt, während die Außentemperaturen doch schon angenehm sind. Wir setzen uns zunächst in eine Bankreihe und versuchen den mittelalterlichen Gottesdienstraum zu erfassen, ihn auf uns wirken zu lassen. Allmählich gewöhnen sich unsere Augen an das Dämmerlicht. Die vielen neuen Eindrücke lassen uns die Kühle schnell vergessen. Wir befinden uns in einer der berühmtesten Basiliken Deutschlands, deren Inneres gewaltiger und größer wirkt, als dies von außen zu vermuten war. Und klein wirkt die Stiftskirche von außen ja nun wahrhaftig nicht. Gemessen an der Höhe des Mittelschiffes wirken die Arkaden zu den Seitenschiffen niedrig. Das kommt sicherlich daher, dass über den Arkadenbögen die Emporen liegen, die sich zum Mittelschiff hin mit Zwergarkaden öffnen. Die Reihe der Obergadenfenster empfinden wir als winzig. Das ist sicherlich bautechnisch durch die Emporen bedingt. Nun beginnen wir einen anderen Eindruck von den Proportionen des Kirchenraumes zu bekommen. Die äußere Höhe der Seitenschiffe passt nicht zu der niedrigen Gewölbescheitelhöhe derselben. Man muss eben berücksichtigen, dass die Seitenschiffe durch die Nonnenemporen zweigeschossig sind.

Die Seitenschiffarkaden zeigen den einfachen Stützenwechsel, das heißt, quadratische Pfeiler und runde Säulen wechseln sich im gesamten Langhaus auf beiden Seiten jeweils ab. Eigentümlich finden wir, dass die abschließenden Kämpfer nicht in gleicher Höhe liegen. Die Säulen sind höher angesetzt als die Pfeiler. Die Kapitelle der Säulen sind allesamt unterschiedlich gestaltet. Das hatten wir schon an mehreren romanischen Kirchen gesehen. Offenbar war jedem Steinmetz die Freiheit der Kapitellgestaltung gegeben. Ein bisschen erinnern sie uns an korinthische Kapitelle. Die Unterschiede liegen in den Details. Kapitelle, Kämpfer und die in den Dreieckzwickeln auslaufenden Arkadenbögen erscheinen uns als eine gestalterische und harmonische Einheit, die irgendwie eine gewisse Leichtigkeit vermitteln. Die Leibungsflächen der Bögen sind ornamental ausgemalt und runden den beschriebenen Eindruck ab. Das hohe Mittelschiff mit den Arkaden, den Zwergarkaden und schließlich den Obergadenfenstern geben der Kirche die beeindruckende Ehrwürdigkeit, die dem Gläubigen wie auch dem betrachtenden Besucher ein hohes Maß an Andacht und Geborgenheit gibt.

Etwas fremd muten uns die Emporen an. Sie werden, wie ich bereits erwähnte, als Nonnenempore bezeichnet. Wie in fast allen Klosterkirchen - und da ist es unerheblich, ob es sich um Mönchs-oder Nonnenkirchen handelt - ist das Mittelschiff den Laien vorbehalten. Nonnenklöster haben meist Emporen für die geweihten Stifts-bzw Klosterinsassinnen. Ihnen ist der Chor als der heilige Raum der Kirche versperrt. Dieser ist in jeder Kirche den Klerikern vorbehalten, hier in dieser Kirche den das Stift betreuenden Priestern. In mittelalterlichen Klöstern wurde stets peinlich darauf geachtet, dass Nonnen oder wie hier Stiftsdamen und Mönche in der Kirche nicht unmittelbar mit Laien in Berührung kamen. Das hätte eine Entweihung des Sakralraumes bedeutet. Ich schrieb bereits darüber. Aber zurück zu den Emporen. Unserer Ansicht nach vermitteln diese Emporen mit ihren Zwergarkaden den Eindruck, dass hier byzantinische Einflüsse vorhanden sind. Etliche Autoren verweisen diesbezüglich darauf, dass die Kaiserin Theophanu, die Gemahlin und spätere Witwe Kaiser Ottos II. das Stift des öfteren besucht hat. Allerdings gibt es wohl keine Beweise dafür, dass sie die Baugestaltung beeinflusst hat, obwohl dies nahe liegt, da sie ja aus dem byzantinischen Raum stammt.

Das basilikale Mittelschiff ist mit einer Balkendecke versehen. Zustand und Farbgestaltung zeigen uns, dass wahrscheinlich im vorigen Jahrhundert eine neue Decke eingezogen wurde. Die Farben wirken noch zu frisch, als dass sie mehrere Jahrhunderte alt sein könnten. Die Gestaltung der Decke rundet das Gesamtbild des Mittelschiffes gut ab. Wir nehmen an, dass sich hier die Künstler an die Vorlagen aus der Erbauungszeit gehalten haben. Wenn nicht, dann müssen wir ihnen ein hervorragendes Raumwirkungsgefühl bescheinigen.

Zwei große Scheidebögen trennen das Querhaus im Westen vom Langhaus und im Osten vom Chor. Die Vierung wird zu den Querhausarmen hin ebenfalls mit Scheidebögen abgeschlossen. Wir haben also eine ausgeschiedene Vierung vor uns. Der benediktinischen Ordensregel entsprechend sind die Wände des Kircheninneren schmucklos gehalten. Das Kircheninnere ist geputzt. Lediglich die Steinstruktur der Arkadenbögen und der Scheidebögen lockert den Anblick etwas auf. Der Kirchenraum macht einen guten Eindruck auf uns, sieht man von einigen Stellen ab, an denen sich feuchte Flecke zeigen. Wir erinnern uns, von einer Restaurierung um die Mitte des vorigen Jahrhunderts gelesen zu haben. Für diese lange Zeit, in der die Kirche keine Farbe mehr gesehen hat, ist der Zustand des Gotteshauses wirklich als gut zu bezeichnen.

Nach Osten hin haben wir das Gefühl, uns in einer Reichskirche zu befinden. Ursache für diesen Eindruck sind zum einen der hohe Chor. Er ist über Stufen zu erreichen, die die ganze Mittelschiffbreite einnehmen. Zum anderen ist da die Flächengliederung und Ausmalung der Apsis und nicht zuletzt die Tumba des Gründers in der Mitte der Vierung. Die Apsis weicht gravierend von der schlichten Gestaltung des übrigen Kircheninneren ab. Zwei übereinander liegende Scheinarkadenreihen gliedern die Apsis. Über einem Gesims wölbt sich dann die Kalotte. Die Ausmalung fasziniert uns. Die Gestaltung der Apsis könnte unserer Meinung nach auch in einen romanischen Dom passen. Allerdings halten wir es für unwahrscheinlich, dass diese Ausmalung, so wie sie sich heute zeigt, aus dem Gründungsbau stammen könnte. Das würde doch erheblich gegen die benediktinische Ordensregel verstoßen haben. Diese aufwendige Apsisgestaltung rechnen wir der Umbauphase im 12. Jahrhundert zu. Der protzigen Westapsis könnte als Gegenstück im Osten die prunkvolle Farbgestaltung geschaffen worden sein.

Der Altar ist einfach und schlicht. Er versucht erst gar nicht mit der Apsis zu konkurrieren, sondern ordnet sich der Gesamtgestaltung unter. Auch in den Folgejahrhunderten hat man diesen harmonischen Gesamteindruck nicht zerstört. Das ist verwunderlich, denn im Barock wurde vielfach auf mittelalterliche Raumgestaltungen keine Rücksicht genommen und große, zeitgemäße Altarkonstruktionen in den Chor gestellt. Das Altartuch und die bereits gebrauchten Kerzen zeigen uns, dass die Stiftskirche heute als evangelisches Gotteshaus genutzt wird. Die Kirche lebt also. Das befriedigt uns, wird doch somit der Museumscharakter und die Sterilität des mittelalterlichen Kirchenraumes gemindert, ja aufgelöst. Am nordöstlichen Vierungspfeiler befindet sich die Kanzel, ein eher nüchternes Ausstattungsstück. Für uns wirkt sie etwas fehl am Platze. Der Platz ist ungewöhnlich, noch zumal in der Nähe einer so prächtigen Apsis.

Fünfeinhalb Jahrhunderte nach seinem Tode wurde erst für den Gründer des Stiftes

St. Cyriakus eine repräsentative Tumba geschaffen. Sie steht in der Mitte der Vierung vor den Stufen zum hohen Chor. In Ritterrüstung mit wallendem Bart und Haupthaar, in der einen Hand die gräfliche Standarte, in der anderen ein Schwert, so liegt er stehend auf einem Löwen, dem Sinnbild der Herrschaft. Ich habe mich nicht versprochen: er liegt stehend, ein Phänomen, das wir bei vielen mittelalterlichen Grabdenkmalen feststellen konnten. Das Ruhekissen unter dem Kopf weist auf die liegende Haltung hin. Im Widerspruch hierzu die ganze Körperhaltung bis hin zur Fußhaltung, die eindeutig eine stehende Figur ausweist. Dazu noch der Löwe unter den Füßen. In der Literatur haben wir noch nichts über die Bedeutung dieser eigenartigen Darstellungsform gefunden. Aber zurück zu der Tumba des Grafen Gero. Uns erscheint die Figur des Grafen überlebensgroß, zumal wir von musealen Ritterrüstungen wissen, dass die Menschen früherer Jahrhunderte eher kleiner waren als wir heute sind. Die Rüstung ist der Mode der Entstehungszeit entsprechend. Den Löwen kann man eigentlich nur an seiner Mähne erahnen. Die Künstler der damaligen Zeit hatten nicht viele, meistens gar keine Möglichkeit, lebende Großkatzen zu sehen und zu studieren. An anderer Stelle bin ich schon darauf eingegangen. Mit Schnauze und Pranke hält der Löwe ein Wappenschild, wahrscheinlich das des Grafen.

Links neben den Altarstufen durchschreiten wir eine mannshohe, mit Rundbogen abgeschlossene Öffnung. Der Durchgang führt uns in die Ostkrypta. Sie ist sehr niedrig gehalten. Zu welchem Zweck sie errichtet wurde, darüber zerbrechen sich noch heute die Kunsthistoriker den Kopf. Meine Frau warnt uns noch vor den niedrigen Gewölben, aber da ist es auch schon passiert. Gottfried und ich haben uns gehörig den Kopf gestoßen. Die betreffenden Stellen am Kopf massierend, gehen wir, nun allerdings vorsichtiger, in die Krypta hinein. Mit den schmucklosen Pfeilern, ihren Kämpferplatten und den sich darüber entwickelnden Kreuzgewölben strahlt der Raum die Ehrwürdigkeit des Gründungsbaues aus. Denn dass wir hier eine Krypta aus der Zeit der Gründung vor uns haben, darüber gibt es für uns gar keinen Zweifel. Irmgard geht als Erste wieder zurück ins Langhaus. Die feuchtkalte Luft in der Krypta sagt ihr gar nicht zu. Auch wir merken, dass die feuchte Kühle in uns aufsteigt, und so folgen wir ihr. Sie geht in Richtung Westkrypta, wir ebenfalls. Auf dem Wege dorthin müssen wir feststellen, dass St. Cyriakus eigentlich alle Merkmale einer Reichskirche in sich birgt, sieht man einmal von dem fehlenden aufwendigen Schmuckwerk einer solchen ab. Spätestens im 12. Jahrhundert muss man wohl an eine Aufwertung des Baues gedacht haben. Und so stattete man die Stiftskirche mit wesentlichen Merkmalen eines Domes aus. Wollte man so dem Ansehen des Adelsstiftes und der Grabeskirche Geros gerecht werden?

Die Westkrypta ist viel gefälliger und geräumiger. Sie entstammt der Zeit der Westerweiterung der Stiftskirche. Die hier schon moderner wirkenden Kreuzgewölbe ruhen auf Säulen, die teils durch Würfelkapitelle, teils durch Kelchkapitelle abgeschlossen werden. Der Boden ist mit Fliesen ausgelegt, eine Maßnahme, die sicherlich der letzten Restaurierungsphase entstammen dürfte. Das Klima ist hier viel angenehmer als in der Ostkrypta, zumindest viel trockener. Irmgard lässt sich zu der Frage verleiten, ob man hier geheizt habe.

Damit beenden wir unseren Rundgang durch die Stiftskirche St. Cyriakus. Ohne zu übertreiben kann man sagen, dass diese Kirche eines der bedeutendsten Zeugnisse der Kirchenbaukunst des frühen Mittelalters in Deutschland ist. Gernrode hatte des öfteren kaiserlichen Besuch. Das erklärt sich aus der Tatsache, dass weibliche Angehörige des Kaiserhauses hier ihre Erziehung und Ausbildung genossen. Diese Geschichtsträchtigkeit spürt man bei der Besichtigung auf Schritt und Tritt. Wir verlassen das berühmte Gotteshaus. Den Kirchenschlüssel liefere ich ordnungsgemäß bei der Pfarrersfrau ab und bedanke mich nochmals für ihr Entgegenkommen. Dabei erfahre ich von ihr, dass sie nunmehr den Ostergottesdienst vorbereiten müsse. Sie erkundigt sich über unseren weiteren Verlauf der Rundfahrt. Unser Hobby findet sie sehr gut, deshalb habe sie uns auch das Betreten der Stiftskirche ermöglicht. Noch einmal beklagt sie, und wir müssen ihr dabei Recht geben, dass Verschmutzungen und sogar mutwillige Beschädigungen bei Offenhalten des Gotteshauses schon fast an der Tagesordnung sind. Besonders unangenehm seien ihr die Schmierereien an den Wänden, mit denen Menschen ihren Besuch hier zu dokumentieren suchten. Eine Führung durch St. Cyriakus wäre uns natürlich viel lieber gewesen, aber auch so hat sich der Besuch gelohnt. In diesem Sinne verabschiede ich mich von der Pfarrersfrau. Sie bittet mich für den Fall eines nochmaligen Besuches, den Termin mit dem Pfarrer vorher abzustimmen. Das werden wir tun, soweit das in unserer Planung möglich ist, denn St Cyriakus kann man nicht mit einem Male begreifen.

Die geschichtsträchtigte Kreisstadt QUEDLINBURG

Wir fahren aus der Kleinstadt Gernrode hinaus und in Richtung Quedlinburg. Unsere Fahrt währt nicht lange, dann taucht die Harzstadt vor uns auf. Das Stadtpanorama wird beherrscht von dem Burgberg mit Schloss und Stiftskirche. Bis an den Burgberg heran reicht die Bebauung. Die überwiegend kleinen Häuser der Stadt bilden einen starken Kontrast zu dem mächtigen Baukomplex auf dem Berg. Zunächst fahren wir erst einmal in die Altstadt und sehen uns diese an, bevor wir uns dem eigentlichen Ziel, der Stiftskirche St. Servatius, zuwenden. Wir haben schon einiges über die Harzstadt gelesen und gehört. Dabei erfuhren wir, dass diese Stadt zu Beginn der ottonischen Zeit so etwas wie die Hauptstadt des Reiches war. Quedlinburg wurde uns in allen Quellen als eine mittelalterliche Stadt offeriert, die sich sehr viel von ihrem Reiz aus früheren Jahrhunderten erhalten habe. Aber was sich hier unseren Augen bietet, übertrifft alle unsere Erwartungen. In den Straßenzügen des Stadtzentrums überwiegen Fachwerkbauten. Diese stammen aus den verschiedensten Jahrhunderten und verkörpern somit natürlich auch die verschiedensten Fachwerkbaustile. Sie verleihen der Altstadt einen malerischen Anblick. Man könnte meinen, sich in einer Märchenstadt zu befinden. Leider ist es mit ihrem Zustand nicht gerade zum besten bestellt. Entlang der Hauptstraßen hat die Stadtsanierung bereits begonnen, ja sie ist schon relativ weit fortgeschritten. Für unsere

Begriffe erfolgt sie allerdings viel zu spät. Beim Anblick der bereits restaurierten Fachwerkhäuser können wir uns sehr gut vorstellen, wie märchenhaft die Harzstadt einmal ausgesehen haben mag. Die Altstadt und in ihr etliche besondere Gebäude sehen wir uns etwas genauer an, soweit das unser Zeitplan zulässt. Für diese Fachwerkhochburg haben wir allerdings einen etwas umfangreicheren Stadtbummel vorgesehen. Es gibt in der Stadt so viel zu sehen, dass es den Rahmen der Reisebeschreibung sprengen würde, wollte ich alle Eindrücke in Einzelheiten beschreiben. So beschränke ich mich auf das Allerwesentlichste.

Vornehmlich am Markt erwartet uns eine Häufung bereits restaurierter Fachwerkhäuser. Hier von einer Stadtsanierung zu sprechen, ist wirklich schon angebracht. Trotzdem hat der Rat der Stadt noch eine Menge Arbeit zu bewältigen, denn unvorstellbar groß ist der Nachholbedarf an Sanierungs-und Restaurationsmaßnahmen. Der Markt selber ist nicht allzu groß. So überqueren wir ihn, gehen dabei auch in die angrenzenden und auf ihn einmündenden Straßen, die da sind: Marktstraße, Breite Straße, Hoken, Kornmarkt, Marktkirchhof. In diesem Zusammenhang fällt uns auf, dass man hier im Zentrum darauf verzichtet hat, die Straßen und Gassen nach Persönlichkeiten zu benennen. Am Markt selber fallen uns sofort das Rathaus aus dem Jahre 1615 und der Roland auf. Das Gebäude steht zu den Bürgerhäusern im Kontrast, ist es doch im Renaissancestil errichtet. Das herrliche Portal mit seinen Rathausstufen wird von Kletterpflanzen umrankt, so dass sich dadurch ein ganz reizvoller Anblick ergibt. Beherrscht wird das ganze Areal von der Marktkirche St. Benedikti aus der ersten Hälfte des 15. Jahrhunderts. Wir müssen aus Zeitgründen auf eine Besichtigung des Kircheninneren verzichten. Gottfried nimmt dieses Gotteshaus in unsere Vormerkliste auf, und damit haben wir auch schon einen Grund, der Stadt später einen nochmaligen Besuch abzustatten. Am Außenbau fallen uns die unterschiedlich abgeschlossenen Türme im Westen auf. Näher will ich auf die Pfarrkirche jetzt nicht eingehen.

Am südlichen Ende des Marktes finden wir in der Wordgasse das älteste Fachwerkhaus der DDR. Leider können wir nicht allzuviel sehen, denn es ist eingerüstet. Die Restaurierung ist bereits im Gange. Von hier bis zur Kirche St. Blasii, einem barocken Zentralbau aus dem Anfang des 18. Jahrhunderts, sind es nur wenige Schritte. Wir gehen zurück zum Markt. Dabei betrachten wir vornehmlich drei repräsentative Fachwerkbauten: das Hotel Zum Bär und die ehemaligen Gildehäuser der Tuchmacher sowie der Lohgerber. Im näheren Umfeld des Marktes fallen uns aber auch weitere wunderschöne Fachwerkgebäude auf. Nachdem, was wir über die Fachwerkarchitektur und ihre Stile wissen, glauben wir, viele Häuser im Zentrum dem niedersächsischen Fachwerkbaustil zuordnen zu können. Es überwiegen Bauten mit Ständern und Riegeln, teilweise mit Knotenverstärkungen in Zahnschnittornamenten verziert. Andere haben horizontale Kreuzwabenkonstruktionen, vornehmlich unter der Fensterzone der Obergeschosse, die dem jeweiligen Haus einen besonderen Reiz geben. Diese Kostruktion halten wir mehr für Schmuckwerk als für statisch notwendiges Fachwerk.

Die Sanierung und Restaurierung ist im vollen Gange. Abzuwarten bleibt, ob die

Sanierungsgeschwindigkeit der Verfallsgeschwindigkeit standhält. Wir bezweifeln es ernsthaft, denn verlässt man die Hauptstraßen und die Straßen in unmittelbarer Nähe des Marktes und begibt sich in die kleinen Nebenstraßen und Gassen, so wird das ganze Ausmaß des Verfalles erst richtig erkennbar. Der trostlose Anblick wird durch einen durchdringenden Modergeruch noch verstärkt. Verlassene Häuser, die dem Verfall preisgegeben sind, wechseln sich mit solchen ab, die auch nicht viel besser erhalten sind, aber immer noch bewohnt werden. Wie kann man in solchen Häusern noch wohnen? Kann man das noch als Wohnen bezeichnen? Wir sind ehrlich entsetzt. Das ist die Kehrseite des mittelalterlichen Quedlinburg. Der erste positive Eindruck über die Stadt erhält nun doch eine starke negative Seite. Wie kann man in einer Stadt, die den Tourismus als die Haupteinnahmequelle entwickeln will, eine nur auf die Hauptstraßen bezogene Sanierungsplanung betreiben? Quedlinburg ist wie andere eine der allerersten Adressen der DDR in Sachen Urlaub und Fremdenverkehr. Auch für den FDGB-Feriendienst steht auf der Rangliste der Ferienorte Quedlinburg ganz weit oben. Welchen Einfluss macht die Gewerkschaft in der Stadt geltend? Sie ist doch schließlich der größte Ferienvermittler. Die malerische Altbausubstanz ist das wertvollste Kapital der Harzstadt, ihr Kulturerbe. Mit dem Aussehen der Stadt kann man doch den Fremdenverkehr ankurbeln. Wir stehen, wie schon öfter vor einem Rätsel. Wird hier ganz bewusst am falschen Rad gedreht? Was soll das für einen Sinn haben? Oder ist es ganz einfach das Unvermögen der Kommunal,- Kreis- und Bezirkspolitik wirtschaftliche Ressourcen zu erkennen und zu erschließen? Nur die unzureichende wirtschaftliche Kraft kann es nicht sein. Immerhin steht das Stadtzentrum auf der internationalen Denkmalliste. Da müsste schon etwas mehr getan werden.

Wir entschließen uns, den Rundgang durch die Altstadt aufzugeben und zu unserem eigentlichen Ziel, der Stiftskirche, zu fahren. Resigniert setzen wir uns in den Trabi und fahren in Richtung Schlossberg. Hier, vom Rande der Altstadt, haben wir einen ganz wundervollen Blick auf das Schloss und die dahinter liegende Kirche. Auf unserem Weg dorthin kommen wir dann aber doch noch an einigen sehenswerten Gebäuden vorbei, die uns spontan veranlassen, den Motor nochmals abzustellen. Da wären am Finkenberg zu nennen: das Gasthaus Weißer Engel, das Wolf-Götze-Haus, beide aus dem Anfang des 17. Jahrhunderts. Weiterhin finden wir am Finkenherd, einem Platz in unmittelbarer Nähe des Schlossberges, das Kloppstockhaus, in dem 1724 der Dichter Gottlieb Friedrich Kloppstock geboren wurde. Das Gebäude erstrahlt in restauriertem Glanze. Heute beherbergt es eine Gedenkstätte für den Dichter und ein Museum der Stadt. Gegenüber liegt das Finkenherd-Cafe. Drei Personen, ein Gedanke: hier könnte es sich lohnen, noch etwas zu verweilen. Das Cafe macht auf uns einen anheimelnden Eindruck. Das Angebot kann sich sehen lassen. Es ist hier so gemütlich, dass uns Gottfried daran erinnern muss, wir wollten doch eigentlich noch einiges am heutigen Tage absolvieren.

Nun beenden wir wirklich unseren Rundgang durch die Altstadt von Quedlinburg. Es wird langsam Zeit, dass wir uns der Stiftskirche St. Servatius zuwenden. Dieses Stift hat die Entwicklung der Stadt maßgeblich beeinflusst. Und so ist es wohl günstig, dieser Entwicklung einige Worte zu widmen. Das heute 28500 Einwohner zählende Quedlinburg hat eine bewegte Geschichte hinter sich. Urkundlich wird der Ort erstmals 922 erwähnt. Hier wird von einer Quitlingaburg König Heinrichs I. berichtet, in deren Nähe eine Siedlung lag. Aber das sind keineswegs die Anfänge der Besiedlung. Nach den vorgeschichtlichen Funden zu urteilen, reichen diese bis in die Bronzezeit zurück.

Zu Zeit Heinrichs I. bestand allerdings schon ein Königshof. Ist dieser in der Quitlingaburg zu suchen? Viel wahrscheinlicher ist, dass er sich in der Nähe des Münzenberges befand., eben dort, wo die Wippertikirche zu suchen ist. Wann genau dieser Königshof gegründet wurde, konnte bisher von den Historikern nicht einwandfrei geklärt werden. Da er, nach Annahme etlicher Autoren, von König Heinrich I., vielleicht noch zu dessen Herzogszeit, gegründet worden sein soll, ist anzunehmen, dass dies etwa Anfang des 10. Jahrhunderts erfolgt sein könnte. Im Jahre 936 stirbt Heinrich in seiner Pfalz Memleben. Entsprechend seinem Wunsche wurde er in der Kirche auf dem hiesigen Burgberg beigesetzt. In dem Baukomplex auf dem Burgberg befand sich ein Kanonikerstift, das die seelsorgerische Betreuung der Burgbewohner zur Aufgabe hatte und dazu die bestehende Basilika nutzte. Die Witwe Heinrichs, Königin Mathilde, die später heiliggesprochen wurde, wandelte den Burgberg teilweise in ein Stift für adlige Töchter, vornehmlich der der sächsischen Adelsgeschlechter um, und wird dessen erste Äbtissin. Im Zuge dieser Gründung ließ sie das bestehende Kanonikerstift auf den Königshof verlegen. 961 wird hier erstmals vom Bestehen einer Kirche berichtet. Sie erhielt später das Patrozinium des Hl Wigbert.

In der Folgezeit wird der Burgberg zur Kaiserpfalz ausgebaut. Bis ins 12. Jahrhundert hinein wurde diese Pfalz für die verschiedensten Reichsversammlungen genutzt, zu Reichstagen allerdings nur noch kurze Zeit. Für das Jahr 973 ist der letzte in Quedlinburg unter Kaiser Otto I., dem Sohn Heinrichs, nachweisbar. Quedlinburg kann mit Recht als einer der wichtigsten Orte des Reiches unter den ottonischen Herrschern, für kurze Zeit sogar als seine Hauptstadt angesehen werden. Auch die Nachfolger Ottos I. besuchten den Ort und die Pfalz öfters. Die Benediktiner gründeten 986 auf dem Münzenberg ein Kloster, das der Mutter Gottes geweiht wurde. Von diesem Kloster ist leider nichts mehr vorhanden, denn im 16. Jahrhundert erfolgte die Überbauung des Areals mit Wohnbauten.

Man kann wohl mit Recht annehmen, dass die Siedlung am Fuße des Burgberges zu Frondiensten für Kaiserpfalz, Stift, Königshof und Kloster verpflichtet waren. Um so erstaunlicher ist es, dass der Ort bereits 994 das Markt-, Münz-und Zollrecht durch Kaiser Otto III. verliehen bekam, also das Stadtrecht. Waren damit bereits gewisse Unabhängigkeitsrechte des Bürgertums der Stadt verbunden? Sicher scheint indes zu sein, dass Quedlinburg eine landesherrliche Stadt war. Vielleicht haben wir hier mit den Anfängen eines sich entwickelnden Fremdenverkehrs zu tun, um es einmal modern auszudrücken. Dieser wäre dann dem Kaiserhaus wie auch der Stadt gleichermaßen zugute gekommen, versammelten sich doch auf dem Burgberg viele Adelsleute, deren Gefolgschaft auch irgendwo das müde Haupt niederlegen mussten.

Drei ehemalige Dörfer bilden die Altstadt von Quedlinburg . Als erste Pfarrkirchen sind hier nachweisbar: die Blasiuskirche, die Ägidienkirche und die Kirche der neuen Kaufmannssiedlung St. Benedikti. In der zweiten Hälfte des 12. Jahrhunderts ist die erste Stadtbefestigung nachweisbar. In den folgenden Jahrhunderten erlebt die Stadt eine positive wirtschaftliche Entwicklung, die ihr zu Wohlstand und weiterer Bedeutung verhilft. Von der wirtschaftlichen Entwicklung zeugen unter anderem die Neubauten der genannten Kirchen sowie der Nikolaikirche in der Neustadt aus dem 15. und 16. Jahrhundert. 1426 tritt die Stadt der Hanse bei und stellt als sichtbares Zeichen seinen Roland auf. Doch ungestört vollzieht sich die Geschichte der Stadt nicht. Im letzten Viertel des 15. Jahrhunderts schafft es das Stift mit Hilfe sächsischer Truppen wieder die Herrschaft über die Stadt zu erlangen. Die Reformation in Wittenberg stärkt dann allerdings das Selbstbewusstsein des Bürgertums derart, dass es sich 1525 durch Zerstörung der Klöster von deren Bevormundung befreit. Damit ist der Boden für die Reformation aufbereitet, so dass deren Einführung 1539 erfolgen konnte.

Wirtschaftlich hat die Stadt ihren Zenit überschritten. Die Bedeutung nimmt immer mehr ab. Quedlinburg wird zur Provinzstadt. Heute ist sie, was den Fremdenverkehr betrifft, eine der allerersten Adressen in dem Teil des Harzes, der auf dem Gebiet der DDR liegt. Der FDGB entwickelt die Stadt zu einem Urlauberzentrum. Welche Probleme wir bei dieser Entwicklung Quedlinburgs sehen, habe ich schon beschrieben. Verwaltungspolitisch zeigt sich Quedlinburg heute als Kreisstadt im Bezirk Halle. Auch ist sie Zentrum der im Harz ansässigen Kleinindustrie.

Ohne Übertreibung kann man sicherlich sagen, dass man in dieser Harzstadt an fast jedem beliebigen Ort auf geschichtsträchtigem Boden steht. Quedlinburg ist ein ganz wichtiger Meilenstein in der deutschen Geschichte. Wie ich zu beschreiben versucht habe, besitzt die Stadt so viele Zeugnisse ihrer und der deutschen Geschichte, dass sie in jedem Fall einen Besuch wert ist.

Die Stiftskirche St. Servatius, der „Berg-Dom" zu Quedlinburg

Mittlerweile sind wir am Schlossberg angelangt. Über uns, auf einem Felsen, erhebt sich das Renaissanceschloss. Majestätisch liegt es mit seinen geschwungen abgestuften Ziergiebeln über der Stadt und grüßt so den Besucher bereits von weitem. Von hier, vom Fuße des Schlossgipfels, hat man den Eindruck, vor einer Festung zu stehen. Wir gehen um den Gipfel herum, durchschreiten das Torgebäude, steigen den steilen Anstieg der Zufahrtsstraße hinauf und betreten den Innenhof des Bauensembles. Was man vom Fuße des Berges gar nicht erkennen kann, ist, dass das Bergplateau nur eine recht kleine Fläche einnimmt. Wir hatten uns diesen Innenhof irgendwie weiträumiger vorgestellt. Schloss und Kirche sind nur wenige Schritte voneinander getrennt. Da wirkt alles beengt.

Dem Schloss gegenüber erhebt sich die stolze Stiftskirche. Sie gilt als eines der beeindruckendsten Sakralbauwerke auf dem Gebiet der DDR. Beherrscht wird der Bau von der mächtigen Doppelturmfront im Westen. Die Türme bilden mit dem basilikalen Langhaus eine harmonische Einheit. Die enorme Wirkung der Türme rührt unserer Meinung nach von der erhabenen Schlichtheit der Architektur. Vornehmlich die dreigeteilten Schallfenster mit dem sie umgebenden Blendbögen sind hier zu nennen. Die Türme tragen Pyramidenhelme. Die obersten Turmgeschosse werden mit Rundbogenfriesen abgeschlossen. Uns ist ein Bild der Kirche aus dem Jahre 1870 in Erinnerung. Auf diesem Bild hat die Kirche nur einen Turm, und zwar den nördlichen, der allerdings mit einem Barockhelm bekrönt ist. Demzufolge muss das Bauwerk im vorigen Jahrhundert in miserablem Zustand gewesen sein. Der Südturm war entweder eingestürzt oder ist wegen Baufälligkeit abgebrochen worden. Eine andere Darstellung, ein Stich mit Stadtansicht von 1630, zeigt die Kirche zwar mit beiden Türmen, die allerdings durch gotische Spitzhelme abgeschlossen werden. Die Wiederherstellung der schönen romanischen Turmfront ist im 19. und 20. Jahrhundert vorgenommen worden. In den Jahren 1949 und 1950 erhielten dann die Türme ihr heutiges Aussehen, das sich an Abbildungen und Baubeschreibungen aus dem Mittelalter orientiert. Diese sehenswerte und dominierende Turmfront und natürlich die Bedeutung des Stiftes im Mittelalter haben dazu geführt, dass das Gotteshaus im Volksmund und von etlichen Autoren, als „der Bergdom von Quedlinburg" bezeichnet wurde.

Die normalen Besucher, und wir zählen selbstverständlich zu ihnen, können den Außenbau des Langhauses von St. Servatius nur von der Nordseite her, also vom Innenhof, bestaunen. Selbst der Chor und die Westturmfront lassen sich nur vom Hof aus der Nähe betrachten. Der Blick muss steil nach oben zu den Helmen der Türme gerichtet werden. Aber man steht zu nahe an ihnen, um ihre Schönheit aus dieser Perspektive richtig ermessen zu können. Die Kirche ist sehr nahe an den Felsabgrund gebaut. Damit wird ein Umlaufen des Bauwerkes, fast unmöglich. - Das Langhaus wird am Außenbau von einem Rundbogenfries in Traufhöhe des Seitenschiffes wie auch des Obergadens geprägt. Dieses Friesband ziert auch die Giebelseite des Querhauses. Ansonsten sind Langhaus und Querhaus schmucklos. Für die Schlichtheit des Baues ist sicherlich die Ordensregel des Hl Benedikt von Nursia verantwortlich. Diese schlichte Gestaltung ist es, die die enorme und erhabene Wirkung des Gotteshauses ausmacht. Gewisse Ähnlichkeiten zu Gernrode lassen sich schon feststellen. Wie bei St. Cyriakus tritt auch hier das Querhaus nur unwesentlich aus der Front des Langhauses heraus. Ist diese Bauweise etwa programmatisch gewesen?

Irgendwann im Mittelalter müssen sich Dinge ereignet haben, die zu einem Neubau des Chores führten. Dieser neue Chor wurde dann allerdings im Zeitgeschmack, im gotischen Stil errichtet. So schön dieser Chor auch ist, er stört nach unserer Auffassung den harmonischen Eindruck des romanischen Bauwerkes. Oder haben wir etwa hier den Beginn eines geplanten Neubaues der ganzen Kirche vor uns, der niemals weitergeführt wurde? Eine nicht zu übersehende Eigentümlichkeit könnte diese Vermutung aufkommen lassen: die Firsthöhe des Chores ist höher als die von Querhaus und Langhaus. War die Kirche für das Stift zu klein geworden? An der Ostwand des nördlichen Querhauses fällt eine Nebenapsis auf. Sie ist an den Chor gequetscht und wird außerdem auch noch von dem westlichen Strebepfeiler des Chores halb verdeckt. Das kann unserer Meinung nach nur darauf hindeuten, dass die Kirche im gotischen Stil neu errichtet werden sollte.

Am Schloss stehen schon einige Besucher, die auf eine Führung warten. Auf meine Frage hin, ob wir uns der Führung anschließen wollen, ernte ich nur eine Schmollmiene meiner Frau und Kopfschütteln von Gottfried. Ein Blick auf die Informationstafel der Kirchentür belehrt uns, dass die Besichtigung ebenfalls nur im Rahmen einer Führung möglich sei. Der Pfarrer der Stiftskirche wartet am Eingangsportal. Auf unsere Frage nach der nächsten Führung erklärt er uns, dass zur Zeit eine Reisegruppe im Schloss sei, die anschließend von ihm durch die Kirche geführt werde. Wir könnten uns ja der Gruppe anschließen. In diesem Moment kommt auch schon die Reisegruppe aus dem Schloss. Somit brauchen wir nicht lange zu warten.

Der Pfarrer lässt uns in die Kirche eintreten. Uns umgibt zunächst nur dämmerhaftes Licht. Wir werden aufgefordert, kurz in den Stuhlreihen Platz zu nehmen. Zu Beginn der Führung durch die Stiftskirche gibt unser Begleiter einen kurzen Abriss in die Geschichte und Baugeschichte des Sakralbaues. Diesen werde ich nur insofern wiedergeben, soweit das nicht schon in der Darstellung der Stadtgeschichte erfolgt ist. Wann die erste Kirche auf dem Burgberg errichtet wurde, konnte nicht mit Bestimmtheit ermittelt werden. Es ist wohl auch nicht zweifelsfrei geklärt, ob König Heinrich I. in dieser ersten Kirche beigesetzt wurde. Jedoch gehen die meisten Kunsthistoriker davon aus. Die Kirche, in die wir gerade eingetreten sind, wurde in mehreren Etappen erbaut. Äbtissin Mathilde, die Enkelin der Königin und Witwe Heinrichs gleichen Namens, ließ 996 die alte Kirche abreißen und bis 997 eine Basilika mit wesentlich größeren Ausmaßen errichten. Diese, wie auch alle anderen Gebäude, wurden dann allerdings bei einem Großbrand auf dem Burgberg im Jahre 1070 vernichtet. Der daraufhin beginnende Neubau konnte 1129 geweiht werden. Die folgenden Jahrhunderte brachten immer wieder Baumaßnahmen mit sich. Anfang des 14. Jahrhunderts wurde der gotische Chor errichtet. Die Schäden, die die Kirche in den Unruhen zur Zeit der Reformation und im Dreißigjährigen Krieg genommen hat, ließen sich wohl problemlos beseitigen, denn sie sind in der uns vorliegenden Literatur nicht besonders erwähnt. Der Zweite Weltkrieg brachte hingegen der Stiftskirche jedoch umfangreiche Beschädigungen. Das Institut für Denkmalpflege beseitigte die Kriegsschäden und gab der Kirche wieder das Aussehen des berühmten romanischen Bauwerkes. Heute ist St. Servatius leider mehr Museum denn Gotteshaus.

Wir befinden uns in einem schlichten, mit einer Kassettendecke versehener Raum. Der Innenraum erscheint uns niedriger, als wir das, gemessen am Außenbau erwartet hätten, also genau umgekehrt als ein paar Stunden vorher in Gernrode. Zudem erscheint er uns auf den ersten Blick kalt, düster und renovierungsbedürftig. Wir können es kaum glauben, dass vor etwa 20 Jahren eine große Instandsetzung stattgefunden haben soll. Danach sieht die Kirche nun wirklich nicht aus. Nach unserem Ermessen hat sich hier die Denkmalpflege nicht gerade mit Ruhm bekleckert. Wie schade, dass die wichtigste, auf uns überkommene Kirche der Sachsenkaiser sich nicht besser präsentieren kann. Sie wurde, wie ich an anderer Stelle vermerkte, schließlich von mehreren Autoren als Bergdom bezeichnet. Ihre Bedeutung im Mittelalter kommt tatsächlich der einer Reichskirche gleich. Der Pfarrer nennt eine Vielzahl historischer Daten, die an unseren Ohren vorbeirauschen. In dieser Kirche hatte ich eigenartigerweise von Beginn an das Gefühl, mich in einem Museum zu befinden. Und das, obwohl doch eigentlich nichts unmittelbar an ein solches erinnert. Wir werden ja auch durch einen Geistlichen geführt.

Die Langhausarkaden weisen den doppelten Stützenwechsel auf, das heißt, Pfeiler wechseln sich jeweils mit zwei Säulen ab. Die Säulen zeigen teils Kelchkapitelle, teils Würfelkapitelle. Sie sind zwar recht einfach aber doch sehr schön gearbeitet. Einige mussten wohl im Rahmen der Restaurierung im vorigen Jahrhundert erneuert werden. Pfeiler wie auch Säulen enden in Kämpferplatten. Diese entstammen ebenfalls der Restaurationsphase. Unterhalb der Obergadenzone zieht sich an beiden Langhauswänden, wie auch im Westen, ein Fries, das nach den Ausführungen des Pfarrers ein Überrest der ehemaligen Ausschmückung der Kirche ist, das einzige Gestaltungselement, das erhalten blieb. Heute ist die Kirche einfach getüncht. Die Farbe ist aber bereits derart gealtert und von Feuchtigkeitsflecken gezeichnet, dass sie nun wahrlich keinen erhabenen Anblick bietet.

Zum Leben im Stift ist zu sagen, dass alles, was ich diesbezüglich zu Gernrode sagte, auch für Quedlinburg gilt, noch zumal die Stiftskirche St. Servatius als Vorbild für St. Cyriakus galt. - Unser Blick geht nach Osten in den hohen Chor. Dabei sind wir etwas verwirrt. Der Chorabschluss zeigt sich als romanische Apsis. Von außen sahen wir doch aber einen gotischen Chor. Was hat das zu bedeuten? Daraufhin angesprochen, lächelt der Pfarrer überlegen und erklärt uns dann, dass die Kirche der Ottonen in den dreißiger Jahren von den Nazis als Weiheraum für SS-Offiziere missbraucht wurde. Da hierfür aber kein gotischer Chor Verwendung finden konnte, er erinnerte zu sehr an den vermeintlichen Erzfeind Frankreich, wurde zumindest im Kircheninneren wieder der romanische Ostabschluss geschaffen. Wenn wir auch über die Vergewaltigung des Bauwerkes den Kopf schütteln müssen, so vermittelt die Apsis doch ein ganz anderes Harmonieempfinden. Der Einbau hat letzten Endes doch noch etwas Gutes gebracht.

Zunächst werden wir über die Stufen hinter dem Kreuzaltar hinab in die Krypta geführt. Der Eindruck, den wir gewinnen, ist eher der einer Unterkirche als der einer Krypta, so weiträumig ist sie. Sie entstammt, so erfahren wir, einem Umbau, den die zweite Äbtissin, Adelheid mit Namen, veranlasste, und der 1021 abgeschlossen war. Die Krypta reicht im Osten bis an die Confessio heran, über die noch zu sprechen sein wird. Nach Norden und Süden nimmt sie die Maße über die Mittelschiffbreite der Kirche ein. Nach Westen hin reicht sie über sieben Joche bis etwa zur westlichen Begrenzung des Querhauses. Eine solch große Krypta haben wir noch gar nicht gesehen. Kein Wunder, dass hier fast zwangsläufig der Eindruck einer Unterkirche entsteht. Die Säulen weisen sehr schöne Kapitelle auf, die wir für weitaus kostbarer halten, als die im Langhaus. Wieder gehen die Kapitelle in Kämpferplatten über. Darüber entwickeln sich die relativ hohen Kreuzgewölbe. Den Kopf brauchen wir hier nicht einzuziehen. Abgesehen von einigen wenigen Flächen, die Putzschäden aufweisen, sind die Gewölbe sehr gut erhalten. Sogar die ursprüngliche Ausmalung ist, wenn auch nur schemenhaft, erkennbar. Dieser Raum wurde wohl hauptsächlich für die Bestattung der Äbtissinnen und anderer bedeutender Stiftsdamen genutzt. An den Außenwänden sind etliche Grabplatten eingelassen, die, so informiert uns der Pfarrer, ursprünglich den Kryptafußboden zierten und in späterer Zeit gehoben wurden.

Nach Osten hin schließt sich an die Krypta die sogenannte Confessio an. In dem halbrunden Raum, der in den Fels getrieben wurde, sind König Heinrich I. und seine Gemahlin, die Hl Mathilde, beigesetzt. Der Raum ist, wie uns berichtet wird, nicht aus Gründen der Gräberaufnahme so gestaltet, sondern stellt im wesentlichen die Krypta der ersten Kirche dar. Dabei werden wir auf die Confessio der Wippertikirche hier in Quedlinburg verwiesen. Diese beiden Kryptenräume sind wohl die einzigen ihrer Art auf dem Gebiet der DDR, die die Zeiten ohne erheblichen Umbau überstanden haben. Die Raumgestaltung der Confessio hier in St. Servatius geht noch auf karolingische Zeit zurück, in der halbrunde Krypten modern waren. Wie wir erfahren, entspricht die Rundung dem Außenmauerverlauf der Apsis der ehemaligen Kirche des Kanonikerstiftes. Hier wird die kunsthistorische Bedeutung der Stiftskirche erst so richtig erkennbar, denn es treffen an dieser Stelle Architekturformen der Karolinger und der Ottonen zusammen.

Hier endet die Führung durch die Quedlinburger Stiftskirche. Fragend sehen wir den Geistlichen an; das soll die ganze Führung gewesen sein? Im Mittelschiff wieder angekommen, wenden wir uns noch einmal nach Osten. Der hohe Chor ist mit einer Kordel abgesperrt. Altarraum und Altar sind, was man so erkennen kann, sehr schlicht gehalten. Alles deutet aber darauf hin, dass in diesem Gotteshaus auch Gottesdienste gefeiert werden. Eigentlich hätte man das schon aus der Tatsache ersehen können, dass ein Pfarrer die Führung übernommen hat. Wir fragen diesen, ob er uns nicht den Domschatz zeigen könne. Doch, den könnten wir besichtigen, erfahren wir. Allerdings wäre dafür das Museum zuständig. Im Rahmen einer Museumsführung wäre dann auch der Domschatz dabei. In die Kirchenführung hätte er uns mit einbeziehen können, erläutert der Geistliche, aber weiter auch nicht. Meine beiden Begleiter sind indes der Meinung, wir sollten es mit der Kirchenbesichtigung bewenden lassen. Wir verabschieden uns und verlassen den Burgberg. Unser Programm in Quedlinburg haben wir erfüllt. Später werden wir der Stadt bestimmt noch einmal einen Besuch abstatten. Es gilt ja noch die Pfarrkirchen und die Kirche des Kanonikerstiftes, St. Wipperti mit ihrer berühmten Krypta kennenzulernen. Mit diesem Vorsatz sagen wir der Stadt Heinrich I. und seiner Witwe Mathilde ade und verlassen sie in Richtung Halberstadt. Auf der Fernverkehrsstraße F79 fahren wir knapp zwanzig Minuten, dann grüßen uns schon die Kirchtürme der altehrwürdigen Bischofsstadt, die da sind: der Dom, das wohl berühmteste Gotteshaus der Stadt, St. Martini, die Stadtpfarrkirche und natürlich Liebfrauen, die bekannte Augustiner-Klosterkirche. Erwartungsvoll nähern wir uns der Stadt. Wird sie den Erwartungen gerecht? Werden wir auch hier den Wunsch verspüren, der Stadt einen weiteren Besuch abzustatten?

Der Domplatz der alten Bischofsstadt HALBERSTADT und die Stadtpfarrkirche St. Martini

Von Süden her nähern wir uns Halberstadt. Der Anblick der Kirchtürme voraus zeigt uns die nächsten Ziele an. Uns an ihnen orientierend fahren wir zum Domplatz. Unser Trabant wird am Rande des Platzes geparkt. Auf der Fahrt dorthin sind wir ehrlich erstaunt, fast nur an Bauten vorbeizukommen, die vornehmlich nach dem Zweiten Weltkrieg entstanden sein dürften. Darauf werde ich aber in einem späteren Kapitel etwas näher eingehen. Wir schlendern über den Platz. Östlich von uns erhebt sich der Dom mit seiner imponierenden und berühmten Westturmgruppe. Westlich von uns grüßt die Liebfrauenkirche. Wir stehen etwa in der Mitte zwischen beiden Kirchen. Größer könnte der Kontrast nicht sein. Auf der einen Seite die hochgotische Bischofskirche, auf der anderen die romanische Klosterkirche. Südöstlich von uns, von einigen Häusern etwas verdeckt, lassen sich die Türme von St. Martini über den Dächern erkennen. Der Platz fasziniert uns. Durch die Bäume zwischen den Kirchen ergibt sich für uns ein anheimelnder Eindruck. An einem der Bäume lädt eine Bank zum Verweilen ein. Wir nehmen die Aufforderung an. Wo sonst hat man einen solchen Platz, mit einem solchen Bauensemble? Drei gewaltige, mittelalterliche Kirchen stehen in unmittelbarer Nähe. Eine jede wurde in ihrer Erbauungszeit einer anderen Bestimmung zugedacht. Eine jede ist für sich sehenswürdig und mit der Geschichte der Stadt im Harzvorfeld aufs Engste verbunden.

Am Dom wartet bereits eine Touristengruppe auf eine Führung. Wir begeben uns zum Einlass und werden durch einen ausgehängten Zeitplan informiert, dass wir bis zur nächsten Führung noch einige Zeit haben. Gottfried wendet sich der Martinikirche zu. Wir beide folgen ihm. Während wir uns der Kirche nähern, müssen wir feststellen, dass in ihrer unmittelbaren Nähe Baumaterial lagert. Eine Informationstafel an der Westseite von St. Martini bestätigt dann unsere Befürchtungen. Das Gotteshaus ist wegen Bauarbeiten geschlossen. Schade! Die derzeitig laufenden Arbeiten sind sicherlich eine Fortführung des Wiederaufbaues, der über zwei Bauetappen 1971 zu einem vorläufigen Abschluss gebracht wurde, was auch immer man darunter verstehen mag. St. Martini war am 8. April 1945 im Bombenhagel schwer beschädigt worden. Die erste Wiederaufbauphase wurde 1958 abgeschlossen, eine zweite schloss sich in den Jahren 1970 bis 1971 an.

Die Kirche, vor der wir stehen, wurde etwa in der Mitte des 14. Jahrhundert nach einhundertjähriger Bauzeit in Backsteinbauweise fertiggestellt. Das Gotteshaus wurde in drei Bauetappen als dreischiffige Hallenkirche mit zwei hohen Türmen im Westen errichtet. So repräsentierte sich St. Martini als ein Sakralbau des Bürgertums in der Nähe des Domes und der Augustinerkirche. Allein aus dem Standort wird der Machtkampf zwischen dem Bischof und den Ordensklerikern auf der einen Seite und dem aufstrebenden Bürgertum auf der anderen augenscheinlich. Heute wird das Gotteshaus als Pfarrkirche der evangelischen Kirchengemeinde Halberstadts genutzt.

Es fällt ins Auge, dass das Langhaus im Vergleich zu der Westturmgruppe recht gedrungen wirkt. Die Ursachen hierfür sind uns nicht bekannt. Die Westfront steht wie ein wehrhafter Riegel vor dem Langhaus. Zwei Türme mit fast quadratischem Grundriss erheben sich steil in die Höhe. Nach oben hin werden sie augenscheinlich immer leichter. Über vier Geschosse sind sie paarig geführt. Die architektonische Leichtigkeit beginnt erst im dritten Turmgeschoss. Während in den unteren Geschossen kleine Fenster mit geringen Maueröffnungen den Eindruck der Wehrhaftigkeit vermitteln, bewirken die großen Schallfenster in den beiden oberen für den Betrachter genau das Gegenteil. Dazu kommt noch der Mittelbau zwischen den Türmen, auch etwa mit quadratischem Grundriss, und in der Giebelzone eine wunderschöne Fensterrose. Hier zeigt sich die wunderbare Gestaltungskraft der Spätgotik. Etwas störend finden wir den unterschiedlichen Abschluss der beiden Türme. Sie haben zwar spätgotische Spitzhelme, nur fällt der nördliche wesentlich niedriger aus als das südliche Gegenstück. Diesen Umstand findet man ja an vielen Kirchen. Gestern hatten wir Ähnliches an St. Nikolai in Jüterbog gesehen. In Höhe des Spitzhelmansatzes sind beide Türme mit einer überdachten Laufbrücke verbunden. Diese ist gänzlich, wie auch die Helme, mit Schiefer belegt. Als Aussichtsplattform ist sie wohl nicht zu benutzen, denn Fenster können wir nicht erkennen.

Gottfried stellt fest, dass der Südturm besteigbar ist. Meine Frau ist zwar von den vielen Stufen nicht gerade angetan, lässt sich jedoch überreden und so steigen wir die Turmstufen hinauf. In der obersten Etage angekommen, erklärt sich, warum die Pforte zur Turmtreppe offen ist. Ein Uhrmacher beschäftigt sich mit der Turmuhr. Eine Weile sehen wir dem Meister bei seiner Arbeit zu, der sich davon weder beeindrucken noch stören lässt. Wir kommen mit ihm ins Gespräch, ohne dass er dabei auch nur einen Blick von seiner Arbeit wendet. Dabei erzählt er uns, dass bereits sein Vater diese Uhr betreut hat. Auf den Größenunterschied zwischen der Turmuhr und einer Damenarmbanduhr angesprochen, meint er, das mache eben den richtigen Uhrmacher aus. Da müsse man sich schon auf jeden Auftrag einstellen können. Noch heute würde er sich auch wieder mit kleinen Objekten befassen müssen. Eine Umstellung sei es allemal, das sei nicht zu bestreiten. Er macht uns freundlich darauf aufmerksam, dass er fertig sei und in wenigen Minuten den Turm verlassen würde. Die kurzbemessene Zeit nutzen wir, um aus den Schallfenstern über die Stadt blicken zu können. Unter uns sehen wir den Dom und Liebfrauen. Ein herrlicher Anblick ist das. Von hier oben sieht der Dom mit seinen hohen Türmen ganz anders aus, als aus der sonst gewohnten Froschperspektive. Besonders imponierend wirken die wunderbaren Strebebögen auf uns, die sich von den Strebepfeilern an der Außenwand zum Obergaden der Basilika spannen. So bekommt man ein solch berühmtes Bauwerk eben nicht alle Tage zu sehen.

Nach wenigen Minuten drängt Irmgard zum Abstieg. Und richtig! Die Zeit ist wie im Fluge vergangen. Wenn wir uns nicht beeilen, schaffen wir es gar nicht zur Domführung rechtzeitig an der Kreuzgangpforte zu sein. Wir wünschen dem Uhrmacher noch gutes Gelingen, verabschieden uns und steigen die Stufen hinab. Dann stehen wir wieder vor der Kirche und begeben uns hinüber zum Dom.

Der Dom St. Stephanus zu Halberstadt

Glanzpunkt des sakralen Bauensembles am Domplatz ist natürlich die gotische Kathedrale. Sie bestimmt nachhaltig das Gesamtbild des Platzes. Ihm ordnen sich die anderen Bauwerke unter. Diese Kirche berührt uns ganz besonders. Irgendwie hatten wir den Eindruck, hier vor einer wahrhaftig deutschen Entwicklung eines gotischen Sakralbauwerkes zu stehen. Bei vielen Abbildungen deutscher gotischer Dome konnten wir die französische Patenschaft ablesen. Ganz anders hier. Natürlich hat auch dieses Bauwerk alle markanten Merkmale eines Gotikdomes, eben die Stilelemente, die ihren Ursprung in Westeuropa haben. Trotzdem wirkt diese Kirche auf uns anders, eben deutsch. Ich kann das nicht anders beschreiben, noch viel weniger begründen. Es ist rein intuitiv. Ob das mit der hohen Westturmgruppe zusammenhängt, die ihre romanische Vergangenheit gar nicht zu leugnen versucht? Ich weiß es nicht. Der Portalbereich ist zwar in Anlehnung an französische Kathedralen gestaltet, jedoch wesentlich schlichter. Zudem sind die Seitenportale reine Blendportale, erweisen also ihren westeuropäischen Vorbildern nur eine Referenz. Das Gewände des Westportals ist sehr tief eingeschnitten. Über den Kämpferplatten der Gewändesäulchen entwickelt sich der gotische Spitzbogen, der großzügig beide Türen des Westportales überspannt. Das Tympanonfeld ist hier nicht, wie sonst üblich, figürlich gestaltet, sondern besteht lediglich aus einer Reihe übereinander gestaffelter Blendarkaden. Eine für uns ungewöhnliche Portallösung, aber eine wirkungsvolle. Ebenfalls eine Referenz an französische Kathedralen scheint die Fensterrose zu sein, die sich über dem Westportal befindet. Das sich darüber entwickelnde Giebelfeld des Mittelbaues scheint so gar nicht zu der Kirche zu passen. Wir vermuten, dass es sich hier um eine neugotische Schöpfung handelt, die im Rahmen eines Umbaues oder der Instandsetzungsmaßnahmen nach dem Kriege entstanden sein könnte. Die schlanken Türme mit ihren Schallöffnungen runden das hervorragende Gesamtbild der Westansicht ab.

In Langhaus, Querhaus und Chor setzt sich die enorme Wirkung auf den Betrachter fort. Das Querhaus der kreuzförmig gestalteten Basilika befindet sich fast in der Mitte des Baues. Damit sind Chor und Langhaus fast gleichlang. Kirchen mit langen Chören haben es uns ohnehin angetan. Warum? Das kann ich noch nicht einmal begründen. Faszinierend finden wir die Strebewerke: Strebepfeiler, die in Fialen enden und Strebebögen, die sich von den Pfeilern zum Obergaden des Mittelschiffes spannen. In ihrer Gestaltung wird hier die statische Notwendigkeit scheinbar in Schmuckelemente umgewandelt. Dadurch vermitteln sie den Eindruck einer Leichtigkeit, die ganz vergessen macht, dass hier enorme Schubkräfte der Gewölbe abzufangen und auf die Strebepfeiler abzuleiten sind. Die schlanken, maßwerkgeschmückten Obergadenfenster vervollständigen den Eindruck. Bereits vom Turm der Martinikirche hatten wir den Obergaden, die Dachzone und die Strebewerke bewundern können.

An der südöstlichen Ecke des Kreuzganges ist der Einlass in den Dom. Der Verkauf der Karten ist schon in vollem Gange. Wir bezahlen die unsrigen, begeben uns durch den Kreuzgang zum südlichen Querhausflügel und betreten den Dom. Der Domführer wartet, bis der Letzte sich der Gruppe angeschlossen hat und beginnt dann mit der Vorstellung der Bischofskirche und den dazu erforderlichen Erläuterungen. Vieles von der Geschichte der Stadt ist untrennbar mit der des Domes verbunden. Hier möchte ich nur das wiedergeben, was unmittelbar mit der Gestalt des Domes in Verbindung steht. Auf die Geschichte der Stadt werde ich gesondert eingehen. Im Rahmen von Grabungen, die im Zuge der Wiederherstellungsarbeiten und der Beseitigung der Kriegsschäden durch das Institut für Denkmalpflege wurden die Größe und Form der Vorkirchen belegt. Für uns ist es unvorstellbar, dass sich aus den ergrabenen Fundamentresten mittelalterlichen Ursprungs Rückschlüsse auf die Gestalt längst vergangener Vorkirchen ziehen lassen. Die Grabungen am Dom erfolgten in den Jahren 1952 und 1953. Die Beschreibung der Vorgängerkirchen interessiert uns zwar, würde aber hier den Rahmen sprengen. So übergehe ich diese Schilderungen des Domführers und beschränke mich auf unsere Eindrücke in dem berühmten gotischen Sakralbau.

Jetzt, zu Beginn der Führung, befinden wir uns im südlichen Arm des Querhauses. Wir sind überwältigt von dem Anblick der hochgotischen Basilika. Hatte uns bereits die Außenansicht des Domes in Begeisterung versetzt, so erfährt sie im Inneren der Kirche eine nochmalige Steigerung. Das, was diese Kirche aus ihrer ganzen Erscheinung dem Betrachter vermittelt, ist eindeutig nur das Abbild der Macht. Ganz einfach die Macht des Bischofs in mittelalterlicher Zeit. Und diese Macht war nicht nur eine klerikale, sondern der Bischof war ja gleichzeitig weltlicher Fürst im Gebiet seiner Diözese.

Die gotischen Bauformen ziehen wie automatisch unseren Blick nach oben. Das hatten wir schon in anderen gotischen Kirchen festgestellt. Was uns hier als Erstes ins Auge fällt, sind die schönen Sterngewölbe in der Vierung und in den Querhausarmen. Eine Kirche mit einer solch enormen Höhe des Mittelschiffes hatten wir noch nicht kennengelernt. Unser Domführer gibt die Gewölbescheitelhöhe mit 24 Metern an. Irmgard meint erstaunt und bewundernd zugleich, wie die Bauleute des Mittelalters wohl bei ihrer primitiven Technik die Formsteine in diese Höhe gebracht und dort verbaut haben mögen. Unsere modernen Baubetriebe würden da ohne hohe Turmdrehkräne gar nicht zurechtkommen. Sie erntet allgemeine Zustimmung, wenn sich unser Führer auch beeilt einzuwerfen, dass zu jener Zeit bereits mit dem Flaschenzug gearbeitet worden sei. Trotzdem bleibt es für uns eine unvorstellbare Leistung der damaligen Bauleute. Alleine schon die Sauberkeit der Fugen. Das könnte schon für unsere heutigen Baufachleute ein Vorbild sein.

So, wie sich die Bischofskirche uns zeigt, ist sie ein Bauwerk im hochgotischen Baustil, das im wesentlichen ab der Mitte des 13. bis weit ins 14 Jahrhundert hinein errichtet wurde. Nichts erinnert daran, dass bereits zu Zeiten Karls des Großen hier in Halberstadt ein Dom gestanden hat, wenn auch ein verhältnismäßig kleiner. Auch an den romanischen Vorgängerbau erinnert so gut wie nichts. Lediglich die Türme im Westen lassen den Schluss zu, dass sie bereits bei der Errichtung des gotischen Langhauses und des Chores gestanden haben müssen. Der Dom wirkt trotzdem wie ein Bau aus einem Guss. Die einheitlichen Bauformen in Langhaus und Chor bewirken diesen Eindruck. Hohe Spitzbogenarkaden öffnen sich hin zu den Seitenschiffen. Die Pfeiler sind schwere aber trotzdem schlanke Bündelpfeiler zugleich. Ich weiß das nicht anders zu beschreiben. Diese Bündelpfeiler gehen oberhalb der Arkaden in die Gewölbedienste über, die ihrerseits die Gewölberippen tragen. Im Obergaden lassen hohe Fenster mit schönen Maßwerken das Licht in das Mittelschiff. Wie in der Hochgotik üblich, sind die Joche jeweils durch Scheidebögen voneinander getrennt und bilden Quadrate. Damit kommen die schönen Kreuzrippengewölbe erst richtig zur Geltung. In den Seitenschiffen befinden sich teilweise einfache Netzgewölbe, vereinzelt auch Sterngewölbe. Sie scheinen so gar nicht in die sonst einheitliche Kirche zu passen. Wie unser Domführer auf unsere diesbezügliche Frage erläutert, entstammen diese „Fremdgewölbe" späteren Bauphasen, in denen Reparaturen in den Seitenschiffen vorgenommen wurden. Das Mittelschiff ist von solchen stilfremden Gewölben verschont geblieben, wenn man mir diesen sicherlich fachuntypischen Ausdruck gestatten mag. Das Langhaus hat die beachtliche Länge von acht Jochen. Die Länge des Domes im Zusammenspiel mit der Scheitelhöhe der Gewölbe lässt den Innenraum für den Betrachter weiträumiger erscheinen, als dies von der Außenansicht her zu vermuten war.

An den Langhauspfeilern sind, wie in Reichskirchen meist üblich, Heiligenstatuen angebracht. Überlebensgroß stehen sie auf kunstvoll gearbeiteten Sockeln, überdacht von Baldachinen, die reiches Maßwerk tragen und in krabbengeschmückte Fialen übergehen. Es ist allerdings festzustellen, dass nicht alle Pfeiler Figuren tragen. Mindestens die Hälfte der Konsolen ist leer. Die Baldachine haben keine Figur, die sie beschützen können. Darauf angesprochen, erklärt unser Domführer, dass nicht alle Pfeilerfiguren aus den Trümmern des Domes nach Kriegsende gerettet werden konnten. Teilweise sei es noch gelungen, die Figuren aus Bruchstücken wieder zusammenzufügen. Auf diese Weise konnten ein paar Figuren neu geschaffen werden. Jedoch die meisten der fehlenden Statuen seien unwiederbringlich verlorengegangen. Besser sehe es schon im Chor und in der Marienkapelle aus, die wir anschließend besichtigen würden. Die verbliebenen Pfeilerfiguren können wir nur zum Teil identifizieren, obwohl sie meist ein Attribut tragen, an dem man sie eigentlich erkennen müsste. Wir erkennen den Hl Mauritius an seiner Rüstung, wenn diese auch nicht gerade der römischen Militärmode entspricht, aber mehr noch an dem angedeuteten krausen Haupthaar. Weiterhin glauben wir den Hl Sebastian zu erkennen, denn welcher Heiliger wird in der Kunst sonst noch mit Pfeilen als Marterwerkzeugen dargestellt. Zwei weitere Heiligenfiguren meinen wir noch zu erkennen. Da ist zum einen der Hl Georg mit den Attributen Rüstung, Lanze und Drachen, und zum anderen der Hl Hieronimus, den wir an dem beigefügten Löwen zu erkennen glauben. Unser Führer nimmt sich leider nicht die Zeit, uns die Heiligenfiguren zu erläutern. Warum nicht, das wird sein Geheimnis bleiben.

Neben den Säulenfiguren und den leeren Konsolen fallen uns im Mittelschiff noch der Kreuzaltar, die Kanzel und der Taufstein auf. In der für die knappe Führung zur Verfügung stehenden Zeit werden uns keine weiteren Ausstattungsstücke gezeigt und beschrieben. Der Altar der Laienkirche ist recht einfach. Bis zum Kriegsende hätte hier ein Schnitzaltar gestanden, der allerdings bei dem Bombardement verbrannt sei, so erfahren wir. Nach dem Wiederaufbau wurde dieser schlichte Altar aufgestellt, der zudem den neuen Anforderungen an den Gottesdienst besser gerecht wird. Das mag zwar stimmen, jedoch könnte es auch sein, dass der Blick auf den Lettner nicht beeinträchtigt werden sollte, und genau das hätte ein großer Altar getan. Und dies ist für uns noch einleuchtender. Eine echte Kostbarkeit ist der Taufstein. Er entstammt eindeutig der romanischen Epoche und ist etwa um 1200 geschaffen worden. Die Schlichtheit des Beckens ist beeindruckend. Vier Löwen schmücken den Fuß, wieder ein Hinweis auf die weltliche Macht des Kirchenfürsten.

Der Blick nach Osten ist wohl der reizvollste. Unser Blick bleibt unwillkürlich an dem spätgotischen Lettner am östliche Ende des Langhauses hängen. Er wurde zwischen den östlichen Vierungspfeilern errichtet und ragt in Form einer kleinen Arkadenhalle in die Vierung hinein. Der Lettner hatte die Funktion der räumlichen Trennung zwischen dem Chor, der Kirche des Domkapitels und der Laienkirche, also dem Gottesdienstraum der Gemeinde. Drei Arkadenbögen gliedern die Schauseite, über denen sich spätgotische Kielbögen als Schmuckwerk erheben. Umfangreiches Blendmaßwerk schmückt diese Bögen und gibt dem Lettner seinen besonderen Reiz. Vornehmlich die filigrane Arbeit dieses Maßwerkes begeistert uns. Ähnlich den Pfeilern im Mittelschiff sind auch die Arkadenpfeiler des Lettners mit Heiligenfiguren geschmückt. Auch sie stehen auf kunstvoll gearbeiteten Konsolen und werden von noch weitaus aufwendigeren Baldachinen überdacht, die wiederum in Fialen übergehen. Hinter diesen Türmchen ist die eigentliche Lettnermauer zu sehen, die in ihrem Abschluss nach oben fast wie eine Ambo aussieht. Für uns ist die Schauseite des Lettners das Kostbarste, das sich in dem Dominneren befindet. So wird er auch von unserem Domführer gewürdigt. Anfang des 16. Jahrhunderts ist das Kunstwerk entstanden. Was vorher für ein Lettner im Dom war, darüber erfahren wir nichts. Dass der heutige Lettner einen Vorgänger hatte, darüber gibt es keinen Zweifel. Leider gibt es keinerlei Anhaltspunkte für sein Aussehen.

Aber der Lettner ist es nicht alleine, was den reizvollen Anblick des Mittelschiffes im Osten ausmacht. Über dem Lettner befindet sich eine eindrucksvolle Triumpfkreuzgruppe, die der Spätromanik zu entstammen scheint. Ihre Fertigstellung ist für das Jahr 1220 belegt. Die Figurengruppe steht auf einem verzierten Balken, der sich zwischen den östlichen Vierungspfeilern, eben über dem Lettner, befindet. Zentrales Glied der Triumpfkreuzgruppe ist selbstverständlich das gewaltige Kruzifix. Alle vier Enden des Kreuzes sind kleeblattartig geschmückt. In diesen Kleeblättern erkennen wir die vier Evangelistensymbole. Hier wird unmittelbar Bezug auf die vier Heiligen genommen, die die Heilige Schrift des Neuen Testamentes verfassten und somit die Religionsgrundlage des Christentums geschaffen haben. Wie bei Triumpfkreuzgruppen üblich wird das Kruzifix von der Mutter Gottes und dem Apostel Johannes flankiert. Diesen stehen wiederum, und das ist ungewöhnlich, jeweils ein Engel zur Seite. Unser Begleiter macht uns darauf aufmerksam, dass eine solche Gruppe mit vier flankierenden Figuren recht selten sei und man daher sehr stolz sei, eine solche in dem Dom zu haben. Von den Engeln einmal abgesehen, erscheinen uns die anderen drei Figuren recht realistisch. Das ist bei romanischen Skulpturen nicht unbedingt immer so. Sie haben nach unserer Auffassung einen hohen Grad an Ausdruckskraft. Jesus am Kreuz sieht man die überstandenen Leiden an. Maria ist eine vergrämte und trauernde Mutter, an der man alles

Glorifizierende vergeblich sucht. Johannes zeigt eine Haltung und einen Gesichtsausdruck, der dem Betrachter vermittelt, dass er das hier Geschehene noch gar nicht erfassen noch begreifen kann. Der Lieblingsjünger steht fassungslos an der Stelle der Hinrichtung seines Herrn und Meisters. Übrigens, der östliche Vierungsbogen wird auch sehr oft als Triumpfbogen bezeichnet. Hiermit wollte man im Mittelalter zum Ausdruck bringen, dass an dieser Stelle der Kirche die Erlösung der Menschheit von den Sünden, eben der Triumpf des Neuen Testamentes, dargestellt und verehrt wird. Aus diesem Grunde wird die Kreuzigungsgruppe in diesem Vierungsbogen auch als Triumpfkreuzgruppe bezeichnet.

Im Lettner befinden sich zwei Durchgänge in den Chor. Durch einen von diesen betreten wir die Kirche des Domkapitels. Was uns hier erwartet, übertrifft das bisher Gesehene gewaltig. War schon die Laienkirche, das Langhaus, beeindruckend, so erleben wir hier eine ungeheure Steigerung. Der Chor ist nun mal in jedem Dom und jeder Klosterkirche der Höhepunkt des Gotteshauses. Das Domkapitel lebte schließlich in einem Domkloster. Hier im Chor wurde die Messe für die Kleriker und Kanoniker des Kapitels gefeiert. Da die Liturgie von den Domherren ausschließlich gesungen wurde, bezeichnet man diesen Teil der Kirche als den Chor. Laien, die sich im Dom aufhielten, konnten nur den liturgischen Gesang hören. Sehen konnten und sollten sie davon nichts. Der Lettner nahm ihnen die Sicht. Eine, wenn auch nur visuelle Teilnahme der Laien an dem Gottesdienst des Kapitels hätte eine Entweihung des Domes bedeutet. Die Sitten waren im Mittelalter derart streng, dass es dem Laien, eben dem einfachen Menschen, bei Strafe des Todes verboten war, in der Bibel zu lesen, wenn er des Lesens überhaupt mächtig war. Nur das gesprochene Wort des Seelsorgers war für den Mann des Volkes das Wort Gottes. Bei diesen Hintergründen wird natürlich schnell ersichtlich, warum gerade der Chor sich baulich derart von dem Langhaus abhob. Und damit bin ich wieder bei unserer Führung durch den Chor hier im Halberstädter Dom. Die Breite des Chormittelschiffes entspricht genau der des Langhausmittelschiffes. Auch die Seitenschiffe hier im Chor entsprechen genau denen des Langhauses. Diese basilikalen Seitenschiffe verbinden sich im Osten zu einem Chorumgang. Damit kennzeichnen die umlaufenden Arkaden das Bild des Chores. Über den Arkaden entwickeln sich die kostbaren und reich mit Maßwerk gestalteten Chorfenster. Sie sind um einiges wertvoller, als die Obergadenfenster des Langhauses. In den Farbglasfenstern glauben wir jedoch Stilbrüche zu entdecken. Darauf aufmerksam gemacht, erläutert unser Begleiter, dass während der Restauration im vorigen Jahrhundert etliche Scheiben erneuert werden mussten. So seien die festgestellten Stilbrüche zu erklären.

Die Pfeiler, die die Arkadenbögen tragen, werden wieder von Heiligenfiguren geschmückt. Hier fehlen keine. Da wir in einigen dieser Figuren Apostel zu erkennen glauben, und es sich um genau zwölf Pfeiler handelt, ist wohl die Annahme richtig, dass es sich bei den hier Dargestellten ausschließlich um die ständigen Begleiter Jesu Christi handelt. Wiederum ist die Erläuterung der Pfeilerfiguren kein Thema für unseren Führer. Der freundliche Herr führt uns zwar nach dem altbewährten Muster: "Sie sehen links, Sie sehen rechts..." durch den Dom, aber auf die kirchlichen Belange geht er nicht, oder wenn, dann nur sehr selten, ein. Er untersteht dem Dommuseum, einer staatlichen Einrichtung. Da haben Erläuterungen über Heilige und deren Darstellung in der Kunst keinen Platz in dem Vortrag. Er hat sich wohl auf das Gesamtkunstwerk des Domes zu beschränken. Der Herr erläutert zwar, dass die Figuren im Chor im 16. Jahrhundert entstanden sind, also wesentlich später als die im Langhaus, aber mehr erfahren wir auch nicht. Man sieht den Heiligenfiguren auch die spätere Entstehungszeit an. Die Gesichtszüge, die Körperhaltung, der Faltenwurf der Gewänder deuten auf spätgotische Stilrichtungen hin. Eine Figur kann ich identifizieren, den Apostel Andreas. Ihn erkenne ich an dem Andreaskreuz. Gottfried glaubt noch den Apostel Jakobus an dem Hut des Hohen Priesters zu erkennen. Hier, in dieser Kirche, wird uns zum ersten mal richtig bewusst, dass wir viel zu wenig über die in der Kunst gängigen Attribute der Heiligen wissen.

Nun werden wir gebeten unser Augenmerk auf zwei weitere Kunstwerke zu richten. Da ist zum einen der Hauptaltar zu nennen, der sogenannte Georgsaltar. Am Mittelschrein des Flügelaltars weist allerdings überhaupt nichts auf den Hl Georg hin. Hier ist eine Kreuzigungsszene dargestellt. Lediglich in einem Altarflügel ist die Darstellung der Georgslegende wiedergegeben. Zu dem Inhalt der Darstellungen bekommen wir sehr wenig gesagt. Das können wir insofern nachvollziehen, als der Altar zwar für unsere Begriffe sehenswert ist, aber wohl kein besonders überragendes Kunstwerk darstellt. Wir erfahren noch, dass der Künstler unbekannt ist. Zum anderen fällt uns das Grabmal für den Erzbischof Friedrich III. von Magdeburg auf, der 1552 verstarb. Nur wenige Jahre nach dem Tode Friedrichs entstanden, zeigt das Kunstwerk alle für uns typischen Merkmale der Renaissance. Es ist ein Einbau, der fast schon eine eigenständige Architektur darstellt, mehrgeschossig und reich verziert. Dieses Grabmal ist besonders figurenreich. Den Blickfang in der Mitte bildet ein fast lebensgroßes Abbild des Verstorbenen. Um ihn herum tummeln sich Tod, Teufel und andere Scheusale. Ein eindrucksvolles Bild, das sich hier dem Betrachter bietet, und das eindeutig auf das Thema Tod hinzuweisen scheint und dabei die Würdigung des verstorbenen Erzbischofs herausstellt.

Zum Abschluss des Rundganges durch den gotischen Dom durchschreiten wir den Chorumgang und stehen dann vor der Marienkapelle. Wie in vielen gotischen Domen oder Klosterkirchen wurde auch hier im Scheitel des polygonal abgeschlossenen Chorumganges eine kleine Kapelle errichtet, die hier wie fast immer, der Mutter Gottes geweiht wurde. Sie ist einjochig mit wiederum polygonalem Abschluss. Die Gewölbe sind die typischen eines gotischen Chores. Die Gewölbedienste enden in halber Höhe der Fenster, nein, sie werden unterbrochen. Hier befinden sich wieder Heiligenfiguren, wiederum auf Konsolen stehend und von Baldachinen überdacht. Und hier geht der Mitarbeiter des Dommuseums doch einmal auf die Figuren ein. Die Besonderheit, dass die Figuren einen Zyklus darstellen, ist es ihm wert darüber zu sprechen. Es handelt sich um die Anbetung durch die Heiligen Drei Könige. Unter den Konsolen setzen sich die Dienste noch ein Stück fort. Diese Art der Gestaltung von Diensten hatten wir noch gar nicht kennengelernt. - Unser Blick bleibt an den Farbfenstern hängen. Sie seien älter als die in Langhaus und Chor und zudem die wertvollsten im ganzen Dom, so erfahren wir. Obwohl es uns nicht gelingt, die Bilder in den Fenstern zu deuten, erkennen wir jedoch, dass wir es hier mit einem Zyklus von Darstellungen zu tun haben. - Auf dem Altartisch steht der Mittelschrein eines spätgotischen Schnitzaltars. Wie sollte es bei einer Marienkapelle auch anders sein, wird der Schrein von einer Madonnenfigur beherrscht. Woher das Fragment des Flügelaltars stammt, erfahren wir nicht.

Damit ist die Führung durch die Bischofskirche beendet. Da sich jetzt noch ein kurzer Rundgang durch das Dommuseum anschließt, können wir uns auf dem Wege dorthin noch einmal den Kreuzgang ansehen wie auch den Kapitelsaal, der bereits einen Teil der Domschatzsammlung beherbergt. Dieser im Leben des Domkapitels so überaus wichtige Raum zeigt, dass er älter ist als die Domkirche selbst. Er entstammt offensichtlich dem Vorgängerbau, denn er ist noch romanisch gestaltet. Im Gegensatz zu dem hohen Dom erscheint uns der Kapitelsaal erdrückend niedrig. Auf recht kurzen Pfeilern, die durch profilierte Kämpferplatten abgeschlossen werden, entwickeln sich schwere Kreuzgratgewölbe, die jeweils nach allen vier Seiten durch Scheidebögen abgeschlossen werden. Wir haben es hier mit einem zweischiffigen, über fünf Joche reichenden Raum zu tun. Obwohl so niedrig, strahlt der Saal eine Erhabenheit und Würde aus, der wir uns nicht entziehen können. - Die Sammlung des Domschatzes ist sehr umfangreich. Es soll sich, zumindest auf dem Gebiet der DDR, um den umfangreichsten und zugleich kostbarsten Domschatz handeln. Hier, an dieser Stelle auf die Sammlung einzugehen, halte ich nicht für sinnvoll, denn es würde den Rahmen der Beschreibung sprengen. Dennoch, die Besichtigung sollte jedem Dombesucher angeraten werden.

Meine Frau wünscht sich nun, sehr schnell aus dem Dom zu gelangen. Sie hatte bisher mit keinem Wort davon gesprochen, dass ihr während der ganzen Führung sehr kalt war. Sie wollte unser Erlebnis der Dombesichtigung nicht trüben, und wir beiden anderen waren von dem Bauwerk so gefesselt, dass wir ihre Fröstelei gar nicht wahrnahmen. Etwas beschämt über diese Unaufmerksamkeit und Unhöflichkeit begeben wir uns auf den Weg ins Freie. Draußen auf dem Domplatz empfängt uns Sonnenschein. Irmgard bittet uns, noch ein bisschen zu warten, bis wir in die Liebfrauenkirche gehen. Dem kommen wir gerne nach. Auf einer Bank auf dem Domplatz tanken wir etwas Sonnenschein. Das tut gut.

Die Stiftskirche Unser Lieben Frauen zu Halberstadt

An der westlichen Seite des Domplatzes, gar nicht weit entfernt vom Dom, erwartet uns die Liebfrauenkirche. Sie ist nach meiner Ansicht eine Ungewöhnlichkeit in unseren Breiten. Ich wüsste kein Gotteshaus in der DDR zu nennen, das im romanischen Stil errichtet wurde und zudem an den Westtürmen Rhombendächer aufweist. Der Kaiserdom zu Speyer ist für diese Turmgestaltung berühmt. Aber Halberstadt? Der besondere Reiz, der von Türmen mit Rhombendächern ausgeht, kommt von den Giebeln an allen vier Seiten der Dachzone. Man muss sich das wie folgt vorstellen: Das Pyramidendach auf dem quadratischen Grundriss des Turmes ist um 45 Grad verdreht. Hierdurch ergeben sich die vier bereits erwähnten Giebelfelder.

Wir haben eine viertürmige Basilika vor uns. Im Westen zieren die schon genannten Türme die Kirche. Östlich von diesen, an der Westseite des Querhauses, im Winkel zum Langhaus, tun dies zwei schlanke Achtecktürme mit Kegeldach, die fast die gleiche Höhe erreichen wie die Westtürme. Die Liebfrauenkirche ist als kreuzförmige Basilika errichtet worden. Allerdings treten die Querhausarme nur gering aus der Langhausflucht heraus. Dieses romanische Bauwerk bietet dem Betrachter ein Bild der Harmonie der Gestaltung. Das macht wohl zusammen mit den für diese Gegend ungewöhnlichen Westtürmen den eigenartigen Reiz aus, mit dem uns diese Kirche anzieht.

Wir versuchen die Liebfrauenkirche zu betreten und sind enttäuscht, das Portal am südlichen Querhaus verschlossen vorzufinden. Also mache ich mich auf, in dem unweit entfernten Pfarrhaus jemanden zu erreichen, der uns in die Kirche eintreten lässt. Die Pastorin empfängt mich. Ich sage mein Sprüchlein auf, und siehe da, die freundliche Frau ist sofort bereit, uns durch ihre Kirche zu führen. Sie holt den Kirchenschlüssel und kommt mit mir mit. Am Portal machen wir uns miteinander bekannt. Wir drücken bereits vor der Kirchenbesichtigung unseren Dank für die Freundlichkeit und unsere Freude darüber aus, dass wir von einer Geistlichen durch die historische Klosterkirche geführt werden. Die so Gelobte lächelt huldvoll.

Die Pastorin schließt das Portal auf und bittet uns einzutreten. Uns empfängt eine romanische Basilika, deren Inneres bis auf die Balkendecke vollkommen weiß erstrahlt. Eine eigenartige Wirkung geht von diesem Kirchenraum aus. Einerseits verleiht ihm das Weiß der Wände und Säulen eine Helle, wie man sie in romanischen Kirchen selten erleben kann. Andererseits macht sich aber auch das Gefühl einer gewissen Sterilität bemerkbar. Ich weiß das nicht anders zu beschreiben. Aber ich will nicht vorgreifen. Von der Pastorin werden wir aufgefordert, kurz in einer Bankreihe Platz zu nehmen, da es notwendig sei, dass sie uns ein wenig mit der Geschichte des Gotteshauses bekannt macht. Wir befinden uns in einer Augustiner-Chorherren-Klosterkirche. Sie wurde Anfang des 12. Jahrhunderts gegründet. Der Bau der Kirche in ihrer heutigen Form wurde dann etwa 130 Jahre später begonnen. Für 1145 ist eine Weihe urkundlich belegt. Allerdings war die Kirche wohl zu diesem Zeitpunkt noch nicht vollständig fertiggestellt. Als Halberstadt 1179 durch Heinrich den Löwen zerstört wurde, war sie wohl noch immer ein Fragment. In den folgenden Jahrzehnten erfolgte dann endlich die Fertigstellung.

Neben den Benediktinern waren es insbesondere die Augustiner-Chorherren, die in Niedersachsen größere Bedeutung erlangten. Ihre Ordensregel leiteten die Augustiner von dem Hl Augustinus ab, und zwar insbesondere von der Schrift „Der Gottesstaat". Die Ordensregel war weniger streng als die des Benediktinerordens. Ab dem 13. Jahrhundert waren die Augustiner-Chorherren nicht mehr verpflichtet, in der Klausur zu wohnen. Sie hatten in der Stadt ihre eigenen Häuser. Das Liebfrauenstift hatte eine weit über die Stadtgrenze von Halberstadt hinausgehende Bedeutung. Dem Stift gehörten jeweils 16 bis 21 Kanoniker an, denen ein Dekan und ein Propst vorstanden. Im 13. Jahrhundert schloss das Stift mit etlichen anderen Klöstern, auch solchen anderer Orden, Brüderschaftsverträge ab. Das hob noch seine bisher schon große Bedeutung. Das 15. Jahrhundert brachte dann einen allmählichen Verfall von Liebfrauen. Die finanziellen Angelegenheiten gerieten in Unordnung. Das hatte zur Folge, dass immer mehr Kanoniker das Stift verließen. Trotzdem hielt es sich bis 1591. In dem Jahr trat es zur Reformation über. Bis 1810 existierte das Stift aber noch, dann löste es König Jerome von Westfalen auf. Der bereits erwähnte schwere Luftangriff am 8. April 1945 brachte auch der Liebfrauenkirche umfangreiche Beschädigungen. Die Wiederaufbauarbeiten begannen kurz nach Kriegsende und wurden durch die Denkmalpflege 1954 abgeschlossen. Seitdem ist das Gotteshaus evangelische Pfarrkirche.

Nach dem kleinen Exkurs durch die Geschichte des Bauwerkes beginnt die Pastorin ihre Kirche vorzustellen. Wie bei Klosterkirchen allgemein üblich, ist der Innenraum schmucklos gehalten. Das verleiht ihm eine gewisse Strenge, die wohl auch beabsichtigt war. Das Langhaus ist sieben Joche lang. Das bedeutet, dass bei der Längenausdehnung die Pfeiler recht eng stehen. Die Joche sind rechteckig. Zu anderen Augustinerkirchen steht Liebfrauen damit im Widerspruch, denn der Orden orientierte sich recht oft an den Grundrissplänen der Hirsauer Bauschule. Die einfachen, quadratischen Pfeiler werden lediglich durch leicht verzierte Kämpferplatten gegliedert, die steinfarben belassen wurden. Die Schmucklosigkeit der Langhauswände setzt sich in der Balkendecke fort, denn sie ist ohne jede bildhafte Verzierung. Den Gesamteindruck des Langhauses kann man schon als spartanisch nüchtern bezeichnen. Der Chor ist um einige Stufen gegenüber dem Mittelschiff erhöht. Die räumliche Trennung von Chor und Langhaus erfolgt durch ein modernes eisernes Gitter, das allerdings den romanischen Gesamteindruck des Kirchenraumes etwas stört. Westlich des Gitters steht der einfache und ebenfalls schmucklose Altar. Er ist der einzige in der Basilika, denn im Chor sucht man vergeblich nach einem Hauptaltar. Auch das stört nach unserer Auffassung die Harmonie des basilikalen Raumes. Lediglich ein moderner dreiarmiger Standleuchter ist am Chorgitter zu sehen. Darauf angesprochen, erhalten wir von der Pastorin zur Antwort, dass die Kirche rein auf evangelische Gottesdienste ausgerichtet sei. Dazu habe sich die Synode in Abstimmung mit der Denkmalpflege durchgerungen, da das Stift ja bereits als protestantisches weiter existiert habe. Zum anderen wollte das Institut für Denkmalpflege damit die gotischen Chorgestühle stärker hervorheben, die wirklich bemerkenswert sind. Im Triumpfbogen hängt ein romanisches Kruzifix mit Vierpassabschlüssen an den vier Enden. Das Kreuz wurde aufgehängt. Somit wirkt es auf den Betrachter, als ob es schwebe. Die bildhaften Darstellungen in den Vierpassenden können wir nicht erkennen. Die Farben sind bereits zu sehr verblichen. Der Zahn der Zeit hat eben recht stark an dem Kreuz genagt.

An den Langhausaußenwänden fallen uns in der Nähe des Fußbodens Schwammflächen auf. In Wandnähe ist auch der Fußboden selbst feucht. Ein leichter Modergeruch macht sich bemerkbar. Darauf angesprochen, sagt uns die Pastorin, dass die Denkmalpflege diese Schwammflecke noch nicht für bedrohlich halte und somit zur Zeit noch keine weiteren Sanierungsmaßnahmen geplant seien. Auf unsere Frage, ob denn Liebfrauen nicht zumindest auf der nationalen Denkmalliste stünde, bekommen wir zur Antwort, dass die Kirche sogar auf der internationalen Liste verzeichnet sei. Wörtlich sagte sie uns: „Unser Pech und Problem ist, dass wir in so geringer Entfernung zu dem berühmten Dom stehen. Das Geld der Denkmalpflege geht zu allererst in den Dom, als nächstes wieder in den Dom und als übernächstes ebenso. Wenn der Dom mal kein Geld benötigt, bekommen wir die Mittel für entsprechende Maßnahmen bewilligt. Können Sie sich vorstellen, dass der Dom mal kein Geld benötigt?" In der Stimme der Pastorin sind Mutlosigkeit, Resignation aber auch Zorn spürbar. Das können wir gut verstehen, denn die Liebfrauenkirche ist eine architektonische Besonderheit, wie man sie selten in unseren Breiten findet.

Nun bittet uns die freundliche Frau in den östlichen Teil der Kirche. Sie wolle uns eine Besonderheit zeigen. Der Chor wird gegen die Querhausarme mittels Chorschranken abgegrenzt. Diese sind es, die sie uns zeigen will. Die Chorschranken sind zweigeschossig. Im unteren Teil sind in Blendarkaden als Relief die Apostel sowie die Madonna, alle in sitzender Haltung, dargestellt. Ist die sitzende Haltung bei Heiligendarstellungen schon ungewöhnlich, so werden wir auf eine noch größere Besonderheit aufmerksam gemacht. Die Madonna ist hier als junge Frau mit blonden langen Zöpfen dargestellt. Offenbar soll sie ein germanisches Mädchen verkörpern. Das ist in der Tat sehr ungewöhnlich. Noch nirgendwo, auch nicht in der Literatur hatten wir eine solche Darstellung gesehen oder von einer solchen gelesen. Abbildungen der Mutter Gottes waren uns bisher nur als Frau in der israelischen Tracht und mit schwarzen Haaren bekannt. Dass die Haare blond sind, kann man an den restlichen Farben erkennen. Die Pastorin macht uns darauf aufmerksam, dass es sich hier nach der Meinung der Experten um die Originalfarben aus dem Mittelalter handelt. Die schon fast als Vollrelief gearbeiteten Figuren stammen immerhin aus spätromanischer Zeit. - Der obere Teil der Chorschranken wird durch eine kleine Arkadengalerie aus Holz gebildet. Dieser Arkadenaufsatz entstammt dem 19. Jahrhundert und ist angeblich nach den alten Vorbildern geschaffen worden. Eigentlich unvorstellbar, denn sie stören das harmonische Bild der Chorschranken. Und Harmonie war eines der wichtigsten Bedürfnisse der Romanik, insbesondere der Spätromanik.

Nun bittet uns die Pastorin um Verständnis, dass sie an dieser Stelle die Führung abbrechen müsse. Ganz geschickt hat sie uns mit ihren Erläuterungen zu den Chorschranken dem Ausgang zugeführt. Ihre Zeit sei eben doch sehr stark beansprucht, aber sie wollte nicht, dass wir vergebens zu ihrer Kirche gekommen seien. Wenn wir wieder einmal in Halberstadt weilten, wolle sie uns gerne auch die Räume der Anbauten, auch einige der Klausur zeigen. Schade, aber nicht zu ändern. So bedanken wir uns, lassen in den Opferstock eine Spende fallen und begeben uns mit der Frau wieder ins Freie. Dort verabschieden wir uns.

Wir müssen uns eingestehen, dass die Führung durch Liebfrauen gar nicht länger dauern durfte. Immerhin wollen wir noch einen kleinen Eindruck von der alten Bischofsstadt bekommen. Dann aber wollen wir auf dem schnellsten Wege nach Magdeburg, dem Ort unserer zweiten Übernachtung fahren.

Einige Eindrücke von der Kreisstadt HALBERSTADT

Bei der Einfahrt in die Stadt waren wir recht erstaunt, so viele Bauten der Nachkriegszeit hier anzutreffen. Ich schrieb bereits davon. Natürlich wussten wir, dass Halberstadt zu Ende des Krieges zum größten Teil zerstört worden war, aber wieder einmal erfahren wir den gravierenden Unterschied zwischen etwas zu wissen und es dann zu erleben. Wir treffen auf Wohnbauten der frühen fünfziger Jahre, auf Bauten im stalinistischen Zuckerbäckerstil und letztlich auch auf Plattenbauten aus den vergangenen zehn Jahren. Schnell sind wir uns einig, auf einen größeren Stadtrundgang zu verzichten. Es ist erstaunlich, der Domplatz mit seiner näheren Umgebung bildet fast eine Insel mittelalterlicher Bebauung in der ansonsten modern errichteten Wohnstadt. Sehr anziehend wirkt Halberstadt nicht auf uns. Trotzdem halte ich es für angebracht, etwas auf die Geschichte der Stadt einzugehen. Zu stark ist sie mit der sächsischen Kirchengeschichte verbunden, als dass man über sie hinweggehen könnte, wenn man sich mit den wichtigsten hiesigen Kirchen befasst. Die Gegend Halberstadts war bereits in vorgeschichtlicher Zeit besiedelt. Auf dem heutigen Domhügel, so vermutet man, könnte sich wahrscheinlich ein germanischer Opferplatz befunden haben. Der Lügenstein auf dem Domplatz wird in dieser Richtung gedeutet. Im Zuge der beginnenden Ostexpansion unter Kaiser Karl dem Großen wurde hier ein Missionszentrum, verbunden mit einem Bischofssitz geschaffen. Zwar war dafür zunächst 780 Seligenstadt, das heutige Osterwieck, auserwählt worden, aber bereits 814 kam es zur Verlegung nach Halberstadt. Diese Verlegung des Bischofssitzes ist denn auch die erste urkundliche Nennung des Ortes. Zu der Zeit war Halberstadt wohl das am weitesten nach Osten vorgeschobene Missionsgebiet des karolingischen Reiches. Mit der Etablierung des Bischofssitzes machte die wirtschaftliche Entwicklung des Ortes gute Fortschritte. Bereits für 989 ist die Verleihung des Marktrechtes an Bischof Hildeward durch Kaiser Otto I. belegt. Damit waren auch das Münz-und Zollrecht eingeschlossen. Deuten wir die Verleihung des Stadtrechtes, denn um nichts anderes handelt es sich hier, an den Bischof richtig, so gehörte ihm die Stadt als klerikalem und weltlichem Herren. Das Stadtbürgertum dürfte wohl eher eine untergeordnete Rolle in der Stadtpolitik gespielt haben. Halberstadt erfährt als junge Stadt zu dieser Zeit seine erste wirtschaftliche Blüte.

Doch lange hielt der wirtschaftliche Aufschwung nicht an. Mit der Gründung des Erzbistums Magdeburg sowie der Bistümer Meissen, Merseburg und Zeitz verliert Halberstadt an Bedeutung. Die dem Bistum Halberstadt zugeschriebene Rolle als östlichster Missionsvorposten wurde von nun an von Meissen wahrgenommen. Die strategische Bedeutung der Diözese schrumpfte zusammen. Aber nicht genug damit, es wurden auch territoriale Forderungen an das Bistum gestellt. Für das zu gründende, einzurichtende und auch auszustattende Erzbistum, aber auch für das neu geschaffene Bistum Merseburg wurden Gebiete benötigt, um die Gründung politisch auch rechtfertigen zu können. Diese Gebiete forderte Otto I. vom Halberstädter Bischof. Die Durchsetzung und Anerkennung der neuen Erzdiözese sowie der drei neu eingerichteten Bistümer beim Papst waren für den Kaiser politisch wesentlich wichtiger als die Sicherung des Bischofssitzes Halberstadt. Der dortige Bischof zog somit in dem politischen Machtkampf den Kürzeren. Die verkehrsgünstige Lage der Stadt wirkte sich auf die wirtschaftliche Entwicklung der Stadt positiv aus. Daran konnte das politische Ränkespiel des Kaisers auch nichts ändern. Sichtbarer Ausdruck des hohen Standes der wirtschaftlichen Bedeutung Halberstadts war der im Jahre 1339 erfolgte Beitritt zur Hanse. Zu diesem Zeitpunkt hatte sich das Bürgertum überwiegend von der Bevormundung des Bischofs gelöst.

Nach über 800 Jahren Bischofssitz wurde Halberstadt 1648 im Westfälischen Frieden, der den Dreißigjährigen Krieg beendete, dem Fürstentum Brandenburg zugeschlagen. Damit endete die politische Selbständigkeit der Stadt und der Region. So teilte sie denn das Schicksal vieler einstmals bedeutender deutscher Städte nach dem Verfall ihrer Vormachtstellung. Es begann der allmähliche Abstieg zur Provinzstadt. Halberstadt überdauerte die folgenden Jahrhunderte, ohne dass nennenswerte geschichtliche Ereignisse zu verzeichnen wären.

Ein einschneidendes Datum ist dann der 8. April 1945. Kurz vor Kriegsende fiel die Stadt noch dem Bombardement der alliierten Westmächte zum Opfer. Der weitaus größte Teil der Stadt wurde in Schutt und Asche gelegt. Wie durch ein Wunder blieben der Dom und die Liebfrauenkirche erhalten, wenn auch hier große Schäden zu beklagen waren. Schwerer hatte es da schon die Martinikirche getroffen. Bis auf die beschädigten Türme und die Umfassungsmauern des Langauses blieb von ihr nichts erhalten. Die Schäden an den drei Kirchen, also auch St. Martini, wurden trotzdem als reparabel eingeschätzt. Die Wohn-und Geschäftsstadt hingegen wurde bis auf wenige historische Gebäude verloren gegeben. Und so begann der Wiederaufbau nicht unter dem Gesichtspunkt der Wiederherstellung des historischen Stadtbildes, sondern unter dem Zwang der unverzüglichen Schaffung von Wohnraum und den wichtigsten gesellschaftlichen Einrichtungen. Hier galten nun andere Prämissen. Nach den ersten Bauten schwappte der stalinistische Zuckerbäckerstil aus der Sowjetunion herüber. Und so findet man in den Straßenzügen der Innenstadt Häuserfronten dieses Stils. Je mehr man allerdings an die Peripherie der Stadt kommt, um so mehr beginnen die Plattenbauten neuerer Zeit zu überwiegen.

Heute ist Halberstadt eine Kreisstadt im Bezirk Magdeburg mit etwa 48000 Einwohnern. So hat sie denn zumindest wieder eine Bedeutung, wenn auch nur eine regional-und wirtschaftspolitische. Zudem ist sie das Zentrum der Regionalindustrie. Der Kontrast zwischen den überkommenen und größtenteils wiederhergestellten Sakralbauten sowie der modernen Nachkriegsarchitektur könnte nicht größer sein. Trotzdem scheint aber eines unbenommen: Der Domplatz und seine unmittelbare Umgebung mit den drei bereits genannten Kirchen schreit geradezu nach einem vernünftigen Fremdenverkehrskonzept, werden hier doch über 1000 Jahre Geschichte, deutscher Geschichte, repräsentiert, die bis auf Karl den Großen zurückgehen. Wie viele Orte und Städte in der DDR können das schon nachweisen?

Die sächsisch-anhaltinische Elbmetropole MAGDEBURG empfängt uns

Nachdem wir die Stadtgrenze von Halberstadt hinter uns gelassen haben, biegen wir auf die Fernverkehrsstraße F81 ein und lenken unser Auto nun in Richtung Magdeburg. Etwa auf halber Strecke kommen wir durch die Kleinstadt Kroppenstedt. Das Städtchen weist noch gut erhaltene Reste der mittelalterlichen Stadtbefestigung auf. Die vier Stadttore sind die Glanzstücke. Sie haben einigermaßen unbeschadet die Zeit überdauert und versuchen nun standhaft, sich dem ständig wachsenden Verkehr gegenüber zu behaupten. Was ihnen bis jetzt auch ganz gut gelingt. Ansonsten aber bietet das Städtchen nach unserer Ansicht keine wesentlichen architektonischen Höhepunkte, sieht man einmal von dem schönen Rathaus ab, das wir etwa ins 16. Jahrhundert einordnen würden. Die Stadtkirche wirkt nicht gerade einladend zu einer Besichtigung. Wir bleiben auf der F81, durchfahren nur die Kleinstadt und streben weiter der Elbemetropole zu. Nach einer guten halben Stunde tauchen am Horizont die Türme des Magdeburger Domes auf und künden die Elbestadt an. Trotzdem dauert es doch noch eine Weile, bis wir in die Stadt einfahren. Wir kommen von Süden her in die Domstadt. Die Fernverkehrsstraße gleicht hier einer Autobahn, und so kommen wir trotz des einsetzenden Berufsverkehrs zügig voran. Wir staunen, denn rechts und links von der F81 ist sehr viel Grün zu sehen. Das hatten wir so gar nicht erwartet. Die Bebauung, die sich unseren Augen darbietet, und soweit sie überhaupt bis in die Nähe unserer Straße herankommt, zeigt uns, dass wir durch eine Großstadt fahren. Vorherrschend sind Wohnhäuser, von alten Mietskasernen bis hin zu neuen und modernen Plattenbauten. Hier vermittelt Magdeburg das gleiche Bild, das die meisten größeren Städte zeigen. Nichts deutet in den äußeren Stadtteilen darauf hin, dass die Elbmetropole bereits über elfhundert Jahre alt ist und einmal einer der wichtigsten Orte im Kaiserreich, wenn nicht sogar zeitweilig der wichtigste war. Wir nähern uns auf dem Magdeburger Ring, so heißt hier die F81, dem Damaschkeplatz. Von der zweibahnigen Straße biegen wir ab und begeben uns nun in die Stadt selbst. In der Wilhelm-Pieck-Allee und im ersten Teil der Otto-von-Guericke-Straße zeigen sich uns vornehmlich neue Bauten. Hier hatte der Bombenhagel 1945 am meisten gewütet. Es sind auch noch Baulücken vorhanden, dreißig Jahre nach dem Zusammenbruch. Die Kriegswunden sind eben immer noch nicht verheilt. Da wir zunächst zum Dom wollen, fahren wir an unserem Hotel erst einmal vorbei. Nach und nach überwiegen nun die Häuser aus der Gründerzeit. Aber recht marode sehen sie schon aus. Hier, in der Nähe des Stadtzentrums, haben die Mietshäuser doch noch eher den Charakter von Bürgerhäusern. Das waren die Bauherren und Erbauer wohl der Nähe des Zentrums schuldig. Leider zeigen sich immer wieder Baulücken. Die Zeit, uns die Straßenzüge näher zu betrachten, reicht nicht aus. Wir vermuten nämlich, dass Führungen durch den Dom von einem Museum organisiert werden. Museen schließen aber meist um 16.00 Uhr. Am Kulturhistorischen Museum, einem schönen Renaissancebau, biegen wir ab und nähern uns nunmehr dem Dom. Die Türme sind uns schon ganz nahe und geben uns die Fahrtrichtung an.

Der Dom St. Mauritius und St. Katharinen zu Magdeburg

Unsere Uhr zeigt an, dass die sechzehnte Stunde schon vorüber ist, als wir am Dom eintreffen. Das große Westportal der Kirche ist geschlossen. Es sieht allerdings so aus, als sei es schon lange Zeit nicht mehr geöffnet worden. Aber an der südwestlichen Seite des Domklosters ist eine Pforte offen. Wir durchschreiten sie und befinden uns im Kreuzgang des Domes. Wie wir feststellen, sind wir die einzigen Besucher. Also sind wir zu spät gekommen. In diesem Moment tritt eine Frau aus einer Tür des gegenüberliegenden Klausurgebäudes. Sie kommt uns entgegen und fragt nach unseren Wünschen. Nachdem wir der Hoffnung Ausdruck geben, heute den Dom noch zu besichtigen, antwortet sie, der sei schon geschlossen. Auf unsere Frage nach dem morgigen Tag, erklärt sie uns, dass montags die Kirche geschlossen habe. Als sie unsere Enttäuschung sieht, lächelt sie freundlich und tröstet uns, in einigen Minuten habe sie noch etwas im Dom zu erledigen. Außer als Baudenkmal würde der Dom ja auch noch als Gotteshaus genutzt. Wenn uns eine Viertelstunde bis zwanzig Minuten ausreichten, würde sie uns mit in die Kirche nehmen. Dabei stellt sie sich vor, sie sei die Gattin des Küsters. Auch wir stellen uns vor und berichten ihr von unserer Rundreise. Da würde sicherlich die kurze Zeit nicht ausreichen, um den Dom kennenzulernen, meint sie, aber mehr Zeit könne sie uns nicht gewähren, da sie in Kürze noch zu einem anderen Termin müsse. Das stimmt. Zwanzig Minuten reichen keineswegs aus, um diese berühmte Kirche näher zu betrachten. Aber was soll's, so bekommen wir doch einen ersten Eindruck. Wir nehmen dankend das Angebot an. Die Küstersfau wendet sich wieder der Klausur zu, um den Schlüssel zu holen. Wir warten so lange im Kreuzgang. Dann wird uns die Tür des Südportals des Querhauses aufgeschlossen. Die Küstersfrau steht uns bei der Kirchenbesichtigung nicht zur Verfügung. Wir sind wieder einmal auf uns allein gestellt.

Während sich die Küstersfrau sofort dem Kreuzaltar zuwendet, setzen wir uns zunächst in eine der vorderen Bankreihen und versuchen, den Innenraum in der Kürze der Zeit auf uns wirken zu lassen. Diese Kirche erscheint uns noch höher als der Halberstädter Dom. Wir hatten bisher gar keine Zeit, uns den Dom von außen anzusehen. Insofern hatten wir auch keinerlei Erwartungen, was die Proportionen von Außenbau und Gewölbescheitelhöhe betrifft. Wir befinden uns in einer hochgotischen Basilika. Die Arkadenbögen, die das Mittelschiff von den Seitenschiffen trennen, wirken gewaltig. Das Langhaus mit seinen doch erheblichen Ausmaßen ist nur in fünf Joche gegliedert. Die Mittelschiffjoche sind fast quadratisch. Die Gewölbe sind an den Jochgrenzen durch Scheidebögen begrenzt, so dass man fast geneigt wäre, von einem gebundenen System zu sprechen. Wäre da nicht die eigenartige Gewölbegliederung des Mittelschiffes. Jedes Mittelschiffjoch wird durch zwei Kreuzrippengewölbe überwölbt, die somit rechteckig sind. Die Seitenschiffgewölbe hingegen sind nicht geteilt. Ebenfalls Kreuzrippengewölbe, wirken sie doch gröber als die des Mittelschiffes. Ein Gegensatz, der etwas die Harmonie der Gewölbe zu stören scheint. Die Annahme, dass dieser Dom höher sei als der Halberstädter könnte auch von der Gewölbegestaltung herrühren. Die geteilten Mittelschiffgewölbe lassen den Kirchenraum höher erscheinen, als er in Wahrheit ist.

Der erste Eindruck, den wir in diesem Gotteshaus erhalten, ist der einer gewaltigen

Klosterkirche. Die in Reichskirchen üblichen Ausschmückungen fehlen fast vollkommen. Diese Schlichtheit gibt dem Kirchenraum etwas Erhabenes, Würdevolles. Wir fühlen uns hier sofort geborgen. Dieser Raum ist genau so, wie wir Kirchenräume lieben. Eine Kirche kann unserer Meinung nach vollkommen auf Prunk verzichten. Die Bauzeit dieser Bischofskirche dauerte fast einhundertsiebzig Jahre. Anfang des 13. Jahrhunderts begonnen, wurde sie 1363 vollendet. Demnach wird der Bau in der Zeit der Frühgotik begonnen und in der Hochgotik vollendet. Deuten die Langhausarkaden noch mehr in die frühgotische Epoche, so sind die Gewölbe schon hochgotisch.

Die die Arkadenbögen tragenden Pfeiler treten aus der Mittelschiffwand gar nicht hervor, sieht man von den Diensten ab, die vom Fußboden her nach oben zu den Gewölben streben. Die Laibungen der Arkadenbögen sind tief eingeschnitten. Das schafft den Eindruck, als wäre ein Laibungsbogen zusätzlich eingefügt worden. Dieser Eindruck wird noch verstärkt durch die Halbsäulen, die die eingefügten Bögen zu tragen scheinen. Angedeutete Kämpferplatten, hier an der Innenseite der Bögen, einschließlich an den Halbsäulen, sind die einzigen Schmuckelemente. Über den Arkadenbögen entwickeln sich die gewaltigen Obergadenfenster, die recht einfache Maßwerke zeigen. Hier entdecken wir wieder eine Besonderheit, zumindest für uns ist es eine. Über jedem Arkadenbogen entwickeln sich zwei Obergadenfenster. Diese Gliederung scheint mit der erwähnten Gewölbegliederung konform zu gehen. Eine eigenartige Wirkung geht von dieser architektonischen Lösung aus, aber keine die Harmonie störende.

Der Blick nach Osten ist überwältigend. Der hohe Chor und der davor liegende Lettner ziehen die Blicke auf sich. Unwillkürlich drängen sich Vergleiche zu Halberstadt auf. Aber das ist ja Unsinn. Man kann solche Kirchen nicht einfach miteinander vergleichen. Jede ist auf ihre Art ein eigenständiges Kunstwerk, das als solches auch betrachtet und gewürdigt werden möchte. Wir stehen auf und beginnen unseren Rundgang. Zunächst nähern wir uns dem Lettner mit einem vorangestellten Altar, vielleicht einmal der Kreuzaltar. Der Altar der Laienkirche steht zwischen den westlichen Vierungspfeilern. Eine relativ einfache Mensa bildet den Altar. Ungewöhnlich finden wir nur den Altaraufbau, drei gotische Fialen mit Kreuzblumenabschluß, wie man sie mehr am Außenbau vermutet hätte und nicht als Altarschmuck. Die mittlere Fiale trägt ein kleines Kruzifix. - Die Küstersfrau sieht von ihrer Arbeit auf und meint, es wäre gut, dass wir nun einen Rundgang unternähmen, da sie nicht mehr allzu lange zu tun hätte. Ich frage sie noch, warum der Gottesdienst im Langhaus und nicht im Chor stattgefunden hätte. Die meisten Gottesdienste im Jahr würden im Chor gefeiert, antwortet mir die Frau, aber zu den hohen Feiertagen würde man in den Kirchenraum gehen, wie sie sich ausdrückt. Da erwarte man eben doch wesentlich mehr Gläubige. Das können wir nachvollziehen. Wir waren ja nur der Meinung, dass der Chor einen feierlicheren Rahmen für den Gottesdienst geboten hätte.

Gegenüber dem schlichten Langhaus muss man den Lettner schon als prunkvoll bezeichnen. In der Mitte vor ihm, unmittelbar mit ihm verbunden, steht der schon erwähnte Altar. Er wird überdacht von einem maßwerkreich gestalteten Baldachin. Rechts und links von ihm hat der Lettner zwei Durchgänge in den Chor, die durch reich verzierte

Kielbögen abgeschlossen werden. Je eine Blendarkade, wiederum mit Kielbogen, schließt sich an und vervollständigt das Bild der Trennmauer zwischen der Laienkirche und der Kirche des Domkapitels. Zusätzlich ist der Lettner mit Heiligenfiguren geschmückt, die in reichhaltig maßwerkverzierten Tabernakeln stehen. Der Lettner entstammt eindeutig der spätgotischen Epoche und stellt somit einen Kontrast zu dem schlichten Langhaus dar. Er deutet mit seiner ganzen Gestaltung darauf hin, dass sich hinter ihm, im Osten, das Heiligtum des Domes befindet. Eine Triumpfkreuzgruppe sucht man in der Vierung vergebens. Lediglich der Altarretabel des Kreuzaltars zeigt ein Relief mit einer Kreuzigungsszene.

Wir durchschreiten den Lettner und befinden uns im Chor. Was uns sofort auffällt ist, dass dieser als Stufenbasilika gebaut ist. Die Seitenschiffe des Chores werden als Chorumgang um das Mittelschiff herumgeführt. Das allein reichte den Baumeistern offenbar nicht. Sie gestalteten den Umgang zweigeschossig. Der obere Umgang wird meist als Bischofsgang bezeichnet. Während sich der Chor im unteren Geschoss des Umganges an die Bauweise des Langhauses anlehnt, zeigen die Arkaden des Bischofsganges mehr einen frühgotischen Einschlag mit Elementen der Spätromanik. Die Pfeiler stehen im Umgang enger als im Langhaus, was durch den polygonalen Abschluss bedingt ist. Gewiss, der Chor mit seinen Umgängen ist der älteste Teil des Domes. Die Pfeiler in der oberen Arkadenreihe sind figurengeschmückt. Die Chorfenster, über den Arkaden des Obergeschosses, sind recht schlicht und zeigen auch nur einfachste Maßwerke. Die zwei übereinander liegenden Chorumgänge und die Chorfenster lassen den Chor noch höher erscheinen, als er tatsächlich ist. Der Altar im Chor ist sehr einfach, eine Mensa mit einem kleinen Kruzifix und Kerzenständern. Hier wird deutlich, dass der Chor regelmäßig als Kirche für evangelische Gottesdienste genutzt wird.

Zwei Heiligenfiguren fallen uns auf. Da ist zunächst eine Figur zu nennen, die eindeutig einen Krieger darstellen soll. Sie lässt aber auch den Afrikaner erkennen, was darauf schließen lässt, dass wir es hier mit dem Patronatsheiligen, dem Hl Mauritius zu tun haben. Leider ist diese Figur nur als Torso erhalten. Die einfache und trotzdem ausdrucksvolle Darstellung beeindruckt uns stark. Wir würden sie in die Frühgotik einordnen. Und da wäre noch die Figur einer jugendlichen, ja fast noch kindlichen, weiblichen Figur zu nennen. Wenn uns nicht alles täuscht, soll diese Figur die Hl Katharina, die zweite Patronatsheilige, darstellen. Die Attribute existieren nicht mehr, aber man könnte meinen, dass sie in der rechten Hand das Rad gehalten hat. Ein kleiner Rest davon lässt den Schluss zu. Diese Figur strahlt eine Natürlichkeit aus, wie sie eigentlich nur den Skulpturen des Naumburger Meisters nachgesagt wird.

Nun betreten wir noch den Chorumgang. Er ist mit einfachen gotischen Kreuzgratgewölben versehen. Zudem ist er mit einem Kapellenkranz ausgestattet. Diesen müssen wir uns nachher von außen noch betrachten. Im Chorumgang fällt uns sofort das Grabmal für Kaiserin Edith, der Gemahlin Ottos I., auf, die 946 verstarb und noch im Chor des Moritzklosters beigesetzt wurde. Die Tumba stammt aus dem Anfang des 16. Jahrhunderts und zeigt sich eindeutig als Werk der Spätgotik. Auf dem Tumbadeckel ist die Kaiserin in Form eines Vollreliefs dargestellt. Die vier Wände sind reichhaltig figürlich geschmückt. Leider reicht unsere Zeit nicht aus, uns das Grabmal intensiver zu betrachten. Wir rechnen jeden Augenblick damit, dass uns die Küstersfrau zum Ausgang ruft. - Otto I. verstarb 973. Auch er soll hier beigesetzt worden sein, allerdings als Kaiser und schon im ottonischen Dom. Warum für ihn, dem die Geschichtsschreiber seiner Zeit den Beinamen „den Großen" gaben, kein Grabmal errichtet wurde, ja noch nicht einmal die Stelle seiner Beisetzung ausgewiesen ist, wird wohl ewig ein Geheimnis bleiben. Zwei Bronzegrabplatten fallen uns im Chorumgang noch auf: die der Erzbischöfe Wichmann und Friedrich von Wettin. Beide zeigen in die Richtung der Romanik. In würdevoller Haltung verzichten beide fast vollplastisch Dargestellten auf Details und konzentrieren sich auf die wesentlichen Merkmale eines kirchlichen Würdenträgers. Beide Grabplatten verzichten auch darauf, die Erzbischöfe in der Darstellung als große Politiker ihrer Zeit zu würdigen.

Wir verlassen den Chor, obwohl wir uns bewusst sind, nur einen aller ersten Eindruck gewonnen zu haben, aber die Zeit lässt uns keine andere Wahl. Im nördlichen Querhaus betrachten wir die berühmte Barlachgruppe, ein Mahnmal für die Opfer des Ersten Weltkrieges. Die Einfachheit der Skulpturengruppe hat etwas derartig Beeindruckendes und Würdevolles, dass wir uns kaum von ihr trennen können. Wir begeben uns in das südliche Seitenschiff. Als wir am Kreuzaltar vorbeigehen, stellen wir fest, dass die Küstersfrau ihre Arbeit abgeschlossen hat. Einen Blick in das Seitenschiff werfend, stellen wir fest, dass hier einige Epitaphe im Renaissancestil aufgestellt sind. Leider haben wir nicht die Zeit, sie näher zu betrachten, denn in dem Moment tritt die freundliche Frau zu uns. Ob wir uns in der Kürze der Zeit doch einiges ansehen konnten, erkundigt sie sich. Das bejahend, antworten wir, dass aber eine intensivere Besichtigung vonnöten sei, um den Dom mit seinen Kunstwerken und ihn selbst als architektonisches Kunstwerk besser kennenzulernen. Darin gibt sie uns recht. Abschließend fragt sie uns, ob wir auch das Grabmal für Erzbischof Ernst gesehen hätten. Leider nicht. Das müssten wir uns noch ansehen. Sie geht mit uns zur Westkapelle, die eigentlich nichts anderes ist als die westliche Eingangshalle, zu dem besagten Grabmal, einer Bronzetumba. Was uns hier erwartet, lässt uns erstaunen. Die Deckplatte des prachtvollen Kunstwerks zeigt den Erzbischof vollplastisch. Wieder stellen wir die Eigenart mittelalterlicher Grabdenkmäler fest. Der Geistliche steht, alle Details richtig deutend, aber er hat unter seinem Haupt ein Kissen. Nein! Es sind derer sogar zwei, was das Liegen darstellen soll. Die Gesichtszüge des Erzbischofs sind sehr markant herausgearbeitet, und sehr natürlich, ja man kann sagen lebensnah. Überhaupt hat der Künstler auf Details der Haltung, Gewand, Mitra, Gesicht sehr großen Wert gelegt. Irgendwie erinnert das Grabmal uns an die Wittenberger Schloßkirche, auch wenn Vergleiche bekanntlich hinken, aber es drängt sich uns der Eindruck einer gewissen Verwandtschaft bezüglich der Art der Gestaltung auf. Wir fragen, ob dieses Grabmal in Nürnberg angefertigt wurde. Die Frau des Küsters bejaht dies und erklärt, dass es 1495 von Peter Visher geschaffen wurde. Ernst hätte es bereits zu Lebzeiten in Auftrag gegeben. Das erklärt denn auch die Details. Der Erzbischof muss dem Künstler Modell gestanden haben.

In Begleitung der Küstersfrau setzen wir nun an, die Kirche zu verlassen. Mit einer

Spende für die Erhaltung des Domes bedanken wir uns für die uns entgegengebrachte Freundlichkeit. Die Küstersfrau wünscht uns noch viel Erfolg für den letzten Tag unserer Rundreise und verabschiedet sich von uns. Nun wenden wir uns noch dem Außenbau zu, der bei unserer Ankunft aus den bekannten Gründen gar keine Beachtung finden konnte. Wir verlassen die Kirche über den Kreuzgang und begeben uns zuerst an die östlichen Teile des Domes.

Die Ostansicht des Chores zeigt ganz auffallend die Staffelung des Baukörpers in Chorumgang, Bischofsgang und den hohen Chor selber mit seinen Fenstern. In der Traufhöhe wird der Chor mit einer Art zweigeschossiger Balustrade abgeschlossen. Diese wirkt sehr gut, aber ob sie aus der Erbauungszeit stammt? Am Chorumgang dominiert der Kapellenkranz. Schlicht, ohne aufwendiges Schmuckwerk, weist er dennoch eindeutig nach unserer Auffassung in die Richtung westeuropäischer, ja französischer Vorbilder. Entsprechende Beispiele kennen wir von etlichen Abbildungen. Beiderseits des Chores, jeweils an der östlichen Wand der Querhausarme, beiderseits des Chores, zeigen sich Fragmente von zwei Osttürmen. Sie sind über drei Geschosse bis über die Traufhöhe des Querhauses geführt, enden dort flach und werden mit einer Balustrade abgeschlossen. Für uns ist das eindeutig ein Zeichen, dass die weitere Ausführung hier abgebrochen wurde.

Die Querhausgiebel erinnern etwas an die französischen Vorbilder. Jeweils ein großes mehrbahniges Fenster mit kostbarem Maßwerk schmückt die Giebelseite, schönes vertikal gegliedertes Schmuckwerk die Giebeldreiecke in der Dachzone. Ein sehr schöner Anblick. Außerdem ziert den nördliche Querhausgiebel ein sehenswertes Portal. Es ist ein tief eingeschnittenes gotisches Gewändeportal. Das Gewände zieren die Figuren der „klugen und törichten Jungfrauen". Die Legende dieser Jungfrauen war in der mittelalterlichen Kunst ein sehr beliebtes Motiv. Die klugen Jungfrauen bewahren den Inhalt ihrer Gefäße vor dem Verschütten, die törichten lassen sich ablenken und verschütten dabei die Flüssigkeit. Man nimmt an, dass die Flüssigkeit hier den christlichen Glauben darstellen soll. Aus diesem Grund zeigen die klugen Jungfrauen auch glücklich strahlende Gesichter, weil sie den Glauben vor Verlusten schützen. Die törichten Jungfrauen hingegen nahmen den Glauben nicht so ernst. Nach dem Verlust desselben müssen sie erkennen, dass ihnen das himmlische Paradies verschlossen bleibt, was den zerknirschten Gesichtsausdruck zur Folge hat. Die Darstellung dieser Legende mahnt den Gläubigen aus dem Volke zur Bewahrung des christlichen Glaubens, da er sich im anderen Falle mit den törichten Jungfrauen vergleichen muss. Es fällt auf, dass der Meister es verstanden hat, jede der Jungfrauen als eine Persönlichkeit abzubilden. Gesichtsausdruck, Haltung und Gestik drücken dies beeindruckend aus. Dass Frisur und Tracht fast einheitlich sind, tritt fast in den Hintergrund. Die dargestellte Szene im Tympanon halten wir für die Anbetung des Kindes, die von Gottvater gesegnet wird. Die Gesamtkomposition des Paradiesportales ist ein hervorragendes Zeugnis der gotischen Steinmetzkunst. Das Portal kann von uns leider nur mit Einschränkungen betrachtet werden. Vor ihm liegt eine kleine Vorhalle, die sogenannte Paradieshalle. Die Durchgänge sind mit Lattengerüsten gesichert, so dass wir uns das wunderschöne Portal nur durch die Latten ansehen können.

Schade, aber aus Gründen des Schutzes vor willkürlicher Beschädigung, und wie es scheint, beginnender Bauarbeiten durchaus einsehbar.

Nach Westen hin schließt sich an das Querhaus das Langhaus an. An ihm bewundern wir nochmals die schönen Fenster der nördlichen Kirchenseite, die des Seitenschiffs und die des Obergadens. Vornehmlich die sparsamen und doch sehr harmonischen Maßwerke haben es uns angetan. - Dann begeben wir uns zu der berühmten Westfront. Wenn ich vorhin davon sprach, dass der Dom 1363 vollendet wurde, so ist das eigentlich nur die halbe Wahrheit. Die Turmfront, vor der wir stehen, gab es zu diesem Zeitpunkt noch nicht. Wie die Türme um die Mitte des 14. Jahrhunderts ausgesehen haben mögen, darüber gibt es wohl bei den Historikern keine gesicherten Erkenntnisse. Über hundert Jahre später begann man die heute dominierende und in aller Welt berühmte Westturmgruppe zu errichten. Am Helm eines der Türme soll sich das Fertigstellungsjahr 1520 befinden. Über vier Geschosse wurden die Türme auf je quadratischem Grundriss aufgeführt. Sie werden, sieht man einmal von den Fenstern ab, nur durch Gesimsbänder gegliedert und geschmückt. Einheitlich gestalten sich die Turmabschlüsse. Achteckige Aufsätze mit schlanken hohen Fenstern, wahrscheinlich als Glockenstühle errichtet, tragen die ebenfalls achteckigen gemauerten Spitzhelme. Die Ecken werden extra durch gemauerte Leisten hervorgehoben, die krabbengeschmückt sind. Diese Türme, die das Stadtpanorama der Elbestadt auch heute noch nachhaltig mitbestimmen, sind die charakteristischen Bauelemente des Magdeburger Domes.

Von Westen her betrachtet, wirkt die Turmgruppe monumental und wehrhaft zugleich. Ein großes Westportal bildet in der unteren Zone den Blickfang. Es ist ein sehr tief eingeschnittenes Gewändeportal. Das Gewände ist einfach und nicht durch Figuren hervorgehoben. Über dem Portalbogen erhebt sich ein gewaltiger, maßwerkgeschmückter Ziergiebel. Diese Komposition zieht den Blick des Betrachters unwillkürlich auf sich. Im Mittelalter war es wahrlich ein Eingang zur Kathedrale, der den Gläubigen in die rechte andachtsvolle Stimmung versetzen konnte. Zudem sollte er ihm wohl klarmachen, dass er hier das Haus Gottes betrat, das gleichzeitig der Sitz des Kirchenfürsten und damit Zentrum der kirchlichen Macht war, gegen die der gläubige Besucher unscheinbar klein war. Das Portal gehört zu dem Mittelbau, der sich zwischen den beiden Türmen erhebt.

Im dritten Geschoß zeigt sich der Mittelbau sehr prunkvoll, eben einer Reichskirche durchaus würdig. Die beiden Fenster zeigen nun schon eindeutig spätgotisches Maßwerk, der Erbauungszeit entsprechend. Auch das flankierende vertikale Schmuckwerk deutet in die Spätgotik. Dieser Schaugiebel sieht einfach prachtvoll aus. Über ihm erhebt sich ein Dreieckgiebel, der den Anblick harmonisch abrundet. Er ist nicht ganz so aufwendig gestaltet, wie das Etagenfeld unter ihm. Zentrum ist im Mittelalter wahrscheinlich eine Fensterrose gewesen. Vieles deutet darauf hin, denn heute sitzt hier an dieser Stelle eine Kirchenuhr.

In der ersten Hälfte des vorigen Jahrhunderts wurde der Dom einer großen Instandsetzung unterzogen, die sich damals unbedingt erforderlich machte. Etwas über hundert Jahre hielten die Ergebnisse dieser Maßnahme, dann fügte der Zweite Weltkrieg dem Sakralbau umfangreiche Beschädigungen zu. Bereits 1946 begannen die Wiederherstellungsarbeiten durch das damals neu geschaffene Institut für Denkmalpflege in Halle. Die Arbeiten zogen sich in den Details bis 1957 hin. Nun erstrahlt er wieder in der mittelalterlichen Schönheit, die den Namen Magdeburg als bildliches Charakteristikum in alle Welt getragen hat.

In Magdeburg geht der zweite Tag zu Ende

In der uns heute zur Verfügung stehenden Zeit haben wir uns so viel wie möglich im und am Magdeburger Dom angesehen. Wir sind uns darüber einig, dass unser Besuch nur eine Kurzvisite sein konnte. In einer unserer nächsten Fahrten sollten wir nochmals diesen Sakralbau in unser Programm aufnehmen. Zu viele Fragen haben sich bei der Besichtigung aufgetan, die wir hoffen, in der Literatur beantwortet zu bekommen. Das Gelesene wollen wir dann im Rahmen einer zweiten Besichtigung nachvollziehen.

Noch einen letzten Blick auf das berühmte Sakralbauwerk werfend, setzen wir an, unser Besichtigungsprogramm für heute zu beenden. Für das Liebfrauenkloster ist es heute schon zu spät. Damit werden wir morgen beginnen. So setzen wir uns in unser Auto und starten in Richtung unseres Hotels, dem Hotel International in Magdeburg. Gar nicht allzu weit vom Dom entfernt liegt es, ein Altneubau, wie es im modernen Baudeutsch der DDR heißt. Auf der Straße, unmittelbar vor dem Hotel stellen wir unseren Trabi ab. Das Haus gehört zur Gruppe der Interhotels. Es dürfte eines der ältesten seiner Art sein. Der ursprünglich weiße Bau lädt uns nun ein. Wir treten ein und begeben uns zur Rezeption. Dort weist man uns freundlich die reservierten Zimmer zu. Die Zimmer sind solide eingerichtet, jedoch sieht man ihnen an, dass sie renovierungsbedürftig sind, und dass auch die Ausstattung erneuerungsbedürftig ist. Aber das Schönste ist doch, dass jedes Zimmer ein Bad mit WC hat. Das ist in DDR- Hotels nicht gerade die übliche Ausstattung, sondern eher die Ausnahme.

Zunächst machen wir uns einmal frisch. Dann treffen wir uns wieder in der Empfangshalle. An der Rezeption lassen wir uns beraten, in welcher Gaststätte des Hotels man am besten richtige Hausmannskost bekommt. Die Dame hinter dem Schalter empfiehlt uns den Radeberger Keller. In einem benachbarten Gebäude, nur von der Straße her zu betreten, gelangen wir in das empfohlene Restaurant. Uns empfängt eine Gaststätte mit einem eigenartigen Flair. Die Tische sind mit Kacheln, es sollen Meißener sein, ausgelegt. Ansonsten ist der riesige Gastraum wie eine Bauernstube eingerichtet. Schnell müssen wir aber registrieren, dass die Atmosphäre doch sehr gemütlich ist. Das Essen ist vorzüglich. Wir haben es sehr gut getroffen. So erleben wir einen gelungenen Abend. Natürlich dreht sich unser Gespräch hauptsächlich um das heute Erlebte. Wir sind mit dem Verlauf des Tages zufrieden. Mehr konnte man ohne vorherige Anmeldung in den Kirchen nicht erreichen. Nach ein paar gemütlichen Stunden begeben wir uns wieder ins Hotel und suchen unsere Zimmer auf.

3. Tag: Montag, der 22. März

Ein Rückblick auf die Vergangenheit der Elbmetropole
Der dritte und letzte Tag unserer Rundfahrt ist angebrochen. Wir haben wunderbar geschlafen. Bis zur verabredeten Frühstückszeit haben wir noch mehr als ausreichend Zeit. So lassen wir es langsam angehen. Nachdem wir mit der Morgentoilette fertig sind, wird unser beider Gepäck schon ins Auto gebracht. Die Fensterscheiben des Trabi werden poliert und dann ist es Zeit uns langsam ins Frühstückszimmer zu begeben. Auch Gottfried kommt eben an und rekelt sich noch etwas. Obwohl er sehr gut geschlafen habe, sei er doch noch müde, erklärt er hierzu. Dann wird das reichhaltige Frühstücksbuffet begutachtet und für sehr gut befunden. Der Kaffee kann mit der Qualität des Buffets nicht konkurrieren. Das hätten wir von diesem Haus nun doch nicht gedacht. Er ähnelt doch schon recht stark „Erichs Krönung", wie der Gaststättenkaffee im Volksmund allgemein genannt wird. Dafür mundet das Frühstück um so besser und die Welt ist wieder einigermaßen in Ordnung.

Gottfried ist der Erste von uns Dreien, der das gestrige Gespräch im Radeberger Keller fortsetzt. Ihm hätte der zweite Tag noch besser gefallen als der vorhergehende, meint er. Irmgard und ich müssen ihm beipflichten. Übereinstimmend sind wir der Ansicht, dass lediglich der Zustand eines Teils der urbanen Bebauung das schöne Bild der Reise trübt. Gottfried wiegelt jedoch ab und meint, das hätten wir schon vor Antritt der Fahrt gewusst, von einigen ganz krassen Beispielen mal abgesehen. Warum soll das Hick-hack um die bilanzierten Baukapazitäten bei den Kommunen geringer sein als in der Industrie. Ich muss ihm beipflichten. Die Betriebe erhalten zumindest einen Teil der selbst erwirtschafteten Investmittel, während die Kommunen ganz und gar auf Haushaltsmittel angewiesen sind, die ohnehin recht spärlich fließen. Das Thema abschließend tut Gottfried kund, bei der Trostlosigkeit der Situation müsse doch die Tätigkeit eines Konservators eine Strafe sein. Leider ist es so. Um diese Planstellen reißt sich niemand. Sehr viel Idealismus wird den Leuten da abverlangt.

Wir gehen noch schnell den geplanten Ablauf des heutigen Tages durch. Stendhal, Tangermünde und Brandenburg stehen auf dem Programm. Aber zunächst gilt es, das Liebfrauenkloster aufzusuchen. Meine Frau meldet sich und forderte einen, wenn auch kleinen Einkaufsbummel. Unser Einwand, den habe sie doch schon unerwartet in Halle gehabt, wird von ihr mit elegantem Schwung hinweggefegt. Nach dem Motto: Ladys first fügen wir beiden anderen uns zähneknirschend.

Nachdem wir uns am Frühstückstisch wie auch an der Rezeption ehrlich gemacht haben, verstauen wir noch Gottfrieds Gepäck im Auto und dann startet unser Trabi in den dritten Tag unserer Unternehmung. - Unser Ziel ist zunächst die Wilhelm-Pieck-Straße. Hier finden wir nur Bauten aus den fünfziger Jahren, also den, wenn auch gemäßigten, stalinistischen Zuckerbäckerstil. Hier machen wir unseren kleinen Einkaufsbummel. So viel anders ist das Angebot hier auch nicht als in Potsdam, müssen wir feststellen. Bald ist uns der Spaß an den Geschäften vergangen, wir wenden uns dem Liebfrauenkloster zu. Ist es nun der Kontrast zwischen den Bauten der Gegenwart und den aus historischen Epochen, oder sind es die mehr oder weniger einheitlichen Straßenzüge, wir finden kein richtiges Verhältnis zu der Stadt Magdeburg. Uns beschleicht das gleiche Gefühl, wie gestern in Halberstadt. Was erinnert schon an die berühmte mittelalterliche Reichsmetropole, wenn man einmal von den Kirchen absieht? Wie kann der Besucher der Bezirksstadt sich mit ihrer Geschichte auseinandersetzen? Wo findet er, wieder die Kirchen ausgenommen, Zeugnisse dieser historisch bedeutsamen Entwicklung?

An dieser Stelle halte ich es für angebracht, einen kurzen Abriss der Vergangenheit der Elbmetropole zu geben. Der Leser möge mir verzeihen, dass hier gewiss viele bedeutsame Ereignisse in der Stadt unerwähnt bleiben müssen.

Der Chronist Bischof Tietmar von Merseburg und der Mönch Widukind aus Corvey sehen in Kaiser Otto I. den Gründer von Magdeburg. Das ist allerdings nur die halbe Wahrheit. Unbestritten ist zwar, dass Otto den Ort zu dem machte, der er im Mittelalter war und somit zu den Gründern gezählt werden muss. Die erste urkundliche Nennung liegt jedoch wesentlich früher. Im Jahre 805 wird ein fränkisches Kastell mit Namen „magadoburg" in einer Urkunde erwähnt. Kaiser Karl der Große ließ einen bestehenden Königshof in diesem Jahr zu einem Grenzkastell umbauen. Das war damals die östlichste Grenzsicherungsanlage des karolingischen Reiches, an der Elbe gelegen. Die eigentliche Geschichte der Elbestadt beginnt aber erst über 130 Jahre später. 937 gründet Kaiser Otto I. ein Moritzkloster auf einem Hügel, dem heutigen Domhügel. Sicher liegt man richtig, wenn man in dem Kloster die geplante Grablege Ottos und seiner Frau vermutet. Ob mit dieser Gründung bereits mehr geplant war, dürfte reine Spekulation sein. Von Anbeginn seiner Herrschaft orientierte Otto auf den Elbeort, der zu dieser Zeit immer noch die östliche Grenze des Reiches darstellte. Sein Vater, König Heinrich I., hatte die Königshöfe Quedlinburg und Memleben zu seinen Lieblingsorten erwählt. Auch Otto besuchte diese Orte häufig, doch Magdeburg gab er den Vorrang. Diesen Ort baute er zu seiner Residenz aus. Nun darf man sich eine Residenz der damaligen Zeit nicht so vorstellen, wie wir sie aus den letzten 500 Jahren des Absolutismus kennen. Eine solch ständige Residenz war zu der Zeit der sächsischen Kaiser und auch noch einige hundert Jahre später nicht möglich. Viel zu groß war das Hofgefolge des Herrschers, das ihn stets umgab. Zusammen mit dem entsprechenden militärischen Schutz sprechen die Historiker von mehreren tausend Menschen. Ein Aufenthalt dieses enormen Hofstaates über längere Zeit an einem Ort hätte ökonomisch keine Gegend verkraftet. Eine auf den Hof bezogene Landwirtschaft wie auch Versorgungswirtschaft gab es nicht. Zu unterentwickelt waren die deutschen Lande. So zog der Kaiser mit seinem Riesengefolge ständig von Ort zu Ort. Flächendeckend waren zu diesem Zweck Königshöfe und Kaiserpfalzen eingerichtet worden. Die Historiker sprechen in diesem Zusammenhang von dem „Wander-Kaisertum". Dass trotzdem Magdeburg als die Residenz Ottos I. genannt wird, hängt mit der Häufigkeit seiner Besuche in diesem Ort zusammen.

Entsprechend der strategischen Erfolge bei der Ostexpansion wurden immer neue Bistümer geschaffen. Deren Hauptaufgabe war die Christianisierung der unterworfenen Völker. So waren die Bistümer Halberstadt, Brandenburg, Havelberg, Meissen, Zeitz und zuletzt Merseburg entstanden. Dies erforderte ein neues Erzbistum. Die neuen Diözesen im Osten des Reiches sollten einem Erzbistum unterstellt werden, das mit den politischen Verhältnissen in den eroberten Gebieten einigermaßen vertraut war. Die Sage berichtet, dass Otto vor der Schlacht auf dem Lechfeld gegen die Ungarn gelobte, ein neues Erzbistum zu gründen, wenn Gott ihm den Sieg schenke. Das war im Jahre 955. Ähnliches wird allerdings auch von der Gründung des Bistums Merseburg berichtet. Der Kaiser gewann gegen die Ungarn. 968 wandelte er dann das von ihm gegründete Moritzkloster in ein Domstift um. Wie vordem bei dem Kloster wurde das Patronat des Hl Mauritius beibehalten. Sollte doch schon bei der Gründung des Moritzklosters der Plan bestanden haben, es später in ein Domkloster umzuwandeln, so würde das unwahrscheinlichen politischen Weitblick des Kaisers verraten. Aber das ist, wie bereits erwähnt, Spekulation. Urkunden belegen allerdings, dass die Weihe des Moritzklosters äußerst feierlich begangen wurde, und dass höchste geistliche Würdenträger ihr beiwohnten. Festzuhalten bleibt noch, dass das Kloster wie auch später der Dom innerhalb der königlichen Pfalz lagen. Die Vermutung liegt nahe, dass das ehemalige karolingische Kastell und die Pfalz Ottos sich an ein und dem selben Ort befanden.

Als erster Erzbischof wurde der später heilig gesprochene Albert von Magdeburg eingesetzt. Mit der neuen Erzdiözese hatte Kaiser Otto die Machtverteilung zu Gunsten von Magdeburg wesentlich verändert. Der Ort an der Elbe wurde nun geistliches und politisches Zentrum des Reiches. Das führte dazu, dass die bestehenden Erzbistümer Mainz und Köln erheblich an Bedeutung verloren. Das blieb selbstverständlich nicht ohne Widerspruch. Der Kaiser bezeichnete jedoch in einem Schreiben an die sächsischen Adelsvasallen ausdrücklich den Magdeburger Erzbischof als die zuständige Behörde für die bereits genannten Diözesen wie auch für das gesamte, noch nicht eroberte Slawengebiet jenseits von Elbe und Saale. Die Ostexpansion war eben sein erklärtes politisches Ziel. Das Reich sollte im Osten bis zu den Russen und Böhmen reichen. Die ehrgeizigen Pläne des Kaisers scheiterten allerdings an dem starken Widerstand der Slawen. Höhepunkt dieses Widerstandes war dann der große Slawenaufstand im Jahre 983, der unter anderem zu einem zeitweiligen Verlust des Bistums Brandenburg führte. Auch Magdeburg hatte einen weitreichenden Verlust seiner politischen Bedeutung zu beklagen. Es blieb jedoch Sitz eines Erzbischofs. Politisch weitsichtige Würdenträger residierten hier als Kirchenfürsten. Da wären vornehmlich zu nennen: Tagino, Friedrich von Wettin, Wichmann und nicht zuletzt der Hl Norbert von Xanten, von dem später noch zu berichten sein wird.

Der Sitz eines Erzbischofs, die damit verbundenen Repräsentationspflichten des Kirchenfürsten, erforderten selbstverständlich eine positive wirtschaftliche Entwicklung. Die sich in Magdeburg kreuzenden Handelswege begünstigten den Aufschwung. Unter Erzbischof Wichmann hatte der Ort an der Elbe seine erste wirtschaftliche Blüte. Für das Jahr 1188 ist die Verleihung des Stadtrechtes an Magdeburg durch den besagten Wichmann urkundlich belegt. Dies förderte die wirtschaftliche Entwicklung der jungen Stadt. Die Einführung der Reformation im Jahre 1524 führte dann zu einem Knick in der Entwicklung. Zudem wurde Magdeburg im Dreißigjährigen Krieg durch Tilly erstürmt und niedergebrannt. Von diesem schweren Schlag konnte sich die Stadt nie wieder ganz erholen. Dazu kam, dass sie nun auch noch zum politischen Spielball wurde. 1680 kommt Magdeburg zu Brandenburg-Preußen. Im 18. Jahrhundert bauen die Preußen die Stadt zwar zu einer starken Festung aus, aber das kann sie auch nicht mehr aus ihrer Provinzialität herausholen.

Eine wirtschaftliche Bedeutung bekommt Magdeburg mit dem Einsetzen des kapitalistischen Industriezeitalters. Die Stadt entwickelt sich zu einer Industriemetropole. Vornehmlich der Maschinenbau und die Schwerindustrie siedeln sich hier an. Die Gründerzeit beschert der Elbestadt einen wahren Bauboom. Für die Industriebetriebe werden ganze Wohnstadtteile geschaffen. Der Zweite Weltkrieg setzt der Industriemetropole ein abruptes Ende. Am 16. Januar 1945 werden bei Luftangriffen über achtzig Prozent der Altstadt ein Opfer des Bombenwahnsinns. Über 16000 Menschenleben sind an diesem Tage zu beklagen. Nach dem Kriege ging man recht schnell daran, dem verbliebenen Rest der einstigen Elbestadt ihren Charakter als Stadt der Schwerindustrie wiederzugeben. Die Großbetriebe wurden wieder aufgebaut und modernisiert. Die bekannten Schwermaschinenkombinate „Ernst Thälmann" und „Karl Liebknecht" entstanden. Die Bebauung der Stadt wurde unter funktionalen und rationalen Gesichtspunkten geplant und durchgeführt. Es war die Zeit des stalinistischen Baueinflusses, wenn er auch nicht gerade solche Auswüchse zeigte, wie in der Berliner Stalinallee, der heutigen Karl-Marx-Allee. Magdeburg wurde politisches Verwaltungszentrum des nach ihm benannten Bezirkes und reihte sich in die wichtigsten Industriestandorte der DDR ein. Zudem wurde es Sitz mehrerer Industriezweigleitungen. Somit hat die Stadt mit ihren 283000 Einwohnern heute eine größere Bedeutung als nach dem Dreißigjährigen Kriege.

Der Versuch das Kloster Unser Lieben Frauen zu besuchen,
unser Aufbruch in Magdeburg

Nach nur ein paar Minuten Fahrt stehen wir vor der romanischen Klosteranlage. Da vielfach Parkverbot besteht, so auch hier, stellen wir den Trabant auf dem Domplatz ab und gehen zu dem Liebfrauenkloster zurück. Majestätisch grüßt uns die Turmfront im Westen der Klosterkirche. Wir suchen den Eingang und finden diesen an der Nordseite der Klausur. Gottfried studiert die Informationstafel und verkündet dann, wir würden heute gar nicht in das Kloster kommen, es beherberge gegenwärtig mehrere Museen, Gedenkstätten und Sammlungen der Stadt Magdeburg. Zudem würde die Klosterkirche als Konzertsaal genutzt. Eingedenk der Tatsache, dass Museen in der DDR montags Ruhetag hätten, könnten wir die Besichtigung heute vergessen. Enttäuschung macht sich bei uns breit. Und so haben wir einen Grund mehr, Magdeburg später noch einmal einen Besuch abzustatten. Bevor wir allerdings die Elbestadt verlassen, wollen wir uns zumindest das ehemalige Kloster von außen ansehen.

Doch lassen Sie mich vorher ein paar Worte zu der Geschichte des Klosters verlieren. Unser Lieben Frauen wird als ehemaliges Prämonstratenserkloster genannt. Doch es ist älter, älter als der Orden. Anfang des 11. Jahrhunderts siedelt Erzbischof Gero in der Nähe des Domes Kanoniker an. Dabei wird nichts über den Orden ausgesagt, dem diese angehörten. Einige Bauteile des Klosters stammen noch aus dieser Zeit. 1126 wird der später heilig gesprochene Norbert von Xanten Erzbischof in der Elbestadt. Der Papst wie auch der Kaiser gestatten ihm, den von ihm in Frankreich gegründeten Reformorden der Prämonstratenser in Deutschland einzuführen. Da die Zustände in dem Magdeburger Stift nicht gerade die allerbesten waren, nahm Norbert den Kanonikern das Kloster weg, löste das Stift kurzum auf und übergab die Anlage dem mitgebrachten Konvent der Prämonstratenser. Ein, wenn man so sagen will, recht rüder Akt, aber wer wollte sich schon gegen den Erzbischof auflehnen. Von Beginn an hatte Norbert das Ziel, das Kloster als deutsches Mutterkloster seines Ordens auszubauen. Im Laufe der Zeit brachten es die Prämonstratenser auf fünfzehn Tochterklöster. Besondere Bedeutung errangen dabei die Klöster Jerichow, Leitzkau, Brandenburg und Havelberg. Unser Lieben Frauen nahm bald eine bedeutende Stellung in Sachsen und dem ganzen Reich ein. Die Pastoratsfunktionen über die Seelsorge in Städten und Dörfern wurden fast ausschließlich von Prämonstratensermönchen ausgeübt. Aber auch die kirchlichen Würdenträger im Erzbistum wurden zum größten Teil durch Mönche dieses Ordens gestellt. Diese Vormachtstellung behielt das Kloster bis nach der Reformation. Da es den Übertritt zur lutherischen Lehre ablehnte, entzog die Stadt dem Orden das Patronat der Seelsorge und setzte selber protestantische Prediger ein. Ende des 16. Jahrhunderts konnte das Kloster sich nicht mehr gegen die Reformation wehren und erhielt seinen ersten evangelischen Propst. Das war das Ende des berühmten Liebfrauenklosters.

In den letzten Kriegstagen im April 1945 hatte aber auch Unser Lieben Frauen umfangreiche Schäden zu beklagen. Der Berühmtheit seiner baulichen Substanz ist es zu danken, dass man schon wenige Jahre nach dem Kriege daranging, das Kloster wieder herzustellen. Allerdings wurde es nunmehr zu einer städtischen Einrichtung umgestaltet. Ob die Kirchen sich finanziell nicht in der Lage sahen, den Wiederaufbau mitzutragen, oder ob staatliche Direktiven den Ausschlag gaben, vermag ich nicht zu sagen. Sicher ist hingegen, dass der Klosterkomplex die ältesten erhaltenen Bauten der Stadt darstellen. Im Vergleich mit dem rekonstruierten Grundriss müssen wir feststellen, dass nicht alle Gebäude des Klosters erhalten und wiedererrichtet wurden, sondern nur der eigentliche Kernbereich der Klausur mit Kirche und die den Kreuzgang unmittelbar umgebenden Gebäude.

Das Liebfrauenkloster gilt als eines der besterhaltenen romanischen Klosteranlagen auf dem Gebiet der DDR. Wie eingangs schon erwähnt, beherrscht die Westturmgruppe den gesamten Baukomplex. Sie wird durch die beiden Rundtürme mit ihren Kegelhelmen bestimmt. Zwischen den Türmen erhebt sich ein Mittelbau auf quadratischem Grundriß. Wäre da nicht der Giebel, könnte man meinen, hier wäre ein Mittelturm geplant gewesen. Da die Turmdurchmesser um einiges geringer sind, als die Seitenlänge des Mittelbaues, ragt dieser nach Westen hin über die Flucht der beiden Türme wie ein Risalit hinaus, was eine eigenartige Wirkung hat. Die Türme sind lediglich durch Gesimsbänder und Lisenen gegliedert. Die Gesimse setzen sich an dem Mittelbau fort. Ein Rundbogenfries schließt das vierte Geschoss der Westgruppe ab. Das oberste Geschoss der Türme zeigt die Schallfenster, der Mittelbau den Dreieckgiebel. Die geringe Anzahl von Fenstern verleiht der Turmgruppe etwas Wehrhaftes. Ein für die Turmfront kleines Westportal ist schon viele Jahre nicht mehr geöffnet worden. Das basilikale Langhaus entwickelt sich nach Osten über wahrscheinlich neun Joche, wenn man die Anzahl der Obergadenfenster als Maß nimmt. Das südliche Seitenschiff ist erst ab der Mitte des Langhauses durch Fenster durchbrochen. Ein Südportal, ist zugemauert. Das Querhaus ragt deutlich über das südliche Seitenschiff hinaus, so dass der Grundriss der Kirche wie bei Klosterkirchen üblich die Kreuzform hat. Im Osten wird der Chor durch eine große Apsis abgeschlossen.

Wir müssen an der Südseite der Kirche zurückgehen. Im Osten ist ein Umgehen der Anlage nicht möglich. Nördlich des Gotteshauses erhebt sich die Klausur. Sie ist ebenso schmucklos gehalten wie die sichtbare Außenfront der Klosterkirche. Die Wände der Klausur wirken irgendwie jünger als die der Kirche. Viel mehr ist von der Besichtigung nicht zu berichten. Befriedigen kann dies uns keineswegs. Sicherlich ist im Inneren durch die profane Nutzung dem Kloster seine Identifikation verlorengegangen. Wir werden es bei einem zweiten Besuch Magdeburgs erleben.

Eingedenk der Tatsache, dass unser heutiges Programm wieder recht umfangreich ist, kommen wir überein, hier nicht mehr viel zu betrachten. Also gehen wir zurück zum Domplatz, setzen uns ins Auto und fahren durch die Neustadt auf der Fernverkehrsstraße F189 in Richtung Norden. Unser nächstes Ziel ist Stendhal. Ein Stück hinter Barleben unterqueren wir den Mittellandkanal. Die wichtige künstliche Wasserstraße, die um einiges höher liegt als die ihn umgebende Landschaft, wird von der Straße untertunnelt. Es ist schon ein eigenartiges Gefühl, das uns beschleicht, als wir in den Tunnel einfahren. Die Vorstellungswelt ist auf eine Probe gestellt. Der höher gelegte Kanal, die Untertunnelung, all das zeugt in eindeutiger Weise, was deutscher Ingenieurgeist zu leisten vermochte und noch vermag.

Wir durchfahren Wolmirstedt. Die Kleinstadt kommt auf unsere Vormerkliste, ohne dass wir schon jetzt exakte Ziele benennen können. Und weiter geht es durch die Colbitz-Letzlinger Heide in Richtung der altmärkischen und mittelalterlichen Kleinstadt Stendal.

Die Altmark-Kreisstadt STENDAL

Aus Richtung Südwesten her fahren wir in die Altmarkstadt Stendal ein. Schon ein Stück Fahrstrecke vor der Stadt grüßen uns die Türme der Marienkirche und des Domes. Es ist immer wieder ein sehr schöner Anblick, wenn Kirchtürme einen Ort, eine Stadt ankündigen. Und unwillkürlich fragt man sich, wird die Stadt den Erwartungen gerecht, die das vor einem liegende Panorama aufkommen lässt? Keiner von uns ist vorher je in Stendal gewesen. Das, was die Stadt, die wir nun in Richtung Zentrum durchfahren, vermittelt, unterscheidet sich leider in nichts von den bisher gesehenen Straßenansichten. Wir befinden uns hier in den Vorortstadtteilen in einer reinen Wohnstadt. Stendal kündigt sich eben als Industriestadt an. Und doch haben wir hier eine Stadt mit einer sehr wechselvollen Geschichte vor uns, die im Mittelalter eine bedeutende Handelsstadt war. So halte ich es an dieser Stelle für angebracht, gleich zu Beginn die geschichtliche Entwicklung der altmärkischen Stadt etwas zu beleuchten.

Gegründet wurde Stendal etwa um 1160. Nähere zeitliche Angaben gibt es hierzu leider so gut wie keine. Die Gründung geht auf den Askanierfürsten Albrecht den Bären zurück. Etwa um diese Zeit, genau lässt es sich nicht mehr bestimmen, stellte der Markgraf der Gemeinde die Marktgründungsurkunde aus. Recht schnell entwickelte sich der Marktflecken an der Uchte. Die Nähe zur Elbe schuf die günstigen Voraussetzungen für die Entwicklung des Handels in diesem Ort. So wurde die junge Marktsiedlung zum Umschlagort für Waren nach allen vier Himmelsrichtungen. Ende des 12. Jahrhunderts sind bereits die zwei großen Steinkirchen in Stendal nachweisbar: St. Marien und St. Jacobi. Von diesen Bauten ist nichts auf uns überkommen, denn die heutigen Kirchen gleichen Patronats und an den gleichen Standorten, wurden später als Nachfolgebauten errichtet. Etwa um die gleiche Zeit wurde ein Chorherrenstift gegründet, das bereits damals das Patronat des Hl Nikolaus besaß. In ihm haben wir wohl den Vorgänger des heutigen Domes zu sehen. Das Stift genoss von Anbeginn an den besonderen Schutz der Markgrafen, also der Askanier, aber auch des Papstes. Damit zeigt sich auch, dass die Kirche ein nicht zu unterschätzender Faktor im Machtgefüge der Stadt und der ganzen Region war. Wann Stendal das Stadtrecht erhielt, lässt sich wohl zweifelsfrei nicht eindeutig bestimmen. In der ersten Hälfte des 14. Jahrhunderts spitzten sich die politischen Gegensätze in der Stadt zu. Das Bürgertum begehrte auf und kämpfte um seine Vorrechte auf der Grundlage des von ihm begründeten Wohlstandes der Stadt. Ausgelöst wurden die Kämpfe wohl nach dem Tode des letzten Askanier-Markgrafen Waldemar im Jahre 1319. 1345 gipfelten die Auseinandersetzungen in dem Ständekampf, den das Bürgertum für sich entscheiden konnte. Im Jahre 1359 tritt Stendal der Hanse bei und dokumentiert damit die Machtstellung des städtischen Bürgertums. Die erste Hälfte des 15. Jahrhunderts ist eine sehr produktive Periode in der Bautätigkeit der Stadt. St. Marien und das Chorherrenstift St. Nikolaus werden neu errichtet, die Stadt erhält ihre Stadtbefestigung, von der noch heute Reste vorhanden sind, wie zum Beispiel das Uenglinger Tor und das Tangermünder Tor.

Die Reformation wird 1540 in Stendal eingeführt. 1551 wird das Stift aufgelöst. Es ist fortan evangelische Pfarrkirche. Der Zenit der Stadtentwicklung ist überschritten. Die Bedeutung der Altmarkstadt weicht einer Bedeutungslosigkeit. Mehrere Jahrhunderte hindurch ist von Stendal nicht viel zu berichten. Das ändert sich im 19. Jahrhundert mit der zunehmenden Industrialisierung und dem Bau der Eisenbahn. Stendal wird Industriestadt und erhält damit wieder eine wirtschaftliche Bedeutung. Der Zweite Weltkrieg lässt die Stadt nicht ungeschoren. Zahlreiche Schäden sind zu beklagen. Von den Sakralbauten hat es den Dom am stärksten getroffen. Hier ist vornehmlich das Querhaus in Mitleidenschaft gezogen. Bald nach Kriegsende geht man in der Stadt an die Beseitigung der Schäden. Auch die Industrie wird wieder aufgebaut. Stendal wird Kreisstadt und erhält zumindest wieder politische Bedeutung für ihr Vetrwaltungsgebiet. Zudem wird die Stadt der wichtigste Industriestandort der Altmark und knüpft damit an die Traditionen aus der Gründerzeit an.

In dieser Industriestadt bewegen wir uns nun mit unserem Trabi und streben dem Zentrum zu. Die von mir schon erwähnte Wohnstadt lässt bei der Durchfahrt keine bemerkenswerten baulichen Höhepunkte erkennen, sondern nur Mietshaus an Mietshaus, teilweise etwas aufgelockert durch Fassaden aus der Gründerzeit. Im Stadtzentrum überwiegen dann die Bürgerhäuser der unterschiedlichsten Epochen. Der Markt, das eigentliche Zentrum Stendals, lässt dann doch die Bemühungen der Stadtväter erkennen, sich in zunehmendem Maße der Stadtsanierung zu widmen. Doch noch ein Lichtblick, der Hoffnung aufkommen lässt. Vergleiche zu Wittenberg drängen sich auf. Beherrscht wird der Platz außer der Marienkirche von dem sehenswerten Rathaus. Das Gebäude des Rates der Stadt verkörpert gleich zwei Bauepochen, nämlich den der Gotik und den der Renaissance. Der gotisch verbliebene Teil scheint vom Vorgängerbau zu stammen und könnte so eine Art Gerichtslaube gewesen sein. Nördlich davon erhebt sich das neue Rathaus, das eindeutig Formen der Renaissance zeigt. Ich habe aber auch gelesen, dass im 16. Jahrhundert das Stendaler Rathaus umgestaltet wurde. Wenn das stimmt, ergibt sich hier noch eine Parallele zu Wittenberg. Hier handelt es sich aber nicht um einen Bau in den Größenverhältnissen wie dort. Zweietagig reicht es über acht Achsen und ist ein Mehrflügelbau. Aber bei weitem ist es nicht so aufwendig gegliedert wie das Rathaus in der Elbestadt. Eher bescheiden wirkt es. Lediglich die Renaissance-Schmuckgiebel geben dem Gebäude das Gepräge, das die Machtstellung des Stendaler Bürgertums im Mittelalter erahnen lässt. Herrlich geschwungene Stufengiebel mit dominanter Vertikal- und Horizontalgliederung machen das sonst schlichte Gebäude zu dem wunderschönen Bauwerk. Das gotische Gebäude südlich davon ist in seiner Backsteinfarbe erhalten. Allerdings muss es schon einmal umgebaut worden sein, denn die Fenster im Obergeschoss sind keineswegs mehr gotisch. Südlich von dem Gotikbau steht das Zeichen der Zugehörigkeit zur Hanse und der freien Gerichtsbarkeit: der Roland.

Der ganze Marktplatz macht auf uns einen sehr guten Eindruck. Die Bebauung um den Platz ist recht bunt. Häuser aus den verschiedensten Bauepochen stehen hier nebeneinander. Neben Renaissancegebäuden stehen welche aus der Gründerzeit. Auch Häuser, deren Bauherren der Hanse ihre Referenz erweisen wollten, sieht man. Ein bemerkenswertes Bild. Leider nur eine sehenswerte Insel in dem grauen Häusermeer der Altmarkstadt. Unser Ziel hier ist die Marienkirche. Unser Auto haben wir auf dem Marktplatz abgestellt. So schlendern wir hinüber zur Pfarrkirche der Altstadt. Hinter dem Rathaus wächst die stolze Kirche gen Himmel. Ein wahrlich imposanter Anblick bietet sich uns.

Die Stadtpfarrkirche St. Marien zu Stendal

Um das Rathaus schlendernd nähern wir uns der weit über die Grenzen der Region bekannten Marienkirche. Rathaus und Kirche, die beiden zentralen Gebäude der bürgerlichen Gemeinschaft, so zu positionieren, ist für uns ein schon fast genialer Gedanke. Unsere heutigen Städteplaner könnten hier wahren Anschauungsunterricht nehmen, wenn sie denn nur wöllten oder dürften. - Ein großer Backsteinbaukörper in gotischen Formen empfängt uns. Aus der Höhe der Fenster und dem einheitlichen Satteldach erkennen wir nun schon die Hallenkirche. Wie in Jüterbog zeigt uns der polygonale Ostabschluss über die ganze Breite des Langhauses, dass die Seitenschiffe sicherlich als Chorumgang um den eigentlichen Chor herumgeführt werden. Soviel haben wir bereits auf der bisherigen Fahrt gelernt. Die breiten Chorfenster sind vierbahnig und enden im Spitzbogen ohne jeden Schmuck. Wir würden diese Gestaltung der Frühgotik zuordnen wollen. Allerdings sind die Fenster recht hoch angesetzt. Das hat offensichtlich seinen Grund in den Kapellen, die im Osten zwischen die Strebepfeiler eingebaut wurden. Da keinerlei Stilbruch zu erkennen ist, müssen wir annehmen, dass diese Gestaltungsform bereits im ursprünglichen Bauplan so vorgesehen war. Am Langhaus stellen wir eine Eigentümlichkeit fest, die sich mit dem Harmoniebedürfnis der Gotik und auch mit ihrem Symmetriebedürfnis unserer Auffassung nach nicht in Einklang bringen lässt: die Gliederung der Langhauswände mittels der gotischen Fenster ist unterschiedlich. Weist die nördliche Langhauswand recht schmale Fenster auf, so dass je zwei von ihnen in einem Joch existieren, ist diese Gliederung im Süden nur im östlichen Joch zu finden. Nach Westen hin findet man dann je Joch ein breiteres Fenster. Hier muss es dann wohl doch zu einer Bauplanänderung während der Bauphase gekommen sein. Wir können uns nicht vorstellen, dass diese Außenwandgliederung dem Ursprungsplan entspricht.

Die beiden Portale, das nördliche wie auch das südliche, sind geschlossen. Das hatten wir auch nicht anders erwartet. Nachdem wir einmal um die Kirche herumgegangen sind, bleiben wir wieder an der nordwestlichen Ecke der Türme stehen. Ein eigentümlicher Anblick bietet sich uns, aber wir kommen nicht darauf, was uns stört. Plötzlich sagt meine Frau ganz unvermittelt, sie hätte die Antwort auf unsere Frage. Die Türme stünden schief. Wir sehen sie verständnislos an. Aber dann erkennen wir es auch. Die Turmfront steht nicht im rechten Winkel zum Langhaus, sondern schräg. Dafür gibt es unserer Meinung nach nur eine Erklärung. Das gotische Langhaus ist gegenüber dem Vorgängerbau neu geostet worden, aber die Turmfront wurde wahrscheinlich auf den alten Fundamenten errichtet. Das Imposanteste an dem Außenbau sind zweifelsfrei die Türme. Durch die schlanke Gestaltung wirken sie noch höher, als sie in Wahrheit sind. Ein sehr schmaler Zwischenbau läuft bis zur Höhe der Schallfenstergeschosse. Bis dahin wirkt die Turmfront einheitlich. Lediglich Ecklisenen zieren die Turmfront und grenzen zudem die Türme gegen den Zwischenbau ab, der ein wenig zurückgesetzt ist. Abgeschlossen werden die Türme durch schlanke Spitzhelme. Diese Turmfront hat die Marienkirche weit über die Mark hinaus bekannt gemacht. Meistens zeigen Bilder, wenn es um Stendal geht, die zwei Türme, die hinter dem Rathaus aufwachsen.

Meine Frau fragt, was wir nun machen, nachdem wir geschlossene Kirchenpforten vorgefunden haben. Beim Rundgang um die Kirche war mir kein Bürgerhaus aufgefallen, in dem man das evangelische Pfarramt hätte finden können. So frage ich einen Passanten, der mir über den Weg läuft, wo ich wohl den zuständigen Pfarrer der Marienkirche antreffen könnte. Er beschreibt mir sehr wortreich und unter Einsatz seiner die Richtung angebenden Arme den Weg dorthin. So mache ich mich auf, das Pfarrhaus zu suchen. Nach nicht einmal fünf Minuten stehe ich vor dem Pfarramt. Die Beschreibung des freundlichen Herren war präzise. Der Pfarrer, ein älterer, sehr netter Herr, empfängt mich selber und hört sich meine Bitte an. Er sei selbstverständlich bereit, uns durch die berühmteste aller märkischen Stadtkirchen, wie er die Marienkirche nennt, zu führen. Nur im Moment ginge es nicht. In wenigen Minuten käme ein Elternpaar zu ihm, um die bevorstehende Taufe ihres Kindes zu besprechen. Wenn wir uns noch etwa eine halbe Stunde gedulden könnten, wolle er gerne unseren Wunsch erfüllen. Damit bin ich natürlich einverstanden. An der Kirche erwarten meine beiden Anderen neugierig, ob wir wohl in das Gotteshaus gelangen können. Zwar nicht begeistert, stimmen mir beide aber zu, dass so unangemeldet wohl nicht mehr zu erreichen war. So unternehmen wir noch einen kleinen Rundgang um den Marktplatz und dessen nähere Umgebung. Nach etwa zwanzig Minuten begeben wir uns wieder zurück zur Kirche. Das ist auch gut so, denn wenige Augenblicke später trifft der Pfarrer an der Kirche ein. Wir machen uns miteinander bekannt. Ihn interessiert vornehmlich, wie sich Menschen in der heutigen Zeit, in der die Kirchen möglichst totgeschwiegen würden, auf solche Reisen begeben könnten. Er sei begeistert von unserer Idee. Dann lässt er uns in seine Kirche eintreten.

Im Mittelschiff durchqueren wir die Kirche nach Osten und setzen an, uns in einer Bankreihe niederzulassen. Der Pfarrer begrüßt dies. Das würde ihm Gelegenheit geben, uns etwas mit der Geschichte der Marienkirche vertraut zu machen. Der Mann wirkt tatsächlich begeistert und richtig aufgekratzt. Und ehe wir uns richtig in der Kirche umsehen können, beginnt er auch schon mit seinen Erläuterungen zur Geschichte des Gotteshauses. Über den Vorgängerbau ist so gut wie nichts bekannt. Der Zeit ihrer Entstehung entsprechend muss es sich um eine Kirche im romanischen Stil gehandelt haben. Leider gibt es von ihr und ihrer Gestalt keinerlei Aufzeichnungen. Aus dem Ende des 12. Jahrhunderts sind Nachrichten überliefert, die bezeugen, dass die Marienkirche bereits bestand. Ich berichtete bereits in der Stadtgeschichte davon. In der Mitte des 13. Jahrhunderts muss es dann zu Veränderungen der Kirche gekommen sein. Das lässt sich an der Turmfront im Westen ablesen. Es ist anzunehmen, dass die Kirche in ihrer damaligen Gestalt nicht mehr den repräsentativen Anforderungen des aufstrebenden Bürgertums entsprach. Die Lübecker Marienkirche, die beispielgebende Stadtpfarrkirche in Backsteinbauweise, hat wohl bis hier in die Mark ausgestrahlt. Das lässt sich noch heute ablesen, denn die unteren Geschosse der heutigen Türme zeugen davon. Sie sind die einzigen erhaltenen Überreste des Vorgängerbaues, die in die gotische Hallenkirche übernommen wurden. Die Verwandtschaft zu Lübeck ist wirklich nicht zu übersehen. Stendal scheint mit gesicherten Daten seiner Geschichte und der seiner Kirchen wohl so seine Probleme zu haben, denn, wann der Baubeginn der heutigen, spätgotischen Hallenkirche erfolgte, lässt sich auch nicht zweifelsfrei bestimmen. Einiges deutet darauf hin, dass der Neubau zeitlich mit dem Bau der Stiftskirche St. Nikolaus zusammenfällt. Diese wurde 1423 begonnen. Vielleicht ist sogar der Bau der Stiftskirche der unmittelbare Anlass zum Neubau der Marienkirche gewesen. Ein Datum ist allerdings gesichert. Am 24. August 1447 erfolgte die Weihe der neuen Marienkirche. Die weitere Geschichte des Gotteshauses mit seinen Umbauten und Anbauten soll an dieser Stelle nicht näher beleuchtet werden. Soweit erforderlich, wird bei der Beschreibung unseres Rundganges durch die Kirche darauf eingegangen. Der Pfarrer verhält sich bei seinem geschichtlichen Abriss sehr diplomatisch. Er vermeidet es tunlichst, uns mit Jahresdaten von Details, soweit sie überhaupt bekannt sind, zu langweilen.

Nunmehr befassen wir uns mit der Besichtigung des Kirchenraumes. Bereits beim Betreten des Gotteshaus nahm uns der feierliche Raum gefangen, so dass wir für kurze Zeit den Atem anhielten. Er strahlt eine Harmonie aus, der man sich so gar nicht entziehen kann. Das Langhaus ist fünf Joche lang, wobei das westlichste Joch durch die Schrägstellung der Turmfront angeschnitten ist. Hohe, schlanke gemauerte Rundpfeiler gliedern den Raum in das Mittelschiff und in die Seitenschiffe. Die Pfeiler sind schmucklos, sieht man einmal von den jeweils vier Lisenen und den schlichten Kämpferplatten ab. Über diesen entwickeln sich die Dienste, aus denen die einfachen Kreuzrippengewölbe erwachsen. Die Pfeiler sind untereinander mit Scheidebögen verbunden. Während die Langhauswände wie auch die Pfeiler in ihrer Backsteinstruktur belassen wurden, sind die Gewölbe weiß getüncht. Als Kontrast sind nur die Gewölberippen und die Dienste backsteinfarben. Auf diese Weise wirkt der Raum viel höher und weiter, als er tatsächlich ist, was nicht heißen soll, dass die Stendaler Marienkirche einen kleinen Kirchenraum hätte. Ganz im Gegenteil. Es handelt sich hier um einen der größten Kirchenräume der ganzen Mark. Zu dem beschriebenen Eindruck tragen eben die schlanken Pfeiler bei, die einen hohen Grad der Raumauflösung bewirken. Allerdings sind auch die großen Langhausfenster bei dieser Wirkung mit verantwortlich, ebenso wie die zwischen den Strebepfeilern errichteten Randkapellen mit eigenen, niedrigen Fenstern. Was für eine Leistung der gotischen Baumeister, die eine solche Raumwirkung schaffen konnten. Wir sind einfach überwältigt. Zudem trägt die Feierlichkeit des Raumes dazu bei, dass man sich hier geborgen fühlt. In diesem Raum Andacht zu finden, fällt uns nicht schwer. Der ganze Kirchenraum macht ohnedies einen sehr guten Eindruck. Wie wir erfahren, wurde er in den Jahren 1965 bis 1972 durch die Denkmalpflege einer Restaurierung unterzogen.

Nun wenden wir uns, der Aufforderung des Pfarrers folgend, dem Chor zu. Der liturgischen Bedeutung des Kirchenraumes entsprechend, wird er mit seiner Gestaltung dieser Anforderung in besonderer Weise gerecht. Hier, in diesem Gotteshaus, wird uns vor Augen geführt, dass der Altarraum der absolute Höhepunkt des Kirchenraumes ist. In keiner der vorherigen Kirchen ist uns das so bewusst gemacht worden. Vielleicht kam St. Cyriakus in Gernrode dieser Anforderung noch am ehesten nach, aber da handelt es sich ja auch um eine Stiftskirche, in der die Benediktinerregel praktiziert wurde. Hier hingegen handelt es sich um eine Stadtpfarrkirche. Ein besonderer Anblick bietet sich uns: der

Riesenaltar mit der davor stehenden Chorschranke. Hinter dem Altar wachsen die Arkadenbögen des Chores empor und wiederum hinter diesen wird der von den Chorfenstern erleuchtete Chorumgang sichtbar. Eine ganz beeindruckende Raumkomposition, wie wir meinen. Vor der Chorschranke steht ein schlichter Altar. Der macht auf uns den Eindruck eines Kreuzaltars in einer Klosterkirche. Der Pfarrer erläutert dann auch, dass die Stendaler Bürger ihre Hauptpfarrkirche mit allen Merkmalen eines Domes ausgestattet haben.

Zunächst wird unsere Aufmerksamkeit von der Chorschranke beansprucht. Eine recht einfache Holzschranke bildet den Hauptteil des Raumteilers. Lettner kann man hierzu nicht sagen, ein dekoratives Gitterwerk ermöglicht den Blick in das Heiligtum des Gotteshauses. Zwei Durchgänge, rechts und links des Kreuzaltars, mit Kielbögen geschmückt, gestatten den Eintritt in den Chor. Über der Holzschranke erhebt sich ein äußerst kunstvolles Gesprenge. Drei freistehende Kielbögen schließen die Chorschranke nach oben ab und ziehen unsere Blicke unwillkürlich nach oben. In das Gesprenge wurde die Triumpfkreuzgruppe mit einbezogen, eine ganz eigenwillige und ungewöhnliche Lösung. Der nach oben gezogene Blick fängt das Triumpfkreuz auf. Die vier Kreuzabschlüsse sind mit den Evangelistensymbolen geschmückt, wie wir es schon öfters angetroffen haben. Allerdings trägt dieses Kruzifix nicht den Gekreuzigten. Im Schnittpunkt des Kreuzes prangt ein Rundemblem mit einem Malteserkreuz. Ob dies ein Kreuz des Ritterordens darstellen soll, kann uns der Pfarrer auch nicht sagen, ich bezeichne es nur so. Wie bei den meisten Triumpfkreuzgruppen üblich, wird das Kruzifix von den Gestalten der Mutter Gottes sowie dem Apostel Johannes flankiert. Aber am beeindruckendsten ist doch das aufwendig gestaltete Kielbogenfries, das den Übergang zwischen der Holzschranke und dem Gesprenge bildet. Die kleinen Kielbogenarkaden des Frieses werden durch Figuren geschmückt, im Zentrum der thronende Christus mit seiner Mutter Maria, auf beiden Seiten flankiert von den zwölf Aposteln. Die Figuren erscheinen uns gar nicht gotisch. Wir würden sie eher der Romanik zuordnen. Unser freundlicher Führer erläutert uns denn auch prompt, dass es sich tatsächlich um romanische Schnitzfiguren handelt, die noch aus dem Vorgängerbau entstammen. Die Chorschranke sei geschaffen worden, um diesen Schnitzwerken einen würdigen Platz zu geben. Obwohl in der gesamten Schnitzarbeit der Chorschranke ein Stilbruch festzustellen ist, strahlt diese eine ungewöhnliche Harmonie aus. Wieder ein Beweis für die einfühlsame Arbeit der gotischen Künstler und Meister.

Wir durchschreiten die Öffnungen der Chorschranke und befinden uns im eigentlichen Chorraum. Vor uns erhebt sich der gewaltige Schnitzaltar. Einen so großen gotischen Altar hatten wir bisher überhaupt noch nicht gesehen. Er wirkt auf uns, als ob hier zwei Schnitzaltäre übereinander angeordnet seien. Die Erläuterungen des Pfarrers zeigen uns, dass unser Eindruck gar nicht so falsch ist. Der ursprüngliche Hochaltar wurde etwa 130 Jahre nach seiner Vollendung um den gewaltigen Aufbau erweitert. Voller Stolz beginnt der Geistliche uns den Riesenaltar vorzustellen. Eine schlichte gemauerte Mensa bildet den Ort der heiligen liturgischen Handlung der Messe. Auf ihr steht die Predella, die Basis des Schnitzaltars. Sie zeigt sechs geschnitzte Reliefbilder mit Darstellungen aus dem Leben der Hl Katharina. Darüber erhebt sich der große Mittelschrein des ursprünglichen spätgotischen Altars. Seine Fertigstellung ist für 1471 belegt. Die Gestaltung des Altares ist ganz auf das Patronat der Kirche abgestimmt. Das Mittelfeld des Schreines ist in vertikaler Richtung zweigeteilt. Im unteren Teil sieht man die Darstellung des Todes der Mutter Gottes im Beisein der Apostel. Darüber ist das Bild der Marienkrönung zu bewundern. Flankiert werden die beiden Reliefs, wiederum in vertikaler Richtung zweigeteilt, von vier Darstellungen aus dem Leben Mariens. Filigranes Gesprenge umrandet den Mittelschrein. Wir können unseren Blick kaum von dieser ungewöhnlich schönen Schnitzarbeit nehmen. Doch der Geistliche fährt in der Beschreibung des Hauptaltares fort. Die beiden Altarflügel zeigen ebenfalls Schnitzarbeiten mit Szenen aus dem Leben von Heiligen. Die Tafeln sind gevierteilt, so dass acht Schnitzbilder zu sehen sind. An die Qualität des Mittelschreines kommen unserer Meinung nach die Flügel nicht heran. Der Pfarrer gibt uns recht. - Wir würden hier die Festtagsseite des Altares sehen. Sie wäre nur an den Marienfesten und zu Weihnachten zu sehen gewesen. An den übrigen Festen, also nicht jeden Sonntag, hätte der Altar ein anderes Bild gezeigt, erklärt er uns, öffnet die Altarflügel und klappt sie über den Mittelschrein der Festtagsseite. Wir sind erstaunt, denn der so zugeklappte Altar hat noch immer zwei abstehende Altarflügel. Der freundliche Herr lächelt, als er unsere Verwunderung sieht. Ja, hier hätten wir einen ganz besonderen Altar vor uns, der zwei mal geklappt werden könnte. Im Hauptteil des Altares sind nun wieder Schnitzbilder zu sehen: eine Golgathadarstellung, also die Kreuzigungsszene und eine Darstellung des Jüngsten Gerichtes. Insbesondere die Kreuzigungsszene hat es uns angetan. Sie wirkt sehr bewegt. Der Künstler hat es verstanden, die Szene so darzustellen, dass man den Eindruck hat, die Figuren müssten sich jeden Moment bewegen. Außer den drei an die Kreuze Geschlagenen sind noch etwa zwanzig Figuren abgebildet. Die Darstellung der beiden das heilige Kreuz flankierenden gekreuzigten Verbrecher erinnert uns irgend wie an Matthias Grünewald. Unser Pfarrer ist allerdings der Meinung, dies könne nicht sein. Die über die Kreuzbalken geschlagenen und gebundenen Arme der Gekreuzigten käme nicht nur bei Grünewald vor, sondern sei wohl eine beliebte Darstellungsweise in der Spätgotik gewesen. Die jetzt zu sehenden Seitenflügel zeigen Gemälde mit der Kreuzanheftung und der Kreuzabnahme. Nun schließt unser Führer den Altar vollkommen und erklärt dabei, dass jetzt die Altarseite zu sehen sei, die alltags und an einfachen Sonntagen sich der Gemeinde zeigte. Wir haben schon viele Flügelaltäre gesehen. Wir wussten auch um die Festtagsseite und die Alltagsseite. Aber noch nie wurde ein solcher Altar uns so bewusst vor Augen geführt. Nach den Meistern des Altares befragt, meint unser Pfarrer, diese seien nicht bekannt, aber die Kunsthistoriker würden doch immer mehr zu der Meinung tendieren, dass sie aus dem Thüringer Raum gekommen sein könnten.

Nun werden wir gebeten, unseren Blick dem oberen Teil des Riesenaltars zu zuwenden. Wie bereits gesagt, ist dieser Teil etwa 1600 dem Altar beigefügt worden. Wieder handelt es sich um einen dreiteiligen Flügelaltar. Der Mittelschrein ist mindestens doppelt so hoch wie der des eigentlichen Hauptaltares. Ein Kastengehäuse mit eigelegtem geschnitzten Gesprenge bildet diesen Schrein. Drei geschnitzte Figuren sind in das filigrane Schmuckwerk eingearbeitet: in zentraler Stellung die Madonna, flankiert von zwei weiblichen Heiligenfiguren, in denen wir die Hl Katharina und die Hl Gertrud zu erkennen glauben. Die Altarflügel zeigen gemalte Szenen aus dem Neuen wie auch dem Alten Testament. Wie wir erfahren, handelt es sich bei den Gemälden bereits um Malereien auf Leinwand. Der Altaraufbau ist ebenfalls bemerkenswert, jedoch kann er von der künstlerischen Qualität keinesfalls mit dem eigentlichen Flügelaltar mithalten.

Damit wendet sich der Geistliche von dem Hochaltar ab und den Chorgestühlen zu. Allein schon die Tatsache, dass diese Stadtpfarrkirche ein Chorgestühl hat, zeigt uns, dass hier im Mittelalter mehrere Priester und vielleicht auch Chorherren ihren Dienst verrichteten. So gesehen, hat die vorhin beschriebene Chorschranke schon ihren Zweck gehabt. Wir werden gebeten insbesondere die geschnitzten Wangen des Chorgestühls zu betrachten. Alttestamentarische wie auch neutestamentarische Darstellungen sind ebenso anzutreffen wie die Verehrung von Heiligen. Die Darstellung einer Anna selbdritt, also der Hl Anna mit Ihrer Tochter, der Mutter Gottes, und mit dem Jesuskind macht besonderen Eindruck auf uns. Hier fehlt alles Pathetische, alles, was die Verehrung von Heiligen und der Madonna vorzuschreiben scheint. Hier ist nur die Großmutter zu sehen, selber gar nicht als Oma zu erkennen, mit einem spielenden Kind, einem gekrönten Mädchen, zu ihren Füßen und einem Baby auf dem Arm. Ich weiß nicht, ob ich darin, ohne darauf aufmerksam gemacht zu werden, eine Anna selbdritt erkannt hätte. Anfang des 16. Jahrhunderts ist dieses Chorgestühl geschaffen worden. Für andere wird etwa Mitte des 15. Jahrhunderts als Entstehungszeit angegeben.

Der freundliche Pfarrer tritt nun in den Chorumgang. Er bedauert, dass von der vorreformatorischen Ausstattung nur weniges die Zeit überdauert habe. Die Stendaler Marienkirche habe früher einmal 26 Altäre gehabt, zumeist Stiftungen von Persönlichkeiten, Honoratioren der Stadt, aber auch von Innungen. Nur der Hauptaltar hat davon überlebt. Die Altäre hätten hauptsächlich in den Randkapellen des Langhauses und des Chorumganges gestanden. In nachreformatorischer Zeit wurden die Kapellen dann vornehmlich für die Anbringung und Aufstellung von Epitaphen zum Gedenken an besondere Mitglieder der spätmittelalterlichen Kirchengemeinde genutzt. Einige davon werden uns vorgestellt. Viele sind sehr aufwendig gestaltet. Aber auch Grabplatten werden uns gezeigt. Der Pfarrer hat mitbekommen, dass Gottfried sich einigermassen in der lateinischen Sprache auskennt. So bleibt er vor einem Grabstein stehen und fragt, ob Gottfried mit der Inschrift etwas anfangen könnte. Dieser versucht die Schrift zu lesen und meint dann, hier sei von einem Sarg im Sarge geschrieben. Der Pfarrer bejaht dies lächelnd und erklärt uns ungläubig Dreinschauenden, hier liege eine Hochschwangere begraben. Nun wird uns die Formulierung Sarg im Sarge verständlich.

Zum Schluß bittet uns der freundliche Herr, der Orgel noch einen Blick und einen kurzen Augenblick zu widmen. Das Musikinstrument steht auf einer Empore im Westen der Kirche, die auf das Jahr 1580 datiert wird. Sehenswert an der Empore sind die gemalten Brüstungsbilder. In ihnen ist in zentraler Stellung Christus als Pantokrator zu sehen, daneben Darstellungen von Aposteln und den Evangelisten. Die Orgel entstamme dem gleichen Jahr wie die Empore, erfahren wir. Sie werde dem Braunschweiger Orgelbauer Hans Scherer d.J. zugeschrieben. In den Jahren 1940 bis 1944 sei sie durchgreifend instandgesetzt und teilerneuert worden. Erstaunlich, dass die Nazis mitten im Kriege eine solche Maßnahme duldeten.

Damit kommt der Geistliche zum Schluss seiner Führung. Es hätte ihm viel Freude bereitet, uns durch sein Gotteshaus zu führen, sagt er abschließend. Aber nun müsse er sich wieder seinen Gemeindemitgliedern widmen, meint er, fast schon, wie um Entschuldigung bittend. Wir sind ihm unendlich dankbar, dass er uns seine Kirche so ausführlich beschrieben hat. Die Marienkirche haben wir nicht nur kennengelernt, wir haben sie erlebt. Erlebt durch die Persönlichkeit des Pfarrers und seiner Darlegungen. Als wir ihm erklären, dass wir in Stendal eigentlich nur eine Stadtpfarrkirche, eine berühmte zugegeben, besichtigen wollten, aber nun einen der absoluten Höhepunkte unserer Reise erleben durften, strahlt er über das ganze Gesicht. So verabschieden wir uns von ihm, nachdem wir jeder eine Spende in den entsprechenden Kasten am Ausgang geworfen haben. Wie viele Menschen kennen das Bild des Stendaler Rathauses mit der dahinter aufwachsenden Marienkirche? Und wie viele von ihnen wissen, was dieses Gotteshaus für den andächtigen wie auch den entdeckenden Betrachter bereithält?

Der Versuch, den Dom St. Nikolai zu besichtigen

Nach der Besichtigung der Pfarrkirche der Altstadt, möchten wir uns auch den Dom ansehen. Unser Auto lassen wir am Marktplatz. Die relativ kurze Entfernung zum Dom gehen wir zu Fuß. Selbstverständlich ist auch diese Kirche geschlossen. An einer Tür der sich südlich an das Gotteshaus anschließenden Klausur klingele ich beim Dompfarrer. Der erscheint am Fenster. Aus seinem Blick entnehme ich, dass er sich gestört fühlt. Ich sage mein Sprüchlein auf. Die Miene des Mannes wird noch finsterer. Leider hat der Domgeistliche so gar kein Verständnis für unsere Absicht. Das wäre kein Museum, sondern ein Gebetshaus, und das ließe er durch Touristen nicht entweihen, entgegnet er mir. Erklärungen über die Hintergründe unserer Fahrt wehrt er ab. Wir sollten sonntags zum Gottesdienst oder im Sommer zu den Orgelkonzerten kommen, da wären wir gerne gesehen. Sagt es und schließt grußlos das Fenster. Meine beiden Anderen haben alles mitbekommen. Gottfried ist sauer. Der Mann passe nicht in die Zeit, raunzt er. Ihm sei sogar die Lust vergangen, sich den Bau von außen anzusehen. So gehen wir wieder zurück zu unserem Trabi. Auf dem Wege dorthin kommen wir auch durch ein paar kleinere Straßen, in denen Fachwerkhäuser vorherrschen. Was sich unseren Augen hier bietet, tut weh. Ziemlich verwahrlost sind diese Häuser. Putz bröckelt ab und die Farbe an der Fachwerkkonstruktion löst sich. Schade! Jammerschade! Und so gehen wir auf schnellstem Wege zu unserem Auto und starten in Richtung Tangermünde.

Der historischen Elbestadt Kaiser Karls IV. entgegen

Nach dem unvermutet herrlichen Erlebnis der Marienkirche in Stendal verlassen wir die Stadt. Unser nächstes Ziel ist Tangermünde, die historische Stadt an der Elbe. Leider ist die Fernverkehrsbeschilderung in der Altmarkstadt nicht gerade die beste. Unsere Straße trifft an einem Stoppschild auf eine Ausfallstraße. Müssen wir nun nach rechts oder nach links? Kein Wegweiserschild hilft uns. So entscheide ich mich intuitiv für rechts. Kurz nachdem wir auf der Hauptstraße sind, begegnet uns ein Streifenpolizist der VP. Wir halten an, um nach dem Weg nach Tangermünde zu fragen. Der Ordnungshüter legt grüßend die Hand an die Mütze, antwortet uns allerdings nicht, sondern fragt mich seinerseits, wo wir Zuhause seien. Ziemlich erstaunt teile ich ihm mit, dass wir aus Potsdam kämen. Nun entpuppt sich der Uniformierte als Witzbold und sinniert, wenn er sich nicht ganz irre, würde Potsdam auch in der DDR liegen. Und wenn das so wäre, müsste man auch da bei einem Stoppschild anhalten. Ich entschuldige mich, dass ich nicht exakt angehalten habe, sondern, um besseren Einblick in die Straße zu haben, langsam vorgerollt sei. Er nimmt gnädig die Entschuldigung an, entsinnt sich meiner Frage und bestätigt die Richtigkeit unserer Fahrtrichtung. So fahren wir weiter und verlassen die Altmark-Stadt.

Wir befinden uns auf der Fernverkehrsstraße F188. Nach knapp zehn Kilometern künden die hohen Türme der großen Stephanskirche die Kleinstadt Tangermünde an. Unser Weg führt uns von Südwesten her in die Altstadt, vorbei an einem Stadttor, das auf uns eher den Eindruck eines Märchenschlosses macht. Es ist das Neustädter Tor. In schönster hanseatischer Backsteingotik präsentiert es sich. Den Anblick möchte ich noch etwas genießen, und so halte ich erst einmal an. Nach bereits wenigen Sekunden meint Gottfried, ob es nicht besser wäre, erst einmal in die Stadt zu fahren. Bei einem Rundgang durch die Altstadt könnten wir uns ja das Tor genauer ansehen. Irmgard pflichtet ihm bei, und so fügt sich der Kraftfahrer seinen Fahrgästen. Wir fahren in die Stadt ein und durch die Kirchstraße bis ans Ende der Stadt. Was sich uns hier bietet, ist einfach märchenhaft. Tangermünde ist ein städtebauliches Kleinod. Aber ich möchte nicht vorgreifen. Zunächst parken wir erst einmal unseren Trabi in der Nähe eines weiteren Stadttores, das nicht ganz so gut die Zeit überdauert hat, wie das eben betrachtete, und von dem eigentlich nicht viel mehr als nur ein Torturm erhalten geblieben ist. Es handelt sich um das Hühnerdorfer Tor, einem ehemaligen Vorort der Stadt, der mittlerweile eingemeindet ist. Links von uns erhebt sich die stolze Stephanskirche. Sie ist unser nächstes Ziel. Was wir bisher von der Stadt gesehen haben, rechtfertigt einen Rundgang durch die Straßen. Wir haben hier eine Stadt vor uns, die man wohl mit Recht die Perle der Altmark nennt. Was machen wir zuerst? Stadtrundgang oder Kirchenbesuch? Gottfried nimmt uns die Entscheidung ab, die Stephanskirche wird angesteuert. Nur wenige Schritte gehend, stehen wir vor der Kirche, die für die kleine Stadt viel zu groß zu sein scheint.

Die Stadtkirche St. Stephan zu Tangermünde

Als wir uns vorhin der Stadt näherten, wies die Kirche mit ihren Türmen uns die Richtung. Sie prägt als Blickfang das Panorama des mittelalterlichen Tangermünde. Wir gehen unmittelbar auf die westliche Turmfassade zu. Diese zeigt sich uns in voller Schönheit. Wir bleiben stehen und lassen diese monumentale Zweiturmfront auf uns wirken. Wie schon in Jüterbog sind die beiden Türme unterschiedlich abgeschlossen. Während der südliche nur ein einfaches Walmdach trägt, ist der nördliche etwas erhöht und zeichnet sich durch einen Barockhelm mit Laterne und Turmspitze aus. Zwischen den beiden Türmen erhebt sich ein Mittelbau, der fast ebenso gegliedert ist wie die beiden Türme. Mittelbau und Südturm haben die gleiche Traufhöhe, wie es scheint. Trotzdem erfahren wir später, dass dieser Südturm genau das Bild der früheren Gestaltung der Westfront wiedergibt. Anfang des 18. Jahrhunderts ging man dann daran, den Nordturm zu erhöhen und mit dem Barockhelm abzuschließen. Ob je daran gedacht war, beide Türme in gleicher Weise umzugestalten, entzieht sich unserer Kenntnis. Durch diese unterschiedliche Turmgestaltung hat jedoch St. Stephan ihr unverwechselbares Aussehen erhalten. So gesehen, haben Abweichungen von der Symmetrie der Gotik auch etwas Positives an sich. Den einzigen Schmuck, den die Türme aufweisen, sind die Ecklisenen und die Gesimsbänder an den Geschoßgrenzen. Die Türme wirken im Unterbau so, als würden sie bereits von einer Vorgängerkirche herrühren. St. Stephan hatte tatsächlich einen Vorgängerbau, und nicht einmal einen kleinen. Der Sohn Albrechts des Bären, Graf Heinrich von Gardelegen, Nachfolger seines Vaters als Markgraf, ließ nämlich in Tangermünde westlich von der Burg ein Domstift gründen. Das ist kein Versprecher, ein Domstift. Die dem Stift zugehörige Kirche muss für damalige Verhältnisse ziemlich große Ausmaße gehabt haben. Im Jahre 1188 wurde das Domstift nach Stendal verlegt. Seitdem existierte es dort als Augustiner-Chorherren-Stift St. Nikolai, heute besser als der Dom bekannt. Die Tangermünder Stephanskirche wurde nun allerdings dem Stendaler Stift unterstellt. Das ging so, bis Kaiser Karl IV. auch nebenbei Markgraf von Brandenburg wurde. Die Kirche war mittlerweile für die aufstrebende Stadt zu klein geworden. Der Kaiser setzte dank seiner Autorität beim Papst und beim Halberstädter Bischof durch, dass das Stendaler Stift die Stephanskirche freigeben musste. So war der Weg freigeworden für den Neubau einer Stadtkirche. Trotzdem dauerte es noch bis 1470, ehe man mit dem Bau der spätgotischen Stephanskirche am Chor begann. Die Stellung als märkische Residenzstadt seit der Zeit der Grafen der Nordmark, über die Askanier bis hin zu dem Kaiser Karl IV., und die Geschichte des Domstifts, das alles erforderte in den Augen des Bürgertums schon einen gewaltigen Kirchenneubau. Der Bedeutung Tangermündes gegenüber anderer Städten sollte sie schon gerecht werden.

Aber zurück zu der Westturmgruppe. Die Tür in dem imposanten Gewändeportal ist geschlossen. Hier ist wohl schon lange niemand mehr durchgegangen. Nun gilt es, das Portal zu finden, durch das die Gemeinde das Gotteshaus betritt. An der Giebelfront des südlichen Querhauses haben wir es gefunden. Aber leider auch geschlossen. Doch dann werden wir auf das zweitürige Portal und seine Umrahmung aufmerksam. Ein richtiges Kleinod gotischer Portalgestaltung haben wir da vor uns. Portalbogen, Tympanon und

Portalumrahmung zeigen filigrane Backsteinornamentik in schönster hanseatischer Manier. Besonders die Maßwerkgitter der Portalrahmung beeindrucken uns. Diese wie auch die Maßwerkornamente im Tympanon sind aus glasierten Formsteinen geschaffen. So schön, wie die Portalgestaltung auch ist, unserer Meinung nach scheint sie gar nicht in diesen kolossalen Querhausgiebel zu passen, wirkt etwas verloren. Auf diese Weise beginnen wir, uns zunächst den Außenbau anzusehen. Der südliche Querhausgiebel, vor dem wir stehen, ist wirklich gewaltig. Ein so breites Querhaus haben wir noch gar nicht gesehen. Ein schöner Stufengiebel schließt die Fassade nach norddeutschem Vorbild ab. Ansonsten ist das Querhaus schlicht gehalten, wie übrigens auch das Langhaus und der Chor. Zwei Dinge verrät uns die bauliche Gestaltung über das Innere der Kirche: das große Satteldach die Hallenkirche und der über die ganze Breite des Langhauses laufende Chor den Chorumgang. Auf der Nordseite finden wir einen Querhausflügel vor, der im Vergleich zu dem südlichen wesentlich schmaler ist. Sollte auf der Südseite eine angebaute Kapelle in das Querhaus mit einbezogen worden sein?

Das im Süden von St. Stephan liegende Pfarrhaus ist nun mein Ziel. Ich möchte versuchen, für uns den Zutritt zu der Kirche zu ermöglichen. Die Pfarrersfrau empfängt mich. Zwar hat sie nicht gerade viel Zeit, doch da wir aus Potsdam sind, das sie gerne besucht und wir uns auf einer Kirchenrundfahrt befinden, möchte sie uns nicht einfach wieder fortschicken. Wenn wir die Kirchenbesichtigung nicht allzu sehr ausdehnten, würde sie sich schon ein wenig Zeit stehlen und uns durch ihr Gotteshaus führen. Sie spricht von ihrem Gotteshaus, als sei sie die Pastorin. An der Kirche machen wir uns miteinander bekannt. Wir werden in die Stephanskirche eingelassen und befinden uns in einer großen, geräumigen Hallenkirche. Das, was uns sofort auffällt und uns auch unangenehm berührt, ist der Zustand der Kirche. Sie wirkt sehr düster. In den Gewölben zeigen sich viele Feuchtigkeitsflecken, ein untrügliches Zeichen auf Schäden im Dach. Auch Putzschäden zeigen sich. Obwohl keiner von uns etwas dazu sagt, spürt die Pfarrersfrau unsere Enttäuschung und beginnt mit einer entsprechenden Erklärung. Ja, die Kirche sei unbedingt renovierungsbedürftig. Sie, ihr Gatte und die gesamte Gemeinde würden unter dem unhaltbaren Zustand richtig leiden. Glücklicherweise sei die Restaurierung durch die Denkmalpflege nun beschlossene Sache. Wann damit begonnen würde, das stünde allerdings noch nicht fest. Die Führung durch die märkische Hallenkirche beginnt mit einigen historischen Fakten, die ich bereits in diesem Kapitel darlegte. Die Gewölbehöhe ist gewaltig. Einfache Kreuzrippengewölbe schließen die dreischiffige Halle oben ab. Profilierte schlanke Pfeiler mit angedeuteten runden Kämpfern tragen die Gewölbe. Die ganze Kirche ist geputzt. Die Farbe war wohl einmal weiß. Wir erfahren, dass ursprünglich die Gewölberippen die Naturfarbe der Backsteine zeigten. Die heutige Tünchung erhielt der Kirchenraum bei einer Renovierung im Jahre 1844. Bei der nunmehrigen Restaurierung sollen zunächst die tieferliegenden Farbschichten freigelegt werden, so dass man sich an ihnen orientieren kann und sich damit das Gotteshaus wieder so präsentieren kann, wie es das im Mittelalter tat.

Im Langhaus sind Emporen eingebaut. An ihnen ist eine Vielzahl von Bildern mit Darstellungen aus dem alten wie auch dem neuen Testament zu sehen. Die Pfarrersfrau nennt sie die Armenbibel, wohl eine Anspielung darauf, dass die meisten Menschen im Mittelalter weder lesen noch schreiben konnten und zudem auch keinen unmittelbaren Blick in die Bibel werfen durften. Sie orientierten sich an den Bildern in der Kirche. Für uns heute sind solche Bilderbibeln eine schöne Ausschmückung mittelalterlicher Kirchenräume. Wie müssen die Bilder erst wirken, wenn die Kirche einmal restauriert ist. Wir versprechen der netten Frau, dass wir garantiert St. Stephan nach der Restaurierung wieder besuchen. Ein dankbares Lächeln und Kopfnicken ist die Quittung hierfür.

Im Osten, im Chor steht eine riesige barocke Altarwand. Sie ist nicht besonders erwähnenswert. Verstaubt und nachgedunkelt, so zeigt sie sich, nicht eben eine Sehenswürdigkeit. Auch der Altar soll restauriert werden, so erfahren wir. Sicherlich wird er dann viel besser wirken. Auf vier Dinge macht uns unsere Führerin noch aufmerksam. Da ist zum einen die aus Sandstein gefertigte Kanzel. Moses, gebeugt und die zehn Gebote haltend trägt den Kanzelkorb. Dieser ist sehr aufwendig gestaltet. Vom Relief bis schon fast zur Vollplatik geht die Palette der gemeißelten Darstellungen. Stilistisch zeigt sich hier eindeutig die beginnende Barockzeit, wenn auch die Renaissance noch ihre Spuren hinterlassen hat. Dann werden wir auf das Taufbecken aufmerksam gemacht. Der bronzene Taufkessel gleicht einem riesigen Kelch. Am Kessel sind figürliche Darstellungen zu sehen. Wäre uns nicht das Herstellungsdatum mit 1508 genannt worden, die vier Figuren hätten wir wahrscheinlich der Spätromanik zugeordnet. Die Pfarrersfrau protestiert dagegen. Die einfache, schlichte Gestaltung hätte gar nichts Romanisches an sich. Hier ist unter anderem der Patron der Kirche, der Erzmärtyrer, der Hl Stephanus dargestellt. Als Attribut hält er die Steine im Arm, mit denen er gemartert wurde. - Ein Votivbild wird uns nun erklärt, die Jungfer Lorenz. Eine eigenartige Begebenheit ist die Ursache für dieses Votivbild. Das Mädchen Emmerentia Lorenz hatte sich einmal im Wald verirrt. Ein großer Hirsch rettete sie, indem er sie auf sich reiten ließ und in den Ort zurück brachte. Das zahme Tier erhielt ein eigenes Gehege und die Zuwendung aller Bürger, sah man doch in seinem Verhalten eine göttliche Fügung. Nach seinem Tode wurde das Geweih mit einer kleinen Frauenskulptur versehen und zum Gedächtnis an die Begebenheit in der Kirche aufgehängt. - Zuletzt wenden wir uns der Orgel zu. Es handelt sich um eine Scherer-Orgel. Leider sind spätere Reparaturen unsachgemäß ausgeführt worden, so dass der Klang des Musikinstrumentes darunter litt. Das erfolgte allerdings schon im vorigen Jahrhundert. Eine Restaurierung ist auch hier vorgesehen. Wer sie ausführen wird, steht noch nicht fest. Wir nehmen mal an, dass es die Firma Schuke sein wird. Sie ist ja bei den meistenOrgelrestaurierungen in der Mark präsent.

Die freundliche Frau entschuldigt sich, dass sie uns im Eiltempo durch die Kirche geführt habe, aber die liebe Zeit; wir wüssten schon. Es gäbe noch vieles, was sie uns zeigen und erläutern würde, wenn es nur ihre Zeit erlaube. Sie hoffe einfach auf unser Verständnis. Natürlich, das Wichtigste ist gesagt und gezeigt worden. So bedanken wir uns artig, bedienen noch den Spendenkasten mit einer kleinen Geldspende und verabschieden uns. Die Pfarrersfrau wünscht uns für den Rest noch viel Erfolg und geht dann zurück ins Pfarrhaus. Wir wenden uns um und der Stadt zu.

Ein Gang durch die Altstadt von TANGERMÜNDE und ihre Geschichte

Was wir während der Durchfahrt von der Stadt gesehen haben, rechtfertigt einen Rundgang durch die Straßen, ja zwingt sich direkt auf. Ich sagte es schon. So wie sich die Stadt uns zeigt, möchte man in der Geschichte dieses Ortes kramen. Das Bild des Ortes schreit geradezu danach. Und deshalb folgt an dieser Stelle nun ein kleiner Abriss der historischen Entwicklung der Stadt an der Mündung der Tanger, eines kleinen links-seitigen Nebenflüsschens der Elbe. So klein wie die Stadt auch ist, ihre Geschichte dagegen ist sehr bewegt, so dass wirklich nur ein ganz kleiner Abriss möglich ist.

In der urkundlichen Geschichte tritt der kleine Ort in Elbnähe im Jahre 1009 in Er-scheinung. Da wird eine Grenzburg an der Tangermündung erwähnt, die, zu ottonischer Zeit errichtet wurde. Anfang des 11. Jahrhunderts war sie im Besitz der Grafen der Nord-mark. In den dreißiger Jahren des Jahrhunderts belehnte Kaiser Lothar III., auch der Supplinburger genannt, den Askanierfürsten Albrecht den Bären mit der Nordmark. Der kleine Ort an der Tangermündung wird vorerst sein Hauptort. Nur wenige Jahre später entwickelt sich im Schatten der Burg eine Marktsiedlung rund um die älteste Kirche, die Nikolaikirche. 1136 wird der Ort in Verbindung mit einer Elbzollstätte genannt. Die Entwicklung von Handel und Gewerbe muss sich in dem jungen Ort sehr schnell vollzo-gen haben. Bereits Anfang des 12. Jahrhunderts wurde ihm das Stadtrecht von den Aska-niern verliehen. Die Handwerkerzünfte gründeten sich in den nächsten einhundert Jahren. 1368 wird Tangermünde Mitglied des wichtigen Städtebundes, der Hanse. Damit ist der erste wirtschaftliche Höhepunkt der Elbestadt erreicht, denn in die Hanse wurden nur Städte aufgenommen, die über eine wirtschaftliche Macht, entsprechenden Reichtum wie auch Einfluss verfügten. Die wirtschaftlich positive Entwicklung der Stadt hatte ihren Zenit noch nicht erreicht. Um die Mitte des 14. Jahrhunderts stirbt das Geschlecht der Askanier aus. In Mitteleuropa entbrennt ein mächtiger Streit um den Besitz der Mark. 1373 erwirbt Kaiser Karl IV. die Mark Brandenburg und ist nun außer deutscher Kaiser und böhmischer König auch noch brandenburgischer Markgraf. Die Stadt an der Elbe muss es ihm angetan haben, denn er baut die Burg zu seiner Nebenresidenz aus. Ein um-fangreicher Umbau beginnt, von dem sich leider so gut wie gar nichts in die heutige Zeit gerettet hat. Die Burg Tangermünde wird nun für ein paar Jahre in einem Zuge mit dem Hradschin in Prag genannt. Die Stadt profitiert davon wesentlich, liegt sie doch nun an der reichswichtigen Handelsstraße Hamburg - Lübeck - Prag. Zu dieser Zeit erreicht Tangermünde seine wirtschaftliche Blüte. Das zeigt sich auch in dem städtebaulichen Bild. Die Stadtbefestigung mit den Stadttoren werden errichtet. Getreu nach dem Vorbild der Hanse wird der Baustil der norddeutschen Backsteingotik bevorzugt. Nach dem Tode Karls wird die Residenz der Mark nach Berlin-Cölln verlegt. Das bedeutet den Beginn einer wirtschaftlichen Stagnation, denn um die Selbstständigkeit der brandenburgischen Städte ist es fortan schlecht bestellt. Die landesherrlichen Pflichten der Städte und Ge-meinden lähmen jede weitere Entwicklung. Tangermünde droht der Abstieg in die Provinzialität. Der Leidensweg der Stadt an der Elbe beginnt. Das 17. Jahrhundert verlangt der kleinen Stadt sehr viel ab. Im Dreißigjährigen Krieg wird sie insgesamt siebenmal erobert und geplündert. Zudem wird die Burg zerstört. Bei Friedensschluss sind von den 628 Häusern gerade mal noch 228 bewohnbar. Die Stadt muss außerdem noch drei größere Brände über sich ergehen lassen. All das eben Beschriebene lässt den Leser sicherlich schon erkennen, dass die heute in der Stadt vorherrschende Architektur aus der Zeit nach dem Dreißigjährigen Krieg stammen muss, sieht man mal von einigen wenigen Ausnahmen ab.

Mit Beginn des Industriezeitalters werden eine Zuckersiederei, die Obstkonservenfabrik und die Schokoladenfabrik gegründet. Insbesondere letztere machte schnell von sich reden, wurde doch unter anderem hier die berühmte Marke „Feodora" produziert. Noch heute wird auf den süßen Packungen der Nobelmarke der Name Tangermünde vermerkt. Die Marmeladen und Konfitüren der zweitgenannten Fabrik gehören heute zu den bei uns beliebtesten. Die Zuckersiederei ist auch noch in Betrieb, wenn auch mit einer moderneren Technik. Die Zuckerraffenerie Tangermünde ist die wohl effektivste der DDR. Anfang der dreißiger Jahre wird endlich Tangermünde durch die Elbstraßenbrücke an die Straße nach Genthin, Brandenburg und Berlin angebunden. Aber kaum mehr als zehn Jahre dauert es, dann wird sie von den Wahnsinnigen des Dritten Reiches zerstört, um den Vormarsch der Amerikaner für ein paar Stunden aufhalten zu können. Mit zu den ersten wichtigen Bauprojekten nach dem Kriege zählt ihr Wiederaufbau. Gott-sei-Dank hat die Stadt nicht allzu viele Kriegsschäden zu beklagen. Hier lag eben keine lebenswichtige Industrie und auch keine militärische Konzentration. Ende der sechziger Jahre wird mit der Schließung der kriegsruinösen Lücken begonnen. 1967 wird in dem verbliebenen Barockbau der ehemaligen Burg eine Kinderklinik eingerichtet. Damit hat sich dann aber auch schon das Nennenswerte der Stadt in der heutigen Zeit erschöpft.

Bleibt nur noch eines zu erwähnen: die Neustadt. Wir hatten nicht die Zeit, sie uns näher anzusehen. Jedoch allein die Tatsache, dass eines der Stadttore das Neustädtische Tor genannt wird, zeugt davon, dass der Begriff „neu" hier auch schon recht alt ist, denn zu der Zeit der Errichtung der Stadtbefestigung war die Neustadt bereits im Entstehen. Touristisch liegt sie im Schatten der Altstadt, auch wenn sie zu Ende des Mittelalters eine eigene Stadtmauer hatte. Unser Touristatlas gibt die heutige Einwohnerzahl der Stadt mit 12000 an. Wieviele davon auf die Altstadt entfallen, können wir nicht zweifelsfrei ermitteln. Die Altstadt wurde zunehmend zum Freiluftmuseum. Sie ist das Kapital der Kommune neben den drei erwähnten Industriebetrieben.

Nach dem Abriss dem teilweise schon recht leidensvollen historischen Weg der Elbestadt wird es nun Zeit die märchenhafte Altstadt näher kennenzulernen. So schlendern wir von der Stephanskirche kommend zunächst durch die Leninstraße. Wir gehen durch eine Stadt mit einem bemerkenswerten Ensemble spätmittelalterlicher Fachwerkhäuser. Ich hatte bereits erwähnt, dass die städtische Bebauung vornehmlich aus der Zeit nach der Mitte des 17. Jahrhunderts stammt. An vielen Bürgerhäusern hat sich hier der Fachwerkbaustil erhalten. Zum großen Teil sind es Ständer-Riegel-Häuser. Dreiecksbildende Strebebalken, wie zum Beispiel Andreaskreuze und wilde Männer sind schon seltener zu sehen. Giebel-und Traufenhäuser wechseln einander in zwangloser Folge ab. Das lockert das Straßenbild ungemein auf und lässt einen Eindruck der Monotonie erst gar nicht aufkommen. Einige Steinhäuser haben sich auch hierher verirrt. Sie wirken wie Fremdkörper in "dem märchenhaften Stadtbild. Doch dann kommen wir an einem Gebäude vorbei, das uns die eben noch vermissten wilden Männer zeigt. Ob es sich bei diesem Haus wohl um Fremdeinflüsse handelt? Vor der Gaststätte „Schwarzer Adler", vormals ein Hotel, wie sich an der Fassade noch ablesen lässt, und kurz darauf vor der Adler-Apotheke bleiben wir stehen. Die beiden Gebäude zeigen augenscheinlich, dass hier in früherer Zeit Honoratioren der Stadt wohnten und wirkten. Der einstige Reichtum der Familien lässt sich noch heute an den Gebäuden ablesen.

Einige Meter weiter in der Leninstraße treffen wir linksseitig auf einen Platz, der bis an die Parallelstraße reicht. Es ist der Rathausplatz. Der Anblick, der sich uns bietet, fasziniert uns ungemein. In einem Zigarettenbilderalbum mit Bildern aus der Deutschen Geschichte, das ich mir bei meinem Großvater oft angesehen habe, war mir ein Bild von einem Rathaus aufgefallen und im Gedächtnis geblieben. Dieses Haus hatte es mir angetan. Die prächtige hanseatische Schaufassade, die große Freitreppe an der rechten Seite des Gebäudes, das alles war mir in Erinnerung geblieben. Und nun stehe ich ganz unverhofft vor diesem herrlichen Rathaus. Ein Kindheitstraum ist in Erfüllung gegangen. Entstanden ist dieses schöne Bauwerk im Jahre 1430, also zur Zeit der Hanse-Mitgliedschaft. Typisch hanseatisch ist die wunderbare dreigegliederte Schaufassade, die durch drei Prachtgiebel abgeschlossen wird, in denen sich schöne Rosetten zeigen. Das Gebäude macht einen sehr guten Eindruck auf uns, es ist wohl vor nicht all zu langer Zeit restauriert worden. Für den sich entwickelnden Tourismus ist das auch nur recht und billig, stellt das Rathaus doch den architektonischen Höhepunkt der Profanbauten dar. An der rechten Seite führt eine Freitreppe in das erste Obergeschoß des Verwaltungshauses der städtischen Bürgerschaft. Links angebaut ist ein zweigeschossiger, eingezogner Bauteil, der im Paterre eine offene Gewölbehalle zeigt. So eine Halle kenne ich vom Rathaus in Jena. Dort wurde sie in mittelalterlicher Zeit als Gerichtslaube genutzt. Sicher ist es auch hier so. Mittelalterliche Gerichte, egal, ob Strafgerichte oder nur nachbarliche Streitigkeiten wurden im Freien abgehalten. Irmgard fragt, wohl mehr im Selbstgespräch, als an uns beide gerichtet, ob man wohl den Ratssaal besichtigen könne. Sie weiß um mein Interesse für diese mittelalterlichen Räume. Gottfried entdeckt, dass im Rathaus ein Heimatmuseum untergebracht ist. Wieder eines der vielen Heimatmuseen mit urzeitlichen Funden und Zeugnissen der regionalen Entwicklung der Arbeiterklasse? Es hat sogar heute am Montag geöffnet. Wir begeben uns ins Innere, bezahlen unseren Obulus für den Eintritt, und gehen daran, uns die Räume anzusehen. Da wir zur Zeit die einzigen Besucher sind, gibt uns die Leiterin des Museums einige Erläuterungen. Das Museum, so erfahren wir, besteht schon seit 1929 in den Räumen des ehemaligen Ratskellers. Die Gewölbe der Räume interessieren uns wesentlich mehr als die in ihnen ausgestellten Exponate. Sehenswerte gotische Kreuzgratgewölbe zieren die Räume. Sie ruhen auf niedrigen Rundsäulen, niedrig deshalb, weil die Räume an sich für die Gewölbekappen nicht gerade hoch sind. Wir erfahren, dass der Rat der Stadt heute im neuen Rathaus in der

Neustadt residiert. Dieses Haus hier würde, rein räumlich gesehen, den modernen Anforderungen an die städtische Verwaltung nicht mehr gerecht. Es wird daher nur noch als historisches Standesamt und als Museum genutzt. Etwas neidisch gibt die Museumsleiterin zu, dass sie sich für ihre Räume den Andrang beim Standesamt wünsche. Auf viele Monate im Voraus seien die Trauungstermine bereits vergeben. Die Sonnabendtermine für heiratswillige Paare sogar für zwei Jahre im Voraus. Das ist nur zu verständlich, möchte doch jedermann in einem feierlichen, historischen Gebäude sein Ja-Wort bekunden, und was könnte dazu besser geeignet sein, als dieses herrliche Rathaus. Von Berlin und auch aus Leipzig hätten sich schon Paare hier trauen lassen. - Unsere Ansicht, dass die Gewölbehalle am Rathaus eine Gerichtslaube gewesen sein könnte, wird uns bestätigt. An Markttagen würde die Laube mit für Stände genutzt. Es würde ein rechter Wettbewerb um die Gunst entbrennen, hier seinen Stand aufstellen zu dürfen. Wir verabschieden uns, verlassen die ehemals gastlichen Räume und stehen wieder vor dem Rathaus. Nun betrachten wir das Bauwerk von der Rückfront. Sie ist sehr schlicht gehalten, in starkem Kontrast zu der prächtigen Schaufassade. Ein Gartencafe hat sich hier etabliert, das uns aber nicht gerade anzieht.

Wieder auf der Leninstraße gehen wir diese in Richtung Neustädter Tor. Wir kommen an einem anderen Cafe vorbei und schauen kurz hinein. Es ist in einer Mischung von Klassizismus und Jugendstil gestaltet. Leider wirkt es sehr düster, und so bleiben wir auch hier nicht. Kurz bevor wir das Stadttor erreichen, erhebt sich links davor eine alte Backsteinkirche, die Nikolaikirche. Es ist die älteste Kirche der Stadt. Hier ist der Ursprung der ehemaligen Kaufmannssiedlung. Die Kirche ist leider nicht zu besichtigen. Sie wird, wie uns ein Passant sagt, nicht mehr als Gotteshaus genutzt. Schade. Im Vergleich zu der Stephanskirche am anderen Ende der Altstadt müsste man hier eigentlich von einem Kirchlein sprechen.

Nun stehen wir vor dem malerischen Neustädter Tor in Backsteinbauweise. Es wird geprägt von zwei Türmen: einem Rundturm, der in halber Höhe einen auskragenden und umlaufenden Laufgang hat und einem mit annähernd quadratischem Grundriss, der aber nur ganz geringfügig das Dach des eigentlichen Torhauses überragt. Der Umgang am Rundturm ist mit einer Balustrade umgeben, die wunderbar gegliedert und geschmückt ist. Ein durch Backsteinmauern am Rundturm eingefasster Fußweg führt uns vor das Tor. Hier, auf der Feldseite des Tores genießen wir wieder den Anblick, mit dem uns die Elbestadt bereits vorhin begrüßte. Von hier betrachtet, zeigt sich das Torhaus mit seinen zwei Türmen in voller Pracht. Vorgezogen sind die Kontroll-und Zollgebäude. Die Feldseite ist eben viel aufwendiger gestaltet als die Stadtseite. Die Stadt wollte wohl auf diese Weise den Besucher, bevor er Einzug hielt, auf ihre Wehrhaftigkeit hinweisen, sich aber auch gebührend präsentieren.

Die Zeit zwingt uns, den Rückweg anzutreten. Wir verabschieden uns von dem märchenhaften Tor. Den Rückweg nehmen wir durch die Kirchstraße. Es zeigt sich, dass diese Straße weitaus weniger stilfremde Häuser aufweist als die Leninstraße. Hier fällt uns noch mehr auf, wie kunstvoll die Eingänge gestaltet sind. Viel öfter sieht man in den

Zwickeln zwischen den runden Tür-und Toröffnungen und den Fachwerkrahmungen schöne Flachreliefschnitzereien. Die über die ganze Länge bzw. Breite der Häuser laufenden horizontalen Hauptbalken sind häufig mit eingeschnitzten Sprüchen versehen. Teils geben sie Auskunft über den Erbauer und die Bauzeit, teils aber auch die Wahlsprüche der einstigen Bewohner aus der Bibel, und das alles farbenfreudig gestaltet. Die Kirchstraße gefällt uns viel besser als die Leninstraße, obwohl letztere eigentlich die einstige Hauptstraße der Stadt war und wohl auch noch ist.

Bleibt noch zu erwähnen, dass die beiden, über die gesamte Länge der Altstadt laufenden Straßen einen sehr guten Eindruck auf uns machen. Die Altstadt steht schließlich auf der internationalen Denkmalliste. Selbstverständlich gibt es hier auch Häuser, bei denen etwas Farbe notwendig wäre, aber gravierende Verfallserscheinungen haben wir im Vorbeigehen nicht entdeckt. - Nach einmütigem Entschluss verzichten wir sogar auf die Besichtigung der Reste der ehemaligen Burg. Meine Frau meint, wir hätten schon genügend Ruinen gesehen, um uns hier noch eine antun zu müssen.

In der Nähe der Stephanskirche ist in der Leninstraße ein Konfektionshaus, das Irmgard nun ansteuert. Zu dritt betreten wir das Geschäft. Es macht nicht den Eindruck, als habe der staatliche Handel an der Einrichtung von früher etwas verändert. Dies vermuteten wir bereits bei der Betrachtung des Schaufensters. Das Angebot ist sehr gut. Mit Sakko, Oberhemd, Binder und Bluse, dafür mit weniger Geld, verlassen wir das Haus. Die Bedienung war sehr freundlich und fachlich kompetent. Die Beratung war erstklassig. Das ist leider im Handel in unserer Republik nicht gerade die Regel, sondern mehr die Ausnahme. Kein Wunder, dass wir uns auf diese Weise leicht zum Kauf entschließen konnten.

Der Besuch der Elbestadt Tangermünde hat sich wirklich gelohnt. Die Stadt ist eine Reise wert. Wir werden sie garantiert noch einmal besuchen, spätestens nach der Restaurierung der Stephanskirche. Am Hühnerdorfer Tor steigen wir in unser Auto und ab geht es in Richtung Jerichow.

Das märkische Prämonstratenser-Kloster St. Marien und St. Nikolaus

Tangermünde hinter uns lassend befahren wir die F188 in Richtung Jerichow. Bei der Auffahrt auf die Elbbrücke winken wir dem mittelalterlichen Juwel nochmals zu. Ja, diese Stadt war auch ein Höhepunkt unserer Fahrt geworden. Das hatten wir vorher gar nicht so bei der Planung eingeschätzt. Den Blick nach vorne gewandt, sehen wir in nicht allzu weiter Ferne zwei schlanke und spitze Kirchtürme. Das muss schon die Klosterkirche in Jerichow sein. In dem kleinen Flecken Fischbeck verlassen wir die F188 und biegen in die F107 ein. Die Landschaft, durch die wir fahren, ist wunderschön. Auch die Ebene kann ihren Reiz haben. Das Wetter ist angenehm, die Sonne scheint, und so haben wir auch eine gute Sicht. Wir können bis zur Elbe sehen. Dahinter erhebt sich die Stephanskirche von Tangermünde. So grüßt uns zum Abschied die Elbestadt noch einmal. Aus nordwestlicher Richtung auf der F107 kommend fahren wir in die Kleinstadt Jerichow ein. Die Stadt begrüßt uns mit der Klosterkirche. Wir biegen zu dem Kloster ein und müssen erst einmal durch ein Seuchenbad fahren, einer wannenartigen Vertiefung in der Zufahrt, die voll Wasser steht. Ein untrügliches Zeichen für das Vorhandensein eines landwirtschaftlichen Tierzuchtbetriebes. An der romanischen Kirche parken wir auf dem Rasen. Natürlich ist die Pforte am nördlichen Querhaus geschlossen. Wie hätten wir auch etwas anderes annehmen können. Ein vorbeifahrender Traktorfahrer sagt uns, wo wir den Pfarrer finden können. Während Irmgard und Gottfried an der Klosterkirche warten, setze ich mich ins Auto und fahre zur Stadtmitte. Dort soll der Pfarrer wohnen. Es ist recht staubig in dem Ort. Die Häuser geben sich als Ackerbürgerhäuser zu erkennen. Mit Hilfe einer älteren Frau finde ich dann das Haus des Pfarrers. Auf mein Klingeln hin vernehme ich eine knurrende Stimme, die mir anzeigt, dass ich jemanden in seiner Ruhe gestört habe. Ein älterer Herr öffnet die Tür und fragt mich nach meinem Begehren. Meine Bitte nach Besichtigung der Klosterkirche verbinde ich gleich mit der Bemerkung, dass wir uns auf einer Kirchenrundfahrt durch die DDR befinden. Ja, er wäre der Pfarrer der Klosterkirche, antwortet er etwas mürrisch. Dieses Gotteshaus sei der Altlutherischen Kirchengemeinde zur Nutzung übergeben worden. Zeit hätte er zwar, auch wenn ich ihn in seiner verdienten Mittagsruhe gestört habe. Aber es gebe da ein Problem. Das Kloster sei Bestandteil des Kreisheimatmuseums Genthin. Er sei nicht berechtigt, jemanden durch die Kirche zu führen. Auf meine nochmalige Bitte hin, meint er, wenn wir mit der Kirche alleine vorlieb nehmen würden, könnte er es wagen, aber in die begehbaren Räume der Klausur könne er uns nicht lassen. Bei den heutigen Zeiten, käme er damit in Teufels Küche. Ich bejahe dies bereitwillig. So nimmt er den Kirchenschlüssel, ein ganzes Bund, schließt seine Haustür ab und steigt in unseren Trabi. An der Klosterkirche warten Irmgard und Gottfried. Nachdem sich der Pfarrer mit den beiden bekannt gemacht hat, schließt er die Kirchenpforte auf. Wir betreten das hochromanische Bauwerk. Sogleich beginnt der altlutherische Pfarrer mit seinem Vortrag und gibt zunächst einen kurzen Überblick über die Geschichte des Klosters. Vergessen sind seine Worte von vorhin hinsichtlich der verbotenen Führung.

Wann der Ort gegründet worden sei, das ließe sich nicht mehr zweifelsfrei bestimmen. Im Jahre 1144 habe ein Magdeburger Domherr, Graf Hartwig von Stade an der Stadtkirche zu Jerichow ein Prämonstratenserkloster gegründet. Der Anlaß war mehr politischer Art. Nach dem großen Slawenaufstand von 983 sollte durch Klostergründungen, so auch dieser, der Weg geebnet werden, die Bistümer Brandenburg und Havelberg wieder einzurichten. Der Formulierung in der Urkunde nach muss Jerichow bereits zu der Zeit das Stadtrecht besessen haben. Lange hielten es die Mönche aber nicht an der Stadtkirche aus. In einer Urkunde von 1172 bezeugt der Halberstädter Bischof, dass die Prämonstratenser von Jerichow am Ortsrand sich eine eigene Kirche gebaut haben. Sie fanden bei dem Marktlärm an der Stadtkirche nicht die gebührende Ruhe für ihre Gebete, so ihre Erklärung für den Umzug an den Stadtrand. 1159 bestätigt der Papst die Klostergründung an dem neuen Standort.

Kurz geht der Pfarrer dann noch auf den Orden der Prämonstratenser ein. Die Verweltlichung des Benediktinerordens hatte in der monastischen Entwicklung folgerichtig zu ernstzunehmenden Reformbestrebungen geführt, die sich das Ziel setzten, die Klöster wieder auf die Ordensregel des Hl Benedikt von Nursia zu orientieren. Neben den Zisterziensern waren es die Prämonstratenser, die die Klosterreform betrieben. Gegründet hat der Hl Norbert von Xanten den Orden in Premontre bei Laon in Nordfrankreich. Anders als bei den Zisterziensern, steht nicht die Kultivierung des Landes auf ihrem Programm, sondern die Seelsorgearbeit. Der Orden ist ein reiner Klerikerorden. Im Erscheinungsbild der Klöster gibt es natürlich im Gegensatz andere Prämissen als bei den Zisterziensern. Durften deren Klöster keine Türme haben, verwendeten die Prämonstratenser gerade hohe Türme. Die Kirchen sollten weithin gesehen werden, sollten somit zeigen, dass da ein Ort ist, in dem Gottes Wort für jedermann gepredigt und gesungen wird. Der Orden verbreitete sich äußerst schnell über Europa, ebenso wie der Orden der Zisterzienser, ein Zeichen dafür, wie dringend notwendig das Umdenken im Klosterwesen für die Missionierung und die religiöse Seelsorgearbeit war. 1126 wird der Hl Norbert Erzbischof von Magdeburg. Drei Jahre nach seiner Wahl zum Kirchenfürsten ruft er einen Konvent seines Ordens an die Elbe und übergibt ihnen das Liebfrauenkloster in Magdeburg. Von diesem gehen Klostergründungen in allen Teilen Deutschlands aus, so auch in Jerichow. Prämonstratenser sind in Brandenburg wie auch in Havelberg Bischöfe geworden.

Nun stehen wir in einer Klosterkirche dieses Klerikerordens. Ein schlichter, feierlicher Raum umgibt uns. Die Strenge und Schlichtheit der klösterlichen Räume haben die Prämonstratenser beibehalten. Der Raum vermag es, uns in Andacht gefangen zu nehmen. Es ist kindisch, aber ich habe das Gefühl, als müsste jeden Moment ein Mönch mit weißem Gewand in der Kirche erscheinen. So habe ich noch keine Kirche erlebt. Das Kloster sei, so erfahren wir der Hl Mutter Gottes und dem Hl Nikolaus geweiht worden. Wir stehen in einer romanischen, flach gedeckten Basilika. Früher, so führt der Pfarrer aus, hätte die Kirche noch mehr Ausstattungsstücke in ihrem Inneren gehabt. Seine Religionsgemeinschaft lehne bildliche Ausstattungsstücke grundsätzlich ab. Bereits zur Einführung der Reformation hier in Jerichow und dann im Dreißigjährigen Krieg sei der größte Teil der Ausstattung verloren gegangen. Bei Nutzungsübernahme durch seine Religionsgemeinschaft sei dann auch der Rest außer dem Kreuz abgeschafft worden. Er persönlich bedauere ja, dass auf diese Weise Kunstwerke unwiederbringlich verloren gegangen seien, aber zu ändern sei daran nun nichts mehr.

Was nun folgt, ist eine kunsthistorisch fundierte Führung durch die Klosterkirche. Die Maße von Mittelschiff und Seitenschiffen, die ausgeschiedene Vierung, die Gestaltung des Chores mit Hauptapsis und Nebenapsiden würden uns sicher zeigen, dass die Klosterkirche nach den Grundsätzen der Hirsauer Bauschule, also im gebundenen System, errichtet worden sei. In diesem Zusammenhang verweist der Geistliche auf die erste wesentliche Klosterreform, nämlich die der Cluniazenser, die leider nur knapp 120 Jahre vorgehalten habe. Eines aber habe sehr lange, bis in die Gotik, nachgewirkt, die klösterlichen Bauvorschriften der Reformbewegung, die im deutschen Hauptkloster der Cluniazenser, dem Schwarzwaldkloster St. Peter und Paul in Hirsau eingeführt wurden. - Die letzte große Instandsetzung der Jerichower Klosterkirche habe Mitte des vorigen Jahrhunderts unter der Leitung des preußischen Landeskonservators Ferdinand von Quast stattgefunden. Da sei auch die Balkendecke erneuert worden. Die letzte Renovierung erfolgte 1955 bis 1956. Die jetzige farbliche Gestaltung sei aus dieser Zeit. Aber nun sei gottlob eine weitere Restaurierung durch die Denkmalpflege geplant. In der Kirche seien Sanierungsarbeiten in der Krypta, am Lettner und an den Fußböden vorgesehen. Den Hauptanteil der Restaurationsarbeiten würden aber die Baumaßnahmen in der Klausur betreffen. Hier sollten wieder einige Räume im Auftrage des Kreismuseums Genthin freigelegt und zur Besichtigung freigegeben werden.

Das Mittelschiff ist ohne jede Bestuhlung. Ein paar Meter vor der Westempore steht das steinerne Taufbecken. Dies sei, so der Pfarrer, nicht das originale Becken, sondern stamme aus der Stadtkirche. Aber der Standort sei haargenau der richtige. Wir sollten uns die beiden kleinen Rundfenster in der Ostwand des Chores betrachten. Die einfallenden Sonnenstrahlen durch diese Fenster, am 2. Februar, zu Mariä Lichtmeß, würden sich genau hier in der Mitte des Beckens bündeln. Eine außerordentliche Leistung der Mönche und Baumeister der Romanik, wie wir meinen. Das hat direkt schon etwas Mystisches an sich, und das war wohl nach der Meinung des Altlutheraners auch so beabsichtigt. Nun lenkt er unsere Aufmerksamkeit auf den Osterleuchter vor dem Lettner, wie er ihn nennt. Der Leuchter in seiner heutigen Gestalt habe zwar eine gewisse Eigenständigkeit als Ausstattungsstück erhalten, sei aber aus zwei verschiedenen, nicht zusammengehörenden Teilen, deren Ursprung man nicht nachvollziehen könne, zusammengesetzt.

Die Rundbögen der Mittelschiffarkaden ruhen auf backsteingemauerten Rundsäulen mit abgeflachten Kegelkapitellen und Kämpferplatten aus einem Stück. Auf ein Doppelsäulenpaar im Westen werden wir aufmerksam gemacht. Hier wurde die Kirche im 13. Jahrhundert um ein Joch erweitert. Das hing mit dem Bau der Westturmgruppe zusammen. Die Westempore hätte früher einmal eine Orgel getragen. Quast hätte sie herausnehmen lassen. Mönche hätten meist keine instrumentale Gesangsbegleitung benötigt, da sie den Gregorianischen Gesang bevorzugten. Das Mittelschiff strahlt eine unwahrscheinliche Harmonie aus. Dieser kann man sich gar nicht entziehen. Vor uns, nach Osten hin, erhebt sich der Lettner. Davor steht der Kreuzaltar. Eine einfache, schmucklose Mensa, deren Altartuch und die Kerzen zeigen, dass die Kirche lebt, dass hier Gottesdienste gefeiert werden. Eigenartig, die Merkmale des praktizierten Glaubens geben einer Kirche erst die richtige Atmosphäre, die Wärme, bei der man sich wohlfühlen kann. Hinter dem Lettner ist der hohe Chor durch die für romanische Verhältnisse großen Fenster, durch die das Sonnenlicht einfällt, hell erleuchtet. Das ergibt einen wunderbaren Kontrast der gesamten Lichtverhältnisse in dem Gotteshaus.

Der Lettner hat hier eigentlich zwei Funktionen: rituell ist er das Trennglied zwischen der Kirche der Laien, des Langhauses, und der Kirche der Chorherren, des Klerikerkapitels. Rein statisch ist er die Stützmauer für die Kryptendecke. Rechts und links vom Lettner laufen zwei sehr schmale Treppen hinauf zum hohen Chor. Hinter dem Kreuzaltar führen ein paar Stufen hinab in die Krypta. Zwei Rundbogendurchgänge im Lettner gewährleisten den Zugang zu dem zweischiffigen Raum. Die eigentliche Nutzung ist nicht bekannt, doch wird allgemein angenommen, dass der Raum als Bestattungsraum diente. Die Krypta ist recht groß. Der Lettner steht unmittelbar vor dem Triumpfbogen. Der Kryptenraum ist dadurch ungewöhnlich groß. Er reicht somit vom Triumpfbogen bis zur Ostwand des Chores, schließt also das Querhaus mit ein. Zu beiden Seiten der Krypta laufen breite Stufen hinauf in die Querhausarme. Genau in Höhe des östlichen Querhausscheidebogens hat die Krypta ein tragendes Säulenpaar, während die Joche sonst durch einfache Säulen voneinander getrennt werden. Einfache Kreuzgewölbe schließen den Raum nach oben ab. Auch die Krypta strahlt die Feierlichkeit aus. Unser Kirchenführer verweist uns darauf, dass wir, sollten wir den Brandenburger Dom besichtigen, die gleiche Chor-Lettner-Kryptenlösung bis hin zu dem Doppelsäulenpaar in dem Unterraum wiederfinden würden. Er hält das für eine typisch prämonstratenserische Baulösung. Der gesamte Raum ist weiß getüncht. Nur die Gewölbescheidebögen wurden in ihrer Backsteinfarbe belassen, ein sehr schöner Kontrast. Die Säulen sind aus Sandstein gehauen. Typisch romanische Kapitelle schließen diese ab, wunderschöne Arbeiten. Kein Kapitell gleicht einem anderen. Pflanzenornamente, Adler mit ausgebreiteten Schwingen, groteske Dämonen und sogar der Kopf eines Scheusals, das gerade einen Menschen verschlingt, sind hier zu bewundern. Wie wir meinen, sind die Darstellungen an den Kapitellen erläuterungsbedürftig. Ohne die Erläuterungen wären wohl einige Kapitellreliefs in ihrer Bedeutung für uns nicht erkennbar gewesen. Allerdings meint der Pfarrer, würden diese Kapitelle keineswegs hinsichtlich der Qualität und des künstlerischen Wertes mit denen im Sommerrefektorium, in der Klausur mithalten können. Die könne er uns aber leider heute nicht zeigen.

Die Krypta verlassend, begeben wir uns hinauf in den hohen Chor. Westlich wird der Chor durch eine steinerne Barriere aus Backsteinformsteinen abgeschlossen. Die dürfte nun keineswegs der Romanik angehören. Wir erfahren, dass sie im 17. Jahrhundert geschaffen und als Ambo zu Predigten genutzt wurde. Der Chor ist ebenfalls flach gedeckt. Nur die Apsis ist mit einer Kalotte gewölbt. Der Chor hat nur die Breite des Mittelschiffes. Die Seitenchöre sind vom Hauptchor abgetrennt und wurden zu unterschiedlichen Zwecken genutzt. Im Mittelalter sind sie wohl als liturgische Räume genutzt worden. Zu dem südlichen Nebenchor führt eine Tür. Sie ist verschlossen. Der Nebenchor wurde in späterer Zeit als Sakristei genutzt. Hinter dieser Tür sei die Einrichtung eines kleinen Prämonstratensermuseums im Gange, das allerdings nicht vom Kreismuseum ausgehe. Sogar noch vorhandene Klöster des Ordens in Frankreich würden sich mit Ausstellungsstücken beteiligen. Zu dem Raum habe er leider keinen Schlüssel.

Damit beendet der Altlutheraner-Pfarrer seine Führung durch die Klosterkirche. Die anfängliche Mürrischkeit bei der Begrüßung ist einer richtigen Begeisterung gewichen. Er bittet uns, von dieser Führung draußen nicht viel zu erzählen. Wie schon gesagt, sei ihm eine solche strikt verboten, unterlaufe er doch hier das Museum in Genthin. Aber das sei recht weit weg, und er sehe solche Führungen auch als Teil seines Seelsorgeauftrages an. Gott könne es nur recht sein, wenn er Besuchern sein Haus näher brächte. Nach der Restaurierung sei vorgesehen, eine eigene kleine Museumsleitung in der Klausur einzurichten. Auch ein eigenständiges Museum mit Exponaten aus den Kirchenbauten der Umgebung, Funden aus dem Kloster und Gaben aus anderen Prämonstratenserkirchen sei vorgesehen. Es solle im Dachgeschoß über dem Kapitelsaal eingerichtet werden. Wenn wir später die Klausur besuchen könnten, würden wir auch feststellen, dass sie ebenso wie die Kirche nach den Bauvorschriften von Hirsau gebaut worden sei. Im Mittelalter sei das Kloster Selbstversorger gewesen. Dazu diente ein Wirtschaftshof. Der wurde nach der Auflösung des Klosters 1552 zunächst magdeburgische, später preußische Domäne. Seit 1945 sei er ein Volksgut. Wir sollten ruhig einmal in ein paar Jahren uns die Klausur ansehen. Wir würden begeistert sein.

Wir verlassen die Kirche. Mein Angebot, ihn wieder nach Hause zu bringen, lehnt der Geistliche freundlich ab. Wir sollten uns lieber den Außenbau ansehen. Das tun wir denn auch, nachdem wir uns bedankt und verabschiedet haben. Bis auf Rundbogenfriese unterhalb der Traufe und zwei breite Lisenen an der Hauptapsis, ist der Kirchenbau ohne jeglichen Schmuck. Lediglich die Türme sind aufwendiger gestaltet. An den Klausurgebäuden südlich der Kirche finden wir Baumaterial und Rüstungsteile, ein untrügliches Zeichen, dass die Sanierungsarbeiten bald beginnen werden. Die Westfront können wir nur betrachten, indem wir auf das Gelände des Volksgutes gehen. Ein großes Schild, das Unbefugten den Zutritt streng untersagt, haben wir geflissentlich übersehen. Mitarbeiter des Gutes, die auf dem Hof beschäftigt sind, beäugen uns mißtrauisch. Wir tun so, als ginge uns das alles nichts an und betrachten die Turmgruppe von Westen. Zwei schlanke Türme, augenscheinlich quadratischen Grundrisses, werden über mehrere Geschosse in die Höhe geführt. Dazwischen erhebt sich ein Mittelbau, der als Risalit aus der Turmfront herausragt. Eine kleine Fensterrose schmückt diesen Zwischenbau. Ab dem obersten Geschoß dieses Mittelgliedes beginnen etwas aufwendigere Gliederungselemente, auch an den Türmen. Verblendungen sind weiß gestrichen. Der Kontrast zu der roten Farbe der Backsteine macht die enorme Wirkung der Türme aus. - Weiter in den Hof zu gehen, um uns die Klausur von Westen zu betrachten, trauen wir uns dann doch nicht. Man muß es ja nicht unbedingt übertreiben. Auch so ist die Klosterkirche für uns ein erhebendes Erlebnis gewesen.

Die letzte Etappe unserer Fahrt, BRANDENBURG an der Havel

Die ausgiebige Führung in Jerichow hat mehr Zeit in Anspruch genommen, als wir eigentlich für diese Kirche eingeplant hatten. So steuern wir die mittelalterliche Residenz-und Domstadt Brandenburg an. Auf der Fernverkehrsstraße F107 fahren wir in Richtung Genthin. Wie schon das kurze Stück nach Jerichow führt diese Straße durch eine reizvolle Landschaft. Hier, in Richtung Genthin, überwiegen Wälder im Wechsel mit kleineren Waldstücken, dazwischen zeigen sich immer wieder weite Ausblicke. Genthin selbst erscheint uns nicht als unbedingt sehenswert. Man merkt, dass man durch eine kleine Industriestadt fährt. Wir suchen die F1, finden sie und fahren nun schnellstens weiter in Richtung Brandenburg. Erwähnenswert wäre auf dieser Strecke eigentlich nur das kleine Städtchen Plaue. Die engen Straßen in diesem Ministädtchen lassen sich zwar nur mit größter Aufmerksamkeit befahren, aber einen anheimelnden, etwas romantischen Eindruck hinterlassen sie schon bei uns. Vorbei an dem Plauer See geht es der Havelstadt entgegen. Brandenburg begrüßt uns mit seinem Stahlwerk, dem großen schwarzen Industriekoloss. Wir durchfahren zunächst Wohnsiedlungen, anfangs noch moderne Plattenbauten, dann allmählich Wohnhäuser, denen man die Entstehungszeit der dreißiger Jahre unseres Jahrhunderts ansieht. Es ist nicht zu verkennen, wir durchfahren eine Industriestadt. Der Straßenverkehr nimmt zu. Langsam beginnt der Berufsverkehr. Nun orientieren wir uns nach der Ausschilderung des Zentrums. Wir nähern uns auch demselben. Das, was uns zu allererst auffällt, ist, dass Brandenburg nicht gerade die sauberste Stadt ist. Hier finden wir all das wieder, was wir auf unserer Fahrt in den letzten drei Tagen so entsetzlich fanden; heruntergekommene Häuserfassaden, total vernachlässigte urbane Architektur. Die Straßen sind ungepflegt. Etwas anders hatten wir uns Brandenburg schon vorgestellt. Hier einen Stadtbummel zu machen, halten wir jetzt für reine Zeitverschwendung.

Der Blick zur Uhr zeigt uns, dass wir gegenüber unserem Zeitplan ganz schön in Verzug gekommen sind. In Brandenburg wollen wir uns die Katharinenkirche und den Dom ansehen. Letzterer ist garantiert nur bis 16 Uhr zu besichtigen.

Die Stadtpfarrkirche St. Katharinen zu Brandenburg

Vorbei an modernen Plattenbauten fahren wir zu dem zentralen Parkplatz. Hier hat es wohl recht umfangreiche Zerstörungen im Kriege gegeben. Allerdings wird der Parkplatz an drei Seiten von Gebäuden umgeben, die wir dem vorigen und dem Anfang unseres Jahrhunderts zuordnen würden. Einige wenige Häuser scheinen noch älter zu sein. In gutem Zustand sind sie allesamt nicht. Unser Auto wird auf dem Parkplatz abgestellt. Nachdem wir die rumpelnde Straßenbahn an uns haben vorbeifahren lassen, überqueren wir die Straße und stehen vor dem Chor der Pfarrkirche der Neustadt. Rechts einbiegend wenden wir uns der Nordseite des Katharinenkirchplatz zu. Die Bebauung rückt hier sehr nahe an die Kirche heran, scheint sie erdrücken zu wollen. Obwohl noch strahlender Sonnenschein vom Himmel kommt, ist es hier, im Schlagschatten der alten Wohnbauten düster, und es riecht muffig dazu, ein untrügliches Zeichen dafür, dass die Häuserwände feucht sind. Im Westen des Platzes wird es dann schon etwas freundlicher. Der Abstand zu den Häusern ist größer. Zudem herrschen hier Klinkerbauten aus den ersten Jahrzehnten unseres Jahrhunderts, wie es scheint, vor. In einem dieser Gebäude ist das Kirchenamt zu finden. Die Südseite des Platzes ist zwar auch nicht so eng wie die nördliche, aber die Häuser wirken hier doch schon wieder vernachlässigter, heruntergekommener. Schade um die stolze Kirche, die sich in einer solchen Umgebung behaupten muss.

Wir finden das Kirchenportal in der Westfassade geschlossen, aber aus dem Inneren dringt Orgelmusik zu uns nach draußen. Ich mache mich zum Kirchenamt auf. Eine sehr freundliche Mitarbeiterin begrüßt mich und ist auch gleich bereit uns in die Kirche einzulassen. Leider könne sie ihren Arbeitsplatz nicht verlassen und jemand Anderes sei gegenwärtig nicht da, um uns zu führen. So gibt sie mir den Schlüssel für das Portal an der nördlichen Langhauswand und bittet mich, denselben in einem dafür vorgesehenen Buch mit Name, Vorname, Anschrift und Personalausweis-Nummer zu quittieren. Wir sollten die Kirche hinter uns wieder abschließen, auch wenn der Organist noch drinnen wäre. Vor allen Dingen sollen wir niemand Anderen mit in die Kirche nehmen, wollten wir nicht für diese haften.

So betreten wir denn die große und geschichtsträchtige Stadtkirche durch das Portal an der Nordseite des Langhauses. Sie führt uns eindringlich vor Augen, welche Bedeutung und welchen Reichtum die mittelalterliche Neustadt hatte, denn dieses Bauwerk war außer den seelsorgerischen und liturgischen Aufgaben vornehmlich zu Repräsentationen des Bürgertums, zum Beweis seiner Wirtschaftskraft, gebaut worden. Welch großer Kontrast zu der heutigen Situation in diesem Stadtteil. Wir stehen in einer spätgotischen Hallenkirche. Unser erster Eindruck ist sehr gut. Der wird natürlich von der bespielten Orgel mit beeinflußt. Eine Kirche bei Orgelmusik wirkt nach meiner Auffassung und Überzeugung eben viel anheimelnder als der ruhige Gottesdienstraum. Die Atmosphäre ist irgendwie feierlicher. Wir fühlen uns in dieser Kirche sofort wohl, geborgen, andächtig. In einer der Bankreihen lassen wir uns für ein paar Minuten nieder. Aus der Andacht heraus flüstern wir nur miteinander. Unser Blick geht zu der Orgel. Den Organisten können wir nicht sehen. Er muss wohl ein Stück einüben. Er wiederholt immer wieder einzelne Passagen, fängt dann auch noch einmal von vorne an, um das Stück im Ganzen zu spielen. Als er dies offensichtlich geschafft hat, beendet er seine Übung. Nach wenigen Augenblicken steht der Mann plötzlich vor uns und stellt sich lächelnd vor, fragt dann aber, wie wir in die Kirche gekommen seien. Ich erläutere es ihm. Eigenartig, auch dieser Mann ist von unserem Tun sehr angetan und gibt dem freudig Ausdruck. Machen wir denn mit der Rundfahrt wirklich so etwas für die heutige Zeit Ungewöhnliches? Fast in jeder Kirche, in der wir Menschen getroffen haben, waren diese ob unseres Tuns verblüfft. Er habe noch ein wenig Zeit, sagt der Organist. Ob er uns eine kleine Freude machen könne, wenn er uns ein wenig über die Katharinenkirche erzählen würde, fragt er dann. An, und ob. Wir sind nun unsererseits freudig angetan.

An dieser Stelle, so beginnt der Organist, stand bereits ein romanischer Vorgängerbau in Feldsteinbauweise, über den so gut wie nichts bekannt ist. Lediglich die unteren
Turmgeschosse und ein kleiner Mauerrest in der südwestlichen Langhauswand seien in
den Spätgotikbau mit einbezogen worden. Der spätgotische Bau, in dem wir uns nun
befänden, wurde Anfang des 15. Jahrhunderts gebaut. Der Baumeister sei kein geringerer
als der berühmte Hinrich Brunsberg aus Stettin gewesen. An der westlichen Außenmauer
würden wir eine Tafel finden, in der der Baumeister gewürdigt würde. Die dreischiffige
Hallenkirche sei von Brunsberg insgesamt geplant, allerdings in zwei Etappen errichtet
worden. Die ersten fünf Joche der insgesamt sieben wären der erste Bauabschnitt. Erkennen könnten die Bauunterbrechung nur Kunsthistoriker an dem Mauerwerk.

Schlanke Achteckpfeiler gliedern das Langhaus in Joche und Schiffe. Nur Ecklisenen schmücken die Pfeiler. Über einer schmalen Achteck-Kämpferplatte entwickeln sich
die Scheidebögen in West-Ost-Richtung sowie die Gewölbedienste. Diese bilden dann
die einfachen aber doch sehr schönen und eindrucksvollen Netzgewölbe im Mittelschiff.
Abgesehen von vier einfachen Sterngewölben zeigen die Seitenschiffjoche Kreuzrippengewölbe. Die Laibungen der Scheidebögen sowie die Gewölbezwickel im Mittelschiff
tragen ornamenthafte Malereien. Der Zustand der Gewölbe ist nicht der allerbeste, wie
überhaupt der ganze Innenraum renovierungsbedürftig erscheint. Wir werden aufgeklärt,
dass mit der Denkmalpflege eine umfassende Restaurierung der Katharinenkirche geplant
sei. Der Gemeindevorstand würde sich aber noch mit dem Institut über Detailfragen streiten. So sollten die Renaissance-Emporen abgebrochen werden, die wir eher dem Frühbarock zuordnen würden. Sie würden den Gesamteindruck des gotischen Raumes nur
stören, so das Institut. Entfernt sollen auch die Ornamentmalereien im Gewölbe und den
Scheidebögen. Dies und einige andere Dinge seien die strittigen Punkte bei der Planung
der Baumaßnahmen. Pfarrer und Gemeindevorstand bestünden allerdings auf Beibehal-
tung all dieser Dinge, da sie zur historischen Entwicklung des Gotteshauses gehören. Wir
drücken unseren Wunsch aus, dass sich die Kirchengemeinde durchsetzen kann. Der Organist bedankt sich lächelnd für diese Wünsche.

Im Osten bilden die Seitenschiffe, wie nun schon mehrfach auf unserer Reise erlebt,
einen Chorumgang. Der Chor wirkt dadurch sehr groß und freundlich. Das kommt auch
dem spätgotischen Flügelaltar zu gute. Der heimische Künstler Gerhard Weger, der
Name sagt uns gar nichts, hat ihn 1474 geschaffen, erfahren wir. Der Mittelschrein ist
dreigeteilt. In zentraler Stellung ist die gekrönte Madonna. Sie wird flankiert, links von
der Patronatsheiligen Katharina, an dem Schwert zu erkennen, und dem Hl Andreas mit
dem Andreaskreuz, rechts von der Hl Amalaberga, der Nebenpatronin der Kirche und
einem Heiligen im Bischhofsornat mit Mitra. Die beiden Patronatsheiligen tragen die
Märtyrerkrone. In den Seitenflügeln sind je vier Szenen aus der Kindheitsgeschichte Jesu
zu sehen. Die Figuren im Mittelschrein wirken natürlich. Die acht Darstellungen in den
Seitenflügeln wirken sogar recht lebhaft. Schade, der Schrein und die Seitenflügel sind

ziemlich verstaubt. Der Altar soll, so der Organist, demnächst ebenfalls restauriert werden. Über dem Mittelschrein erhebt sich ein filigranes Gesprenge, das in einer wirklich eindrucksvollen Golgathaszene endet. Der geschlossene Altar, also die Alltagsseite, stellt gemalte Szenen aus den Legenden um die Hl Katharina und die Hl Amalaberga dar. Die Bilder sprechen uns aber keineswegs an. Das sei häufig so, sagt uns der Organist. Die Flügelrückseiten seien oft recht stiefmütterlich behandelt worden.

Uns nach Westen umdrehend, betrachten wir das Langhaus vom Altar aus. Dabei fallen die schönen Emporen ins Auge. Sie sind an den Langhauswänden kaum tiefer als die nach innen gezogenen Strebepfeiler. Wir werden darauf aufmerksam gemacht, dass Brunsberg an der Außenfront die Strebepfeiler nur angedeutet habe. Eigentlich seien sie außen nur dazu da, um die Tabernakel für die Heiligenfiguren aufzunehmen. Wir sollten uns das nachher einmal näher ansehen. Noch eine Besonderheit Brunsbergs wird uns erläutert. Die Strebepfeiler hier im Inneren sind mit Durchbrüchen geöffnet. So können sie einen zusätzlichen Rundgang bilden. Das begünstigte natürlich den Einbau der Emporen. Die Empore im Westen, selbstverständlich wesentlich tiefer als die an den Seiten, trägt die gewaltige Orgel. Auch dieses Instrument müsste dringend einer technischen Überholung unterzogen werden, so unser Begleiter. Ob allerdings die zur Verfügung stehenden Mittel für all das Notwendige ausreichen würden, stünde noch in den Sternen. Der herrliche Orgelprospekt wird niemandem anderen zugeschrieben als dem von Sanssouci her berühmten Johann Georg Glume. Aber bewiesen sei dies nicht.

Unser Begleiter wendet sich nun der Schöppenkapelle an der Südseite der Kirche zu. Dies war die Kapelle der Schöffen zur Zeit der Eigengerichtsbarkeit der Neustadt. Hier steht der Hedwigsaltar. Die Katharinenkirche sei früher sehr reich an Altären gewesen. Durch Reformation und den Dreißigjährigen Krieg sei allerdings der größte Teil der liturgischen Ausstattung verlorengegangen. Nur der Hauptaltar, ein Sandsteinretabel im Chorumgang und der Hedwigsaltar hätten die Zeit überdauert. Letzterer ist auch ein Flügelaltar. Der Mittelschrein zeigt die Figuren der Hl Hedwig, flankiert von den Heiligen Georg und Rochus. In den Gemälden der Seitenflügel sind Darstellungen aus der Hedwigslegende zu sehen. Dieser Altar würde eigentlich nicht in die Schöppenkapelle gehören. Die Schöffen hätten ihren eigenen Altar gehabt, der allerdings verlorengegangen wäre. Um dem Hedwigsaltar einen würdigeren Platz zu geben, sei er hier aufgestellt worden. Altar und Kapellenraum bilden nach unserer Auffassung eine derart harmonische Einheit, dass man meinen könnte, die Kapelle sei schon immer so ausgestattet gewesen.

Ganz beiläufig fragt uns der Organist nach unserem weiteren Programm. Als wir ihm sagen, dass wir uns heute noch den Dom ansehen wollten, ist er überrascht und sagt, dann sollte er die Führung doch beenden. Schade, denn die Epitaphiensammlung sei recht sehenswert, ebenso wie die Kanzel. Aber der Küster des Domes sei dafür bekannt, dass er auf die Minute genau den Dom schließen würde und das sei um 16 Uhr. Wir sollten uns den Außenbau von St. Katharinen noch ansehen und dann schnellstens zum Dom fahren. So bedanken wir uns bei dem Organisten und versprechen ihm, die Kirche noch einmal zu besuchen, wenn wir dann wieder sein Orgelspiel hören würden. Er lächelt denn recht dankbar und geleitet uns vor die Kirche. Wir verabschieden uns, allerdings nicht bevor wir mit einer Kleinigkeit die Restauration zu unterstützen suchen. Dabei stellen wir fest, dass der Kasten schon gut gefüllt ist, was uns für die Kirchengemeinde richtig freut, auch wenn das nur ein Tropfen auf den heißen Stein ist.

Wir verlassen die Kirche und begeben uns zunächst zum Westportal, einem tiefen Gewändeportal, überspannt von einem Ziergiebel. Beiderseits schmiegen sich die flachen Strebepfeiler an, die hier in drei Ebenen Tabernakel mit Heiligenfiguren aufweisen, eine imposante Schaufassade. Die Katharinenkirche ist nur mit einem Turm ausgestattet, der an der Südwestecke des Baues steht. Ob jemals geplant war zwei Türme zu errichten, ist nicht bekannt. Wir finden an dem Turm bestätigt, was der Organist uns über ihn sagte. Die unteren Geschosse sind noch in Feldsteinbauweise ausgeführt; die oberen dafür bereits in Backsteinen. Abgeschlossen wird der Turm von einer Barockhaube mit Laterne. Nun gehen wir um den breiten Chor. Wunderbar ist er anzusehen mit seiner figürlichen Ausschmückung. Wir versuchen, die Heiligenfiguren zu identifizieren, geben aber nach wenigen Augenblicken bereits auf. Es ist für uns nicht möglich, die Attribute, seien es nun Zugaben oder die Kleidung, zu deuten. Ob irgendwo verzeichnet ist, welche Heilige an welcher Stelle zu sehen sind? Sind die Sockel noch einfach gestaltet, so sind die Baldachine äußerst aufwendig, kleine Ziergiebel mit eingearbeitetem Drei-und Vierpassmaßwerk. Die Tauben haben allerdings die Tabernakel für sich entdeckt, und so sehen diese in der Mehrzahl vom Taubenkot verdreckt aus. Uns ist bekannt, dass die Exkremente der Vögel, insbesondere der Tauben so aggressiv sind, dass sie Backsteine zersetzen können. Es wird im Rahmen der bevorstehenden Restaurierung notwendig sein, alle Tabernakel mit Netzen zu bespannen, um einer erneuten Verschmutzung vorzubeugen. Zum Abschluss unseres Besuches von St. Katharinen sehen wir uns die Fassade der Nordkapelle an, ein wirkliches Kleinod hanseatischer Baukunst. Wir wissen gar nicht, wo wir zuerst hinsehen sollen, so aufwendig und filigran ist die Fassade gestaltet. Am schlichtesten ist noch der Fensterbereich gestaltet. Die Fassade wird mit einem spätgotischen Schaugiebel abgeschlossen. Irgendwie erinnert sie uns an das Tangermünder Rathaus. Diesen Schaugiebel in seinen Einzelheiten zu beschreiben, erspare ich mir. Den muss man gesehen haben und auf sich wirken lassen. Außerdem sind die freien Flächen zwischen dem Portal und den angrenzenden Strebepfeilern mit Vierpassornamenten ausgeschmückt. Eine unwahrscheinlich feine Arbeit. Und wenn man dann bedenkt, dass all das, sei es nun die Ornamentarbeit oder der schöne Schaugiebel aus einzelnen Formsteinen zusammengesetzt ist, die zunächst geformt, gebrannt und anschließend verbaut werden mussten, wird einem die hohe Kunst der hanseatisch-gotischen Bauwerksausschmückung erst richtig bewusst.

Leider wird einem an dem Außenbau an unterschiedlichen Stellen bewusst, wie zerstörerisch das 20. Jahrhundert mit seinen vielen Umweltsünden, insbesondere der Luftverschmutzung wirkt. Wie wollen das die Restauratoren in den Griff bekommen? Wie wollen sie dem weiteren Verfall Einhalt gebieten? Die letzten dreißig, vierzig Jahre haben mehr zur Zerstörung beigetragen, als die vielen Jahrhunderte vorher. Ein zweifelhafter Ruhm für uns moderne Menschen.

Der Dom St. Peter und Paul zu Brandenburg

Die Fahrt zum Dom führt uns durch einen Stadtteil, der zunehmend dem Verfall preisgegeben zu sein scheint. Kleinere zweigeschossige Häuser mit jämmerlich anzusehenden Fassaden säumen die Straße. Dann passieren wir das Mühlentor. Tor ist geschmeichelt, denn es steht nur noch der Mühlentorturm, einer der wenig erhaltenen Reste der einstigen Stadtbefestigung. Eine oder mehrere Mühlen muss es bereits im Mittelalter hier gegeben haben, wenn wir den Namen des einstigen Tores richtig deuten. Heute existiert hier auch noch ein Mühlenbetrieb. Unschwer erkennt man an dem mehlverstaubten Klinkergemäuer und dem Verladegebläse die Bestimmung des Gebäudes. Die mittelalterlichen Mühlen müssen sich hier befunden haben, denn das Gewässer, das sich an die Mühle anschließt, könnte nach mehrmaliger Veränderung auf den Mühlbach zurückzuführen sein. So unsere Annahme. Dieses Gewässer, in dem einige Boote dümpeln, stinkt. Es ist nunmehr ein stehendes Gewässer geworden.

Der Dom kommt nun ins Blickfeld. Wir fahren um die Gebäudegruppe vor der einstigen Bischofskirche herum. Am Gartenzaun vor der Kirche halten wir und steigen aus. Eine Toreinfahrt führt uns in das Domgelände. Das Portal des Domes ist verschlossen. Sollten wir schon zu spät gekommen sein? Aber es ist noch nicht 16 Uhr. So gehe ich zurück zum Torhaus und klingele beim Küster. Mürrisch eröffnet dieser mir sogleich, bevor ich meine Frage und Bitte äußern kann, dass der Dom heute schon geschlossen sei. Dabei zeigt er ein finster entschlossenes, aber auch schmerzverzerrtes Gesicht. Ich richte den Gruß des Organisten von St. Katharinen aus und kann feststellen, dass sich die Laune des Mannes etwas zu bessern scheint. Dann erzähle ich ihm von unserer Rundfahrt, verschweige aber vorsichtshalber, dass wir aus Potsdam sind. Er fragt auch nicht danach. Er könne sich heute gesundheitlich bedingt nicht mehr leisten, mit uns in den Dom zu gehen, um uns zu führen. Nun sehe ich, als er sich ein paar Schritte bewegt, dass er ein Bein nachzieht. Ich erkläre die Regelung der Schlüsselfrage in St. Katharinen und frage ob wir das nicht ebenso machen könnten. Er wiegt bedächtig und überlegend den Kopf, muss dann aber wohl Vertrauen zu mir geschöpft haben. Denn plötzlich ist er bereit, mir den Schlüssel auszuhändigen. Als ich frage, ob wir uns auch den Kreuzgang ansehen könnten, brummt er, nun wieder etwas verstimmt, für diese Tageszeit sei ich nun wirklich unverschämt. Der Spatz in der Hand ist besser als die Taube auf dem Dach. So nehme ich den angebotenen Schlüssel, verspreche, dass wir die Kirche hinter uns von innen wieder abschließen und begebe mich dann zu den beiden Anderen. Die dachten schon, ich würde mich in dem Torhaus verheiraten, weil es so lange dauerte.

Mein Blick fällt natürlich auf die Westfront des Backsteinbauwerkes. Dabei fällt auf, dass hier ein Turm zu fehlen scheint. Der Brandenburger Dom hat einen Nordturm und einen breiten Mittelbau, dessen Abschluß man sogar als Zinnenbewehrung bezeichnen könnte. Südlich des Mittelbaues ist der Unterbau des Südturmes zu erkennen. Dafür halte ich es zumindest. Da ich kein Bild, auch keinen Stich aus vergangenen Zeiten kenne, in dem dieser Dom mit zwei Westtürmen gezeigt wird, nehme ich an, dass der Südturm ein bauliches Fragment geblieben ist. Bis zu dem Achteckaufsatz sieht man dem Nordturm an, dass er bereits am Vorgängerbau gestanden haben muss. In vielem vermittelt er mir den romanischen Eindruck, obwohl alle Fenster Spitzbögen aufweisen. Der Abschluß, ein achteckiger eingezogener Spitzhelm, mit dem der Dom das Brandenburger Stadtpanorama gemeinsam mit St. Katharinen entscheidend prägt, sieht mir nicht nach der eigentlichen Endlösung aus. Hier könnte eine Notlösung die Zeiten überdauert haben, wie das Provisorien und Notlösungen allzuoft an sich haben.

Das zentrale Bauglied des Mittelbaues ist das Gewändeportal mit eingestellten Säulen. Das Portal ist zweitürig. Schwere bronzene Türblätter, die ein wesentlich jüngeres Alter ausweisen als das Mauerwerk, verstellen uns den Weg. Nachdem der Schlüssel im Schloß seine kreischenden Töne von sich gegeben hat, ist der Weg frei ins Innere des Domes. Wir befinden uns zunächst in einer kleinen Vorhalle. Artig verschließe ich die Tür hinter mir. Dann gehen wir in das Langhaus. Das erste, was wir sehen, ist der Lettner im Osten der Kirche. Uns kommen die Worte des Pfarrers in Jerichow wieder ins Gedächtnis, dass wir in Brandenburg den gleichen Lettner wiederfinden würden. Und tatsächlich, dieser Lettner erinnert an die Klosterkirche.

Jetzt, hier im Langhaus, müssen wir erkennen, dass die Tageszeit doch schon recht weit fortgeschritten ist. Vielmehr als das Kircheninnere werden wir uns gar nicht ansehen können, vom Kreuzgang und der Klausur ganz zu schweigen. Das Tageslicht ließe es einfach nicht mehr zu. So beeilen wir uns, die wichtigsten Sehenswürdigkeiten noch betrachten zu können. Wir befinden uns in einer Basilika, die gleich zwei Stilrichtungen in sich aufnimmt. Im Arkadenbereich ist sie eindeutig romanisch, im Obergaden frühgotisch. Der Lettner ist wiederum typisch romanisch, der hohe Chor feinste Gotik. Überwölbt ist das Langhaus mit einfachen Kreuzrippengewölben. Wände und Gewölbe sind weiß getüncht. Lediglich die Kanten der Arkadenbögen und die Gewölberippen sind in ihrer roten Backsteinfarbe belassen, ja sogar noch farblich etwas verstärkt worden. Insgesamt macht der Dom, verglichen mit den gestern besichtigten, den Eindruck einer eher kleinen Bischofskirche.

Die Grundsteinlegung des heutigen Domes ist für das Jahr 1165 belegt, also nach der Sicherung der Askanischen Besitzung. Gewiss, es hatte auch vordem schon einen Dom gegeben, den ottonischen aus dem 10. Jahrhundert, aber der war in den Slavenaufständen zerstört worden. Der Urkunde von 1165 zufolge soll die Grundsteinlegung sehr feierlich gewesen sein. Der Machtanspruch der Kirche sollte eindeutig dokumentiert werden. Zirka fünfzehn Jahre dauerte es, bis die Ostteile des Domes geweiht werden konnten. Dann waren zumindest die Grundanforderungen des Domkapitels erfüllt. Die Gottesdienste der Kleriker konnten zelebriert werden. Wann das Langhaus fertig wurde, liegt etwas im geschichtlichen Dunkel. Der Bau muss recht lange gedauert haben. In einer Urkunde aus dem 13. Jahrhundert wird erstmals die Klausur erwähnt. Wo die Mönche bis dahin gelebt haben, ist nicht vermerkt, vielleicht noch in den Gebäuden an der Gotthardkirche. Im 14. Jahrhundert zeigen sich im Domkapitel Tendenzen der zunehmenden Unzufriedenheit mit der Bischofskirche. Die Bettelorden hatten sich in Brandenburg niedergelassen und gotische, gewölbte Kirchen errichtet. Es ist wohl anzunehmen, dass der Dom nun wieder zur repräsentativsten Kirche Brandenburgs werden sollte. Der gotische Umbau begann, und wieder zuerst in den Ostteile. Auch der Lettner wurde gotisiert. Der Obergaden erhielt die gotischen Fenster und die heutige Wölbung. Damit sind wohl auch die Ursachen gelegt worden, dass es in den darauffolgenden Jahrhunderten bis heute zu statischen Problemen gekommen ist. Das kann man schon daran erkennen, dass im gesamten Langhaus zwischen den jochtrennenden Gewölbediensten Zuganker eingebaut wurden, um auf diese Weise dem Gewölbeschub zu begegnen. An den Fundamenten war es zu Schäden gekommen. Der Bauuntergrund gab einfach nach. Umfangreiche Sicherungsmaßnahmen Anfang der sechziger Jahre wurden notwendig. Ob sie auf Dauer Erfolg haben, werden wir in den nächsten Jahrzehnten sehen. In den Medien hatten wir von diesen Baumaßnahmen mit großem Interesse gelesen. Es bleibt nur zu hoffen, dass die bedeutende Kirche des Mittelalters erhalten bleibt. Die Bausicherungsmaßnahmen waren Teil der umfassenden Restaurierung des Brandenburger Domes. Der Lettner wurde bei diesen Arbeiten wieder in seiner ursprünglichen romanischen Form errichtet.

Wir durchschreiten das Langhaus. Es macht gut zehn Jahren nach der Restauration selbstverständlich noch einen guten Eindruck. Die gotischen Obergadenfenster sind erstaunlich groß, eigentlich größer, als man das bei den Proportionen des Domes vermuten würde. Wir nehmen an, dass bei der Gotisierung das Mittelschiff erhöht wurde, um diese Fenster einbringen zu können. Wir stehen im Langhaus und wenden uns nach Osten. Vor uns der Lettner, vor ihm der Kreuzaltar, über ihm die Triumpfkreuzgruppe im Triumpfbogen. Doch zunächst zu dem Altar der Laienkirche, dem Kreuzaltar, einem großen Marienaltar, einem gotischen Flügelaltar mit einem geschnitzten Mittelschrein. Die zentrale Gestalt über die gesamte Höhe des Altares ist eine Madonna als Himmelskönigin, eine, wie wir meinen, fast noch kindliche Maria. Ergänzt wird die Madonna durch vier Heiligenfiguren jeweils in zwei Ebenen. - Uns nach links wendend, betrachten wir die barocke Kanzel. Der Hl Petrus, erkennbar an dem Schlüssel als Attribut, fungiert hier als Atlant und trägt den Kanzelkorb. Der Korb wie auch die Aufgangsbrüstung sind sehr aufwendig gestaltet.

Über die paar Stufen am Kreuzaltar betreten wir die Krypta. Der sicherlich ohnehin etwas abgedunkelte Raum ist zu dieser Tageszeit noch dunkler. Viel ist nicht zu erkennen, doch die Gleichheit zu Jerichow ist auch bei diesem Licht sichtbar. Aber zum Betrachten der romanischen Säulenkapitelle reicht das Licht nicht mehr aus. Im Osten der Krypta steht ein einfacher Altar. Er zeigt uns, dass der Raum auch zu Gottesdienstzwecken benutzt wird. Da ein intensiveres Betrachten nicht mehr möglich ist, gehen wir zurück ins Langhaus und von dort in das südliche Querhaus. Hier steht ein großer Schnitzaltar. Eine in gebührendem Abstand davor gespannte Kordel hindert uns, näher an das Kunstwerk heranzutreten. Aus der Literatur wissen wir, dass es sich um den sogenannten Böhmischen Altar handelt. Kaiser Karl IV. soll ihn dem Dom bei seiner Visitation nach Inbesitznahme der Mark geschenkt haben. Er wurde in Böhmen angefertigt, daher der Name. Er ist sehr figurenreich gestaltet. Im Mittelschrein ist die Marienkrönung dargestellt. Flankiert wird die Krönung von vier Heiligen. Die Heiligenscheine aller Figuren sind vergoldet. Das gibt einen wunderbaren Kontrast zu der braunen Naturfarbe der Figuren. Auch in den Seitenflügeln stehen Heiligenfiguren, jedoch kleiner als im Mittelschrein und in zwei Ebenen. Jeweils vierzehn Figuren sind in jedem Seitenflügel zu sehen. Eine ganz außergewöhnliche Arbeit. Eigentlich müsste dieser Altar der Hauptaltar sein, meinen wir. Und das war er auch tatsächlich, bis er gegen den jetzigen Hochaltar ausgetauscht wurde. In einer Ecke steht noch ein Schmerzensmann, dem bereits ein Arm fehlt, eine Holzfigur aus der Gotikzeit.

Die uns durch das Tageslicht zugebilligte Zeit nutzend, steigen wir noch in den hohen Chor hinauf. Ja, dieser Chor wirkt nun schon ganz anders als das Langhaus. Hier fühlt man sich schon eher in einer Bischofskirche. Die hohen gotischen Chorfenster vermitteln unter anderem diesen Eindruck. Im Osten steht der Hochaltar, wiederum ein Flügelaltar, der, wie wir aus der Literatur wissen, ehemals in das Kloster Lehnin gehörte. Auf seltsamen Wegen über Berlin kam er hierher in den Dom. Der Mittelschrein ist wiederum ein künstlerisch sehr wertvolles Schnitzbild. Die beiden Flügel zeigen Gemälde. Zentrale Figur ist wiederum die Mutter Gottes, aber hier als Strahlenkranzmadonna dargestellt. Sie wird von den beiden Patronatsheiligen, dem Hl Petrus und dem Hl Paulus flankiert. Gegenüber der Darstellung der Figuren im Marienaltar vor dem Lettner wirken diese hier natürlicher, gefälliger. Das Alter von Mutter und Kind scheinen hier zu stimmen, während ja in dem anderen Altar ein Mädchen am Beginn seiner Jugendzeit ein Kind auf dem Arm hält. Wir meinen, je natürlicher die Figuren eines Altares sind, um so leichter kann man sich in sie hineindenken, innere Ruhe und Besinnlichkeit finden. Die Gemälde der Seitenflügel stellen vier Heilige dar, je eine weibliche und eine männliche Figur auf jeder Seite. Wer hier dargestellt ist, können wir nicht erkennen.

Nur das mittlere Chorfenster zeigt als einziges Glasmalerei. Aber wie uns scheint, ist hier alles irgendwie durcheinandergewürfelt. Vielleicht kann uns der Küster nachher etwas darüber sagen. Und tatsächlich, weiß er uns darüber zu berichten. Die meisten Glasmalereien sind im Laufe der Zeit verlorengegangen. In dem mittleren Chorfenster wurden nun alle verfügbaren Reste zu einem Fenster zusammengestellt. Soweit der Vorgriff. - Wir werden noch auf das Chorgestühl aufmerksam. Die Außenwangen sind mit geschnitzten Pflanzenranken geschmückt. Gewiss, es ist nicht das außerordentlich große Kunstwerk, aber immerhin ein Chorgestühl, das sich lohnt in der Kirche als Zeugnis des Wirkens der ehemaligen Domherren aufzubewahren.

Nach Westen zu dem modernen Geländer über dem Lettner gehend, betrachten wir den Kirchenraum einmal aus einer anderen Perspektive. Von hier oben wirkt der Kirchenraum noch kleiner. Auf der Westempore zeigt sich fast schon majestätisch die Orgel. Das Prospekt ist derart kunstvoll in barocken Schmuckformen gestaltet, dass wir sicherlich in unserer Annahme nicht falsch gehen, wenn wir es Glume zuordnen. Es handelt sich bei diesem Instrument, das wissen wir bereits, um eine Wagner-Orgel. Wir gehen zurück ins Langhaus, aber diesmal durch das nördliche Querhaus. Wieder vor dem Lettner stehend betrachten wir zum Abschluß die lebensgroße Triumpfkreuzgruppe. Das große Kreuz hat, wie schon öfter gesehen, Vierpaßabschlüsse, in denen die Symbole der vier Evangelisten dargestelllt sind. Die Gruppe entstammt eindeutig der Gotik. Während der Gekreuzigte etwas steif auf uns wirkt, zeigen die beiden flankierenden Figuren, die

Mutter Gottes sowie der Hl Johannes doch, dass sie fassungslos ob des hier Geschehenen und der Trauer sind und wirken daher recht natürlich.

Die Dämmerung ist nun so weit fortgeschritten, dass es doch Zeit wird das Gotteshaus zu verlassen. Wir treten aus dem Dom heraus, und ich schließe wieder sorgsam die Tür am Westportal. Der Küster nimmt uns den Schlüssel ab und wundert sich, dass wir überhaupt noch etwas in der Kirche sehen konnten. Wir kündigen unseren Besuch irgendwann zu einer früheren Tageszeit an. Es gibt doch vieles, was wir uns intensiver ansehen möchten, unter anderem die Krypta und vieles andere haben wir ja noch gar nicht gesehen. Der Küster teilt uns mit, dass wir bei einem erneuten Besuch möglichst nicht montags kommen sollen. Die östlichen Räume der Klausur würden durch das Dom-Museum belegt, und montags, also auch heute, sei dieses geschlossen. Nach der Klausur befragt, erzählt der nun mitteilungsfreudige Mann, dass der westliche Teil eine Oberschule sei. Im 18. Jahrhundert sei hier die Ritterakademie untergebracht gewesen, eine Einrichtung zur Ausbildung und Erziehung der männlichen Nachkommen des preußischen Adels. Diese sei nach dem Krieg aufgelöst worden.

Wir bedanken uns bei dem Küster. Er schüttelt lächelnd zwar noch immer den Kopf, wie man sich so spät noch eine Kirche ansehen könne. Dann wünscht er uns eine gute Weiterfahrt. Dass diese nur bis Potsdam geht, weiß er ja nicht. So steigen wir, wenn auch nicht ganz zufrieden mit unserem Dombesuch, in unseren Trabant und starten zur Heimfahrt.

Ausklang einer Reise

Unsere Fahrt geht zunächst die scheußliche Straße zurück ins Zentrum der Neustadt. Dort grüßt nochmals der Chor der Katharinenkirche. Wir biegen in die Fernverkehrsstraße F1 ein und weiter geht es in Richtung Potsdam. Unterwegs meint meine Frau, es wäre doch schön, wenn wir die Fahrt mit einem schönen Abendessen abschließen könnten. Gottfried ist sofort Feuer und Flamme. So schlage ich vor, dass wir bei Haseloffs in Glindow, im Deutschen Haus, einkehren könnten. Es ist sogleich beschlossene Sache. Also fahren wir zunächst nach Glindow und parken vor der Gaststätte. Im Deutschen Haus ist nur der kleine vordere Raum mit dem Tresen geöffnet. Ein paar Tische sind besetzt, in einigen Gästen erkenne ich Kollegen aus der Vulkanfiberfabrik in Werder.

Natürlich dreht sich das Gespräch während des Essens ausschließlich um die nun zu Ende gegangene Fahrt. Jeder bemüht sich aus seiner Sicht um eine abschließende Wertung. In einem Punkt sind wir drei uns einig. Die Fahrt war bis auf ein paar kleine, nicht entscheidende Widrigkeiten eine wirklich gelungene Unternehmung. Gottfried meint noch, und ich muss ihm vollkommen zustimmen, auch die Widrigkeiten würden zu einer solchen Fahrt gehören. Sie würden die schönen Erlebnisse erst richtig herausheben. Er wolle, wenn er an die Fahrt zurückdenke, auch diese negativen Erlebnisse mit einbeziehen. Sehr schnell ist es beschlossene Sache, wie eigentlich bereits am zweiten Tag frühmorgens in Bernburg angedacht, dass für den Herbst eine zweite Fahrt vorbereitet wird.

Wir beginnen das Pro und Contra der Fahrt aufzulisten. Positiv ist zu vermerken, dass wir so viele Menschen getroffen haben, die unserer Unternehmung aufgeschlossen gegenüberstanden und uns zu unterstützen suchten. Das hatten wir im Vornherein keineswegs so eingeschätzt. Weiterhin kommt auf diese Bilanzseite die Tatsache, dass wir ohne Anmeldung in fast alle Kirchen hinein kamen, sieht man einmal von Halle ab, wo es objektive Schwierigkeiten gab. Auch positiv die Erfahrung, dass die Denkmalpflege gute Arbeit abzuliefern versteht, womit wir so nicht gerechnet hatten.

Negativposten der Fahrt, also das Contra, ist die Gaststättenlösung in Bernburg. Ebenfalls auf dieser Seite die nicht nachzuvollziehende Verweigerung des Dompfarrers in Stendal. Ganz dick contra ist der Zustand der Städte und Dörfer, durch die wir gefahren sind. Wie will die Regierung, die Partei dem Verfall der urbanen Architektur begegnen? Will sie tatsächlich, um nicht die Politik des Monopols an Grund und Boden zu ändern und ihre Philosophie damit überdenken zu müssen, wirklich den Untergang ganzer historisch wertvoller Siedlungen in Kauf nehmen? Das können wir uns einfach nicht vorstellen.

Die vom Union-Verlag Berlin als „Christliches Denkmal" herausgestellten Kirchen und Klöster werden auch weiterhin die Grundlage der Auswahl der Stationen und Sehenswürdigkeiten sein. Als möglicher Termin für den Start wird nach Studium des Kalenders und Überprüfung der dazu einzusetzenden Urlaubstage der 7. Oktober angenommen. Er fällt auf einen Donnerstag und spart uns einen Urlaubstag ein. Länger als bis Sonntag, den 10. Oktober sollte die Fahrt nicht dauern. Als mögliche Übernachtungen werden erst einmal ins Auge gefasst: Leipzig oder Weimar, sowie Eisenach oder Brotterode, und vielleicht Erfurt. Gleich in den nächsten Tagen werde ich mich um die Übernachtungen kümmern. Wenn die erst einmal sicher sind, werden wir gemeinsam das Programm erarbeiten. Schade, daß wir unser Programm den Übernachtungsmöglichkeiten anpassen müssen und nicht genau anders herum.

Rundum zufrieden fahren wir die letzten Kilometer bis nach Potsdam. Unser Trabi wird von allen liebevoll gestreichelt. Die erste längere Fahrt hat er gut überstanden. Gottfried kommt noch kurz mit zu uns in die Wohnung. Er wolle mit uns auf die gelungene Fahrt anstoßen; unterwegs hätte ich ja nichts Alkoholisches trinken können.

UNSERE ZWEITE RUNDFAHRT IM HERBST 1976
vom 07. Oktober bis 10. Oktober

1. Tag: Donnerstag, der 07. Oktober

Der Staatsfeiertag der DDR ist angebrochen. Unsere Rundfahrt wurde gestern im Betrieb nur belächelt. Aber was soll`s. Wie gesagt, der Morgen des Feiertages war angebrochen. Unser Trabant wurde gepackt, dann ging ich mit meiner Frau nochmals die heutige Route durch. Was sie das eigentlich anginge, musste ich mich fragen lassen. Vorne, neben mir würde doch Gottfried sitzen, der müsste sich mit der Strecke vertraut gemacht haben. Das sei ja schließlich die Aufgabe des Beifahrers. Zur vereinbarten Zeit gingen wir zum Auto. Und es gibt noch Zeichen und Wunder: Gottfried kam schon des Weges. Pünktlich! War das ein gutes Omen für die beginnende Fahrt?

Das Wetter zeigt sich von seiner besten Seite. Petrus hatte offensichtlich ein Einsehen mit Erich und bereitete ihm das rechte Wetter für die obligatorische Demonstration in Berlin. Wir setzen uns in das Auto und los geht`s. Wieder fahren wir zunächst auf der Fernverkehrsstraße F2 in Richtung Süden, wie bei unserer ersten Fahrt im Frühjahr dieses Jahres. Wieder ärgern wir uns über das unmögliche Pflaster in Beelitz. Hier biegen wir allerdings in Richtung Trebbin ab. Auf der F246 geht es nun weiter. Wie schon auf der Fahrt nach Beelitz scheint uns die Straße alleine zu gehören. Nur ganz selten begegnet uns einmal ein Auto. Sicherlich drehten sich die Menschen jetzt noch einmal in ihrem Bett um, befriedigt, dass sie sich heute den Weg zur Arbeit sparen konnten. Wir fahren derweil durch eine schöne Landschaft. Kurz vor Trebbin verlassen wir die F246 und befahren nun die F101, die uns über Luckenwalde zu unserem ersten Ziel bringen soll: Kloster Zinna. Dem Wunsche meiner Frau auf der ersten Rundfahrt entsprechend, war dieses Kloster auf unsere Vormerkliste gekommen.

Das Kloster Zinna

Wenige Kilometer vor den Toren von Jüterbog liegt das kleine Örtchen Kloster Zinna, das seinen Namen eben von dem Zisterzienserkloster bekam. Mit Örtchen beleidigen wir eigentlich Kloster Zinna, denn es darf sich Stadt nennen. Der Ort ist so klein, dass man die Kirche gar nicht übersehen kann, auch wenn sie, der Bauregel des Zisterzienserordens getreu, keinen Turm hat. Nur wenige Steinwürfe von der Fernverkehrsstraße entfernt erheben sich die Gebäude des einstigen Klosters. Ein Backsteinkomplex von mindest drei Gebäuden begrüßt uns. Links davon erhebt sich die Kirche. Hier parken wir unter den Bäumen. Die Kirche ist ein grauer Feldsteinbau, nicht all zu groß, eher klein. Wir befinden uns hier vor der Ostseite, dem Chor mit der Apsis. Waren die Backsteinbauten gotisch, beinahe schon hanseatisch, so ist die Klosterkirche rein romanisch, sieht man von der polygonalen Form der Apsis mit ihren schlichten Spitzbogenfenstern ab. Wir gehen um die Kirche herum. Kein Anzeichen von einer Klausur und dem obligatorischen Kreuzgang. Aber in romanischer Zeit muss es doch Klostergebäude nach dem einheitlichen Bauplan des Ordens gegeben haben. Nach der Auflösung des Klosters hat man offensichtlich mit viel Mühe die Klausur abgerissen. So steht die Kirche heute inmitten des kleinen Ortes und bietet sich als sein Gotteshaus an. Anders kann es nicht sein. Aber dann muss ja irgendwo der Pfarrer zu finden sein. Den Weg in Richtung Hauptstraße zurückgehend kommen wir wieder an den Backsteinbauten vorbei. Gleich vor dem ersten bleiben wir stehen. So, wie es sich hier darbietet, könnte man es für ein Rathaus oder eine Schule halten. Ein gotischer Stufengiebel mit ebenfalls abgestuften Blendspitzbögen und einem kleinen Dachreiter mit einer Turmuhr auf dem First prägen das Gebäude. Was wir durch die Fenster erkennen können, untermauert den Eindruck einer Schule. Zurückgesetzt dann noch ein Backsteinbau, wieder mit einem gotischen Stufengiebel, der nun aber schon eher einer hanseatischen Schaufassade gleicht. Die großen Fenster der unteren Etagen verraten noch mehr die Schule, dürften allerdings wohl nicht aus der Erbauungszeit stammen, sondern eher aus den letzten hundert Jahren. Rechts von diesen beiden Gebäuden ein drittes, aber schlichteres. Und hier werden wir fündig. Hier wohnt der evangelische Pfarrer.

Wir läuten und kurz darauf zeigt sich in einem Fenster des Obergeschosses ein Herr, der bereits die Mitte seines Lebens überschritten zu haben scheint. Der Mann ist nicht gerade erfreut von der Störung. Nach Vortragen unserer Bitte um Einlass in die Kirche brummt er etwas für uns Unverständliches, kommt aber dann doch zu uns herunter. Nun zeigt sich auch die Ursache für seinen Mißmut. Er lasse sich nicht gerne an einem Feiertag stören, dazu gebe es zu wenig davon. Der 7. Oktober und ein Feiertag für den Pfarrer? Wie sollen wir das verstehen? Nun beginnt er zu lächeln und klärt uns auf. Alle kirchlichen Feiertage seien für einen Pfarrer schließlich Arbeitstage. Anders die politischen, die seien auch für ihn arbeitsfrei. Es gebe ja leider nur zwei davon, den 1. Mai und natürlich heute. Vor Jahren seien es noch drei gewesen, aber einen habe Walter bekanntlich gestrichen. Wir kämen und wollten ihm den einen arbeitsfreien Tag auch noch streitig machen. Eigentlich hat der Mann ja recht. Von der Seite hatten wir es noch gar nicht gesehen. Aber nichts für ungut, wenn es nicht zu lange dauere, wolle er uns schon die Reste des Klosters zeigen, so der Geistliche. Er holt ein Schlüsselbund und begibt sich mit uns zur Kirche. Durch eine Pforte im südlichen Querhausgiebel betreten wir die ehemalige Klosterkirche.

Zunächst lässt der Geistliche den Innenraum auf uns wirken und sagt gar nichts. Wir machen das, womit wir bei fast jeder Kirche beginnen. Wir setzen uns zunächst. Ja, ja! So sei es richtig, es solle nicht lange dauern und nun würden wir es uns gemütlich machen, ertönt die Stimme des Pfarrers, aber dem Klang ist zu entnehmen, dass die Bemerkung nicht gerade ernst gemeint ist. Wenn wir nun schon säßen, könnte er ja die Zeit nutzen, um uns mit der Geschichte des Klosters bekannt zu machen. Der Erzbischof Wichmann von Magdeburg habe 1171 das Kloster gegründet. Dazu habe er aus dem berühmten Kloster Altenberg bei Köln einen Zisterzienserkonvent hier in die Nähe von Jüterbog geholt. Der Orden sollte die Besiedlungsmaßnahmen des Kirchenfürsten wie auch der Askanier durch Kultivierungsmaßnahmen unterstützen. Die Zisterzienser hatten in Jüterbog auch ein Gebäude, den Abtshof, aber ihr Sitz war hier in Zinna. Die Steinkirche sei allerdings erst 1220 begonnen worden. Bis dahin nutzten die Mönche ein Provisorium. Der Bau wurde begonnen, als die militärischen Auseinandersetzungen zwischen dem Erzbischof von Magdeburg und dem Welfenherzog Heinrich dem Löwen ihr Ende gefunden hatten. Spektakuläre Begebenheiten seien von dem Kloster in den darauf folgenden Jahrhunderten nicht zu berichten. Drei außerhalb der unmittelbaren Klausur errichtete Gebäude sind auf uns überkommen: das Siechen-und Gästehaus aus dem 14. Jahrhundert sowie die Alte und Neue Abtei aus dem 15. Jahrhundert. 1553 ist das Kloster aufgehoben worden. Es gehörte fortan der kurfürstlichen Domänenkammer an. In der Nähe des Klosters hatte sich eine kleine Siedlung gebildet. Diese nutzte nun die Klosterkirche als ihr Gotteshaus. 1764 ließ Friedrich der Große in dem Ort eine Webersiedlung errichten. Aus ihr und dem bisherigen Dorf entwickelte sich die kleine Stadt. Wie wir bereits annahmen, ist die Klausur wegen des fortschreitenden Verfalles abgerissen worden, und auch um die Kirche als freistehendes Gebäude nutzen zu können.

Nun geht der Pfarrer auf den Kirchenraum näher ein. Die Kirche sei bereits von der Frühgotik mit geprägt worden, auch wenn sie in ihrer Gesamtheit noch die Spätromanik verkörpere. Wir werden auf die spitzbogigen Arkadenbögen der Basilika aufmerksam. Auch die Scheidebögen der ausgeschiedenen Vierung sind spitz zulaufend. Ebenfalls in die Gotik weisen die Kreuzrippengewölbe, auch wenn wir als Laien die Spitzbögen nicht gleich erkennen. Hier, von innen, wirkt die Kirche doch wesentlich größer, als das von außen her zu vermuten gewesen war. Das ginge vielen Besuchern so, meint der Pfarrer daraufhin angesprochen. Man merkt ihm den Stolz an, mit dem er seine Kirche präsentiert. Gewiß, nach der Reformation sei schon das eine oder andere entsprechend der neuen pastoralen Lehre verändert worden, aber im wesentlichen sei der Kirchenraum doch so geblieben, wie ihn die Mönche zur Zeit der Auflösung hinterliessen. Der Raum ist weiß getüncht. Die Bogenränder an den Arkaden wie auch der Vierung sind blau-weiß abgesetzt, die Gewölberippen steinfarben belassen. Die Laibungen der Arkadenbögen sind ornamental ausgemalt. Die farbliche Gestaltung des gesamten Raumes, die Gewölbe, ja, die Gesamtkomposition sind es, die der Kirche die Wirkung eines größeren Raumes geben. Das Kircheninnere gefällt uns sehr. Ja, das ist ein Gottesdienstraum, wie wir ihn mögen. Hier die zum Beten erforderliche innere Ruhe und Andacht zu finden, kann wohl niemandem schwerfallen. Die Apsis tut ein weiteres, um diesen Eindruck zu untermauern. Wieder ertappen wir uns bei der Feststellung, dass uns Klosterkirchen ganz besonders berühren, zumindest eher als Pfarrkirchen oder gar Reichskirchen. Kommt das von der Schlichtheit des Kirchenraumes? Kommt das daher, dass hier nichts Ausschmückendes, kein Blickfang, den Altar ausgenommen, bei der besinnlichen Einkehr ablenkt? Sicherlich, aber genau können wir es nicht definieren. Es ist eben ein unterschwelliges Gefühl, das sich schwer beschreiben lässt.

Das Mittelschiff ist mit Bänken ausgestattet. Auch hier ist kein übermäßiger Formenreichtum zu bemerken. Man darf natürlich auch nicht vergessen, dass die Bankreihen erst nach der Reformation in die Kirche kamen. Unser Blick wird von dem Geistlichen nach Osten, zum Chor gelenkt. Hier ist zu sehen, dass die Baumeister eigentlich noch der Romanik angehörten, aber trotzdem bereits den gotischen Bogen bevorzugten. Zwei Dinge werden uns dafür als Beleg genannt. Zum Einen haben die Fenster keinerlei Maßwerk, sondern sind noch romanisch gegliedert. Zum Zweiten hat der Chor zwar einen polygonalen Abschluss, aber der ist als Apsis gebaut und wird nicht von einem frühgotischen Gewölbe, sondern von einer Kalotte nach oben hin abgeschlossen. Diese Kappe ist ausgemalt. Christus als Pantokrator thront in der Mitte, umgeben von einer Vielzahl von Heiligen, wie man an den Heiligenscheinen ersehen kann. Ein barocker Bildaltar stellt das Zentrum des heiligen Raumes dar. Zwei der Chorfenster zeigen schöne Glasmalereien. Wie wir erfahren sind hier der Hl Benedikt von Nursia, der Vater des abendländischen Mönchtums, und der Hl Bernhard von Clairvaux, der eigentliche Gründer des Zisterzienserordens dargestellt. An dieser Stelle gibt der Pfarrer uns einen kurzen historischen Abriss der Ordensgründung. Hatten wir im Frühjahr in Jerichow bereits den Reformorden der Prämonstratenser kennengelernt, so wird uns nun der andere Orden näher gebracht, der darum bemüht war, das abendländische Mönchtum zu reformieren und auf den Geist des Hl Benedikt wieder zurückzuführen. Erneut erfahren wir von den auf Zeit gescheiterten Reformbestrebungen, die von dem burgundischen Kloster Cluny ausgingen. Erneut hören wir von der Reformreife des europäischen Mönchtums, und dass es nur folgerichtig gewesen sei, dass sich zum wiederholten Male zwei Klöster aufmachten, den mittlerweile in starkem Maße feudal ausgerichteten Benediktinerorden auf den eigentlichen Sinn des Mönchtums und damit auf die Ordensregel des Hl Benedikt zurückzuführen. Der Zisterzienserorden ist nach dem Reformkloster Citeaux - mit lateinischem Namen Cistercio - benannt. Um die Gefahr eines Rückfalles in die maroden und unmoralischen Sitten der Benediktiner auszuschließen, gaben sich die Reformmönche neue monastische theoretische Grundlagen. Der Abt des Klosters Clairveaux, Bernhard mit Namen, wurde beauftragt, diese Grundlagen in Form einer überarbeiteten Ordensregel zu schaffen. Das machte ihn bis zum heutigen Tage zum eigentlichen Gründer der Zisterzienser. Der gesellschaftliche Verdienst des Hl Bernhards liegt in der Tatsache begründet, dass er den Begriff der menschlichen Arbeit nicht nur schlechthin als Broterwerb darstellte, sondern ihn gesellschaftlich aufwertete. In der Ordensregel der Zisterzienser stellt Arbeit ein Bedürfnis dar, ein Dienst an Gott, der den Menschen Gott näher bringt. Das war das erste Mal in der Menschheitsgeschichte, dass Arbeit so definiert wurde. Der kirchenhistorisch bewanderte Leser möge es mir verzeihen, dass ich diese Dinge etwas laienhaft ausdrücke. Der Orden war wie die Prämonstratenser an der Christianisierung der Slawengebiete maßgeblich beteiligt. Aber anders als der Klerikerorden unterstützten die Zisterzienser die Mission mit ihrer Arbeit auf dem Gebiet der Kultivierung des Landes, der Anleitung der slawischen Bevölkerung bei der Urbarmachung des Landes. Der Orden wurde zu „der" Schule der Landwirtschaft und Forstwirtschaft östlich der Elbe. Laienbrüder, Konversen genannt, verpflichteten sich für eine bestimmte Zeit zu der Arbeit im Kloster. Hier erlernten sie, was sie für die Bewirtschaftung von Boden und

Wald wissen mussten. Für mich ist das schon so etwas wie eine Art Berufsausbildung. Der Orden war eben seiner Zeit weit voraus.

Aber zurück zu dem Chor und der Apsis. Die farbliche Gestaltung des Chores lässt ihn feierlich erscheinen, den räumlichen Höhepunkt des Gotteshauses in gebührender Weise herausstellend. Ein mittelalterlicher Altar würde allerdings nach meiner Auffassung hier, an dieser Stelle besser wirken. Im Chor werden uns die Reste des Chorgestühls gezeigt, das im 15. Jahrhundert geschaffen wurde. Zu einer Klosterkirche gehört natürlich auch die räumliche Trennung von Chorherrenkirche und Laienkirche. Selbstverständlich hatte die Klosterkirche früher auch einen Lettner, der aber nach der Reformation abgebrochen wurde. Heute ist noch nicht einmal mehr zu sehen, wo er gestanden hat. - Damit beendet der Pfarrer seine kurze Führung durch die ehemalige Zisterzienserkirche, wobei er das Wort ehemalige besonders betont. Schließlich sei es heute die Stadtkirche. Nichts erinnere mehr an die Klosterkirche außer der Geschichte des Klosters, die aber auch immer mehr verblasse.

Die Klosterkirche verlassend fragen wir den Pfarrer nach den gotischen Gebäuden, an denen wir vorhin vorüber gekommen sind. Das seien die Alte und die Neue Abtei. Man könne auch Abthaus dazu sagen. Heute würden sie als Schule, Gemeindehaus und als Heimatmuseum genutzt. Als wir an den ersten Weberhäusern vorbeikommen, erklärt uns der Geistliche, das diese zum Teil mit den Steinen der abgebrochenen Klausurgebäude erbaut wurden. Nur wenige Meter und wir stehen vor der Neuen Abtei. Falls wir es wünschten, würde er uns kurz in das Museum führen, schlägt der freundliche Herr vor. Es könne natürlich nur ganz kurz sein. Selbstredend sind wir einverstanden. Längere Zeit darf die Führung durch die Neue Abtei auch gar nicht dauern, denn dann würden wir bereits bei unserer ersten Besichtigung in zeitliche Bedrängnis geraten. 1956 sei das Heimatmuseum eingerichtet worden, erfahren wir. Eine Abteilung sei der Klostergeschichte, eine andere der durch Friedrich II. gegründeten Webersiedlung gewidmet. Unter anderem wird uns ein Modell des mittelalterlichen Klosters gezeigt. In der Abteilung über die Webersiedlung wird uns ein Originalwebstuhl der Zinnaer Weber gezeigt. Zu Gottfrieds Begeisterung führt uns der Pfarrer zwei Spieluhren vor, lässt uns dabei auch einen Blick in die Walzenmechanik werfen. In die Abtskapelle könne er uns leider nicht führen. Sie sei wegen Arbeiten zur Zeit nicht zugänglich. Im Übrigen, er habe zwar die Schlüssel für das neue Abtshaus, aber Führungen durch das Museum seien ihm nicht gestattet. Ernstlich habe man ihm aber noch nicht die kleinen Privatführungen übelgenommen.

Was uns interessierte, haben wir gesehen, eigentlich noch viel mehr. So verlassen wir mit dem Pfarrer die Neue Abtei. Als wir uns verabschieden wollen, fragt uns der Geistliche, ob wir uns heute noch anderes besichtigen wollten. Wir geben ihm Auskunft über unser heutiges Programm und das der folgenden Tage. Er lächelt anerkennend. Eine schöne Freizeitbeschäftigung hätten wir uns da ausgesucht. Er wünsche uns viel Freude daran, und dass unsere Fahrt ein voller Erfolg würde. Dann verabschieden wir uns, nachdem wir uns für die bereitwillige und freundliche Führung bedankt haben.

Das Kloster Petersberg im militärischen Dornröschenschlaf

Ein Blick zum Himmel zeigt, dass der Wetterbericht heute früh doch recht hatte. Schauer waren im Tagesverlauf angesagt worden. Es bewölkt sich zunehmend. Meine Frau befürchtet, dass wir heute noch im Regen fahren würden. Wir steigen in unseren Trabi und ab geht`s weiter in Richtung Süden. Wir kommen gut voran, obwohl wir nicht mehr auf der F101 fahren, sondern auf Landstraßen über die Dörfer, Wittenberg entgegen. Die Lutherstadt durchfahren wir und erinnern uns dabei an unseren Besuch im Frühjahr während unserer ersten Rundfahrt. Weiter führt uns unser Weg, aber jetzt auf der F2 und F100. Letztere führt uns bis an die Mulde. Es dauert nicht lange und wir kommen in die Chemieecke der DDR. Ihr sagt man im Volksmund nach, dass hier jeder Kubikmeter Luft anders stinke. Und tatsächlich, es stinkt wie in einer Hexenküche. Wie halten das die Menschen aus, die hier wohnen müssen? Nunmehr befahren wir die F183 und erreichen die Stadt Zörbig. Hier verlassen wir die Fernverkehrsstraße. Unser nächstes Ziel ist das romanische Kloster auf dem Petersberg nordwestlich von Halle. Doch zunächst fahren wir über die Dörfer auf Landstraßen zweiter Ordnung, wie es im Touristatlas heißt. Mal sind sie gut ausgebaut, mal halbe Feldwege. Dann sind wir in dem kleinen Ort, der sich an den Petersberg schmiegt und auch seinen Namen trägt. Ich frage einen Passanten nach dem Weg auf den Berg. Der macht ein bedenkliches Gesicht. Hier sei überall militärisches Sperrgebiet, und er hoffe, dass wir eine Einladung vom Pfarrer haben. Wenn nicht, wäre sicherlich für uns am nächsten Kontrollposten Schluss. Dabei weist er auf den Berg. Unser Blick geht wie automatisch in die gewiesene Richtung. Wie eine Krone erhebt sich das Kloster mit seinen hohen Mauern auf dem Gipfel des Berges.

Was ist das für ein Kloster, dem wir jetzt zustreben? Regulierte Augustiner-Chorherren waren es, die hier ihr Stift errichteten. In dem mitteldeutschen Raum hatte der Orden Fuß gefaßt und die seelsorgerische Verantwortung übernommen. So war es nur folgerichtig, dass der Wettiner, Graf Dedo IV. im 11. Jahrhundert die Mönche dieses Ordens berief, auf dem Berg bei Halle ihr Kloster zu errichten. Er nutzte sein Eigenkirchenrecht und sicherte sich und seiner Familie die Grablege. Die Augustiner weihten ihre Kirche dem Hl Petrus, der dann dem Berg den Namen gab. Warum aber hier und nicht weiter westlich? Die Machverhältnisse der Sachsen hatten sich verlagert. Die Wettiner herrschten östlich von Saale und Elbe. Unweit des Klosters entstand die Stammburg der Wettiner.

Aber warum hat man so wenig von dem Petersbergkloster gehört. Wir selbst sind erst durch die Schriftenreihe „Das Christliche Denkmal" auf das Stift aufmerksam geworden. Aus der Literatur waren uns Skizzen bekannt, die die Kirche als Ruine darstellen, die eine von Goethe, die andere von Schinkel. Im 19. Jahrhundert begann dann der Wiederaufbau. Die Romantik hatte das Kloster wiederentdeckt. Und so begann man sich für die verfallenen Gebäude zu interessieren. Bereits Ende des 18. Jahrhunderts war die enorme Bedeutung des Klosters für den Kirchenbau und Klosterbau in Mitteldeutschland erkannt worden. Die Vorbildwirkung für Sakralbauten war es wohl, warum man sich um die Ruinen kümmerte. Man liegt nicht falsch, wenn man in einem der Initiatoren Karl Friedrich Schinkel vermutet. Der Bau des 11. Jahrhunderts erstand wieder. Kirche und

Klausur wurden dem Vorbild getreu wieder in Bruchsteinbauweise errichtet. Nach knapp einhundert Jahren zeigten sich allerdings derart viele Witterungsschäden, dass eine Gesamtinstandsetzung unumgänglich wurde. In den Jahren 1958 bis 1971 wurde diese dann durch das Institut für Denkmalspflege durchgeführt.

Da der Abschluss der Gesamtinstandsetzung erst wenige Jahre zurückliegt, wollen wir uns das Kloster ansehen. Auf dem beschriebenen Weg streben wir dem Berg und dem Kloster entgegen. Allzu weit kommen wir aber nicht. An einer Straßensperre müssen wir anhalten. Soldaten der Volksarmee halten uns an. Ob wir eine Einladung zu dem Kloster hätten, wollen sie wissen. Das müssen wir natürlich verneinen. Dann könne man uns leider nicht durchlassen, denn wir müssten militärisches Gebiet durchfahren und bedürften eines Passierscheins. Dessen Grundlage sei eine Einladung. So endet der Besuch des Petersbergklosters, ehe der richtig begonnen hat. Wir müssen schon bald einsehen, dass mit den Soldaten nicht zu diskutieren ist. Warum der Berg für die Volksarmee so strategisch wichtig ist, können wir nicht erkennen. Aber hier hat der Staat wieder einmal eine Möglichkeit gefunden, zu zeigen, wer der Herr in der Republik ist, und die Kirche ist es nun weiß-Gott nicht. Bedauernd kehren wir um. Die Posten können wohl unsere Enttäuschung verstehen, und meinen noch, sie täten doch nur ihre Pflicht. Beim nächsten Mal sollten wir uns beim Pfarrer anmelden und uns die schriftliche Antwort übersenden lassen. Das würde dann schon ausreichen. Wir fahren zurück, bleiben dann aber doch noch einmal stehen, um einen letzten Blick auf den Berg zu werfen. So nehmen wir noch ein Auge voll von dem Kloster, das wir uns nicht aus der Nähe ansehen dürfen. Das Petersbergkloster kommt auf unsere Vormerkliste und wird in eine der späteren Reisen wieder mit eingebaut. Wie, um unsere angeknackte Stimmung zu unterstreichen, beginnt es nun zu nieseln. Auch das noch! Unser Trabi setzt sich in Bewegung, und weiter geht es in unserem Programm.

Die alte Bischofsstadt im Chemiewinkel, MERSEBURG

Dem Kloster auf dem Petersberg den Rücken kehrend fahren wir in Richtung Merseburg, durchqueren dabei die Bezirksstadt Halle und biegen auf die F91 ein. Wir durchfahren eine von der Industrie geprägte Landschaft. Weiterhin ist es unter anderem die Chemieindustrie, die Landschaft und Horizont gestaltet, wenn zum Teil auch nur durch stark qualmende Schlote und Essen. Die größten Industrieanlagen, die sich uns zeigen, sind die der Buna-Werke, einer der Chemieriesen der DDR.

Nach relativ kurzer Fahrzeit begrüßt uns schon Merseburg. Auf der Fernverkehrsstraße F91, die sich hier Thomas-Müntzer-Straße nennt, fahren wir in die Saalestadt ein. Dass wir in eine Industriestadt kommen, war uns bewusst, wird ihr Name doch in einem Atemzug mit Leuna und Buna genannt, die eine südlich, die andere nördlich gelegen. Die

Erwartungen, die wir an die alte Bischofsstadt hegten, werden durch das, was wir nun vorfinden, ganz und gar nicht erfüllt. Wir fahren durch die Straßen einer Industriestadt, eben einer Wohnstadt. Das alleine hätte jedoch nicht den enttäuschenden Eindruck ausgemacht. Die Straßen wirken schmuddelig, ungepflegt, irgend wie vernachlässigt. Meine Frau in ihrer trockenen Art trifft den Nagel auf den Kopf, indem sie äußert, hier habe sich wohl der dicke Qualm aus den Schloten niedergelassen. Ja, so sieht es wirklich aus. Je weiter wir uns dem Zentrum nähern - wir befahren jetzt die August- Bebel-Straße - um so trostloser wird das Bild. Dabei hat die Saalestadt viele historische Gebäude, die aber für unsere Begriffe so gar nicht zur Wirkung kommen. Unsere miese Stimmung ob des immer noch andauernden Nieselregens verstärkt wohl die negativen Eindrücke. Ein wahrlich schlechter Ratgeber bei der Besichtigung einer Stadt. Im Zentrum entdecken wir etliche Häuser, die verfallen und unbewohnt zu sein scheinen. Sind sie nun für eine Sanierung freigezogen, oder sind sie unbewohnbar? Da wir aber auch einigen Bauzäunen begegnen, möchten wir schon an eine beginnende Sanierung glauben. Viele dieser verfallenen Häuser zeigen selbst in ihrem bedauernswerten Zustand noch, wie gut sie einmal ausgesehen haben mögen. Merseburg ist eine der deutschen Städte, die an der Geschichte unseres Landes mitgeschrieben haben. Zeugnisse der Vergangenheit gibt es zuhauf, sie müssten eben nur entsprechend hergerichtet werden. Aber da ereilt eben die Saalestadt das gleiche Schicksal, wie viele andere geschichtsträchtige Städte unserer Republik.

Irmgard tut ihre Meinung kund, sie habe von der Stadt genug, wir sollten doch auf schnellstem Wege zum Domberg fahren, der unser nächstes Ziel hier in Merseburg ist. Recht hat sie. Nach einigem Suchen, das uns teils dem Dom näher bringt, teils wieder von ihm fortführt, finden wir den Weg dorthin. Unser Problem ist, dass wir keinen Straßenplan dieser Stadt haben. - Wie keine andere Stelle ist dieser Berg mit der Geschichte der Stadt verwoben. Grund genug, um an dieser Stelle ein wenig darauf einzugehen. Urkundlich soll die Saalestadt 780 zum ersten mal genannt worden sein. Ein fränkisches Burgensystem wurde wohl hier genannt. Aber das liegt wohl noch etwas im Halbdunkel der Geschichte. Fest steht hingegen, dass gegen Ende der ersten Hälfte des neunten Jahrhunderts der Ort im Zehntregister des Klosters Hersfeld auftaucht. Damit dürfte Merseburg zu den ältesten Städten auf dem Gebiet der DDR zählen. Die eigentliche Geschichte beginnt aber erst im Rahmen der Ostexpansion durch die Ottonen. König Heinrich I. erbaut auf der Erhebung an der Saale, eben dem heutigen Domberg eine Pfalz mit einer Kirche. Leider ist nicht allzuviel davon überliefert, aber eine Jahreszahl ist belegt: das Jahr 931. Da findet die Weihe der Pfalzkirche in Gegenwart vieler politischer und kirchlicher Würdenträger statt. Die Kunsthistoriker wollen hierin bereits ein Zeichen dafür erkennen, dass das ottonische Herrscherhaus große Pläne mit der Saalestadt vorhatte. Die Bedeutung des Ortes an der Saale wird von der Ostexpansion bestimmt. Kaiser Otto I. gründet 968 das Bistum Merseburg, das die politische Aufgabe erhielt, die eroberten Gebiete kirchlich zu sichern und die unterworfene slawische Bevölkerung zu christianisieren. Der Sitz des Bischofs war selbstverständlich in der Pfalz zu suchen. Dieser reihte sich fast nahtlos in eine ganze Gründungsfolge von Bistümern ein. Hier sind vornehmlich zu nennen, Havelberg, Brandenburg, Zeitz, Meissen und natürlich das Erzbistum Magdeburg. Ernst Badstübner, ein bekannter Kunsthistoriker, sagte darüber, dass sich die neu gegründeten Bischofssitze wie Perlen an einer Kette aufreihten. Die Gründung hier an der Saale war aber nur von kurzer Dauer. Bereits 981 wurde das Bistum Merseburg wieder aufgehoben. Allerdings nur zeitweilig, denn bereits 1004 gründete der letzte der ottonischen Kaiser, Heinrich II. es erneut. Hatte die Königspfalz schon zu Zeiten des ersten Heinrich eine gewisse Bedeutung, so wurde sie, nunmehr zur Kaiserpfalz ausgebaut. Sie gelangte in dieser Zeit zu höchster Blüte. Nicht weniger als 27 Besuche dieses letzten Ottonen sind urkundlich nachweisbar. Heinrich II. hat Merseburg zwar nie als seine Residenzstadt bezeichnet, aber heimlich wird sie schon so genannt. Eine Reihe von Reichstagen wurden hier abgehalten, der letzte 1302 unter Kaiser Albrecht I. von Habsburg. Ich glaube nicht zu übertreiben, wenn ich Merseburg in einem Atemzug mit Quedlinburg und Magdeburg nenne.

Die zentrale politische Bedeutung und natürlich die verkehrsgünstige Lage an der Saale ließen Merseburg recht schnell zu einem Handelszentrum werden. Wann das Stadtrecht verliehen wurde und durch wen, lässt sich wohl nicht zweifelsfrei bestimmen. Recht schnell gelangte die Stadt zu wirtschaftlicher Blüte. 1426 trat sie der Hanse bei, einem untrüglichen Zeichen für die wirtschaftliche Macht und das Selbstbewusstsein ihres Bürgertums. Doch häufige verheerende Stadtbrände warfen die Entwicklung immer wieder zurück, konnten sie aber nie ganz aufhalten. Das tat dann eine andere Stadt: Leipzig. Und doch sind es eben auch die Feuersbrünste gewesen, die daran mitwirkten. Die enorm wirtschaftliche Schwächung, die sie mit sich brachten, ließen den Handel nach anderen attraktiven Wegen und Orten suchen. Der sich entwickelnde Messeverkehr in Richtung Leipzig entzog der Saalestadt die weitere Möglichkeit der wirtschaftlichen Entfaltung. Leipzig hatte Merseburg den Rang abgelaufen, wie man so schön schnöde sagt.

Zwar blieb Merseburg Bischofssitz und hatte damit auch weiterhin erheblichen politischen Einfluss, jedoch fehlte nun die wirtschaftliche Komponente. Die Stadt begann ihren Abstieg in die Provinzialität. Insgesamt residierten 43 Bischöfe hier an der Saale. Ab 1544 war Merseburg evangelisch. Einer der schillernsten Kirchenfürsten war Thilo von Trotha, der Anfang des 16. Jahrhunderts regierte. Er ließ auch das Merseburger Schloss großzügig zu seiner Residenz umbauen. Bleibt zu erwähnen, dass die Pfalz bereits in den zurückliegenden Jahrhunderten zu einem Schloß umgestaltet worden war. Der für uns schwer nachvollziehbaren Erbschafts-und Teilungspolitik der Wettiner kann es die Stadt danken, dass sie heute ein solch prächtiges Schloß auf der Domfreiheit hat. Merseburg wurde nämlich Residenzstadt, wenn auch nur zeitweilig in den Jahren von 1656 bis 1738. In dieser Zeit gab es das kleine aber selbstständige Herzogtum Sachsen - Merseburg. Die Wettiner bauten das Bischofsschloss zu dem herzoglichen Residenzschloss um, wie es sich heute noch zeigt. Nach dem Aussterben der Merseburger Herzogslinie kam die Stadt wieder unter kursächsische Verwaltung. Das währte bis 1815, denn als Ergebnis des Wiener Kongresses gelangte die Stadt unter preußische Oberhoheit. Nun beschleunigte sich der wirtschaftliche Verfall der Saalestadt, aber politisch erhielt sie doch wieder eine, wenn auch begrenzte Bedeutung. Merseburg wurde nämlich Hauptstadt des preußischen Regierungsbezirkes gleichen Namens. Damit zogen zahlreiche preußische Behörden und

der neu geschaffene Provinziallandtag hierher an die Saale. Bei unserem kurzen Rundgang durch die Domfreiheit, am Schlossgarten entlang und bis zu dem nördlich von
Schloss und Dom gelegenen Resten des Peters-Klosters entdeckten wir etliche repräsentative Bauten, die im Stil des Neo-Barock, bisweilen auch Wilhelminischer Stil genannt,
errichtet wurden. Hier haben wir wohl die Sitze einiger der ehemaligen Provinzial-
behörden, oder zumindest der sie führenden Beamten vor uns. Übrigens sind diese Gebäude in gutem Zustand. Sie sehen zwar nicht so aus, als ob sie restauriert seien, aber
trotzdem machen sie einen guten Eindruck auf uns. Unser Rundgang durch Merseburg
fällt relativ kurz aus. Hatten wir gedacht, die Reste des Peters-Klosters besichtigen zu
können, so wurden wir enttäuscht. Die Eingänge sind gegen Zutritt gesichert. So bleibt
uns nichts anderes übrig, als den Rückweg zum Dom anzutreten.

Hatte Merseburg im 19. Jahrhundert eine bescheidene politische Bedeutung, so ändert sich dies in der ersten Hälfte unseres Jahrhunderts. Mit der Erschließung der Braun-
kohletagebaue beginnt das Zeitalter der expandierenden Chemieindustrie. Nördlich und
südlich der Saalestadt entstehen die beiden Chemiegiganten Buna und Leuna. Diese beiden Industriebetriebe, aber auch andere im Umfeld der Stadt sich ansiedelnden Unternehmen, meist ebenfalls Chemiebetriebe, führen zu einer wirtschaftlichen Renaissance Mer-
seburgs. Leider stellen sich damit auch die negativen Begleiterscheinungen der Industrie,
noch zumal einer solch energieintensiven, ein. Zwar sind die Schlote und Essen der
Chemiebetriebe sehr hoch, aber wohl nicht hoch genug, um nicht Rauch und Qualm und
die mitgeführten Ascheteile auf die berühmte Stadt niedergehen zu lassen. Die Folgen
sind unübersehbar. Aber auch das Militär hat die Stadt für sich entdeckt. In ihrer Nähe
entstand ein Militärflugplatz. Merseburg wurde nun Garnisionsstadt, ein Umstand, der
sich gegen Ende des Zweiten Weltkrieges verheerend auf sie auswirken sollte. Nicht weniger als zwanzig Luftangriffe der Alliierten sind gegen sie geflogen worden. Vieles an
historischer Architektur ging dabei unwiederbringlich verloren. Nach dem Kriege begann
der Wiederaufbau. Der musste sich allerdings mehr nach den Notwendigkeiten als nach
den historischen Gesichtspunkten richten. Die heutigen Bauzäune in der Stadt lassen erkennen, dass die Stadtväter dem Verfall der urbanen wie auch der historischen Architektur begegnen wollen. Wir hoffen, dass das Bemühen nicht zu spät kommt. Wie in der
ersten Hälfte unseres Jahrhunderts ist die Bedeutung der Stadt regionalpolitischer Art.
Merseburg ist Kreisstadt des gleichnamigen Verwaltungskreises. Aber die wirtschaftspolitische Bedeutung ist wie vor dem Kriege in der Chemieindustrie zu sehen. Unser Touristatlas vermerkt, dass Merseburg gegenwärtig 52000 Einwohner hat. Bleibt nur zu
hoffen, dass die Stadt auch die Chance erhält, ein Fremdenverkehrsmagnet zu werden.
Verdient hätte sie es allemal.

Der Dom St Laurentius und Johannis
und das herzogliche Residenzschloss zu Merseburg

Nach dem Abbruch der Stadtrundfahrt gelangen wir zur Domfreiheit. Ich schrieb bereits davon. Zwar haben wir auch hier etliche verfallene Häuser vor Augen, aber alles in allem erscheint die Architektur doch in wesentlich besserem Zustand als in den Wohnvierteln. Das ist natürlich eine rein subjektive Feststellung. Unseren Trabi stellen wir an der Domfreiheit ab und begeben uns zu Fuß zum Dom. Wir passieren den Eingang eines schmiedeeisernen Zaunes, der auch schon bessere Tage gesehen hat und stehen dann vor der berühmten Bischofskirche. Die Westfassade zeigt ganz augenscheinlich ein basilikales Bild. Die Türme stehen nicht unmittelbar im Westen, sondern sind nach Osten hin versetzt. So sind wir zunächst einmal etwas verwirrt. Südlich, etwas zurückversetzt, ist der Kreuzgang zu sehen. Dorthin setzen wir uns in Bewegung. Hier angekommen, müssen wir erkennen, dass die Türme wohl im Westen des Domes stehen, denn östlich derselben ist das Langhaus zu sehen, und das verrät nun eindeutig die Hallenkirche im Inneren. Was uns im Westen des Bauwerkes irritiert hatte, ist wohl nichts anderes als ein Paradiesvorbau, der beim Umbau zur Hallenkirche in der basilikalen Form belassen wurde. Die sich uns darbietende Westfassade ist sehr schlicht, ja schon spartanisch gehalten. Man könnte sie getrost einer Klosterkirche zuordnen, wäre da nicht das Westportal, das etwas aus dem Rahmen fällt. Die Seitenschiffe zeigen je ein kleineres Fenster, das Mittelschiff hat hingegen drei größere, alle fünf im gotischen Stil, aber ohne aufwendiges Maßwerk. Im Giebeldreieck sind Blendarkaden zu sehen. Auch sie ohne nennenswerten Schmuck. Bleibt das Portal als einziger und dazu reizvoller Blickfang. Ein romanisch anmutendes Gewändeportal bildet den Zugang zum Dom. Das Besondere des Einganges besteht in dem Schmuckwerk, das sich über dem Portal erhebt. Ich würde es als Schlingastwerk bezeichnen wollen, also wohl doch eindeutig der Spätgotik zuordenbar. Einerseits ist es nach oben zentralisiert und endet in einer kreuzblumengeschmückten Fiale, die bis in die Fensterzone reicht. Andererseits orientiert es sich auf die beiden das Gewändeportal flankierenden pilasterartigen Halbpfeiler, die oberhalb des Gewändes die Figuren der Patronatsheiligen tragen. Im Scheitel des Gewändes ist ein Relief mit der Büste eines Kaisers zu sehen, in dem wir den Gründer Otto I. vermuten.

Die beiden Westtürme sind in ihrer ganzen Schönheit nur zu erkennen, wenn man sich den Westbau aus einiger Entfernung ansieht. Die Westgruppe besteht aus eben den beiden Türmen und dem beschriebenen Mittelbau. Die Untergeschosse der Türme scheinen quadratisch zu sein und dazu bis auf die Gesimsbänder recht schmucklos. Auf diesen Quadern erheben sich zwei gleiche Achteckgeschosse, in denen die frühgotischen, ja eigentlich noch spätromanischen Schallöffnungen zu sehen sind. Darüber erheben sich die sehr schlanken gotischen Spitzhelme.

Gottfried ist inzwischen bereits zu dem Gebäude südlich des Kreuzganges gegangen, um sich nach den Besichtigungsmöglichkeiten zu erkundigen. Als wir zu ihm gelangen, sagt uns seine triste Miene alles. Heute sei gar keine Besichtigung des Kircheninneren möglich. Erst morgen, am Freitag, könnten wir hinein, so informiert er uns enttäuscht.

Aber da wollen wir schon ganz woanders sein. Ein Blick auf das Informationsschild zeigt uns, dass wir gar nicht vor dem Dom-Pfarramt stehen, sondern vor einer staatlichen Einrichtung: einem Teil des Schlossmuseums. Als wir noch diskutieren, ob wir das zuständige Pfarramt suchen, kommt ein junges Mädchen mit dem Fahrrad vorbei. Sie gesellt sich zu uns. Nachdem wir sie nach dem Pfarramt fragen, stellt sie sich als Studentin vor und erklärt, dass es dem Pfarrer untersagt sei, außerhalb der Gottesdienstzeiten jemanden in den Dom zu lassen. Sie selber würde morgen wieder Führungen vornehmen. Auf unsere Frage, ob man später auch entsprechend unserem Zeitplan Führungen vereinbaren könne, meint sie, das sei schon sehr oft gefordert, aber noch niemals genehmigt worden. Also können wir nur versuchen, bei einer unserer nächsten Fahrten, in das Gotteshaus zu gelangen. - Wir müssen uns also mit der Außenansicht begnügen, und von der ist nicht allzuviel zu sehen, zumindest nicht von unserem derzeitigen Standort aus, dem Domvorplatz. Der westliche Kreuzgangflügel, vor dem wir stehen, ist schön anzusehen. Als eine Besonderheit finden wir die Fensteranordnung. Üblich ist es, dass der Kreuzgang nur zum Innenhof hin Fensteröffnungen hat. Hier, zumindest am Westflügel, sind sie zum Domplatz hin wie auch zum Innenhof angelegt, was wir bei der relativ geringen Breite des Kreuzganges von unserem Standort aus erkennen können. Sicherlich sind die örtlichen Gegebenheiten dafür verantwortlich. Die gotischen Fenster zum Domplatz hin sind recht gedrungen gehalten und wirken somit sehr breit. Fast die halbe Höhe der Fenster nehmen die schönen Maßwerke ein. Wie mögen die Gewölbe wohl gestaltet sein? Meist sind ja Fenstergestaltung und Gewölbe aufeinander abgestimmt. Hinter dem Kreuzgang, der eingeschossig ist und ein eigenes Satteldach hat, sehen wir die südliche Langhauswand des Domes aufragen. Nach den Fenstern zu urteilen, hat dieses nur drei, dafür aber große Joche. Die Fenster zeigen wunderschöne Maßwerke, soweit wir das aus der Entfernung und der etwas ungünstigen Perspektive sehen können. Schade, dass wir sie uns nicht aus der Nähe ansehen können. Zwischen den Strebepfeilern erheben sich über der Traufzone umfangreiche und hohe Ziergiebel, etwa ähnlich, wie wir sie bereits am Dom von Halle kennenlernten. Ein imposanter Anblick bietet sich uns, der noch besser wirken würde, wäre da nicht die Sichtbehinderung durch den Kreuzgangflügel. Er verdeckt den unteren Teil der Langhauswand. Durch ihn ist auch von dem östlich liegenden Querhaus nicht viel zu sehen. Vielmehr als das Giebeldreieck ist nicht zu erkennen. Hinter dem Querhausarm ragt der südliche Chorbegrenzungsturm, ein Rundturm, auf. Von ihm ist allerdings auch nur das oberste Geschoß zu sehen, eben soweit es über das Querhausdach hinausragt. Der Turm endet in einem gemauerten Spitzhelm. Der ist allerdings nicht rund, sondern polygonal gestaltet. Ein Zinnenkranz bildet den Übergang zwischen Turmschaft und Spitzhelm. Die Zinnen wirken wie kleine Ziergiebel mit Blendbögen. Das erinnert irgendwie an die deutsche Kaiserkrone, so zumindest unser erster Eindruck. Ich kann mir aber nicht vorstellen, dass die Baumeister solches im Sinn hatten.

Da von unserem Standort nicht viel mehr von der Bischofskirche zu sehen ist, begeben wir uns entlang der Westfassade in nördlicher Richtung. Unmittelbar an den Dom schließt sich im Norden das herzogliche Residenzschloss an. Meine Frau meint, der Herzog habe wohl den Dom als seine Schlosskirche angesehen. Möglich ist alles. Und es hätte sich ja auch angeboten, da ja das Gotteshaus seiner ehemaligen Bestimmung beraubt war. Durch ein schönes Renaissanceportal betreten wir die Einfahrt zum Schloss und danach den Schlosshof. Unser Blick geht wie automatisch nach Süden, und hier stehen wir nun vor der nördlichen Langhauswand des Domes. So bekommen wir doch noch den Anblick, der auf der Gegenseite durch den Kreuzgangflügel verborgen blieb. Das Langhaus wirkt für einen Dom kurz, wenn auch die Joche recht lang sind. Aber wo haben wir schon eine nur dreijochige Laienkirche kennengelernt? Wir vermögen jetzt keine zu nennen. Die hohen Langhausfenster mit ihren schönen Maßwerkabschlüssen wirken majestätisch. Auch hier im Norden erheben sich über der Traufzone die schönen Ziergiebel. Nun finden wir das bestätigt, was wir auf der anderen Langhausseite aus einiger Entfernung bereits vermuteten. Die Ziergiebel sind nachträglich aufgesetzt worden. Die hellen und geputzten Flächen der Schmuckgiebel stehen in farblichem Kontrast zu dem Langhauskörper in seiner Feldsteinstruktur. Der Giebel des nördlichen Querhauses lässt sich hier in seiner gesamten Größe bewundern. Ähnlich wie die Westfassade ist er schlicht gehalten. Drei gotische Fenster gliedern die Giebelfront. Dazu hat die Giebelwand ein Portal, das in seiner Gestaltung dem Westportal etwas ähnelt. In der Ecke zwischen Querhaus und Choransatz zeigt sich der nördliche Chorbegrenzungsturm. Er weicht von dem südlichen lediglich in sofern ab, dass er anstatt Zinnenkranz und Spitzhelm einen Barockhelm trägt. Wie oft haben wir nun schon unterschiedliche Bekrönungen bei Turmpaaren gesehen. Bei den sprichwörtlichen Symmetrieverständnis mittelalterlicher Baumeister kann die abweichende Bauweise nicht ursprünglich sein. Offenbar muss es hier in späteren Jahrhunderten zu Reparaturarbeiten gekommen sein, die dann im Zeitgeschmack abgeschlossen wurden.

Da wir das Dominnere ohnehin nicht besichtigen können, beschließen wir, Merseburg bei einer späteren Rundfahrt wieder auf das Programm zu setzen. Für heute beenden wir den Besuch der Bischofskirche. Gerade verwöhnt hat uns der Merseburger Dom ja nicht. Sein Wichtigstes, das Kircheninnere, hat er vor uns geheimgehalten. Was soll's? Ändern können wir es ja ohnehin nicht. Uns von dem Gotteshaus abwendend, richtet sich unser Blick nun dem Schloss zu. Bei unserem Eintritt in den Schlosshof hatten wir ja nur Augen für den Dom. Das ändert sich nun. Und was sich unseren Augen bietet, das ist doch schon recht bemerkenswert. Auf drei Seiten umschließt der Schlosskomplex den Hof. Eine wirklich imposante Anlage. Kein Wunder, dass sie auf die internationale Denkmalliste gesetzt wurde. Gewiss, etwas Farbe würde auch diesem Bauwerk sehr gut tun. Das heißt allerdings nicht, dass der Baukomplex vernachlässigt wirkt, keineswegs, aber leuchtende Farben würden die einzelnen, den Bau gliedernden Architekturelemente erst richtig zur Wirkung bringen. Uns umgibt eine viergeschossige Dreiflügelanlage im Renaissancestil, rechnet man das ausgebaute Dachgeschoss hinzu. Über der Traufhöhe wachsen eine ganze Reihe von Ziergiebeln auf, die, wie es in der Renaissance üblich war, besonders in der Horizontalen gegliedert sind und mit Voluten abgeschlossen werden. In der Nordostecke des Schlosses erhebt sich ein Turm mit quadratischem Grundriß, abgeschlossen mit einer Barockhaube.

Die schräggestellten Fenster zeigen uns, dass es sich hier um einen Treppenturm handeln muss. Es ist aber wohl anzunehmen, dass er nachträglich angefügt wurde, wenn gleich die Art der Bauweise eher etwas anderes auszusagen scheint. Der Turm schneidet nämlich einen Ziergiebel zu einem Teil ab. Sollte das etwa im Bauplan des Baumeisters gelegen haben? Das ist wohl kaum anzunehmen. Ein paar sehr reizvolle Renaissanceerker gliedern die sonst doch schlichten Fassaden auf der Hofseite, wobei man den im Nordflügel getrost als Prunkerker bezeichnen kann.

In der südöstlichen Ecke des Hofes, in der Nähe des nördlichen Ostturmes, ist ein Zierbrunnen zu sehen. Ein massiver Baldachin mit abschießendem Schmuckwerkaufbau macht ihn so sehenswert. Unweit davon steht eine Vogelvoliere, eigentlich nicht mehr als ein Käfig. Ein Kolkrabe bewohnt ihn. Mit dem Vogel hat es seine Besonderheit, ist er doch, oder besser gesagt, einer seiner Vorfahren zur Zeit Thilo von Trothas, mit einer recht berühmten Merseburger Sage verbunden. Diese soll an dieser Stelle mit wenigen Worten umrissen werden. Der Bischof entdeckte eines Tages, dass ihm sein goldener Siegelring fehlte. Recht schnell, viel zu schnell, wie es sich später zeigte, hatte er den Dieb benannt: seinen treuen Diener Johann. Obwohl dieser seine Unschuld beteuerte, wurde er doch auf Geheiß seines Herrn wegen des vermeintlichen Diebstahls hingerichtet. Zu Unrecht, wie sich etwas später herausstellen sollte. Ein Rabe war der Dieb. Ihn fand man später tot auf, den Ring neben ihm liegend. Das Unrecht ließ sich nicht mehr ungeschehen machen. Zur Sühne, wohl aber mehr zur Mahnung, niemals ein Urteil in Zorn und dazu noch ohne Beweise zu fällen, ließ Thilo den Käfig aufstellen und einen Raben einsperren. Der so seiner Freiheit beraubte soll sich etwas der menschlichen Sprache mächtig gezeigt haben, und beklagte das Fehlurteil seines Herrn. Weiterhin sagt die Sage, Thilo soll außerdem den Raben mit dem Ring im Schnabel als Zeichen der Sühne in sein Wappen aufgenommen haben. Soweit die Sage. Künftig setzten die folgenden geistlichen Schlossherren alles daran, einen Raben für den Käfig zu fangen und demselben das Sprechen beizubringen, mit wechselndem Erfolg, wie sich zeigen sollte. Ob der Rabe vor uns im Käfig auch ein paar Worte sprechen kann? Er tut uns nicht den Gefallen, statt dessen beäugt er uns aufmerksam und bedient sich seiner Rabensprache. Gottfried meint, dass er wohl auf seinen leeren Magen aufmerksam machen wolle, denn sicherlich würden Besucher des Öfteren dem Vogel Nahrung in den Käfig stecken.

Über die Geschichte des Schlosses hatte ich bereits im vorhergehenden Kapitel geschrieben, so dass ich mir an dieser Stelle eine umfangreiche Wiederholung ersparen kann. Der Hof, in dem wir uns befinden, hat schon vieles erlebt und musste vieles über sich ergehen lassen. Zuerst königliche, dann kaiserliche Pfalz, später bischhöfliches Palais und zuletzt herzogliche Residenz. Und heute beherbergen die Gebäude eine Reihe von Verwaltungen. Im Ostflügel des Schlosses ist ein Museum der Stadt untergebracht. Meine Frage, ob wir ersatzweise für das Dominnere das Museum besichtigen wollen, wird von meinen Begleitern nur mit geringschätzigen Blicken beantwortet. So verlassen wir den Schlosshof, um uns in der näheren Umgebung noch etwas umzusehen. Nördlich an das Schloss fügt sich der Schlossgarten an. Er ist mit viel Liebe angelegt worden. Aufgelockert wird er unter anderem durch Wasserspiele. Am nördlichen Ende ist ein längliches Gebäude zu erkennen, in dem wir eine Art Orangerie zu erkennen glauben. Ein Teil des Gebäudes wird von einem Cafe genutzt. Leider ist es geschlossen. So beschließen wir nun zum Auto zurückzukehren um unsere Fahrt fortzusetzen. Das ist auch zweifellos richtig, wollen wir uns doch heute noch einiges ansehen, bevor wir in Weimar unser Zimmer aufsuchen.

Unsere Ankunft in der nordthüringischen Domstadt NAUMBURG

Auf der Fernverkehrsstraße F91 verlassen wir die Domstadt Merseburg, die in keiner Weise unseren Erwartungen gerecht geworden ist. Wir durchfahren die mitteldeutsche Ebene, die hier keinerlei nennenswerte Abwechslung für das Auge bietet. In Sichtweite taucht linksseitig LEUNA auf. Fast schon drohend zeigt sich dieser Chemieriese. Chemieanlagen, rauchende Essen, dazwischen abfackelnde Türme und immer wieder Rohrleitungen über Rohrleitungen. Die nächste Stadt, die auf unserer Route liegt, ist Weißenfels. Sie scheint doch schon wesentlich mehr zu bieten, und so erteilt meine Frau Gottfried den Auftrag, Weißenfels auf die Vormerkliste zu setzen. Doch verweilen können wir heute hier nicht. Unser Programm ist noch recht umfangreich. Die Stadt durchfahrend orientieren wir uns auf der F87 und der F180 in Richtung Naumburg. Nach etwa einer halben Stunde fahren wir von Osten kommend in die Domstadt ein. Die Türme des berühmten Domes hatten uns schon von weitem begrüßt und uns so den Weg gezeigt. Die Straßenführung in der Saalestadt ist dann allerdings nicht ganz so einfach. Unser Weg, der eigentlich geradewegs zum Dom führen sollte, führt uns mal vom Dom fort, dann nähern wir uns ihm wieder, und so spielt die Straßenführung ein Weilchen mit uns. Aber dann haben wir es geschafft und stehen an Dom und Domkloster. Wir parken unser Auto und begeben uns geradewegs zum Einlass. Leider müssen wir an der Kasse erfahren, dass die nächste Führung erst in etwa zwei Stunden stattfindet. Und das sei dann für heute die letzte. Die Besichtigung des Sakralbaues sei nur im Rahmen von Führungen möglich. Die Dame an der Kasse muss wohl unsere Frage von den Augen abgelesen haben. Für uns ist das kein Problem. Somit werden wir uns erst die Stadt und die Wenzelskirche ansehen, ehe wir wieder hierher zurückkehren. Eigentlich kann es nur von Vorteil sein, erst das Umfeld kennenzulernen und danach die berühmte Bischofskirche. Wir empfinden es schon als Erfolg, dass wir noch heute in den Dom gelangen können.

Der enge Zeitrahmen von nur zwei Stunden nimmt uns die Entscheidung ab, eventuell zu Fuß ins Zentrum zu kommen. Der Trabi wird gestartet und dann führen uns die Vorwegweiser zur Stadtmitte. Durch ein Gewirr von Einbahnstraßen kämpfen wir uns zum Marktplatz vor, der nunmehr Wilhelm-Pieck-Platz heißt. Am Rathaus können wir unser Auto parken. Dann lassen wir erst einmal den Platz auf uns wirken. Ein großer viereckiger, mit Platten befestigter Platz stellt das unmittelbare Zentrum von Naumburg dar. Er wird überragt von der im Süden hinter ihm stehenden Wenzelskirche. Unmittelbar davor begrenzt das sogenannte Schlösschen, ein schöner Traufenbau im Renaissancestil, den Marktplatz. An ihm fallen die bemerkenswerten und für die Renaissance so typischen Ziergiebel mit halbrunden Abschluss auf. Links neben ihm stehen zwei aneinander gebaute Giebelhäuser, ebenfalls im Renaissancestil erbaut. Lediglich ein kleines Gässchen trennt diese beiden schönen Häuser von dem Schlösschen. Ist dieses schlicht, fast ohne jeden Fassadenschmuck, sieht man von den Ziergiebeln ab, so präsentieren sich die beiden Giebelhäuser ganz anders. Auffallend sind die bemerkenswerten geschwungenen Stufengiebel. Beide Häuser sind horizontal gegliedert, was eine schöne Überleitung zum Höhepunkt in den Giebeln bildet. Nicht nur das Schlösschen zeigt über der Traufe Schmuckgiebel. Auch das Rathaus auf der Westseite des Marktes und ihm gegenüber im Osten ein Wohn-und Geschäftshaus sind ebenfalls auf diese Weise geschmückt. Uns erscheint es so, als prägten diese Ziergiebel den ganzen Platz. Dabei sind es ja nur drei von einer Vielzahl von Gebäuden. Einige von ihnen werden durch recht einfache Ziergiebel, wieder über der Traufe, geschmückt. Die meisten jedoch haben sehr steile Satteldächer. Was sofort ins Auge fällt, sind die vielen Gauben, die sich gestaffelt über fast die ganzen Dächer verteilen. Das erinnert irgendwie an Speicherhäuser des späten Mittelalters. Da waren die Gauben zur Durchlüftung der Speicher angelegt worden. Die Häuser könnten der Renaissance, aber vielleicht auch dem Barock entstammen. Die Fassaden dieser Traufenhäuser sind bis auf Ausnahmen recht schmucklos. Einige Häuser sind zwar renovierungsbedürftig. Doch kann man keineswegs von ihnen sagen, dass sie Verfallserscheinungen aufweisen. So gesehen, stellt das Zentrum von Naumburg nach unseren bisherigen Erfahrungen eine gewisse Ausnahme dar. Selbst die drei mit den runden Ziergiebeln ausgestatteten Gebäude zeigen sich hinsichtlich der Fassadengliederung ziemlich sparsam. Aus diesem Rahmen fällt jedoch das schöne Renaissance-Portal des Rathauses. Es ist der Blickfang des ersten Hauses der Stadt, das nicht zu übersehen ist und einladend wirkt.

Der befestigte Platz ist leer. Da er nicht, wie in vielen anderen Städten, als Parkplatz dient, ist anzunehmen, dass an den Markttagen hier die kleinen Händler und Bauern ihre Verkaufsbuden aufbauen werden. Bei der baulichen Umrahmung muss das ein schönes buntes Bild sein. - Nach der Betrachtung des Marktplatzes wenden wir uns der Wenzelskirche zu. Gottfried ist es, der uns auf die fortschreitende Zeit aufmerksam macht.

Die Stadtpfarrkirche St. Wenzel zu Naumburg

Um das Schlösschen müssen wir nur herumgehen, und wir nähern uns der Wenzelskirche. Vor dieser, am Nordportal, wartet bereits eine Gruppe von Menschen. Wie wir erfahren, sind sie mit einem Reisebus hier und warten nun auf den Küster der Kirche. St. Wenzel stünde mit auf ihrem Programm. Es soll einige Augenblicke dauern bis der Erwartete erscheinen würde. Die Zeit bis zu seinem Eintreffen nutzen wir zu einem ersten Eindruck über die Außenansicht. Leider haben wir von unserem Standort aus keine günstige Perspektive. Die Rückfront des Schlösschens ist sehr nah, fast zu nah, an dem Kirchenbau. Die erforderliche Entfernung, um die Kirche in ihrer Gänze zu betrachten, ist einfach nicht gegeben.

Ein recht hoher gotischer Chor erhebt sich vor uns. Er scheint zweijochig zu sein. Nur ein Joch ist zu sehen. Das andere wird durch den Nordturm verdeckt, der hier die Funktion eines Chorbegrenzungsturmes hat. Westlich des Chores setzt sich die Kirche in einem Langhaus fort, das um einiges höher ist, als der Chor. Dafür ist es jedoch sehr kurz. Es hat eine Art Walmdach. Das Dach des Chores liegt tiefer. Von einem eingezogenen Chor möchte ich aber nicht sprechen. Doch zurück zum Langhaus. Es ist wirklich extrem kurz aber doch wesentlich breiter als der Chor. Zudem hat die Kirche der Gemeinde im Westen keinen geraden, sondern einen runden Abschluss. Eine recht ungewöhnliche Lösung. Wieder einmal wird uns vorgeführt, zu welchen vielfältigen architektonischen Lösungen die Spätgotik fähig war. Über eine Freitreppe gelangt man zum Westportal, einem schlichten Gewändeportal. Über diesem entwickelt sich ein gewaltiger spätgotischer Kielbogen, der in eine doch recht hohe Fiale übergeht. Flankiert wird das Portal beiderseits von zwei Heiligenfiguren, deren Baldachine wiederum in Fialen enden. In dem einen Heiligen vermuten wir den Patronatsheiligen, den St. Wenzel. Die Heiligenfigur gegenüber könnte St. Maria darstellen. Sie ist leider schon stark verwittert und beschädigt noch dazu. Dem Dach nach zu urteilen, wird uns im Inneren eine Hallenkirche empfangen.

Der Turm der Wenzelskirche scheint einen quadratischen Querschnitt zu haben. Etwa in halber Höhe, also über dem zweiten Geschoss, geht er in einen Achteckbau über, der durch eine Barockhaube mit aufgesetzter Laterne abgeschlossen wird. Irgendwie erinnert uns das an den Turmabschluss von St. Katharinen in Brandenburg. Sehr sparsam ist er durch Schmuckelemente gegliedert. Das vermittelt gegenüber dem leicht wirkenden Langhaus den Eindruck einer Monumentalität und Wehrhaftigkeit.

Weiter kommen wir in unserer Betrachtung nicht, denn in die wartende Reisegruppe kommt Bewegung. Der ersehnte Küster ist erschienen. Wir wenden uns an ihn, da wir gerne die Kirche von innen sehen würden. Auf unsere Frage antwortet er freundlich, er habe nichts dagegen, wenn wir uns der Reisegruppe anschließen würden. Einwände kommen vom Reiseführer nicht. Er lächelt nur huldvoll. Und so betreten wir durch das Nordportal das Gotteshaus. Unser Erstaunen setzt sich hier im Inneren des Bauwerkes fort. Hatten wir in dem Gotikbau spätgotische Gewölbe einer Hallenkirche erwartet, so werden wir mit Spiegelgewölben überrascht. Hier im Inneren erscheint uns die Kirche einschiffig, allerdings mit beiderseitigen Emporenanbauten. Hat man die Seitenschiffe in

145

diese Emporen umgebaut? Wir werden in unseren Betrachtungen unterbrochen, denn der Küster beginnt mit der Führung. Baubeginn dieses Sakralbaues sei 1426 gewesen. Allerdings hätten an dieser Stelle bereits Vorgängerbauten gestanden. Der früheste urkundliche Nachweis stamme aus dem Jahr 1228. Damals sei die Kirche noch vom Dom abhängig gewesen. Der Gotikbau sei aber von der Bürgerschaft errichtet worden.

Durch die Chorfenster fällt das Tageslicht in die Kirche. Sie sind dreibahnig mit spätgotischen Maßwerken. Das Mittelfenster ist nicht zu sehen, denn es wird von einer riesigen barocken Altarwand verdeckt. Auf diese Altarwand in drei Geschossen ist die Gemeinde sehr stolz. Ein Zeitzer Hofbildhauer schuf den Altaraufbau, ein Dresdner Hofmaler das Altarbild sowie die Farbgebung des gesamten Altares. Hier bekommen wir des Rätsels Lösung ob des eigenartigen Gewölbes in einer gotischen Kirche. Der Gotikbau ist barockisiert worden. Dieser Umbau führte dann auch zu dem Einbau des bereits erwähnten Spiegelgewölbes. Die runden Übergänge zu den Außenwänden des Chores sowie den Wänden der Emporen sind bildhaft und ornamental mit Stuck ausgeschmückt. Der ganze Umbau hatte wohl zum Ziel, der Gemeinde eine Saalkirche zu geben. Das ursprüngliche Bauschema der Hallenkirche ist überhaupt nicht mehr zu erkennen. Die Wände zu den Emporeneinbauten wirken wie Außenmauern einer Saalkirche. Dieser Eindruck ist wohl auch bezweckt worden. Hier wechseln sich Spitzbögen und Rundbögen in zwangloser Reihenfolge und unterschiedlicher Größe je nach ihrer Funktion ab. Ein Einbau an der Nordwand fällt unbedingt ins Auge, ragt er doch auch etwas in das Kirchenschiff hinein. Diese Emporen in zwei Etagen zeigen Renaissance-Segmentbögen. Zudem sind sie wunderbar filigran geschmückt. Wären nicht die Chorfenster, nichts würde daran erinnern, dass der Bau aus einer gotischen Hallenkirche entstanden ist.

Wir wenden uns nach Westen. Der barocke Orgelprospekt vervollständigt in wunderbarer Weise den Gesamteindruck einer Barockkirche. Der Prospekt trägt eine recht große Orgel, die sogar ein Rückpositiv hat. Irgendwie erinnert uns das Instrument an Silbermann. Der Küster lächelt und klärt uns dann auf. Wir würden gar nicht so falsch liegen. Aber nicht Silbermann wäre der Orgelbauer, sondern Hildebrand, und der habe schließlich bei dem sächsischen Meister sein Handwerk gelernt. Den Prospekt habe zwar Hildbrand nicht selbst gefertigt, aber die Anweisungen zu seiner Ausführung und Ausschmückung seien schon seiner Feder entsprungen. Übrigens habe der Meister gemeinsam mit Bach das Instrument begutachtet. Sollte etwa diese Orgel Hildebrands Meisterstück sein? - An der Westwand der Kirche lassen sich noch Zeugnisse des gotischen Baues erkennen, soweit sie nicht von der gewaltigen Orgel verdeckt werden. Es sind die gotischen Langhausfenster mit Maßwerken, die denen der Chorfenster recht ähnlich sind.

Der Küster kommt zum Ende seiner Ausführung. Gerade zur richtigen Zeit, denn Gottfried zeigt besorgt auf die Uhr. Die Zeit ist wie im Fluge vergangen, und wenn wir uns nicht beeilen, kommen wir zur letzten Domführung noch zu spät. Wir verlassen mit der Reisegruppe die Wenzelskirche, nicht bevor wir eine Kleinigkeit zur Erhaltung des Gotteshauses gespendet und uns beim Küster bedankt haben. Nun aber schnell zu unserem Auto und dann geradewegs zum Dom.

Ein kurzer Abstecher in die Geschichte der nordthüringischen Stadt

Aus den Anfängen von Naumburg ist nach den vorliegenden Quellen nicht allzu viel zu berichten. In die urkundlich belegte Geschichte tritt Naumburg den Anfang des 11. Jahrhunderts ein. In einem Brief des Markgrafen von Meissen an den Merseburger Bischof geht es um eine Propsteikirche in Naumburg. Diese Kirche war gerade erst die Grablege des Ekkehardiner Grafengeschlechtes geworden. Die Grafen hatten in Nordthüringen wechselnde Sitze auf Burgen, so bei Großjena, Kleinjena und Eckartsberga. In der deutschen Geschichte spielten sie eine nicht zu übersehende Rolle. Waren sie doch zeitweilig sogar mit der Markgrafschaft Meissen belehnt.

Kirchenpolitisch kam Naumburg zunächst keine größere Bedeutung zu. Der Ort an der Unstrutmündung in die Saale gehörte zu der Diözese Zeitz. Das begann sich etwas zu ändern, als der Bischofssitz nach Naumburg verlegt wurde. Das ist nach einer Urkunde von Papst Johannes XIX. für 1021 belegt. Im nächsten Kapitel werde ich hierauf näher eingehen, da es ja vornehmlich den Dom betrifft. Die Einrichtung des Bischofssitzes in Naumburg kam den Interessen von Kaiser Konrad II., Bischof Hildeward von Zeitz und letztlich den Ekkehardinern entgegen. Große Geschichte wurde allerdings in der Stadt fortan auch nicht geschrieben. Fast alle historischen Ereignisse hängen irgendwie mit dem Dom und der Diözese zusammen. Im 13. Jahrhundert sind es vornehmlich die Bischöfe Engelhard und Dietrich, die durch ihre Aktivitäten von sich reden machen. In der Folgezeit sind es die Spannungen zwischen den Wettinern und den Bischöfen, die zunehmend die Entwicklung der Stadt prägen. Die Ekkehardiner waren längst ausgestorben, und das sächsische Adelsgeschlecht, nunmehr mit dem Gebiet belehnt, versuchte Naumburg der Diözesanmacht abzuringen. Längst war der Bischof neben seiner Kirchenfürststellung nur noch weltlicher Herrscher in der Stadt. Im 16. Jahrhundert gelang es den Wettiner Fürsten, die Stadt unter ihre Gewalt zu bekommen. Der Kirchenfürst nahm nun nur noch sein kirchliches Amt wahr.

Der sächsische Bruderkrieg in der Zeit von 1446 bis 1451 war wohl dann der ausschlaggebende Anlass, die Stadt mit einer Stadtbefestigung aus Stein versehen zu lassen. Zu groß sah man die Gefahr, dass in den Wirren der Kämpfe Naumburg mit einverleibt werden könnte. Ihre wirkliche Bewährungsprobe bestand die Befestigungsanlage dann aber erst im Dreißigjährigen Krieg, als 1642 die Schweden vergeblich versuchten die Stadt zu erobern. Nach diesem Krieg wird Naumburg für kurze Zeit herzogliche Residenz. Sieht man von ein paar, teilweise sehr großen Stadtbränden ab, geschah in Naumburg nichts Weltbewegendes mehr. Die Stadt beschäftigte sich über Jahrhunderte quasi mit sich selbst. Die große deutsche Geschichte mit ihren Höhen und Tiefen ging im Wesentlichen an der Stadt an Unstrut und Saale vorbei. Das blieb bis in unsere Tage so. Der Zweite Weltkrieg brachte Naumburg Gott-sei-Dank keine größeren Schäden. Den Stadtvätern scheint es über Jahrhunderte gelungen zu sein, sich aus Parteinahmen, egal für welche politische Richtung, herauszuhalten. Das ist der Stadt und ihrer urbanen Architektur sehr gut bekommen. Heute ist Naumburg eine Kreisstadt im Bezirk Halle mit etwa 35000 Einwohnern. Über die damit verbundene regionalpolitische Verantwortung hinaus hört man von dem Wirken der Stadtväter nicht allzuviel, es sei denn auf kulturhis-

torischem Gebiet. Da hat ja die Stadt sehr viel zu bieten, mehr, als viele andere Kleinstädte in unserer Republik.

Während wir nun durch die Altstadt fahren, um zurück zum Dom zu gelangen, können wir das architektonisch urbane Gefüge von Naumburg kennenlernen. Das Jahrhunderte währende Leben und Entwickeln am Rande der großen Geschichte hat sich für
die Stadt äußerst positiv ausgewirkt. Gewiss, mittelalterliche Profanarchitektur ist so gut
wie gar nicht mehr zu finden. Daran dürften wohl die Stadtbrände schuld sein. Aber von
der Renaissance beginnend über den Barock hin zum Klassizismus und der Gründerzeit
bietet Naumburg sehr viele Zeugnisse einer gewachsenen Stadt. Nicht viele Städte in der
DDR können das in so eindrucksvoller Weise aufweisen. Die in vielen Städten fatalen
Bausünden der Gründerzeit halten sich in Grenzen. Offenbar hatte auch unser Staat
soviel Respekt vor dem urbanen Bild Naumburgs, dass seine Bausünden sich in ganz
engen Grenzen halten. Wir haben einen sehr guten Eindruck von der Architektur dieser
Stadt. Dabei sehen ein Großteil der Gebäude gar nicht so aus, als seien sie bereits restauriert oder saniert. Auch hier fällt man über Zeugnisse des Verfalls, aber die treten
nicht so gehäuft auf, wie in den bisher durchfahrenen Städten.

Während wir durch die Altstadtstraßen Naumburgs fahren, kommt mir eine Begebenheit aus meiner Studienzeit in Jena ins Gedächtnis. Unsere Dozenten, egal welcher
Fachrichtung, konfrontierten uns aus reinem Lokalpatriotismus immer wieder mit einem
Urteil Goethes über die Universitätsstadt. Ins Gästebuch des Hotels „Schwarzer Bär"
soll der Dichterfürst geschrieben haben, Jena sei eine verträumte und vertrottete, aber
dennoch liebenswerte Provinzkleinstadt. So, wie ich Jena kenne, muss ich sagen, das
Urteil würde vielmehr auf Naumburg zutreffen als auf die Universitätsstadt. Ins Träumen
kann man in dieser Stadt an der Unstrutmündung schon kommen, und das macht sie auch
so liebenswert für uns. Die Stadt ist sich ihres landschaftlich reizenden Umlandes anscheinend wohl bewusst. Stadtlandschaft und Umland bilden eine gute Einheit. Die
Türme des Domes und St. Wenzels werten das Panorama Naumburgs in wunderbarer
Weise auf. Eine Stadtansicht inmitten von Weinbergen und Flüssen, das tut dem betrachtenden Auge sehr gut.

Leider haben wir nicht die Zeit, uns in der Stadt länger aufzuhalten und die Straßenzüge mit ihrer Bebauung zu bewundern. Daraus ergibt sich zwangsläufig der Wunsch,
auf einer unserer nächsten Fahrten in Naumburg zu übernachten. Dann könnten wir den
Reiz der Stadt viel besser genießen. Das Umland von Naumburg bietet ja zudem so viele
Zeugnisse der Geschichte, sodass wir hier einen separaten Programmschwerpunkt planen
könnten. - Für heute muss uns die Stippvisite leider genügen. Wieder einmal müssen
wir erkennen, dass die Planung aus der Ferne nicht alles berücksichtigen kann.

Der Dom zu Naumburg

Gerade noch rechtzeitig gelangen wir am Dom an und finden auch sofort einen Parkplatz. Nach dem Kauf der Karten für die Führung gesellen wir uns zu der bereits wartenden Besuchergruppe. Sie ist nicht gerade groß. Das hängt wahrscheinlich damit zusammen, dass es für heute die letzte Führung ist. Eine junge, recht hübsche Dame stößt zu uns, stellt sich als Mitarbeiterin des Dommuseums vor und begrüßt uns im Namen desselben. Sie würde uns jetzt durch den Dom führen. Anschließend bittet sie uns in das Gotteshaus. Hier dürfen wir uns erst einmal in eine der Stuhlreihen setzen, denn zunächst sollen wir mit einigen historischen Begebenheiten des Domes wie auch der Stadt Naumburg bekannt gemacht werden. An dieser Stelle werde ich allerdings nur noch auf die Geschichte des Domes eingehen. Zustimmung erntet die junge Dame, als sie genau wie wir zu der Auffassung gelangt, dass die markanten Türme des Domes das Panorama der Stadt in besonderer Weise mit der umgebenden Landschaft aufwerten.

Die Anfänge des Naumburger Domes gehen bis in das Jahr 1021 zurück, eigentlich noch weiter, wenn man es richtig nimmt. Die in der ersten die Stadt betreffenden Urkunde genannte Propsteikirche ist mit dem ersten Dom so gut wie identisch. Allerdings nennt unsere Führerin diesen Bau die Ekkehardiner Stiftskirche. Papst Johannes XIX. hatte die Verlegung des Bischofssitzes von Zeitz nach Naumburg auf Bitten Kaiser Konrads II. genehmigt. Die Ekkehardiner hatten hieran Bedingungen geknüpft, die aber erst im 13. Jahrhundert erfüllt werden sollten. Aber davon später mehr. Politisch hätte sich die Verlegung notwendig gemacht. Mehr war hierzu von der jungen Dame nicht zu erfahren. Kein Wort zu den slawischen Unruhen an der Ostgrenze des deutschen Reiches, kein Wort zu dem von den aufgebrachten Slawen bedrängten Dom in Zeitz. Das waren die politischen Notwendigkeiten, die zu der Verlegung des Bischofssitzes führten. Der Umzug eines Diözesanzentrums an einen anderen Ort ist im Grunde eine derart ungewöhnliche Maßnahme, dass hierzu schon ein paar Worte mehr angebracht wären.

Lange dauerte die Doppelfunktion Stiftskirche mit dem Dom. Noch in der ersten Hälfte des 11. Jahrhunderts wurde mit dem Neubau der Bischofskirche begonnen. Dieser Dom im frühromanischen Stil überdauerte dann etwa 150 Jahre. Dann machten sich wohl derart viele Reparaturen erforderlich, dass das Domkapitel lieber gleich über einen Neubau nachdachte. Dieser sollte nun den liturgischen Gegebenheiten besser Rechnung tragen, als der bisherige Bau. Zeitlich ergab sich jedoch einiges im Bauablauf, das so gar nicht geplant war. Man begann eine Krypta unter dem Chor im Osten einzubauen. Das ging wohl nicht ohne bautechnische Probleme ab. So entschloss man sich dann Anfang des 13. Jahrhunderts zu dem Neubau, nunmehr im spätromanischen Stil. Wiederum wurde eine Basilika errichtet.

Im Mittelschiff des basilikalen Langhauses sitzen wir nun und lauschen den Worten der jungen Frau vom Museum. Der Kirchenraum ist fast ohne jeden Schmuck. Man könnte meinen, sich in einer Klosterkirche zu befinden. So gut wie nichts vermittelt den Eindruck einer Reichskirche. Die Arkadenbögen zu den Seitenschiffen zeigen schon Spitzbögen. Die von Frankreich kommende Gotik hatte bereits ihre Finger bis hierher ausgestreckt. Die Obergadenfenster hingegen sind noch eindeutige Rundbögen. Doch zurück zu den Arkaden. Die Bögen lagern auf einer Art, ich würde sagen, Bündelpfeiler. Doch keine, wie man sie aus der Gotik kennt, sondern wesentlich einfachere. Das Langhaus ist dreijochig. Jedes Joch hat zwei Arkadenbögen. Die gewölbetragenden Dienste entwickeln sich aus der Basis der jochbegrenzenden Pfeiler. Zudem gehen sie in Scheidebögen über, die somit die Joche voneinander trennen. Sie sind wie schon die Arkadenbögen als Spitzbögen ausgebildet. Diese Dienste sind die einzigen vertikalen Gliederungselemente der Langhauswände. Die ausgeschiedenen Joche werden von einfachen Kreuzgratgewölben überspannt. Die Pfeiler zwischen zwei Arkadenbögen eines Joches sind wesentlich einfacher ausgebildet. Sie tragen eben nur die Arkadenbögen und die Seitenschiffgewölbe. Die Wände des Langhauses sind weiß geputzt. Die Farbe ist bereits ziemlich nachgedunkelt. Dienste, Scheidebögen und Gewölberippen sind in ihrer natürlichen Steinfarbe belassen. Das lockert den Kirchenraum auf. Die Erklärungen der jungen Frau, denen wir lauschen, lassen zwar keine besondere Sammlung und Einlassung auf das Kircheninnere zu. Sie sind eben atheistisch, ohne religiösen Bezug. Dennoch können wir in diesem Gotteshaus die Ehrwürdigkeit des romanischen Baues erfahren, zur Andacht und dem Gefühl der sacralen Geborgenheit kommen. Doch davon sagen wir der jungen Frau nichts. Sie würde es wahrscheinlich doch nicht verstehen.

Die Museumsmitarbeiterin möchte nun in der Führung fortfahren und bittet uns, sich wieder von den Stühlen zu erheben. Nach Osten gerichtet verweist sie auf den Lettner am Ostchor. Er befindet sich zwischen den westlichen Vierungspfeilern, nimmt aber nur die Breite des Mittelschiffes ein. Durch die Seitenschiffe kann man somit in die Querhaushallen im Norden und Süden gelangen. Der Lettner ist als kleine Halle ausgebildet. In dieser steht der schlichte Kreuzaltar, der Altar der Laienkirche. Drei romanische runde Arkadenbögen begrenzen nach Westen die kleine Halle. Links und rechts des Altares sind die Zugänge zu der Kirche des Domkapitels, dem Chor. Über den Altararkaden wird der Lettner durch ein die ganze Breite ausfüllendes Blendarkadenfeld abgeschlossen. Darüber ist der Blick auf die Chorfenster freigegeben. Schöne Vierpassmaßwerke sind zu sehen. Einschränkend, ja fast so nebenher, teilt die junge Frau mit, dass sie uns den Ostchor nicht zeigen könnte. Hier wären Bauarbeiten im Gange. Auch auf die Krypta müssten wir verzichten. Sie wäre gegenwärtig ebenfalls zur Besichtigung nicht freigegeben. Gründe hierzu erfahren wir, auch auf diesbezügliche Fragen hin, nicht.

Unsere Führerin wendet sich nun nach Westen und beginnt mit der Erläuterung des Westchores. Das was uns nun erwarten würde, könnte uns der Ostchor in keinster Weise bieten. Wir stünden vor dem Teil des Domes, der die Kirche in der ganzen Welt bekannt gemacht hätte. Zu Beginn des Kapitels hatte ich bereits angedeutet, dass die Ekkehardiner Bedingungen an die Verlegung des Domes von Zeitz in die Naumburger Stiftskirche gestellt hatten. Jetzt, im 13. Jahrhundert sollten diese Bedingungen nun endlich erfüllt werden. Bischof Dietrich plante einen Westchor, den er den Stiftern aus dem Ekkehardiner Grafengeschlecht widmen wollte. So sollte nach zwei Jahrhunderten die räumliche Möglichkeit geschaffen werden, für das Seelenheil der Stifter zu beten. Lange hatte der Kirchenfürst nach Gestaltungsvorschlägen für den Westchor gesucht. Die Frühgotik hatte in deutschen Landen Einzug gehalten. Die heimischen Baumeister und Steinmetze hatten nach seiner Meinung noch keine Erfahrung auf diesem Gebiet. In Mainz wurde Dietrich dann fündig. Dort liess Erzbischof Siefrid an seinem Dom ebenfalls einen Westchor errichten. Die Gestaltungsformen, insbesondere der Steinmetzarbeiten, waren genau das, was Bischof Dietrich vorschwebte. Und so kam es unverzüglich zum Vorvertrag mit dem Baumeister. Es dauerte dann aber noch ein paar Jahre, bis die Arbeiten in Naumburg beginnen konnten. Das, was der Meister dann an Arbeiten in Naumburg ablieferte, begründete nun endlich seinen Weltruhm. Dabei kennt man noch nicht einmal seinen Namen. Er ist unter dem Synonym „Der Meister von Naumburg" in die Kunstgeschichte eingegangen. Dabei kann man seinen Schaffensweg ziemlich genau nachzeichnen. Es gibt Autoren, die vermuten, dass dieser Künstler möglicherweise zu den „Waldenser Brüdern" zu rechnen sei. Diese, wohl einer Sekte angehörend, verschwiegen ihre Namen nach dem Grundsatz: An ihren Werken sollte man sie erkennen. Das Rätsel um den Namen und ein paar Details in den Steinbildnissen ließen Autoren zu dieser Auffassung kommen. Soviel zu der Geschichte des Westchores und zur Person seines Schöpfers. Diese Kenntnisse haben wir im Wesentlichen aus der Literatur. Die Dame vom Museum ging nur ganz oberflächlich auf den Meister und seine Werke ein.

Der Westchor ist ebenfalls wie sein östliches Gegenstück gegen das Langhaus mit einem Lettner abgeschlossen. Er wirkt somit wie eine separate Kapelle, und genau das war die Absicht des Bischofs. Eine großzügige Stifterkapelle sollte entstehen, die dem Versprechen an die Ekkehardiner aus der Zeit der Domverlegung gerecht würde. Unsere Führerin beginnt mit der Erläuterung des Gesamtkunstwerkes Westchor, wie sie es nennt. Die Schauseite des Lettners, vor dem wir stehen, ist horizontal zweigeteilt. Den oberen Abschluss bildet ein Band von acht Reliefbildern. Es wird nur unterbrochen vom Giebel des Chorportals, auf das ich noch eingehen werde. Die Einsetzung des Abendmahls und die Leidensgeschichte Jesu-Christi sind Gegenstand der Reliefs. Alle Bilder haben einen angedeuteten Arkaden-Baldachin. Das stimmt den Betrachter schon darauf ein, dass alle Darstellungen in einem thematischen Zusammenhang stehen. Trotz der Reliefdarstellung haben die Bilder eine unwahrscheinliche Tiefenwirkung. Dazu sind die Flächenaufteilung und die Raumaufteilung hervorragend gelöst. Die Natürlichkeit der Dargestellten nimmt einen unbedingt gefangen. Zumindest uns geht es so. In der Abendmahlszene ist eine Person mit einem Schutzumhang angetan, wie er früher bei Steinmetzen üblich war. Es wird allgemein angenommen, dass es sich hierbei um ein Selbstbildnis des Meisters handeln könnte. Sollte dem so sein, würde es sich wohl um sein einziges Abbild unter all seinen Werken handeln.

Den Hauptteil des Lettners bildet das Portal in den Chor. Es ist als kleine einjochige und zweischiffige Halle mit eigenen Kreuzgratgewölben gestaltet. Die Vorderfront wird von zwei Spitzbögen und einem Giebelfeld mit einem Vierpassbild gebildet. Der Giebel sprengt das bereits beschriebene Bildband, erhebt sich noch über dieses hinaus. Flankiert wird das Portal beiderseits von je zwei gestaffelten Blendarkaden. Auf die Kapitelle der Säulchen, die die Blendarkaden zu tragen scheinen, werden wir besonders hingewiesen. Sie zeigen vornehmlich Blattwerk. Wir werden gebeten, zu überprüfen, ob an zwei Kapitellen die gleiche Blattform zu entdecken ist. Nein! Alles Blätter unterschiedlicher

Bäume. Es sind, so erfahren wir, allesamt Blätter, die man noch heute in der Umgebung von Naumburg finden kann. Die filigrane Arbeit ist unbedingt sehenswert. Wir würden uns kaum trauen, die Blätter anzufassen, befürchtend, etwas abzubrechen. Und der Meister hat hier mit Meißel und Schlegel gearbeitet. Unvorstellbar! Eine wirklich recht ungewöhnliche Lettnergestaltung! Am Eindrucksvollsten aber ist die Gestaltung des zweigeteilten Durchganges in den Chor. Blickfang ist eine Kreuzigungsgruppe. Der Mittelpfosten der Öffnungen und das obere Gebälk sind zum Kreuz gestaltet, an das der Erlöser geschlagen ist. Wenn man den Recherchen von Rosemarie Schuder glauben darf, wurde der Zwickel zwischen den beiden Spitzbögen von vielen Klerikern der damaligen Zeit nicht als Teil des Kreuzes anerkannt. Übrig blieb denn nur das Kreuz in Form eines „T". Genau das war aber als Ketzerkreuz verpönt. Bischof Dietrich hatte es offenbar nicht leicht, sich für den Meister einzusetzen und ihm freie Hand zu lassen. Die Figuren der Kreuzigungsgruppe waren denn auch nicht gerade dazu angetan, sich beim Klerus beliebt zu machen. Da ist zunächst die Figur des Gekreuzigten. Nichts weist auf Gottes Sohn hin. Da hängt ganz einfach ein Mensch am Kreuz. Die Gesichtszüge faszinieren mich. Aus ihnen kann man die eben erlittenen Todesqualen ablesen. Wir bekommen gesagt, dass die Farben an der Figur des Erlösers noch die des Mittelalters seien. Die Denkmalpflege halte nichts davon sie zu erneuern. Das Original sei viele Male wertvoller als eine farbliche Neugestaltung. Recht hat das Institut. Am linken Pfortendurchlass steht die Mutter Jesu, Maria. Nichts deutet darauf hin, dass hier die Gottesmutter am Kreuz des Messias steht. Nein, es ist eine alte, von Harm gebeugte und vollkommen verzweifelte Mutter, die eben den Tod ihres Sohnes miterleben musste. Der Künstler ging soweit, sogar die Tränen auf den Wangen nachzubilden. So eine Marienfigur habe ich überhaupt noch nicht gesehen. Rechts des Gekreuzigten der Lieblingsjünger des Herrn, der Apostel Johannes. Auch ihm sieht man den ungeheuren seelischen Schmerz an. Es scheint so, als habe dieser ihm die Sinne vewirrt, weil er die Realität nicht, noch nicht begreifen kann. Wir werden aufgefordert, in den Chor einzutreten. Die Faszination, die von der Gruppe ausgeht, ist so groß, dass wir beim intensiven Betrachten gar nicht bemerkten, den Anderen den Eintritt in den Chor zu verwehren.

Das, was uns hier erwartet, ist nun vollkommen anders gestaltet, als die Figuren am Lettner. Zwischen den Chorfenstern, an den Strebepfeilern, sind die berühmten Stifterfiguren zu sehen. Der Chor ist lichtdurchflutet. Die Chorfenster lassen das Sonnenlicht in den Raum. Ein leichter Schauer rieselt mir über den Rücken, ob des Hauches der Vergangenheit, der hier gegenwärtig zu sein scheint. Die Dargestellten, allesamt Persönlichkeiten aus dem Ekkehardinergeschlecht, sind aufs Engste mit der Errichtung der Stiftskirche verbunden. Sie förderten den Bau, der einmal die Grablegekirche des Grafengeschlechtes werden sollte. Der Künstler habe so intensiv wie möglich alle Stifter studiert, wird uns mitgeteilt. Einiges hätten entsprechende Quellen schon hergegeben. Insbesondere sei es ihm um die Charaktere gegangen. Gekleidet habe er die Figuren aber mit der Mode seiner Zeit, denn vieles sei aus der Geschichte diesbezüglich nicht zu erfahren gewesen. Die acht Männer und vier Frauen sind lebensgroß in Stein gehauen. Der Meister habe die Statuen nicht mit Namen bedacht. Die dargestellten Charaktere aber liessen mit Hilfe der Totenbücher und anderen historischen Unterlagen eine Identifizierung zu, die mit großer Wahrscheinlichkeit auch richtig sei. Die Figuren strahlen eine ungeheure Natürlichkeit aus. Meine Frau lässt sich zu der Bemerkung verleiten, man habe das Gefühl, jeden Moment könnten sie sich bewegen. Unsere Führerin quittiert dies mit einem lobenden Lächeln.

Da ist zunächst Markgraf Ekkehard II. mit seiner Gemahlin Uta. Gesicht und Haltung des Grafen geben Auskunft über den entschlossenen und kämpferischen Herrscher. Demonstrativ hält er sein Schwert sichtbar über dem Schild. Seine Gemahlin Uta von Ballenstedt ist eine aristrokratische Schönheit. Die ebenmäßigen Gesichtszüge sowie ihre hoheitsvolle Haltung lassen eine gewisse Arroganz und Unnahbarkeit erahnen. Sie ist die wohl berühmteste Figur in der Reihenfolge der Stifter und Stifterinnen. Gegenüber den beiden wieder ein Paar. Es handelt sich mit großer Wahrscheinlichkeit um den Markgrafen Herrmann mit seiner Gattin Reglindis. Welcher Unterschied zu dem Paar gegenüber. Dem Grafen sieht man direkt an, dass er mit der ihm gestellten Aufgabe nicht zufrieden, wenn nicht gar überfordert ist. Den Kopf leicht zur Seite geneigt, wirkt er verträumt und friedlich. Letzteres äußert sich auch in der Haltung seines Schwertes. Er hält es unter dem Schild verborgen. Das ganze Gegenteil Reglindis. Die Art, wie sie ihr Gewand zusammenrafft, ihre anmutige Haltung und ihr Schmunzeln auf den Lippen verraten die lebenslustige Frau. Rechts, neben der Uta bekommen wir die Gräfin Gepa vorgestellt. Sie schaut ein wenig fragend, vielleicht sogar ängstlich drein. In der Linken hält sie ein Buch. Ihr Gatte Wilhelm ist weit von ihr entfernt im Polygon des Chores. Rechts neben Gepa steht Graf Dietrich. Er beobachtet sehr interessiert das Geschehen um ihn herum. Verteidigungsbereit hält er sein Schild in Brusthöhe, während er sich mit der anderen Hand auf sein Schwert aufstützt. Seine Haltung drückt schon aus, dass er sich seiner Würde als Herrscher bewusst ist. Ihm gegenüber befindet sich die Figur der Gräfin Gerburg. Sie, die Gattin Dietrichs, soll nach dessen Tode in ein Kloster oder Stift für adlige Damen gegangen sein. Sie ist hier als betende Nonne oder Stiftsdame dargestellt. Ihr Blick ist nicht auf das Diesseits gerichtet, sondern wirkt verklärt. Anscheinend betet sie gerade. Rechts neben ihr, also links von Hermann befindet sich Graf Konrad. Hoheitsvoll blickt er über das Geschehen und die ihn betrachtenden Menschen hinweg. Eine gewisse Voreingenommenheit könnte man schon aus seinen Zügen herauslesen. Sein Schwert hält auch er unter dem Schild verborgen. Links von Ekkehard blickt Graf Thimo recht finster drein. Ihm wird nachgesagt, dass er gewalttätig gewesen sei. Auch soll er einige Menschenleben auf dem Gewissen haben. Seiner Miene ist anzusehen, dass mit ihm wohl nicht gut Kirschenessen war. Thimo gegenüber steht Graf Dietmar, wohl in verteidigungsbereiter Stellung. Sein Blick könnte fast als ängstlich bezeichnet werden. Das Schwert zur Abwehr bereit noch unter dem Schild verborgen, dieses aber bis über die Mundlinie erhoben, so zeigt er sich uns. Im Chorpolygon sind dann noch die Grafen Wilhelm und Syzzo zu sehen. Während Wilhelm vollkommen verträumt, den Kopf leicht zur Seite geneigt, ganz in seiner Gedankenwelt versunken scheint, gibt sich Syzzo munter und kämpferisch. Das erhobene Schwert an der Schulter scheint er wohl gerade zu streiten.

Wir stehen noch im Banne der Stifterfiguren. Wie oft hatten wir von ihnen gehört, wie oft über sie gelesen? Aber das ist alles nichts gegen die Gefühle, die sich unser nun bemächtigen. Dass ein Künstler in solch grandioser Weise Gefühle, Stimmungen und Charaktere in die Gesichtszüge einmeißeln kann, hätten wir nicht für möglich gehalten.

Die Museumsdame reisst uns unsanft aus unseren Gedanken. Sie beginnt mit der weiteren Erläuterung des Westchores. Wir wenden uns nach Osten und betrachten den Lettner von der Chorseite. Die Doppelpforte wird beiderseits flankiert von zwei kleinen filigranen Wendelsteinen, reinen Schmuckelementen. Links und rechts davon sehen wir je zwei Blendarkaden, die eigenartigerweise von Baldachinen überdacht sind. Die Bekrönung der Baldachine sind Darstellungen von wohl urbanen Bauten unter dem Schutz von Wehrtürmen. So jedenfalls deutet es die junge Dame. Sie verweist noch auf das steinerne Chorgestühl an den Jochaußenwänden des Chores sowie auf die Chorfenster. Dann kommt sie zum Ende ihrer Führung und geleitet uns zum Ausgang. Die Marienkapelle könne sie uns nicht zeigen. Hier würde in Kürze eine Andacht stattfinden. Sie verabschiedet sich von uns, erlaubt uns aber noch, etwas im Kreuzgang zu verweilen.

Die den Kreuzgang umschließenden Gebäude der Klausur sind sehr spartanisch gehalten, eben die eines Klosters, wenn auch eines Domklosters. Die Arkadenbögen des Kreuzganges, bereits in Spitzbogenart, sind ebenfalls nahezu schmucklos. So auch die einfachen Kreuzgratgewölbe. - Gottfried, wohl unser Zeitgewissen, mahnt uns, nicht allzuviel Zeit hier zu verwenden. Er möchte gerne noch einen Eindruck vom Außenbau haben. Zudem wollten wir dem Kloster Schulpforta einen Besuch abstatten, bevor wir unsere heutige Herberge in Weimar aufsuchen.

Am Außenbau fallen natürlich zuerst die Türme auf, sind sie es doch, die dem Bauensemble seinen unverwechselbaren Anblick verleihen. Am eindrucksvollsten sind zweifellos die beiden Westtürme. Etwa bis zur Traufhöhe des basilikalen Mittelschiffes und des Chores werden sie ohne jeden Schmuck als Quader aufgeführt. Dann erheben sich darüber die sehr leicht wirkenden aufgelockerten Geschosse. Wohl als Achteckgeschosse aufgeführt, sind sie jeweils in den Ecken der darunterliegenden Quader mit Türmchen versehen, die aus Ziergalerien bestehen. Das gibt den Türmen ihre Leichtigkeit. Über den drei Geschossen erheben sich dann die Achteckhelme. Vier einfache Wimperge und die wie Fialen wirkenden Abschlüsse der Ziertürmchen geben auch den Helmen den Anblick der schon beschriebenen Leichtigkeit. Irgendwie kommen uns diese Türme etwas fremdländisch vor. Wir würden sie eher in Norditalien als in Deutschland suchen. Vielleicht ist dies gerade die Ursache ihrer Berühmtheit. Die Osttürme sind da schon einfacher gestaltet. Als Achtecktürme aufgeführt, sind sie mit Lisenen, Gesimsbändern und Blendarkaden geschmückt. Bekrönt werden sie von Barockhauben mit Laternen. Sie sind fast ebenso hoch wie ihre Gegenstücke im Westen. - Der Westchor wird auch von außen der Würde einer Kathedrale gerecht. Die Strebepfeiler enden in kleinen Fialen, die mit denen der Türme zu korrespondieren scheinen. Im Zusammenspiel mit den Westtürmen und der östlich angelegten Basilika wirkt der Chor sehr hoch, auf alle Fälle höher, als dies im

Inneren zu vermuten gewesen war.

Damit beschließen wir die heutige Besichtigung des Naumburger Domes. Allein die Außenansicht wäre es schon wert, ihr mehr Augenmerk zu widmen. Aber auch wegen Krypta, Ostchor und Marienkapelle wird ein nochmaliger Besuch dieses markanten Bauwerkes auf einer unserer nächsten Reisen erforderlich werden. Wir setzen uns in unser kleines Auto und sagen dem Dom und der schönen Stadt Naumburg ade.

Eine Stipvisite am ehemaligen Zisterzienserkloster Schulpforta

Mit der Fernverkehrsstraße F87 verlassen wir in südwestlicher Richtung die Domstadt. Nach wenigen Kilometern erscheint linker Hand ein Gebäudekomplex mit einem Kirchengebäude, das die Zisterzienser als Bauherren verrät. Wir biegen nach links ab, überqueren einen Bach und stehen dann vor dem großen Torgebäude. Meine Frau entdeckt in der Einfahrt als Erste einen Schlagbaum. Gottfried grollt ärgerlich, den Besuch könnten wir wohl vergessen. Der Schlagbaum sei das sicherste Zeichen. Ich bin da nicht so pessimistisch und gehe, nachdem ich das Auto geparkt habe zum Einlass. Dabei werde ich auf ein Schild aufmerksam, das mir kundtut, dass das Klostergelände von einer Polytechnischen Oberschule genutzt wird. Dabei drängen sich zwei Begebenheiten wieder in mein Gedächtnis. Als Schule wird der Komplex schon sehr lange genutzt. Eine ziemlich berühmte „Fürstenschule" hatte hier ihren Sitz. Zum anderen war das Klostergelände einmal Kulisse für einen DEFA-Film, der Probleme des Lehrerberufs in der DDR zum Inhalt hatte. Mittlerweile bin ich am Schlagbaum angelangt. In der modernen Pförtnerloge residiert eine wahrhafte Walküre. Ehe ich grüßen kann, raunzt sie mich an, ich könne mein Auto da nicht stehen lassen. Parken sei hier nicht erlaubt. Ich versichere, unverzüglich woanders das Auto abzustellen und verbinde dies mit der Frage, ob wir uns das Klostergelände einmal ansehen könnten. Mit feierlicher Amtsmiene macht mir die Dame hinter dem Glas klar, dass dies eine Schule sei und damit eine Besichtigung zum Schutz des Lehrbetriebes nicht möglich wäre. Mein Einwand, dass heute doch ein Feiertag sei, und damit der Schulbetrieb gar nicht gestört werden könne, nochzumal zu dieser Zeit am späten Nachmittag, wird mit einer Handbewegung weggewischt. Auf dem Gelände sei schließlich auch das Internat, und da hätten Fremde nichts verloren. An dem Schlagbaum ist eben kein Vorbeikommen. Gottfried hatte mit seiner Einschätzung recht.

Ein bisschen traurig bin ich schon, dass der Schlagbaum für uns unüberwindlich ist. Schulpforta, oder wie es früher hieß, Kloster Pforte, ist ein äußerst geschichtsträchtiger Ort. Pforte, eine Tochtergründung des Zisterzienserklosters Walkenried, hat eine änliche Geschichte hinter sich wie der Dom von Naumburg. 1132 in Schmölln gegründet, wurde es nur fünf Jahre später nach Pforte verlegt. Die Gründe hierfür dürften wohl die gleichen sein, die auch zur Verlegung des Bischofssitzes von Zeitz nach Naumburg führten, nämlich die Unruhen der bedrängten Slawen, ein Aufbäumen gegen die deutsche Ostexpansion. Das Kloster Pforte gründete selbst auch ein Tochterkloster, das berühmt werden sollte: Altzella in Sachsen. Die hiesige Klosterkirche ist eine der berühmtesten des Zisterzienserordens in Ostdeutschland. Schade, dass sie uns verwehrt bleibt.

Gottfried kann sich einer gewissen Häme nicht erwehren, als ich unverrichteter Dinge zurückkomme. Unser Trabi wird umgesetzt, um nicht noch Gefahr zu laufen, dass wir es mit den Ordnungshütern in Grün zu tun bekommen. Irmgard hat indes im Torbau eine Konsumverkaufsstelle entdeckt. Sofort ist die Verkäuferin in ihr geweckt. Dieses Geschäft muss sie sich ansehen. Wir beiden begleiten sie natürlich. Der Raum, der uns empfängt, ist mehr als schmuddelig. Irmgards Interesse schwindet im Moment. Dafür erregt etwas Anderes unsere Aufmerksamkeit. In großen Literflaschen wird für 10 Pfennig Trinkwasser angeboten. Das haben wir noch gar nicht erlebt, noch davon gehört oder gelesen. Was für ein miserables Wasser muss die Gegend hier haben, dass eine trinkbare Qualität in Flaschen verkauft wird, verkauft werden muss.

Etwas frustriert steigen wir wieder in unseren Trabi und starten zu dem letzten heutigen Teilstück unserer Fahrt. Es geht in Richtung Weimar.

Weimar bietet uns eine schöne Unterkunft

Mit der Fernverkehrsstraße F7 fahren wir aus Richtung Osten kommend in die Goethestadt ein. Die Brennerstraße finden wir mit Hilfe freundlicher Fußgänger, die uns den Weg weisen, recht schnell. Wir erreichen das HO-Hotel „Einheit". An der Rezeption werden wir freundlich begrüßt. Es sei gut, dass wir unsere späte Ankunft bei der Buchung erwähnt hätten. Ansonsten wären unsere Zimmer schon weitervergeben. Aber so spät ist es doch noch gar nicht, erlauben wir einzuwenden. Es sei immerhin nach achtzehn Uhr. Da rechne man nicht mehr mit der Anreise. Wieder wird uns die totale Unterversorgung mit Hotelbetten in unserer Republik vor Augen geführt. Die Reservierung eines Tisches im Restaurant wird gerne von der Dame an der Rezeption entgegengenommen. Dann gehen wir erst einmal auf unsere Zimmer. Wir sind erstaunt, als wir unsere Zimmertüren öffnen. Beide Zimmer haben Innen-Toilette, eine Besonderheit in der DDR. Überhaupt machen die Zimmer auf uns einen freundlichen Eindruck. Die Einrichtung ist sehr gut, zumindest wenn man von dem recht niedrigen Zimmerpreis ausgeht. Da war diese Ausstattung nicht zu erwarten. Nach dem Frischmachen setzen wir an, das Restaurant zu besuchen. Eine große Traube von Menschen wartet bereits vor der Gaststättentür. Ein Schild verrät den Grund. Hier wird nach dem albern vornehmen Motto verfahren:"Sie werden platziert!" Unsere hochgehaltenen Hotelausweise lassen uns sofort in das Heiligtum eintreten. Ein geräumig und nobel ausgestattetes Restaurant empfängt uns. Die Bedienung macht ihrer Ausbildung alle Ehre. Das Gleiche kann man von der Küche mit Recht sagen. Es wird ein rundum sehr schöner Abend. Befriedigt gehen wir auf unsere Zimmer und schlafen den Schlaf der Gerechten.

2. Tag: Freitag, der 8. Oktober

Die Stadtkirche St. Peter und Paul, die „Herderkirche", zu Weimar
   Zur vereinbarten Zeit finden wir uns im Frühstücksraum des Hotels ein. Ein sehr umfangreiches wie köstliches Frühstücksbüfett erwartet uns. Während wir uns laben, gehen wir das heutige Programm in Weimar durch. Die Frage, die sich uns dabei stellt, ist: Werden wir es auch in vollem Umfang absolvieren können? Wir sind uns durchaus im Klaren darüber, der Klassikerstadt an einem Tag nur unzureichend gerecht zu werden. So wollen wir doch zumindest versuchen, die Sehenswürdigkeiten und historischen Ecken der Stadt zu benennen, die bei einem weiteren Besuch auf das Programm kämen. Gottfried ist sogar der Meinung, Weimar wäre gut für einen gesonderten Kurzurlaub. Auch das wäre zu überdenken. Für heute wollen wir unser Kurzprogramm starten. Die Hotelrechnungen werden bezahlt, das Gepäck verladen und dann geht die Fahrt ins Zentrum.

   In der Nähe der Stadtkirche gelingt es uns zu parken. Das Umfeld des Gotteshauses wirkt nicht gerade einladend auf uns. Bagger und Abrissbirne sind hier am Werke. Aus den Ruinenwänden kann man erkennen, dass es sich vornehmlich um Fachwerkhäuser handelt, von denen man sich hier verabschiedet. Allerdings handelt es sich fast ausschließlich um Hoffassaden. Hoffentlich wollen die Stadtväter keine modernen Stadtbauten oder gar Plattenbauten errichten. An einer Abrisslücke stellen wir unser Auto ab und begeben uns dann zu der Pfarrkirche der Stadt.
   Uns empfängt ein Sakralbau, der gar nicht erst versucht, seine gotische Vergangenheit zu verbergen. Eine Hallenkirche mit eingezogenem Chor im Osten, einem Mittelturm im Westen und einem großen Satteldach auf dem Langhaus erhebt sich vor uns. In der Südostecke zum Chor erhebt sich ein Anbau, zweigeschossig, mit Mansarddach, der wohl als Sakristei oder Bibliothek genutzt wird. Er entstammt eindeutig der Bauphase des Barocks. Störend wirkt er jedoch nicht. Das kommt bestimmt daher, dass die Kirche sich an der Außenfront ohnehin einen Umbau gefallen lassen musste. Alle gotischen Fenster des Langhauses wurden barockisiert. Vor dem Südportal steht das Denkmal des evangelischen Geistlichen, nachdem die Kirche bisweilen genannt wird: Johann Gottfried Herder.
   Befriedigt stellen wir fest, dass das Südportal nicht verschlossen ist. Und das zu dieser frühen Stunde. Wir betreten etwa in der Mitte die Herderkirche. Ein junger Mann ist gerade dabei, eine Gruppe durch das Gotteshaus zu führen. Er bemerkt uns, und mit einem Lächeln und Kopfnicken grüßt er zu uns herüber. Meine Frau meint in ihrer trockenen Art, eingeschlossen würden wir wohl nun sicherlich nicht. Wie üblich bei unseren Kirchenbesuchen setzen wir uns erst einmal in eine Bankreihe. Der Bau hält noch die Morgenkühle gefangen. Irmgard fröstelt es. Hat man die Fenster barockisiert und barocke Emporen eingebaut, erstrahlt der Langhausraum doch in seinen gotischen Formen. Hier, in einem der Mitteljoche - es gibt derer vier - ist das Kircheninnere recht schmucklos gehalten. Auf der Westempore ist die Orgel der Blickfang. Lediglich die östlichen Kirchenteile heben sich von der Schlichtheit etwas ab. Für Stadtkirchen scheint St. Peter und

Paul einen ungewöhnlich langen Chor zu haben. Süd- wie auch Nordwand des Chorjoches tragen wohl Epitaphien und in der Mitte des Joches befindet sich eine Doppeltumba. Im Chor können wir einen Triptichon-Altar erkennen, den es noch intensiver zu betrachten gilt. Aber zunächst lassen wir den Kirchenraum auf uns wirken. Wir stellen fest, dass wir uns in ihm wohlfühlen. Die Strenge des Langhauses, die Konzentration auf den heiligen Bereich im Osten, all das lässt uns hier die Andacht finden, die wir in einem Gotteshaus suchen. Nun begeben wir uns in Richtung Chor, um die Stadtkirche besser kennenzulernen. Was wir nicht wahrgenommen haben, ist, dass der junge Mann die Besuchergruppe zum Ausgang geleitet hat und nun auf uns zukommt. Er begrüßt uns und gibt sich als ein Mitarbeiter des Kirchenamtes zu erkennen. Wir stellen uns und den Zweck unserer Reise vor. Sofort ist er bereit, uns einiges über seine Kirche zu berichten. Er ist sichtlich erfreut, dass zwei Katholiken sich in einem schlichten Kirchenraum wohlfühlen. In einem Raum der Andacht und des Gebetes dürfe nichts den Gläubigen von seiner Konzentration ablenken, stimmt er uns zu.

Zu Beginn seiner Führung gibt er einen ganz kurzen historischen Abriss von St. Peter und Paul. Der Ursprung der Petrikirche, wie sie damals hieß, geht auf das 13. Jahrhundert zurück. Das sei aber nicht der Beginn der christlichen Geschichte in Weimar. Weiter nördlich stehe die Jakobskirche, die heute geschlossen sei und ohne jegliche Nutzung vor sich hinträume. Ihr Vorgängerbau aus dem 12. Jahrhundert sei die erste Kirche von Weimar gewesen. Aber zurück zu der Stadtkirche. Sie war nun die Pfarrkirche der Neustadt. Doch nach etwa 200 Jahren wurden recht umfangreiche Reparaturmaßnahmen erforderlich. So setzte sich der Gedanke an einen Neubau langsam durch. Ende des 15. Jahrhunderts wurde mit der spätgotischen Hallenkirche begonnen. In den Jahren 1735 bis 1745 wurde die Kirche barock umgebaut. Das hatten wir schon an der Außenfront ablesen können. Der südöstliche Anbau ist nicht wie von uns vermutet ein Funktionsgebäude sondern ein Treppenhaus, über das man die Emporen erreichen kann. Es wurde südlich vor die Sakristei gesetzt. Der Zweite Weltkrieg hat die Kirche sehr schwer mitgenommen. Aber bereits kurz nach dem Zusammenbruch der braunen Ära begann der Wiederaufbau. Glücklicherweise konnte vieles von der Ausstattung aus der Vorkriegszeit gerettet werden. So hat die Herderkirche heute wieder die Anziehungkraft, die sie bereits in vergangenen Zeiten ausstrahlte. Besonders berühmt ist das Gotteshaus für seine vielen Grabdenkmale und Epitaphien.

Der junge Mann bittet uns nun den architektonischen Formen Beachtung zu schenken. Er erläutert, dass das Hallenlanghaus fünfjochig sei. Wir konnten nur vier Joche entdecken. Das erste Joch, das wir dem Chor zuordneten, wurde beim barocken Umbau abgetrennt. Auf diese Weise wurden in den Seitenschiffen funktionale Räume geschaffen. Die Halle hat schlanke und kämpferlose Achteckpfeiler. Das gibt dem Innenraum den Eindruck einer ungewöhnlichen Höhe. In Längsrichtung tragen die Pfeiler Scheidebögen, die die Seitenschiffe von dem Mittelschiff trennen. Sie wirken fast noch wie Arkaden. Die Jochgrenzen sind ebenfalls mit Scheidebögen markiert. In den Bogengevierten entwickeln sich die Gewölbe, die sich aber von den gewöhnlichen gotischen Kreuzgewölben unterscheiden. Sie kommen ohne alle Gewölbegrate aus, was bedeutet, dass sich aus den

Pfeilern auch keine Dienste entwickeln. Die Kirche ist hell getüncht. Die Emporen ragen etwa bis in die Mitte der Seitenschiffe hinein. Da sie nicht zu eng an die Langhauspfeiler herangebaut sind, ergibt sich ein sehr guter Eindruck der Raumauflösung. Wir gehen in den Chor und betrachten den Hauptaltar der Kirche, den bereits erwähnten Triptichon-Altar. Jetzt aus der Nähe erkennen wir, dass es sich um einen Cranach-Altar handelt. Das Hauptbild hat der greise Lucas Cranach selber gestaltet. Nach seinem Tode hat sein Sohn das Werk zu Ende geführt. Wo der Vater den Pinsel aus der Hand gelegt hat, und wo der Sohn ihn aufgenommen hat, lässt sich heute nicht mehr sagen. Auf alle Fälle kann es sich St. Peter und Paul hoch anrechnen, das letzte Werk Lucas Cranach d.Ä. zu besitzen. Vieles hat der Künstler hier in einem Bild, in einer Szene zueinandergesellt: das Kreuz mit dem Erlöser, Johannes den Täufer, das Lamm Gottes, Luther und auch den Künstler selbst. Die beiden letzteren werden von dem Blutstrahl aus Christi Brustwunde getroffen. Unser junger Kirchenführer nennt das Bild kein Andachtsbild, sondern ein Predigtbild. Wie auch immer, es ist ein typisch evangelisches Bild. Es werden Bezüge in der Darstellung hergestellt, wie wir sie nur von Künstlern der frühen reformatorischen Kirche kennen. Die Seitenflügel werden beherrscht von dem Herzogspaar und deren Söhne, allesamt betend. Somit wird auch ersichtlich, wer die Stifter des Altars sind. Die beiden Seitenflügel sind aber wohl nicht auf die Cranachs selber zurückzuführen, sondern eher auf Schüler aus ihrer Malwerkstatt.

Die Kirche ist reich an kostbaren Grabdenkmalen und Epitaphien. Die Sammlung ist derart umfangreich, dass sie fast schon als museal gedeutet werden könnte. Ich bin mir bewusst, dass ich hier vielleicht nicht im richtigen Umfang pietätsvoll an das Andenken der in der Kirche Beigesetzten herangehe. Aber ich kann mich nun einmal nicht des gewonnenen Eindruckes erwehren. In dem vermeintlichen zweiten Chorjoch macht ein Riesenepitaph auf sich aufmerksam. Es wird uns als das Denkmal für den hier beigesetzten Herzog Johann vorgestellt. Einer eigenen Architektur gleich wurde es an dem zugemauerten ersten nördlichen Arkadenbogen im Langhaus errichtet. Äußerst figurenreich, ja eigentlich schon prunkvoll, ist es gestaltet. Für uns ist es gar kein Grabdenkmal, sondern eher ein Denkmal der Macht. Vor diesem Epitaph, im Mittelschiff vor den Chorstufen befindet sich eine Tumba. Eigenartig finden wir hier die heraldische Gestaltung der Bronzegrabplatten. An dieser Stelle sind Herzog Friedrich der Großmütige und seine Gattin beigesetzt. Eine Grabplatte im Chor interessiert uns noch, und zwar die von Lucas Cranach d.Ä. Ansonsten wird uns die Fülle an Grabdenkmalen zu viel. Unser junger Freund ist über diese unsere Meinung nicht gerade begeistert. Er verweist darauf, dass St. Peter und Paul immerhin die wichtigste Grablege der Ernestiner, des Weimarer Zweiges der Wettiner gewesen sei. Das Gotteshaus würde sich damit von den üblichen fürstlichen Grablegekirchen stark unterscheiden. Weimar sei stolz auf eine solche Dokumentation fürstlicher Macht. Das können wir nun wieder verstehen. Aber trotzdem ist hier auch ein Hauch von musealer Präsentation versteckt. Das sagen wir dem freundlichen Mann aber nicht. - Er würde uns auch noch gerne die Bibliothek von St. Peter und Paul zeigen, doch hier müssen wir abwehren. Wir bedanken uns für die fachkundige Führung und verlassen die langjährige Wirkungsstätte des deutschen Humanisten Herder.

Die nordthüringische Klassikerstadt und ihre Geschichte

Vor der Herderkirche erwartet uns ein schöner goldener Oktobervormittag, gerade richtig für einen, wenn zugegeben auch zu kurz geratenen Stadtbummel. Irmgard lebt auf und vermerkt, in der Sonne ließe es sich schon aushalten. Trotz des Fröstelns haben wir uns lange in der Stadtkirche aufgehalten. Aber nun ist erst einmal Spazierengehen angesagt, und zwar im Zentrum der Stadt. Aber in dem befinden wir uns ja schon. St. Peter und Paul ist ja fast der Mittelpunkt der klassischen Altstadt. Zugegeben, das hört sich eigenartig an, aber die Altstadt im eigentlichen Sinne befindet sich rund um die Jacobskirche, nördlich des heutigen Zentrums. Der junge Mann aus dem Kirchenamt sagte uns ja bereits, dass St. Jacob die älteste Kirche Weimars sei. Die Herderkirche sei die Pfarrkirche der Neustadt. Uns drängen sich Parallelen zu Potsdam auf. Fast ein Jahrtausend alt, wird das Zentrum der Preußenstadt von den Hohenzollern aus den letzten drei Jahrhunderten geprägt. So etwa muss man sich das auch von Weimar vorstellen, nur dass es hier die Ernestiner waren.

Auf die Bühne der deutschen Geschichte tritt Weimar erstmals im Jahre 975, also vor gut eintausend Jahren. Die Siedlung wird im Zusammenhang mit einem Hoftag Kaiser Ottos I. genannt. Aber danach ist nicht viel von der Siedlung zu berichten. 1372 kommt die nunmehrige Stadt zu den Wettinern, den sächsischen Fürsten. Jedoch auch danach verbleibt die nordthüringische Stadt in ihrem Dornröschenschlaf. Daran ändert auch die Reformation nichts, die hier um 1520 Einzug hält. Da zählt die Stadt etwa 1500 Einwohner. Markante Geschichtsereignisse sind im Weiteren der Verlust der Kurwürde nach dem Schmalkaldischen Krieg 1547, die Rückkehr des Herzogs aus der Gefangenschaft des Kaisers 1552, die Teilung des Herzogtums in die Weimarer und die Altenburger Linie 1603 und natürlich der Dreißigjährige Krieg sowie die fürchterliche Pestepidemie. All das ist aber eigentlich nur ein Vorgeplänkel zu Weimars eigentlicher Geschichte. Die beginnt mit dem 18. Jahrhundert. Das Herrscherhaus des Herzogtums Sachsen-Weimar verselbstständigt sich im Rahmen der Wettiner. Man spricht von den Ernestinern.

Die Herzogin Anna Amalia legt den Grundstein für den heutigen Ruhm der Klassikerstadt. Jedoch bleibt es ihrem Sohn, Herzog Carl August vorbehalten, aus Weimar das zu machen, was es heut auf der ganzen Welt bedeutet. Natürlich kann die Figur des Herzogs nicht alleine im Lichte der Geschichte glänzen. Hier steht ein Name, ohne den die Stadt wohl trotz alledem Provinz geblieben wäre: Johann Wolfgang von Goethe, der deutsche Dichterfürst. Das Gespann von Dichter und Herzog bringt den Glanz über Weimar, der noch heute anhält. Die Stadt wird zum Inbegriff für Kunst und Kultur an allen europäischen Höfen und Landen. Die nachfolgenden Herrscher auf dem Thron versuchen mehr oder minder erfolgreich, das von Carl August Geschaffene zu erhalten und auszubauen. In der Folgezeit, wird es ein gesellschaftliches „Muss" für Persönlichkeiten aus Kunst, Wissenschaft und Humanismus, mindestens mehrfach Weimar zu besuchen oder gar eine Weile hier zu leben. In kaum einer anderen deutschen Stadt stößt man auf so viele bedeutende deutsche und europäische Namen wie hier. Überall in der Stadt trifft man auf Zeugnisse der damaligen Zeit, und wenn es nur Denkmale sind, die uns an das hiesige Wirken berühmter Menschen zu erinnern suchen. Bis in unser Jahrhundert hinein wirkt Weimar als der kulturelle Magnet. So nimmt es nicht Wunder, dass sich hier das Bauhaus mit seinen revolutionären Bauideen etablierte, auch wenn es sich nicht halten konnte und nach Dessau auswich. Wollte man alle berühmten Persönlichkeiten hier würdigen, die sich in Weimars Glanz badeten und ihn auch noch heller zum Strahlen brachten, es wäre unmöglich. Ein eigenes Buch müsste geschrieben werden. So möchte ich nur stellvertretend eine kleine Reihe von Namen an dieser Stelle aufzeigen: Johann Wolfgang von Goethe, Friedrich von Schiller, Johann Gottfried Herder, Lucas Cranach, Johann Sebastian Bach, Carl Maria von Weber, Wilhelm von Humboldt, Friedrich Hölderlin, Jean Paul, Hector Berlioz, Richard Wagner, Franz Liszt, Hans von Bülow, Henry van de Velde, Walter Gropius und viele, viele andere.

Das Land Thüringen wird in der Weimarer Republik hier in dieser Stadt regiert. Zwar entwickelt sich auch die Wirtschaft, aber der Name der Stadt wird und bleibt das Synonym für Kultur. Das ändert sich auch nach den Bombenangriffen im Februar und März 1945 nicht. Der Wiederaufbau der Stadt mit ihren vielfältigen Kultureinrichtungen wird bereits kurz nach dem verheerenden Krieg in Angriff genommen. Im nicht beeinträchtigten Glanz des Namens Weimar werden weitere Einrichtungen geschaffen, die folgerichtig die Bedeutung der Kulturstadt förderten: die Hochschule für Architektur und Bauwesen, die Musikhochschule Franz Liszt, die Nationalen Forschungs-und Gedenkstätten der Klassischen Deutschen Literatur.

Es gibt wohl keine andere Stadt in der DDR, die international so eng mit dem Begriff Kultur in Verbindung gebracht wird, wie Weimar. Die heutige Kreisstadt mit ihren fast 64000 Einwohnern hat zudem regionalpolitische Bedeutung. Auch wirtschaftlich macht sie von sich reden. Ich denke nur an die Porzellanmanufaktur, das Uhren-und Maschinenkombinat. Aber der Ruhm der Stadt, der ererbte wie auch der weiterentwickelte spiegelt sich unserer Meinung nach in ihren Straßen und Plätzen nur ungenügend wieder. Weltstadt in Sachen Kultur und Kunst, aber nur Provinzstadt in der urbanen Gestaltung. Gewiss, eine ganze Reihe historisch bedeutsamer Gebäude ist restauriert und saniert, aber dem einstigen Glanz der Kulturstadt werden sie nicht gerecht. Weimar müsste das Mekka des Fremdenverkehrs in der DDR sein, aber weit gefehlt. Unser bemächtigt sich dieser Eindruck bei dem kurzen Rundgang durch das Zentrum sehr schnell. Unser Weg führt uns zu dem Denkmal der beiden deutschen Dichterfürsten Goethe und Schiller. Das Nationaltheater, das sich dahinter erhebt, gefällt uns sehr gut, ist es nach dem Kriege doch erst wieder errichtet worden. Überhaupt wirkt dieser Platz anziehend auf uns. Auch die Kunsthalle und das Wittumspalais haben hieran ihren Anteil. Weiter geht es durch die Schillerstraße, eine Fußgängerallee. Natürlich ist das Schillerhaus der Namensgeber der Straße und auch der größte Anziehungspunkt. In dieser Allee lässt es sich prima schlendern. Es ist eine Geschäftsstraße und doch drängen sich die Läden nicht unbedingt auf. Das macht den Reiz dieser Allee aus. Ein Schaufensterbummel wird mit dem Rundgang verbunden. Am Ende der Schillerstraße biegen wir in den Frauenplan ein. Das beherrschende Gebäude ist natürlich Goethes Stadtpalais, eben das Haus am Frauenplan. Wie vorher das Schillerhaus erstrahlt auch dieses Haus in hellen Farben. Dies sind zwei der Streublumen in der sonst triesten Stadt. Von hier aus führt uns der Weg vorbei an dem Haus der Frau von Stein, der langjährigen Freundin des Geheimrates, und der Musikhochschule, aus der auch verschiedene Instrumente zu vernehmen sind. Gegenüber drängt sich das Grüne Schloss in den Blickwinkel des Betrachters. Es beherbergt die Zentralbibliothek der Deutschen Klassik. In einer solchen Funktion wird das Gebäude seit der Herzogin Anna Amalia geführt, auch wenn es damals nicht solch einen staatlich geschwollenen Namen hatte. Vorbei an der Neuen Wache gehen wir in Richtung des Stadtschlosses. Hier geht unser kleiner Stadtbummel zu Ende.

Der Park an der Ilm, der Schloss-und Stadtpark von Weimar

Das Stadtschloss ist ein riesiger Baukomplex. Die unterschiedlichsten Bauetappen können wir erkennen. Die Weimarer Herzöge haben sich kein Residenzschloss in einheitlichem Stil bauen lassen, sondern es nach den Erfordernissen der jeweiligen Zeit angepasst und erweitert. Dieses Sammelsurium von Baustufen und Etappen hat ebenfalls seinen Reiz, auch wenn wir aus Potsdam anderes gewöhnt sind. Zwischen der Vorburg im Renaissancestil und der großen Vierflügelanlage erhebt sich der riesenhafte Turm, der das Panorama der Goethestadt maßgeblich mitbestimmt. Wollen wir die Zeit aufbringen, in den Hof oder gar in eines der Museen zu gehen? Meine beiden Begleiter meinen, wir hätten weder Schiller noch Goethe einen Besuch abgestattet, also sollten wir auch hier verzichten. Gottfried ergänzt, indem er sein Interesse am Gartenhaus Goethes im Ilmpark äußert. Hierüber wird schnell Einigkeit erzielt. Also begeben wir uns in den unmittelbar an das Schloss angrenzenden Park und in diesem entlang des Flüsschens Ilm. Goethe soll der Gartenarchitekt gewesen sein. Gibt es etwas, was dieses Genie nicht konnte? Wir sind, was Gärten betrifft, von Potsdam her verwöhnt. Doch den Schöpfungen der Sellows, Lennes und Pücklers steht dieser Park in nichts nach. Viele Wiesenflächen, immer wieder aufgelockert durch Baumgruppen und Sträucher begleiten das Flüsschen, das sich durch die Aue schlängelt. Die meisten Bäume markieren in sehenswerter Weise den Wasserlauf.

Einen Ansatz zu seinem Park hatte Goethe schon vorgefunden. In unmittelbarer Nähe des Residenzschlosses lag der barocke Sterngarten. Diesen bezog der Gartenarchitekt in seinen Park mit ein, bzw. ließ den bestehenden Garten in den englichen Landschaftspark übergehen. Zur Stadt hin blieben die Bäume alle stehen, so dass sich ein Hain ergab, der einen schönen Kontrast zu dem Auenpark lieferte. Geschmack und Gestaltungstalent hat Goethe schon gehabt. Kein Wunder, dass Carl August den Vorstellungen seines Freundes gerne folgte. Diese basierten auf einer Verbindung von Natur und Kunst, wobei letztere unter anderem auch in den steinbildnerischen Arbeiten ihre Vollendung fanden. Die Steinmetzarbeiten sind vielfach Denkmale an prominente Persönlichkeiten, mit denen sich Weimar schmücken kann, und bei weitem nicht alle stammen aus der Goethezeit. So wie sich der Park heute den Besuchern zeigt, geht er nicht mehr voll auf den Geheimrat zurück. Eine Rekonstruktion erfolgte durch Fürst Pückler. Der bekannte Gartenarchitekt legte aber Wert darauf, die Gestaltungslinien Goethes nicht zu verfälschen.

Unsere Zeit ist leider etwas arg bemessen. Deshalb überqueren wir die Ilm noch vor dem Römischen Haus über eine kleine Parkbrücke und wenden uns wieder dem Stadt-schloss zu. Nach einer kleinen Weile taucht rechts von uns das Gartenhaus des Geheim-rates auf. Auf dieses steuern wir zu. Wir bezahlen unseren Obolus und betreten die Räume, in denen der Dichterfürst sich oftmals zurückzog, und, wie wir jetzt erfahren, auch einige Zeit gewohnt hat. Es wird versichert, dass alles, was es in diesem Häuschen zu bestaunen gibt, tatsächlich aus der Zeit Goethes stammt, meist auch von ihm genutzt wurde. Es ist schon erstaunlich, dass der Geheimrat, der die Großzügigkeit des Palais am Frauenplan gewohnt war, sich hier in der Abgeschiedenheit und räumlichen Enge wohl-gefühlt hat. Hatten wir erwartet, dass die Ehrfurcht vor dem Genie hier in diesem Haus uns gefangen nimmt, so werden wir enttäuscht. Woher mag das wohl kommen? Viel-leicht, weil das Gartenhaus als musealer Tempel eingerichtet ist, zusehr die Sehenswür-digkeit in den funktionalen Vordergrund gestellt wurde. Waren unsere Erwartungen doch zu groß? Mit viel Liebe zum Detail wurden die Räume ausgestattet. Und doch wirkt al-les auf uns etwas steril, eben museal. Schade! Nähergekommen sind wir dem Dichter-fürsten hier nicht. Liegt es an uns? Wahrscheinlich!

Wir verlassen die historische Stätte wieder und betrachten den Bau noch ein wenig von außen. Die Ansicht von der Parkseite aus schmückt ja viele Ansichtskarten der Stadt Weimar. Dann streben wir wieder dem Residenzschloss zu, verlassen den Park und bege-ben uns zum Ausgangspunkt unseres Spazierganges, St. Peter und Paul, denn dort wartet ja unser Trabi auf uns.

Im Schloßpark Tiefurt endet unser Weimar-Besuch

Unsere letzte Station in der Klassiker-Stadt soll Schloss und Schlosspark Tiefurt sein. Immerhin geht die Uhr unaufhaltsam die Mittagszeit an. So verabschieden wir uns von der Altstadt Weimars. Aus den Fenstern unseres Trabi nehmen wir letzte Eindrücke über eine der wichtigsten Kulturstädte der DDR, wenn nicht sogar der bemerkenswertesten in uns auf. Vorbei am Bertuchhaus umfahren wir das Zentrum und werden gewahr, dass wir die älteste Kirche Weimars St. Jacob überhaupt nicht in unserem Programm hatten. Nun ist es zu spät, aber wir wollen der Stadt ja später noch einmal einen längeren Besuch abstatten. Am Goethe-und Schiller-Archiv biegen wir in Richtung Tiefurt ab.

Ganz in der Nähe des Haupteinganges des Parkes können wir unser Auto parken. Unmittelbar vor dem Schloss betreten wir den Garten. Allgemein gelten Schloss und Park als ein Muss für den Weimarbesucher. Auch hier wird des Geheimrates gedacht. Er ist eben überall gegenwärtig. Es dürfte ja auch keinen anderen Prominenten geben, dessen an soviel Orten in Deutschland gedacht wird. Aber hier, in Tiefurt, ist der Dichterfürst nur auf Rang zwei zu finden. An erster Stelle wird der Herzogin Anna Amalia, der Mutter Carl Augusts in diesem romatischen Teil Weimars gedacht. Der junge Mitarbeiter des Kirchenamtes von St. Peter und Paul hatte uns beim Abschied noch gesagt, Weimar sei das Ziel vieler deutscher Persönlichkeiten gewesen. Jedoch würden in allen Ecken und Enden der Stadt vier Menschen allgegenwärtig sein und das Flair bestimmen: die Herzogin Anna Amalia, der Herzog Carl August und die Dichterfürsten Goethe sowie Schiller. Für unsere Begriffe hätte vielleicht Weimar eine andere Entwicklung genommen, hätte es die Herzogin nicht gegeben. Sie war es, die dem Sammelpunkt deutschen Geistes und deutscher Kunst den Weg ebnete. Ohne sie hätte es hier wohl nie einen Geheimrat Goethe gegeben. Und dafür muss ihr die Stadt auf ewig dankbar sein.

Aus einem Pächterhaus des herzoglichen Kammergutes hervorgegangen, wird es nach der Mitte des 18. Jahrhunderts ein Prinzensitz für den Bruder Carl Augusts. Etwa zwanzig Jahre später richtet sich die Mutter das Schloss als Sommersitz ein. Neben dem Wittumspalais im Zentrum der Stadt war dies nun ihre zweite Wirkungsstätte. Der Begriff ist von mir wohlgewählt, denn das Wirken der bemerkenswerten Frau bestand darin, die Geistesschaffenden und Künstler um sich zu versammeln, sie an das Herzogtum im Allgemeinen und Weimar im Besonderen zu binden. Und das ist ihr in ganz hervorragender Weise gelungen. Die Hofetikette wurde in der Gesellschaft der Herzogin nicht besonders gepflegt. Günstlinge des Hofes waren hier ohnehin nicht gefragt. Man war gewissermaßen unter sich.

Ein herrliches Fleckchen Erde wurde für den Park ausgewählt: eine große Schleife der Ilm. Fast halbkreisförmig gibt der Fluss dem Garten seine Form, im Zentrum desselben das Schloss. Meiner Frau ist der Park viel wichtiger als die Gedenkstätten für die Herzogin und den Geheimrat. So durchqueren wir ihn, um dann auf der schlosszugewandten Seite der Ilm entlang zu bummeln. Nicht allzu groß ist dieser Landschaftsgarten jedoch romantisch angelegt. Die meisten Wege suchen die Nähe des Flusses, und das auf beiden Seiten. Wasser ist für einen Landschaftsgarten wohl unverzichtbar. Zum Schloss hin öffnet sich eine große grüne Wiese. Bäume und Baumgruppen sind fast nur an den Wegen zu finden. Man hat von jedem Standpunkt am Wasserlauf einen herrlichen Blick über die Parkwiese und auf das Schloss. Der Garten lässt keinen Zweifel daran, dass er ausschließlich die schmückende Umgebung des nicht gerade aufdringlichen Bauwerkes sein soll. So unterscheidet er sich doch ganz erheblich von dem Park an der Ilm. Wie schon in diesem wird auch hier einer ganzen Reihe von Berühmtheiten gedacht, die in Weimar weilten. Denkmale zieren die kleinen Freiflächen beiderseits der Ilm. Der Teesalon, eigentlich eine schöne Auflockerung des Parkes, macht den Eindruck, als habe man vor, ihn abzutragen. Die Fenster sind mit Holzverschlägen gesichert. Zudem ist die farbliche Fassung in einem traurigen Zustand. Vielleicht soll der Pavillon aber auch nur saniert werden. Wieder am Schloss angelangt, verlassen wir den Park. Das war unser Besuch in Weimar. Mehr als ein grober Überblick war es nicht.

Die Thüringen-Metropole ERFURT ist unser nächstes Ziel

Es bleibt uns nichts anderes übrig, als noch einmal Weimar zu durchqueren, um auf dem kürzesten Weg in Richtung Erfurt zu gelangen. Ohne nochmals zu halten, suchen wir die Fernverkehrsstraße F7 und fahren auf dieser der Bezirkshauptstadt entgegen. Natürlich drehen sich unsere Gespräche um den Besuch in der Goethestadt. War die Qualität unserer Fahrtvorbereitung im Frühjahr gerade richtig, so reichte sie für die Stadt an der Ilm keinesfalls aus. Wir müssen uns mit den Zielen der Reisen doch intensiver auseinandersetzen. Dann können wir solche Pannen, und eine solche war es schließlich, vermeiden. - Nach einer guten halben Stunde haben wir den Stadtrand Erfurts erreicht. Auf der Fahrt ins Zentrum überdenken wir unser heutiges Programm. Noch einmal sollten wir uns ein Ähnliches, wie gerade erlebt, ersparen. Erfurt hätte zwar keine solch personenbezogene Prägung wie Weimar, lässt sich Gottfried vernehmen, aber in ein paar Stunden könnten wir die Domstadt nicht kennenlernen. Er muss es wissen, hat er doch in dieser Stadt studiert. Meine Frau und ich geben ihm Recht. Hier, wie in Weimar könnte man getrost ein paar Tage einplanen und wäre dann Thüringens Metropole noch immer nicht gerecht geworden. So werden wir uns schnell einig, dass wir in einer späteren Reise Erfurt mindestens zwei Tage widmen wollen.

Das bedeutet für unser heutiges Ziel: die Krone der Stadt, mit dem Dom und St. Severi, dass wir uns lediglich auf diese beiden Sakralbauten konzentrieren. Auf dem vermeintlich kürzesten Weg fahren wir dorthin ins Zentrum. Das, was wir dabei zu sehen bekommen, zeigt uns die Richtigkeit der gerade getroffenen Entscheidung. Die Stadtväter haben es verstanden, historisch wertvolle Straßenzüge, Plätze wie auch Einzelgebäude als Schwerpunkte der Blumenstadt zu sanieren bzw. zu restaurieren. Bis wir hier einen weiteren Besuch planen, dürften noch einige Baurüstungen gefallen, die Sanierung also weiter fortgeschritten sein. Man darf allerdings nicht verkennen, dass wir auch an Häuserzeilen vorüberkommen, wo man ob des starken Verfallgrades schon den Kopf schütteln muss. Aber damit soll für heute das Thema auch schon erledigt sein. Wir erreichen den Domplatz und können zu unserer Freude auch hier parken. Bei der Sehenswürdigkeit dürfte das auch nicht anders sein, lässt sich meine Frau vernehmen. Da haben wir aber auch schon anderes erlebt. So sicher war das eben nicht. Der großflächige Domplatz hat schon etwas Erhebendes an sich. In einer Randzone parken etliche Reisebusse. Erfurt ist eben eine Stadt, die sich dem Tourismus geöffnet hat. Außer den beiden Kirchen auf dem Domhügel gibt es hier ja noch eine recht ansehnliche Anzahl von Kirchen beider Konfessionen. Gottfried verrät uns, dass es wohl so an die vierzig Kirchtürme sind, die das Panorama der Stadt versuchen mitzugestalten. Daneben gäbe es aber auch noch solche, die ohne Türme auskommen würden. Heute werden es, wie bereits gesagt, nur die beiden vor uns auf dem Hügel sein, denen wir uns zuwenden.

Abweichend von meinen bisherigen Reisebeschreibungen werde ich hier und heute nicht auf die Bezirksstadt Erfurt gesondert eingehen. Das soll einem späteren Besuch dieser geschichtsträchtigen Stadt vorbehalten bleiben. Soweit für die historische Betrachtung von Dom und St. Severi erforderlich, werde ich bei der Beschreibung dieser beiden Kirchen städtisch historische Belange streifen müssen.

Der Dom St. Marien zu Erfurt

Auf der Domtreppe streben wir der Krone der Domstadt zu. Beim Aufsteigen drehen wir uns einige Male um. Der Domplatz bekommt jedesmal eine andere Ansicht. Diese architektonische Komposition ist schon etwas ganz Besonderes, zumindest auf dem Gebiet unserer Republik. Zusammen mit dem Domhügel, der Domtreppe und den beiden Kirchen ist dieses urbane Ensemble weltberühmt und eine Sehenswürdigkeit höchsten Ranges. Denkt man an Erfurt, so hat man dieses Bild vor Augen. Kein Wunder, es ist das meist fotografierte Motiv in der Domstadt.

Vor uns, am Ende der Treppe, ist reges Treiben zu sehen. Offenbar warten viele Besucher auf eine Führung durch den Dom. Ach ja, die vielen Busse auf dem Domplatz! Wir steigen etwas schneller die letzten Stufen empor, erwerben unsere Karten für die nächste Führung. Sie soll in einer halben Stunde beginnen. Nur vor dem Triangelportal warten, das wollen wir denn doch nicht. So gehen wir am Langhaus entlang bis zu den westlichen Domtreppen. Gegenüber dem Langhaus des Domes sehen wir, dass die Kirche St. Severi geöffnet ist. So steht dem Besuch dieser Kirche nach der Besichtigung des Domes nichts im Wege.

Aber jetzt gilt es erst einmal, die verbleibenden Minuten mit dem Kennenlernen der Außenansicht des Langhauses auszufüllen. Bereits hier an der Außenfront des Domes stellen wir eine Besonderheit zu anderen Reichskirchen auf dem Gebiet der DDR fest. Der Turmriegel, auf den ich später noch eingehe, teilt die Kirche in drei Abschnitte. Östlich der Türme erhebt sich der Chor, westlich das Langhaus. Die Turmfront selber stellt den dritten Gebäudeteil dar. Schon vom Dach her ist dem Langhaus anzusehen, dass es im Inneren eine Hallenkirche birgt. Aber es ist auch abzulesen, dass diese Halle wesentlich später als die Türme oder gar der Chor entstand. Das Langhaus hat nämlich ein eigenes Walmdach. Und das ist für Kirchen denn doch recht selten, wenn nicht sogar einzigartig. Fünf Joche scheint die Laienkirche lang zu sein. Genaue Aufklärung darüber wird uns die Innenansicht geben. Unmittelbar westlich der Turmfront sind die beiden Eingangsportale des Domes, aber nicht nebeneinander, sondern in einem vorgestellten Dreiecksbau. Diesen Eingang nennt man das Triangelportal, erklärt uns Gottfried. Wir erhoffen uns ohnehin einige Erklärungen seinerseits, hat er doch hier an diesem Ort studiert und müsste sich somit recht gut mit den baulichen Gegebenheiten wie auch Besonderheiten auskennen. Aber zurück zur Außenansicht des Langhauses. Wenn ich richtig vermute, nimmt das Triangelportal die ganze Tiefe des ersten Joches ein. Das westlichste Joch scheint nur angeschnitten zu sein. Es hat wohl nicht die Tiefe der anderen vier. Die Joche werden durch nach außen gestellte Strebepfeiler markiert und gegliedert. Die Fenster zwischen ihnen sind vierbahnig und werden mit schönem Maßwerk abgeschlossen, das unserer Meinung nach in die Zeit der Spätgotik weist. Eines ist für uns ganz augenscheinlich: das Langhaus kann und will wohl auch nicht mit dem Baukörper des Chores konkurrieren. Der Sakralbau unterscheidet eben peinlich genau zwischen der Kirche der Laien und der des Domkapitels. Nur so auffällig ist uns das an anderen Kirchen noch nicht bewusst geworden. - Wir gehen bis zu den westlichen Domstufen und sehen uns die Westfassade an. Ein großes Marienbild ziert die Mauer.

Wir begeben uns zurück zu den Wartenden. Es bleibt immer noch die Zeit, uns mit dem Triangelportal zu beschäftigen. Ich sprach bereits davon, dass ich diese Portallösung für einmalig halte. Ein zweigeschossiger Anbau mit Dreiecksgrundriss erhebt sich vor uns. Während das untere Geschoss die beiden Portale aufnimmt, zeigt sich das obere mit je zwei maßwerkgeschmückten Fenstern. An der Grenze der beiden Geschosse verläuft eine Art Balustrade mit gotischen Blendarkaden. Bekrönt ist der Triangelanbau durch eine weitere Balustrade, diesmal geschmückt durch Vierpassmaßwerk. Fialen entwickeln sich an den Ecken. Abgeschlossen wird der Anbau durch einen kleinen Spitzhelm. Die beiden tief eingeschnittenen Gewändeportale nehmen rechts wie links je sechs Figuren auf. Das linke, also nach Osten gerichtete Portal zeigt im Gewände die Apostelfiguren. Nach ihnen wird es auch Apostelportal genannt. Der Tympanon über dem zweitürigen Portal wird durch eine Kreuzigungsgruppe geschmückt, während der die beiden Portalflügel trennende Ständer eine Madonnenfigur trägt. Das rechte, also nach Westen weisende Portal wird das Jungfrauenportal genannt. Hier werden wir nach Magdeburg zum zweiten Male mit den klugen und törichten Jungfrauen konfrontiert. Im Tympanon sehen wir den segnenden Christus, flankiert von einer weiblichen und einer männlichen Figur, die wir nicht identifizieren können. Zwischen den beiden Portalflügeln erkennen wir den Erzengel Michael. Er gibt uns keine Rätsel auf. Alle Figuren beider Portale stehen in Tabernakeln, deren Baldachine von kleinen Wimpergen gebildet werden. Über den Gewändebögen beider Portale erheben sich hohe maßwerkgeschmückte Ziergiebel. Sie reichen über das Portalgeschoss hinaus und sprengen somit die Balustrade aus Blendarkaden. Wir sind von der Gestaltung des Triangelportals fasziniert. Den Anbau kann man schon ohne Übertreibung als prunkvoll bezeichnen. Beim näheren Betrachten der Portale, insbesondere der Gewändefiguren, fällt allerdings auf, dass der Zahn der Zeit an dem Stein genagt hat. Außerdem sind sie für unsere Begriffe nicht von einer solchen Natürlichkeit und Leichtigkeit wie die des Jungfrauenportals in Magdeburg.

Wir wollen uns gerade dem Turmriegel zuwenden, da öffnet sich das Jungfrauenportal und eine junge Frau tritt aus ihm heraus. Sie bittet die Wartenden einzutreten. So müssen Türme und Choraußenansicht bis nach der Führung warten. Wir werden begrüßt und darauf hingewiesen, dass die Domführung im nördlichen Querhaus begänne. Das Querhaus tritt aus der Langhausfront überhaupt nicht hervor. So wurde es von uns als erstes Langhausjoch angesehen. Der Kirchenraum, der uns empfängt, ist hell und von einer Weite, die für Hallenkirchen ungewöhnlich ist. Von den Außenproportionen her hatten wir damit nicht gerechnet. Schiffe und Joche sind gleichlang, so dass die Pfeiler quadratische Räume begrenzen. Die Pfeiler selbst sind sechseckig und sehr schlank. Aus der Basis entwickeln sich an den Ecken Pilasterrundstäbe. Recht dünne Kämpferplatten schließen die Pfeiler ab. Über ihnen entwickeln sich dann die Gewölbe. Über uns, im nördlichen Querhaus sind es einfache Kreuzgratgewölbe. Im Langhaus erkennen wir jedoch Sterngewölbe unterschiedlicher Kostruktion. Wie gesagt, die Weite der Halle ist für ein Kirchenlanghaus ungewöhnlich. Ich spreche Gottfried darauf an. Der protestiert natürlich. Wahrscheinlich kommt die Studienzeit ihm ins Gedächtnis. Da kann er einer derartig profanen Bemerkung keineswegs zustimmen. Mein Eindruck ändert sich jedoch nicht. Diese Halle würde ich eher einem Profanbau zuordnen wollen als einer Kirche, geschweige denn einem Dom. Die junge Dame reißt mich aus meinen Überlegungen, indem sie mit ihren Erläuterungen beginnt. Zunächst streift sie die Geschichte des Bistums Erfurt und weist mit sichtlichem Stolz darauf hin, dass wir uns in dem einzigen katholischen Dom auf dem Gebiet der DDR befänden. Das Bistum Erfurt gehöre mit zu den ältesten Deutschlands. Um die Mitte des achten Jahrhunderts habe es der Hl Bonifatius als missionierender Erzbischof gemeinsam mit den Diözesen Würzburg und Büraburg gegründet. Die Legende will wissen, dass Bonifatius seinen Missionsgefährten, den Hl Adolar, dessen Gebeine in diesem Dom liegen, zum ersten Bischof Erfurts berief. Das hinderte diesen aber nicht daran, den Erzbischof weiterhin auf den Missionsreisen zu begleiten. So wurde auch er gemeinsam mit Bonifatius und anderen 754 in Friesland Blutzeuge des christlichen Glaubens. Auch Eoban, der Bischof von Utrecht, gehörte zu dieser Gruppe der Märtyrer. Er wurde ebenfalls im Erfurter Dom beigesetzt. Auf diese tragische Weise wurde Erfurt nach nur kurzer Zeit seines Oberhirten beraubt. Stadt und Gebiet wurden nun mit dem Erzbistum Mainz vereinigt und hatten fortan keinen eigenen Kirchenfürsten mehr. Die Bezeichnung Dom behielt aber das Gotteshaus. Über das Aussehen dieses ersten Domes ist wohl so gut wie nichts überliefert. Nach etwa zweihundert Jahren soll dieser Sakralbau eingestürzt sein. Bald danach wurde mit einem Neubau begonnen, der uns aber nicht weiter interessiert, ist er doch der oder einer der Vorgänger der heutigen Bischofskirche. Belegt ist wohl aber, dass von Beginn an der Dom das Patronat der Gottesmutter hatte.

Im 13. Jahrhundert konnte Erfurt einen wirtschaftlichen Aufschwung verzeichnen, der die Stadt in ihrer Bedeutung weit über die anderen thüringischen Städte heraushob. Das musste sich natürlich auch in der Gestalt des Domes als dem am höchsten gelegenen Bauwerk wiederspiegeln. Für die ersten Jahrzehnte des 14. Jahrhundert ist belegt, dass der Chor verlängert wurde. Das Plateau des Domhügels gab aber die erforderliche Baufläche nicht her. Für ein solches Bauwerk war es zu klein. So half man sich mit einer Substruktion an der Ostseite des Chores, einer baulichen Stützkonstruktion, die das Fundament des Chores aufnehmen konnte. Allein schon wegen dieser architektonischen Spitzenleistung ragt der Erfurter Dom aus den deutschen Reichskirchen als Besonderheit heraus. Diesem Teil wollen wir uns nach der Führung widmen. Auf dem Gebiet der DDR soll es noch mindestens zwei weitere Substruktionen geben, und zwar in Oschatz und in Görlitz. Aber da wurden die entstehenden Räume als Unterkirchen ausgebaut. Im zweiten Jahrzehnt des 15. Jahrhunderts sind die Türme abgebrannt. Erst bei dem Wiederaufbau wurde der Mittelturm, der über die flankierenden Türme hinausragt errichtet. Die Bauarbeiten sind dann offensichtlich nicht mehr abgerissen. Das Langhaus, noch im romanischen Stil, stürzte ein. So wurde auch hier ein Neubau erforderlich. Des nunmehr bevorzugten Baustils der Spätgotik musste auch Erfurt seinen Tribut zollen. Für die neue Laienkirche wurde die Hallenform gewählt. Auch die Sterngewölbe weisen in diese Richtung. Allerdings würden wir das Triangelportal, durch das wir den Dom betraten, nicht der Spätgotik zuordnen wollen. Uns wird erklärt, dass das Querhaus bei dem Neubau nicht verändert wurde. Damit klärt sich dieser scheinbare Widerspruch auf. Das Langhaus, in dem wir stehen, ist eine sehr helle und freundliche Halle. Ich erwähnte es bereits. Aber diese macht auf mich so gar nicht den Eindruck eines Gotteshauses. Die Ehrwürdigkeit des Sakralbaues kann ich in diesem Raum nicht erfahren. Schade!

Im Laufe der Zeit hat sich anscheinend beim Erzbischof in Mainz, gleichzeitig aber auch der Landesfürst des ehemalig selbstständigen Bistums Erfurt, die Erkenntnis durchgesetzt, dass er bei den pastoralen wie auch weltlichen Entscheidungen den Erfordernissen der aufstrebenden Gegend nicht gerecht werden konnte. So wurde in Erfurt zumindest ein Weihbischof eingesetzt. Nun war der Dom wieder eine Bischofskirche. Die Zugehörigkeit zu Mainz ließ die Reformation einen Bogen um den Domhügel machen. Zwar hielt sie Einzug in Erfurt, aber der Dom blieb weiterhin katholisch und ist es bis auf den heutigen Tag. Die bewegten politischen Zeiten des Dreißigjährigen Krieges blieben nicht ohne Wirkung auf die thüringische Stadt. Der Erzbischof verlor das Interesse an der Exklave. Hier sind sicherlich vor allen Dingen der Verlust etlicher, wenn nicht aller Einnahmequellen des Domstiftes zu nennen. Das Ergebnis war der Verfall des Stiftes. Die Säkularisation durch Preußen Anfang des 19. Jahrhunderts reduzierte dann die Bedeutung des Domes zu der einer katholischen Pfarrkirche. Diese unterstand nunmehr dem Bistum Fulda. Aufgrund der Zweistaatenpolitik der DDR wurde der Erfurter Dom insofern aufgewertet, als er wieder Sitz eines Weihbischofs wurde. Dieser hatte die Aufgaben eines Generalvikars für die thüringischen Gebiete des Fuldaer Bistums. In den Klausurgebäuden wurde ein katholisches Priesterseminar eingerichtet.

Von unserer Führerin werden wir gebeten, einem Triptichonaltar im nördlichen Querhaus unser Augenmerk zu schenken. Der Altar steht unter einer Art Baldachin, der auf uns den Eindruck macht, als gehöre er zu einem Lettner. Wir liegen wohl gar nicht so falsch. Die junge Frau erläutert, dass dieses Arkadenfragment sicherlich ein Rest des ehemaligen Lettners darstellen würde. Wo dieser genau seinen Platz hatte, kann sie uns aber nicht mitteilen. Das Hauptbild des Triptichons soll eine Einhornjagd darstellen. Man sei stolz darauf, eine solche Darstellung im Dom bewahrt zu haben. Die zentralen Figuren sind Maria und das springende Einhorn. Heilige und weltliche Jäger vervollständigen das Bild. Im Einzelnen wird uns die bildliche Darstellung nicht erläutert. Jeder interpretiert sie auf seine Weise. Das Einhorn, so lässt sich unsere Führerin vernehmen, sei eine der frühesten Synonyme für Jesus Christus und lange Zeit als ketzerisch verfolgt worden. So hätten nur noch ganz wenige dieser Darstellungen die Zeiten überlebt.

Wir werden zur Südseite des Langhauses geführt. Hier macht uns die junge Frau mit einer Grabplatte bekannt, um die sich etliche Sagen und Legenden ranken. Sie zeigt einen Grafen von Gleichen mit zwei Frauen. Die bekannteste Legende besagt, dass der Graf, es soll sich um Lambert II. handeln, auf dem Kreuzzug schwer verwundet worden sei. Eine islamische Prinzessin habe sich um ihn gekümmert und ihn gesundgepflegt. Der landesübliche Dank habe darin bestanden, dass der Genesende die Prinzessin zur Frau nahm. So begleitete sie ihn natürlich auch auf seinem Heimweg nach Thüringen. Der Graf habe fortan mit beiden Frauen gelebt, und das sogar mit kirchlicher Genehmigung. Mehr als eine schöne Legende ist dies aber nicht. Lambert II. war nachweislich zweimal verheiratet. Beiden Frauen wird auf der Grabplatte gedacht.

Während wir nun in Richtung des Sanktuariums geführt werden, so nennt die junge Frau die einschiffige Durchgangshalle im Turmriegel, werden wir noch auf eine sitzende Madonnenfigur hingewiesen. Sie weist in Haltung und Gestaltung ganz augenscheinlich in romanische Zeiten. Haben wir diese Figur nicht schon im Frühjahr in Jüterbog gesehen? Durch eine Tür im südlichen Teil des Sanktuariums tritt ein Priester. Ich öffne die Tür und blicke in den Kreuzgang. Aber ehe ich den Raum in mich aufnehmen kann, höre ich hinter mir schon die Stimme unserer Führerin. Die Klausur sei nicht zu besichtigen, da sie zum Priesterseminar gehöre. Hatten wir nicht gestern von staatlicher Seite in Schulpforta Ähnliches gehört? Ich lasse vom Kreuzgang ab und wende mich wieder der Besuchergruppe zu. Durch das Sanktuarium werden wir in den Chor geführt. Wieder zeigt sich eine Eigentümlichkeit des Erfurter Domes. Der Durchgang hat die Breite des Langhausmittelschiffes. Der Blick in den Chor zeigt, dass dieser wesentlich breiter ist als eben der Durchgang im Torriegel, das sogenannte Sanktuarium. Eine eigenartige Wirkung geht von dieser Ansicht aus. Der Blickwinkel gestattet nur die Betrachtung des Hauptaltars. Auf mich macht der Durchgang den Eindruck eines architektonischen Flaschenhalses, der nur einen eingeschränkten Blick freigibt. Erst, als wir das Sanktuarium durchschreiten, weitet sich der Blick auf die gesamte Breite des Chores. Und hier werde ich mit dem Dom versöhnt. Nach einer Reihe von Abbildungen zu urteilen, glaube ich mich in einem französischen Kathedralchor zu befinden. Und genau das erläutert nun unsere Führerin. Die Eindrücke in der Kirche des Domkapitels sind so vielfältig, dass man sie mit einem Blick gar nicht aufnehmen kann. Von den gotischen Bögen wird der Blick wie automatisch nach oben in die Gewölbe gezogen. Der Chor ist fünfjochig und polygonal abgeschlossen. Ebenso wie im Langhaus sind die Wandflächen wie auch die Gewölbeflächen hell geputzt, sodass die steinbelassenen Gewölberippen einen schönen Kontrast für das Auge bieten. Die Mauerauflösung an den Fenstern ist derart groß, dass der Raum größer wirkt, als er in Wirklichkeit ist. Die Fenster gehen in den Jochen und im Polygon wahrhaftig bis an die Dienste heran. Etwas respektlos ausgedrückt, haben wir hier die gotische Variante des Skelettbaus vor uns. Wir haben uns im Gegensatz zu den meisten der Besucher in eine Bankreihe gesetzt. Ja, dieser sakrale Raum erfüllt alle meine Erwartungen an eine Kirche. Hier die Andacht und Ruhe für das Gebet zu finden, kann ich mir sehr gut vorstellen. Die Farbfenster, auf die wir nun aufmerksam gemacht werden, tun ihr Übriges zu diesem positiven Gesamteindruck. Sie lassen uns den Kirchenraum als etwas ganz Besonderes empfinden, und das ist er ja auch. Die Farbglasfenster werden uns als die bedeutendsten in dem Dom erklärt. Die meisten Fenster würden aus dem Ende des 13. und Anfang des 14. Jahrhunderts stammen. Sie seien bis auf kleine Teile noch im Original erhalten, da sie während des Krieges ausgelagert wurden. Alle Fenster sind nach bestimmten Programmen gestaltet, die uns nun im Einzelnen beschrieben werden. Ich erspare mir im Detail darauf einzugehen, obwohl ich zugeben muss, dass es sehr interessant und aufschlussreich ist, die Zyklen der Darstellung erläutert zu bekommen. Es sieht wunderbar aus, wie sich das Licht in den Fenstern bricht.

Dann wird uns der Hauptaltar beschrieben. Auch er wird als ein bedeutendes Kunstwerk vorgestellt. Das ist sicherlich richtig. Aber meiner Meinung nach passt er nicht in diesen Chor. Meine Frau raunt mir zu, dass sie es sehr schade finde, von den Fenstern im Polygon nur die oberen Partien zu sehen zu bekommen. Recht hat sie. Auch mir stößt das auf. Und dabei wurden uns gerade diese Fenster als die wertvollsten vorgestellt. Der Altar ist zweigeschossig gestaltet, wobei der Blickfang in beiden Etagen durch gedrillte Säulen gebildet wird. Die Gemälde der beiden Altarblätter wirken recht dunkel. Hier ist wahrscheinlich eine Restaurierung vonnöten.

Die letzte Sehenswürdigkeit, auf die wir in diesem Teil des Domes aufmerksam gemacht werden, ist das Chorgestühl. Es reicht von der westlichen Begrenzung des Chores auf beiden Seiten bis wenige Schritte vor die Altarstufen. Die filgrane Schnitzarbeit wird von der jungen Frau besonders hervorgehoben. Das tut sie sehr fachgerecht und überzeugend. Ich vermute, dass dies entweder ihr Spezialgebiet oder doch zumindest ihr Lieblingsgebiet ist. Von Schnitzerei scheint sie eine Menge zu verstehen. Ob es nun die Wangen sind, oder die angedeuteten Baldachine der einzelnen Sitze, es zeigt sich eine unwahrscheinliche Vielfalt an Gestaltungen. Figuren von Heiligen oder von szenischen Darstellungen sind in Schlingwerk eingebunden. Diese Form des Maßwerkes deutet in die Spätgotik. Die Themenvielfalt ist kaum zu überschauen. Lediglich die Wimperge der Baldachine wiederholen sich. Ansonsten stellen wir nur verschiedene Motive fest. Diese sind meist in Reliefform gearbeitet. Die Tiefe der Reliefs kommt aber teilweise schon vollplastischen Darstellungen gleich.

Damit endet der Vortag unserer Führerin über den Erfurter Domchor. Beim Verlassen der Kirche werden wir noch auf einen Leuchter aufmerksam gemacht, der mit zu den herausragenden Kunstwerken des Domes gehört: den „Wolfram", einen Bronzeleuchter, der uns romanisch anmutet. Woher die kerzentragende Bronzegestalt ihren Namen hat, ist nicht bekannt. Die junge Dame entschuldigt sich, dass sie für die Führung nicht mehr ins Detail gehen konnte. Die Grabdenkmäler, seien es die Grabplatten oder die Epitaphien hätten leider zu kurz kommen müssen. Aber sie hätte heute noch zwei Führungen vorzunehmen, und da seien solche Einschnitte in der Auswahl der Kunstwerke nicht zu umgehen. Sie geleitet uns noch vor die Kirche, bedankt sich für die Aufmerksamkeit und Disziplin sowie für die Spenden, verabschiedet sich und verweist zum Schluss auf die gegenüberliegende Kirche St. Severi.

Während sich unsere Gruppe auflöst, und die nächste schon in den Dom eingelassen wird, setzen wir drei die vorhin unterbrochene Außenansicht fort. Zunächst widmen wir uns dem Turmriegel. Er besteht aus drei unmittelbar aneinadergrenzende Türme. Der Riegel springt etwas aus der Flucht des Chores heraus. Die beiden äußeren Türme haben in der Basis einen quadratischen Grundriss. Ab dem zweiten Geschoss werden sie als Sechsecktürme aufgeführt. Gesimsbänder, die einzige Gliederung, lassen drei Geschosse über der Basis erkennen, im obersten die Schallfenster mit recht einfachen Maßwerken. Den Abschluss bilden wie am Triangel Balustraden aus denen sich Fialen entwickeln. Ein gemauerter Helm bildet den Abschluss. Der zwischen den Außentürmen stehende

Mittelturm erhebt sich über diese und ist ein Geschoss höher. Der Trapezhelm trägt eine Laterne. Von unserem derzeitigen Standort aus können wir die Türme in ihrer ganzen Höhe und Pracht nicht bestaunen. Zu nah stehen wir am Dom. Die gegenüber befindliche Kirche St. Severi lässt uns dazu keinen Raum. Jedoch hatten wir ja vorhin vom Domplatz aus die Möglichkeit, das Erscheinungsbild in sich aufzunehmen.

Nun fehlt uns eigentlich nur noch die Außenansicht des großen Chores. Für seine Weite im Inneren wirkt er von außen recht schlank. Das dürfte sicherlich an seiner Höhe liegen. Seine französischen Vorbilder zeichnen sich eben durch sehr hohe Gewölbescheitelhöhen aus. Aber zusätzlich dürfte der hohe Mauerauflösungsgrad diesen Eindruck noch verstärken. Man steht vor der Kirche der Domherren und wird von der Gewaltigkeit des Baues unwillkürlich gefangengenommen. Ein eigenartiges Gefühl, gegen das ich mich einfach nicht wehren kann. Warum auch! Die Strebepfeiler gliedern den Bau. Sie sind in der Entwicklung nach oben recht aufwendig gegliedert. Nach oben stufenweise schwächer werdend, gehen sie ab der Traufe in Fialen über. Zwischen diesen sehen wir eine Balustrade, von der wir bei der Führung erfuhren, dass sie nicht zum Originalbau gehört. Zur Kaiserzeit des ersten Wilhelm im vorigen Jahrhundert wurde sie im Rahmen von Instandsetzungsmaßnahmen aufgesetzt. Wie wir erfuhren, überlegt die Denklmalpflege, sie wieder zu entfernen. Die Einheit des Baues wäre nicht vollständig beschrieben, würde man nicht auf die Fenster eingehen. Im Innenraum hatten wir eigentlich nur Augen für die Farbglasfenster. Ihre Gesamtgestaltung kam dabei zu kurz. Jetzt, von außen, fallen sie uns erst richtig auf. Auch sie tragen zu dem Eindruck des sehr hohen und schlanken Bauwerkes bei. Vierbahnig geführt enden sie in sehr schönen Maßwerken. Fast jedes Fenster hat ein anderes Maßwerk. Zum Teil sind es nur geringe Änderungen, die man nur bei intensiverem Hinsehen erkennt. - Auf dem Plateau können wir den Chor umgehen. An der Ostseite der Klausur fällt uns der Polygonalabschluss einer kleinen Kapelle auf. Ihre Lage entspricht der von Abtskapellen in mittelalterlichen Klöstern. Sicherlich ist es hier die Privatkapelle des Bischofs.

Wir begeben uns zu der Domtreppe und steigen diese hinab. Wir wollen noch einen Eindruck von der Substruktion bekommen. Schwere Arkadenbögen stellen den Niveauausgleich des Geländes für den Dom, oder besser gesagt, den Chor dar. Damit beenden wir die Besichtigung des Erfurter Domes. Gottfried meint, er käme sich vor, als habe er Heimvorteil. Gleich haken wir beiden Anderen ein und erwarten für einen zweiten Besuch die Möglichkeit der Besichtigung des Kreuzganges. Die Zusage, sich darum zu bemühen, kommt prompt. Die Gesamteinschätzung des Dombesuches: der Erfurter Dom ist einen Besuch unbedingt wert. Er ist eine Besonderheit unter den deutschen mittelalterlichen Domen. Und da schließe ich, soweit ich mich belesen konnte, die bundesdeutschen Reichskirchen mit ein. Hier ist vieles ganz anders, als man es von den traditionellen Kirchen des Mittelalters her kennt. Begonnen bei dem zwischen Chor und Langhaus angesiedelten Turmriegel, der zudem im Inneren einen Durchgang freihält, und sich als Flaschenhals des gesamten Innenraumes zeigt. Es geht weiter mit der Substruktion unter dem Chor, dem Langhaus mit eigenem Walmdach und seiner lichten Weite. Bei einem erneuten Besuch gilt es etliche Details zu vertiefen und den Kreuzgang zu besichtigen.

Die Stiftskirche St. Severi zu Erfurt

Noch teils in Gedanken beim Dom wenden wir uns der zweiten Kirche auf dem Domhügel zu. St. Severi steht ebenfalls auf unserem heutigen Programm in der alten Bischofsstadt. Wir kommen gerade die Domstufen wieder herauf. Die Substruktion des Domchores hatten wir uns angesehen. Das Erste, was uns von St. Severi auffällt, ist eine gewisse Verwandschaft in der baulichen Anlage der beiden Kirchen. Wie bei der Bischofskirche erhebt sich auch hier zwischen dem Langhaus und dem Chor ein Turmriegel. Auch hier ist die Turmfront dreigeteilt und angelegt wie beim Dom gegenüber. Das Langhausdach ist wie visavis als Walmdach ausgeführt, also die gleiche eher wohl seltene Dachform eines Gotteshauses. Vom Barock her sind wir solche Eindeckungen gewohnt, aber in der Gotik? Und doch ist die Stiftskirche gänzlich verschieden von der berühmten benachbarten Reichskirche. Aber diese Verwandschaft, wie ich es bezeichnen möchte, macht die Harmonie in der Bebauung des Domhügels aus. Vornehmlich die beiden Turmriegel bestimmen den Anblick, den man vom Domplatz aus genießen kann. Er hat die Dom-und Blumenstadt in der Welt berühmt gemacht.

Auf dem Plateau des Domhügels angekommen, fallen uns sofort die Türme von St. Severi ins Auge, die vor uns emporwachsen. Sie sind bis über die Traufe des Langhauses ohne jegliche Mauergliederung, sieht man einmal von den kleinen Fensteröffnungen ab. Das gibt den Türmen den Eindruck einer gewissen Wehrhaftigkeit. Über diesen schmucklosen Turmgeschossen zeigen sich lediglich zwei Gesimsbänder. Schlichter kann ein Turm bzw eine Turmfront gar nicht aussehen. Im obersten Geschoss der Außentürme sind es die recht einfachen Schallfenster, die als Blickfang wirken. Wie beim Dom erhebt sich der Mittelturm über die flankierenden Türme. Den Abschluss aller drei Türme bilden sehr schlanke gotische Spitzhelme. Erwähnte ich gerade, dass die unteren Turmgeschosse wehrhaft wirken, so ändert sich der Eindruck mit zunehmender Höhe. Letztlich wirkt die Turmfront nach oben hin sogar sehr leicht. Eine solche Wirkung hatten wir schon bei anderen Kirchtürmen feststellen können. Obwohl die Schallfenster gotisch sind, macht die Turmfront auf uns den Eindruck, als stamme sie von einem romanischen Vorgängerbau. - Der sich östlich an die Turmfront anschließende Chor besteht lediglich aus fünf Flächen eines Oktogons. Gemessen an dem großen Chor des Domes empfinden wir diesen hier winzig. Irgendwie macht sich der Eindruck einer gewissen Disharmonie breit. Einen richtigen Chorraum kann das Gotteshaus gar nicht haben. Selbst, wenn im Inneren der Durchgang der Turmfront mit hinzugerechnet wird, handelt es sich für eine Stiftskirche um einen wahrlich sehr kleinen Chor, eben nicht viel mehr als einen Altarraum. Mit dem Begriff einer Stiftskirche verbinden wir die Vorstellung an ein Stiftskapitel mit Stiftsherren. Und dann nur ein etwas größerer Altarraum als Chor? Aber warten wir ab, wie sich die Kirche von innen zeigen wird.

Das einheitliche Dach des sich westlich an den Turmriegel anschließenden Langhauses verrät bereits die Hallenkirche. Die Halle ist breiter als die Turmfront und springt somit beiderseits aus der Flucht derselben hervor. Hohe schöne gotische Fenster und nach außen stehende, recht schlank wirkende Strebepfeiler gliedern die Außenfront. Es fällt sofort auf, dass die Fenster an der Nordfassade ungleich breit sind. Die Gliederung durch die Strebepfeiler verspricht allerdings im Inneren die Harmonie gleichgroßer Joche. Beim Näherkommen wird jedoch augenscheinlich, dass sich in der Fensterfolge doch ein System versteckt. Das erste und das letzte Joch sind breiter als die übrigen. Sollte es sich hier gar nicht um Joche sondern um Querhäuser handeln, die nicht über die Langhausflucht heraustreten? Das Fenster über dem Südportal passt sich in seiner Breite der des Einganges an. Für das Harmoniebedürfnis der Gotik wären ungleiche Fenster auch nicht vorstellbar gewesen. Die Maßwerke der Fenster sind sehenswert. Vornehmlich sind es Vierpassmaßwerke, wenn teilweise auch etwas stilisiert. Wenn unsere Ahnung stimmt, hat St. Severi zwei Querhäuser, also im Osten wie im Westen. Dann müsste aber auch ein Westchor zu sehen sein oder bestanden haben.

Durch das Südportal, ein Doppelportal, betreten wir das Gotteshaus und befinden uns in einer geräumigen Halle. Erstaunt stelle ich fest, dass St. Severi eine fünfschiffige Kirche ist. Allzuviele gibt es davon auf dem Gebiet der DDR nicht. Obwohl das Walmdach des Langhauses sehr steil ist und damit auch eine erhebliche Höhe erreicht, suggeriert die östliche Dachschräge zur Turmfront hin die Vorstellung, dass die Gewölbescheitelhöhe nicht allzu hoch sein könnte. Nun, hier im Inneren, werden wir eines Anderen belehrt. Zumindest erscheint uns die Halle höher als erwartet. Wie bei allen unseren Kirchenbesuchen, lassen wir uns in einer Bankreihe nieder. Ja! Wie bereits im Chor des Domes, beschleicht mich ein eigentümliches Gefühl. Konnte ich es in dem Gotteshaus visavis noch nicht richtig definieren, so wird es hier schon deutlicher. Es ist ganz einfach die Feststellung, dass ich mich in einer katholischen Kirche befinde. Befriedigung macht sich darüber in mir breit. In den Kirchen im Frühjahr wie auch gestern - allesamt evangelische Gotteshäuser - fühlte ich mich meist geborgen, mit Andacht erfüllt. Und doch ist es in dieser Kirche wie auch im Chor des Domes ganz anders. Ich fühle ganz einfach die religiöse Heimat. Gottfried lächelt verständnisvoll, als ich ihm diese Wahrnehmung zuraune. Meine Frau als evangelische Christin kann dies nicht ganz nachvollziehen, ist aber so taktvoll, dem nicht zu widersprechen. Was das ewige Licht und gewisse Besonderheiten der Ausstattung doch ausmachen, wie sie das Klima des Kirchenraumes verändern können.

Von unseren Plätzen aus betrachten wir die Halle etwas intensiver. Das Mittelschiff ist breiter als die Pfeilerreihen in Längsrichtung voneinander entfernt sind. Daraus ergeben sich rechteckige Joche. Die mittleren Seitenschiffe scheinen halb so breit wie das Mittelschiff zu sein. Die äußeren und mittleren Seitenschiffe, jeweils zusammengenommen, dürften wohl die Breite des Hauptschiffes haben. Für die Größe des Hallenraumes sind die Pfeiler sehr schlank. Insbesondere die Pfeiler, die die Seitenschiffe voneinander trennen, sind noch schlanker als die Mittelschiffpfeiler. Das macht auch den Eindruck der Höhe und Weite aus. Kämpferlos gehen die Pfeiler in Scheidebögen über. Auch das bekräftigt die eben genannte Wahrnehmung. Alle Pfeiler scheinen einen Achteckquerschnitt zu haben. Jeweils vier vorgelagerte pilasterhafte Halbsäulen enden unterhalb der Gewölbe in kegelartigen Konsolen. Aus diesen entwickeln sich die Gewölberippen. Es sind vornehmlich gotische Kreuzgratgewölbe, die über uns den Kirchenraum wölben. Durch die Halbsäulen erscheinen die Pfeiler in Vierkantform. Die Scheidebögen treten im Mittelschiff nicht nur als Jochbegrenzungen auf, sondern sind auch in der Längsrichtung als Schiffbegrenzung zu finden. Die so ausgeschiedenen Joche sind eine weitere Ursache für den Eindruck von Höhe und Weiträumigkeit.

In der Kirche ist recht lebhafter Publikumsverkehr. Wahrscheinlich machen es alle so wie wir: Nach dem Besuch des Domes sehen sie sich noch die Stiftskirche an. Führungen scheinen hier aber nicht stattzufinden. Wir sehen zumindest keine größere Gruppe. So sind wir auf uns selbst angewiesen. Gottfried erhebt sich und begibt sich in Richtung Osten. Meine Frau und ich folgen ihm. Meine Ahnung, dass sich westlich an den Turmriegel ein Querhaus anschließt, erweist sich als richtig. Es liegt ganz in der Mauerflucht der Langhauswände und hat die Breite des Mittelschiffes. So ergibt sich eine quadratische Vierung. In dieser stehen wir nun. Hier wird die Harmonie der gotischen Vierung richtig erlebbar. Unvorstellbar, wie sich vor so vielen Jahrhunderten die Baumeister in den Raumwirkungen auskannten. Über uns wölbt sich wie über allen Jochen ein Kreuzgratgewölbe.

An dieser Stelle ist es vielleicht ratsam, etwas auf die Geschichte dieses Sakralbaues einzugehen. Viel geben die geschichtlichen Nachweise zu der Stiftskirche nicht her. Belegt ist jedoch, dass der Erzbischof von Mainz 836 die Reliquien des Hl. Severus aus Ravenna nach Erfurt brachte. Wenig später überbrachten Nonnen auch die Reliquien der Heiligen Vincentia und Innocentia, Frau und Tochter des Severus, an diese Kirche. Ob zu der Zeit bereits das Patronat des Hl. Severus bestand, lässt sich daraus nicht erkennen. Fest steht indessen, dass die Kirche zu einem Kloster gehörte. Die Klausurgebäude werden in den Nachrichten erwähnt. 1121 bestätigt Erzbischof Adalbert von Mainz das Stift St. Severi. Wer war der hier verehrte Heilige? Leider geben nur Legenden über das Leben des Severus Auskunft. So soll er im Jahre 235 in Ravenna geboren worden sein. Er wurde Wollweber und lebte mit Frau und Tochter in seiner Geburtsstadt. Die Legende bescheinigt ihm und seiner Familie einen heiligmäßigen Lebenswandel. Als 284 der Bischof starb, wählte man Severus zum neuen Hirten des Bistums. Die Legende nennt hier ein Ereignis, dass für die Wahl den Ausschlag gegeben haben soll. Der Wahlversammlung der Christen wohnte auch Severus bei. Eine Taube setzte sich auf sein Haupt. Das sah man als ein Zeichen des Himmels an und bestimmte ihn zum Hirten der Stadt. Seit seiner Heiligsprechung wird Severus auch mit der Taube als Attribut dargestellt. Nach anfänglicher Ablehnung aus Bescheidenheit nahm er dann doch die Wahl an. Frau und Tochter gingen in ein Kloster und machten so den Weg für den Bischof frei. Severus soll das biblische Alter von 113 Jahren erreicht haben. Sein Grab und seine Reliquien sollen zahlreiche Wunder bewirkt haben. Für die nach Erfurt gelangten Gebeine der Heiligen wurde in St. Severi ein steinerner Prunksarkophag geschaffen. Aber davon später mehr.

Aus einigen Unterlagen scheint hervorzugehen, dass das Stift auf dem Hügel zwei Titelheilige hatte. Neben dem Hl Severus war es der Hl Paulus, der das Patronat innehatte. 1123 wurde das Benediktinerkloster St. Paulus auf den Cyriakusberg, dem heutigen IGA-Gelände, verlegt. Damit hatte die Stiftskirche auf dem Domberg nun nur noch das Patronat des Hl Severus. Mindestens einen Brand hatte das Stift zu überstehen. Die Baufälligkeit muss dann aber soweit fortgeschritten sein, dass ein Neubau erforderlich wurde. Im 13. Jahrhundert entstand dann eine fünfschiffige Hallenkirche im romanischen Stil mit zwei Chören. Das ist für meine bescheidenen architekturhistorischen Kenntnisse denn doch ein Novum: Eine Hallenkirche in der Romanik. Davon hatte ich bisher weder gehört noch gelesen. Bei einem erneuten Brand im Jahre 1472 wurde die Kirche soweit geschädigt, dass die Reparaturen schon fast einem Neubau gleichkamen. Dabei ging leider der Westchor verloren. Diese Kenntnisse verdanke ich einer Kichrenbeschreibung.

Aber zurück zu unserem Rundgang. Unseren Blick richten wir nach Osten in den Chor. Die Befürchtung der Raumeinschränkung durch den Durchlass in der Turmfront bewahrheitet sich nicht. Sie war wohl aus dem Beispiel im Dom entstanden. Man nimmt überhaupt nicht wahr, dass das westliche Joch des Chores durch den Durchlass in dem Turmriegel gebildet wird. Die Gewölbe von Mittelschiff und Chor reihen sich unmittelbar aneinander, so dass ein räumlicher Bruch gar nicht entsteht. Der vermutete Eindruck eines viel zu kleinen Chores bewahrheitet sich ebenfalls nicht. Lediglich die fehlenden Fenster an den Chorjochwänden erinnern an die Türme. - Als Hauptaltar fungiert eine große barocke Altarwand. Wie schon im Dom scheint sie nach unserem Verständnis die Proportionen des Chores zu stören. Ein schöner Flügelaltar würde sicherlich viel besser hierher passen. In drei Etagen baut sich dieser Altar auf und reicht damit bis fast an das Gewölbe heran. In zwei Etagen dominieren Säulen und Heiligenstatuen. In der ersten Reihe zeigen sich St. Severus und St. Bonifatius, darüber St. Vincentia und St. Innocentia und in der Spitze der in den Himmel auffahrende Jesus Christus. Die Altarblätter sind so gut wie nicht zu erkennen, so gedunkelt erscheinen sie. Sie wie der ganze Altar müssten einmal restauriert werden.

Wir wenden uns um und treten aus dem Chor wieder in das Langhaus. Unsere Blicke gehen in den Schiffen umher und in die Gewölbe. Und jetzt wird uns erst richtig bewusst, was wir vordem gar nicht so wahrgenommen haben. In dieser Kirche ist nicht nur der Hauptaltar restaurierungsbedürftig. Die Wände und Gewölbe wurden einstmals hell geputzt. Die Pfeiler und Gewölberippen sind steinbelassen. Zur Zeit ist ein farblicher Kontrast nicht feststellbar. Zu sehr sind die Farben von Wänden und Gewölbeflächen nachgedunkelt. Bisweilen zeigen sich an den Außenwänden große dunkle Flecke. In den Gewölben, vornehmlich in den Zwickeln der Rippen, lassen sich vermehrt Wasserflecken sehen, was auf Dachschäden hinweist. Schade, dass dieses bedeutende Werk der Hallengotik einen solchen Eindruck hinterlässt. Gottfried erinnert sich in diesem Zusammenhang an Halberstadt. Dort steht die Liebfrauenkirche im Schatten des Domes. Er hat recht. So wird es auch hier in Erfurt sein. Das Pech dieses Gotteshauses ist es, so nah an dem berühmten Dom zu stehen. Zum wiederholten Male werden wir mit der Unzulänglichkeit der Bauerhaltungspolitik unseres Staates konfrontiert.

Gottfried wendet sich dem südlichen Kirchenschiff zu und möchte uns den Sarkophag des Hl Severus zeigen. Einer Tumba recht ähnlich lädt er uns ein, ihn zu betrachten. Die vier Außenflächen sind figürlich gestaltet. Da ist Severus mit zwei Frauen zu sehen, wahrscheinlich Frau und Tochter. Da ist die Legende mit der Taube bei der Bischofswahl wiedergegeben. Auf einer Längsseite möchten wir meinen, ist die Anbetung der Hl Drei Könige zu erkennen. Was hat das Thema mit Severus zu tun? Alle Darstellungen sind als Reliefs gestaltet, wenn auch einzelne Figuren fast ganz ausgearbeitet sind. Die Entstehung würden wir in die Zeit der Frühgotik datieren wollen. Die Deckplatte ist dagegen sehr schlicht gestaltet. Gottfried erläutert, dass der Sarkophag schon einiges hat erdulden müssen. Er hat seinen Standort gewechselt, ist bereits einmal auseinandergenommen worden. Dann verweist er auf einen Seitenaltar an der Westwand des Schiffes. Das Schmuckrelief mit der Darstellung des Severus, der Ehefrau und der Tochter sei die eigentliche Deckplatte der Tumba. Man habe sie allerdings an dem Altar belassen und eine neue Platte angefertigt. Ich kann mir gar nicht vorstellen, dass diese in die Hochgotik vielleicht sogar Spätgotik weisende Darstellung zu dem Sarkophag gehört haben soll. Der Eindruck sei richtig, bestätigt Gottfried, diese Deckplatte sei erst später angefertigt worden. Mit den kleinen Ziergiebeln als abschließende Baldachine scheint die Arbeit der Spätgotik nahezustehen. Woher er diese Kenntnisse habe, fragt Irmgard. Aber dann erinnert auch sie sich, dass er ja eine Zeit auf dem Domhügel zuhause war.

Abschließend wenden wir uns den westlichen Teilen der fünfschiffigen Kirche zu. Hier wird das Langhaus mit einem Westquerhaus abgeschlossen. Wir erkennen es gar nicht auf den ersten Blick. Die Ursache hierfür ist die in die Vierung hineinragende Orgelempore. Das breitere Fenster in der Außenwand, das quadratische Gewölbe der Vierung hätten es uns eigentlich erkennen lassen müssen. Abweichend von den Gewölben in dem ganzen Innenraum ist die Westvierung mit einem Sterngewölbe überwölbt.

Wir haben alles, was uns in der Kirche interessiert, gesehen. Dieses Gotteshaus ist wirklich eine architektonische Besonderheit und allein schon daher einen Besuch wert. Schade nur, dass so wenig für eine farbliche Neufassung getan wird. So interessant wie die Kirche ist, fristet sie doch ein Schattendasein neben der berühmten Reichskirche. Wird es die Denkmalpflege schaffen, das Bauwerk aus dem Schmollwinkel herauszuholen? Gegönnt sei es ihr. Allein schon aus der Tatsache, dass es nur ganz wenige fünfschiffige Kirchen in der DDR gibt. - Diesmal ist es meine Frau, die sich mit der Bemerkung meldet, ob es nicht langsam Zeit würde, unsere Fahrt fortzusetzen. Gottfried, unser bisheriges Zeitgewissen muss lachen, dass er es diesmal nicht ist. So wenden wir uns dem Ausgang zu, gehen die Domtreppe abwärts zum Domplatz, wo unser Trabi auf uns wartet.

Der Thüringer Wald begrüßt uns

Unser kleines Auto durchquert noch einmal Erfurt, aber diesmal in südlicher Richtung. Der Herrmannplatz wird passiert, ebenso die Lutherstraße und all die anderen, die uns der Fernverkehrsstraße F4 näherbringen. Wieder macht sich in uns die Neugierde breit, die Stadt an der Gera näher kennenzulernen. Weltbekannte Bauensembles kommen uns in den Sinn: der Anger, das Augustinerkloster, das Ursulinerinnenkloster, die Krämerbrücke, die Reglerkirche, die Kaufmannskirche und wer weiß was nicht noch alles. Unser Entschluss steht fest, auf einer unserer nächsten Fahrten wird der Blumenstadt mehr zeitlicher Raum zum Erfahren und Erleben der urbanen Architektur eingeräumt. Mit der Klement-Gottwald-Straße, hier die F4, verlassen wir Erfurt in südlicher Richtung.

Unser nächstes Ziel ist Arnstadt, eine der ältesten Städte in der DDR, wenn nicht sogar die älteste. Nach relativ kurzer Fahrzeit taucht die Stadt vor uns auf. Hier wollen wir die Liebfrauenkirche besichtigen. Beim Durchfahren der Straßen, und das sind nur die Hauptstraßen, wird uns schnell bewusst, dass auch diese Stadt einen etwas ausgiebigeren Besuch wert ist. Wir kommen an der Bachkirche vorbei und erinnern uns, dass der Meister der Fuge hier eine seiner ersten Anstellungen hatte. Aber die Kirche ist leider geschlossen. Wir suchen weiter nach Liebfrauen. Gutgemeinten Ratschlägen folgend finden wir das Gotteshaus auch. Natürlich ist es verschlossen. Während ich beginne, die Außenfassade des romanischen Gotteshauses zu betrachten, erkundigt sich Gottfried nach dem Küster bzw. dem Kantor. Beide wohnen nicht gerade in der Nähe der Kirche. So verkünden mir schließlich meine beiden Begleiter, dass sie es für angebracht hielten, die Kirchen dieser Stadt zum Thema eines späteren Besuches zu machen. Das ist auch der Grund, warum ich an dieser Stelle nicht näher auf das Bauwerk eingehe. Wir sollten nun durch den Thüringer Wald zum Ort unserer heutigen Übernachtung, nach Brotterode am Inselsberg fahren.   Ich bin überstimmt, und so trennen wir uns von der altehrwürdigen Thüringischen Stadt.

Die Fahrt in den Thüringer Wald führt uns von der bisher befahrenen Fernverkehrsstraße fort. Wir richten unsere Route nach Ohrdruf aus. In dem Dorf Crawinkel biegen wir in die F88 ein und erreichen nach kurzer Fahrt das kleine Städtchen Ohrdruf. Die Ortsdurchfahrt zeigt uns, dass auch dieser Ort eine bemerkenswerte Geschichte haben muss. Die Stadtkirche St. Trinitatis aus dem 18. Jahrhundert und das Schloss „Ehrenstein" aus dem Ende des 16. Jahrhunderts sind ein Anhaltspunkt dafür. Unser Touristatlas klärt uns auf, dass 1390 das Stadtrecht diesem Ort am Rande des Thüringer Waldes verliehen wurde. Das urbane Bild zeigt bereits die Nähe des grünen Gebirges. Sehr einladend sehen die Straßen gerade nicht aus. Wir durchfahren eine typische Ackerbürgerstadt. Die Bebauung zeigt alles, was der Thüringer Wald diesbezüglich zu bieten hat. Da finden wir ein paar Häuser mit Fachwerk. Viele andere, sicherlich ebenfalls Fachwerkhäuser, sind mit Schieferschindeln verkleidet. Die Farben der Schindeln gehen vom Dunkelgrau bis zum Anthrazit, bisweilen mit einfachen Ornamenten verziert. Und dazwischen finden wir auch Gebäude aus Stein erbaut, also etwa aus den letzten zweihundert Jahren. Wir nehmen uns nicht die Zeit anzuhalten. Das Schloss mit dem Namen „Ehrenstein" sieht dagegen schon anders aus. Es ist ein Renaissancebau, der aber noch etliche Merkmale der Spätgotik zeigt. Auffallend sind die Ornamente auf dem Dach. Hier halten wir denn doch einmal kurz an. Der Bau ist gut erhalten. Eine Informationstafel belehrt uns, dass das Schloss auf den Grundmauern eines nach der Reformation zerstörten

Benediktinerklosters erbaut wurde. Das Kloster muss ein Filialkloster gewesen sein, denn es unterstand St. Severi in Erfurt. Das hatten wir vor Kurzem einer Information in der Severi-Kirche entnommen. Der Bau von Lust-und Jagdschlössern auf den Grundmauern ehemaliger Klöster in Thüringen ist gar nicht so selten. Nach der Einführung der Reformation wurden die Klöster säkularisiert. Oftmals waren die baulichen Anlagen in den Unruhen des Bauernkrieges bereits zerstört. Entweder ließ sich der Herzog selbst ein Schloss an der Stelle bauen, oder er belehnte andere Adelsgeschlechter damit. Hier, in Ohrdruf waren es die Grafen von Gleichen. Auf diese Weise ist Thüringen zu einer Anzahl schöner Renaissanceschlösser gekommen, andererseits aber auch um die gleiche Anzahl sehenswerter monastischer Anlagen ärmer geworden.

Und weiter führt uns unser Weg, jetzt auf der Fernverkehrsstraße F88, in den Thüringer Wald, dem grünen Herz Deutschlands, wie das Gebirge oft genannt wird. Der nächste Ort, den wir erreichen, ist Georgenthal. Dieser Ort verdankt seine Entstehung den Zisterziensern, die hier ein Kloster bauten. Nach der Reformation ging dieses den gleichen Weg wie das in Ohrdruf. Hier war es Herzog Ernst der Fromme, der sich ein Schloss bauen ließ. Heute ist es zum größten Teil Pflegeheim und somit nicht zu besichtigen. Vom Kloster noch erhalten ist das ehemalige Kornhaus, ein romanischer Bau. Die Dorfkirche, ebenfalls im romanischen Stil, die wohl auch auf die Zisterzienser zurückgeht, ist natürlich geschlossen. Georgenthal kommt wie schon einiges auf unserer heutigen Fahrt auf unsere Vormerkliste.

Die F88 führt uns weiter nach Friedrichroda. Der Ort ist einer der bekanntesten Urlaubsorte der DDR. Aber nicht unsere Republik hat das Städtchen zum Erholungsort erkoren. Das war es bereits vor dem Krieg und geht, wenn ich richtig unterrichtet bin, auf die Herzöge von Sachsen-Coburg-Gotha zurück. An einem Lustschloss der Gothaer Linie der Wettiner werden wir ja noch vorbeikommen. Vielleicht ist hier die Ursache für die Ausrichtung der Stadt als Gastgeberin für Erholungssuchende zu suchen. Immerhin war Friedrichroda früher ein recht nobler und exklusiver Erholungsort. Das hat der Stadt, die bis dahin vom Bergbau und der Landwirtschaft lebte, eine neue wirtschaftliche Blüte beschert. Am Rande der Stadt hat der FDGB in den fünfziger Jahren ein großes Ferienheim errichten lassen, das den Namen des Antifaschisten Neugebauer trägt. Gemessen an anderen Neubauten des FDGB-Feriendienstes versucht sich dieses Objekt etwas in die Landschaft einzupassen. Der stalinistische Zuckerbäckerstil hat hier zwar Pate gestanden, allerdings nicht in der extremen Art, wie wir sie im Frühjahr in Magdeburg kennenlernten. Friedrichroda weist im Wesentlichen die gleichen Merkmale der Bebauung auf, wie das vorhin durchfahrene Ohrdruf. Trotzdem macht diese Stadt einen ganz anderen Eindruck auf uns. Hier ist alles viel urbaner, weitaus mehr auf Bürgerhäuser hindeutend. Man merkt, dass sich der Ort auf seine betuchten Besucher eingestellt hat. Davon lebt die heutige Architektur noch. Mit Befriedigung nehmen wir zur Kenntnis, dass es so gut wie keine Gebäude gibt, die als moderne Zweckbauten die Harmonie der historisch gewachsenen Architektur stören. So klein die Stadt auch ist, der Touristatlas weist für sie 6000 Einwohner aus, hat sie doch eine richtige Einkaufsstraße, die noch ein wenig zeigt, welch wohlhabende Händler hier einmal ansässig waren. Natürlich muss man bei aller Begeisterung für die thüringische Bergstadt auch sagen, dass etwas Farbe der Straße wie auch der ganzen Stadt sehr gut tun würde. In dieser Einkaufsstraße setzen wir uns in ein Cafe und laben uns. Es nennt sich Cafe Wien und wird mit seinem Flair auch dem Namen gerecht. Die Spiegelwände und die marmorgedeckten Rundtische erwecken diesen Eindruck. Ein wahrlich reizendes bauliches Kleinod. Irgendwie, und ich weiß, dass es eine mentale Spinnerei von mir ist, kommt es mir vor, als sei dem Gründer des Cafes das K.-u.-k.-Flair für sein Restaurant gelungen.

Doch wir müssen weiter. Am Rande der Stadt liegt das ehemalige Benediktinerkloster Reinhardsbrunn. Als Kloster kann man es nicht mehr erkennen. Wie schon zweimal heute erlebt, wurde nach seiner Zerstörung hier ein Jagdschloss erbaut. Reinhardsbrunn ist es uns wert, dass wir nochmals kurz anhalten. Das Kloster wurde 1086 gegründet, die adlige Nobelunterkunft schon kurz nach der Reformation 1525. Doch kann man von der ursprünglichen Schlossarchitektur nicht mehr viel sehen, oder wir vermögen es nur nicht. Im 19. Jahrhundert wurde es nämlich im neugotischen Stil umgebaut. Wir können uns des Eindruckes nicht erwehren, dass der Bau eine, wenn auch nur geringe Verwandschaft zu Ehrenstein in Ohrdruf aufweist. Sollten das die noch vorhandenen architektonischen Linien des Ursprungsschlosses sein? Sie aber einzugrenzen, gelingt uns nicht. Heute wird Reinhardsbrunn wieder als Unterkunft, ja sogar als Nobelunterkunft, genutzt. Das Reisebüro hat darin ein Hotel eingerichtet, in dem mit allen international anerkannten Creditkarten bezahlt werden kann, für unseren Geldbeutel unerschwinglich und dazu auch gar nicht erwünscht. Der angrenzende Park ist berühmt, vornehmlich wegen seiner seltenen Baumarten. Der größte Teil ist eigentlich in unseren Breiten nicht heimisch, etliche sogar in Japan. Deshalb wird er auch bisweilen Japanischer Garten genannt. Ihn näher bei einem Spaziergang zu betrachten, verkneifen wir uns aus Zeitgründen.

Unser Weg führt uns zurück auf die F88 in Richtung Eisenach. Unweit hinter Friedrichroda erkennen wir am Horizont die nähere Umgebung unseres heutigen Übernachtungsortes, den Inselsberg. Majestätisch zeigt er sich uns, verrät aber auch, dass wir in Brotterode nicht das allerbeste Wetter antreffen werden. Seine Gipfelgebäude sind nämlich nur schemenhaft im Nebel zu erkennen. Die Landschaft, durch die wir fahren, wird immer bergiger. Reizende Ausblicke auf Berge und Täler bieten sich uns, doch angehalten wird nicht noch einmal. Die nächste Siedlung, die wir ansteuern, ist Tabarz. Dieser am Nordhang des Inselsberges gelegene Ort war und ist wie Friedrichroda ein sehr bekannter Ferienort. Vor dem Kriege war er, wenn auch nicht gerade so exclusiv wie die östlich gelegene Kleinstadt, ein Erholungsort für betuchte Leute. Unser Weg führt uns nicht durch das Zentrum, und bei meinen Begleitern besteht auch kein gesteigertes Interesse eine Rundfahrt dorthin zu unternehmen. Dafür sind wir nun schon zu nahe an unserer heutigen Herberge. Den Ende des 14. Jahrhundert entstandenen Ort hat auch der FDGB für sich erkannt. Am westlichen Rand erbaute er ein Ferienheim in hässlich modernen Formen. Das Haus soll sich jedoch im Vergleich mit Interhotels keinesfalls verstecken müssen. Gottfried fragt, als wir es zu Gesicht bekommen, ob das ein Betrieb, eine Schule oder ein Krankenhaus sei. Ja, so eigenartig baut unser Staat. Anpassung an die Landschaft ist für die Erbauer gar kein Thema gewesen und ist es bis heute nicht.

Hinter dem Bergdorf beginnt die Staße ziemlich steil zu werden. Und nicht nur das, sondern auch recht kurvenreich, gespickt mit ein paar Haarnadelkurven. Unser Trabi gibt sein Bestes und schnurrt, wenn auch nicht gerade schnell dem Gipfel entgegen. Je höher wir kommen, eine desto schönere Aussicht haben wir auf Tabarz und seine Umgebung, soweit es die Bewaldung zulässt. Kurz hinter dem Erreichen des höchsten Punktes der Straße zweigt rechts die Fahrstraße zum Gipfel des Inselsberges ab. Wir lassen sie rechts liegen und fahren weiter in Richtung Brotterode. Vor uns erscheint die Gaststätte Kleiner Inselsberg, auch Grenzwiese genannt. Ursprünglich ein Berggasthof, heute ein Betriebsferienheim, liegt er direkt am Rennsteig, den wir hier überqueren. Dieser Wanderweg fungiert zum Teil, so auch hier, als Grenze zwischen dem ehemaligen Kurhessen und dem Herzogtum Sachsen-Coburg-Gotha. Ein bisschen ist die Grenze immer noch aktuell, denn südlich des Rennsteiges erstreckt sich der Kreis Schmalkalden, nördlich der Kreis Gotha. Die Deutsche Post hat hier ein paar Häuser, die als Unterkunft für die auf dem Inselsberg tätigen Rundfunkingenieure dienen. Typische Berghäuser.

Von hier an geht unser Weg bergab, direkt der Kleinstadt Brotterode entgegen. Zunächst bahnt sich die Straße steil und kurvenreich ihren Weg. Doch dann öffnet sich der Blick und bietet eine Aussicht in ein wunderschönes Tal, das sich linkerhand der Straße erstreckt. Kühe beleben das schöne Bild. Überall sieht man die Elektrozäune. Die Viecher bleiben offenbar das ganze Jahr hier. Begleitet von diesem Tal werden die letzten paar hundert Meter bis zum Ortseingang des kleinen Bergstädtchens zurückgelegt. Dann wird der Ort fast ganz durchfahren, und wir stehen vor unserem Hotel. Eigentlich ist es kein richtiges Hotel. Früher war es einmal eines. Heute ist es nur noch eine Pension. Der Inhaber hat die ehemalige Hotelgaststätte verpachtet. Herr und Frau Zeiss, unsere Wirtsleute, empfangen uns wie ihre Kinder. Auch Gottfried ist gleich mit einbezogen. Hier übernachten wir nämlich immer, wenn wir meine Mutter besuchen, die in diesem Ort, nur wenige Häuser weiter wohnt, uns aber wegen ihrer räumlichen Enge nicht beherbergen kann. Gewiss, Komfort hat die Pension keine besondere, aber bei der miserablen Beherbergungssituation in Brotterode sind wir zufrieden, immer eine Bleibe vorzufinden. Die ansässigen Hotels und Pensionen hat der FDGB-Feriendienst belegt. Auch unsere Wirtsleute müssen gewerkschaftliche Feriengäste übernehmen, aber für uns ist fast immer ein Zimmer, diesmal sogar zwei gesichert.

Nachdem wir uns für die nächsten zwei Nächte in den Zimmern eingerichtet haben, begeben wir uns zu meiner Mutter. Die ältere Dame freut sich riesig über unser Erscheinen, wenn sie auch ihrer Kritik an unserem späten Kommen Ausdruck verleiht. Sie hatte wesentlich früher mit uns gerechnet. So bekommen wir die Quittung. Es wird zum Abendessen gedeckt. Der Kaffee fällt zu dieser Tageszeit aus. Aber unbeschadet dessen wird es ein wunderschöner gemeinsamer Abend. Gottfried überzeugt sich von den räumlichen Verhältnissen meiner Mutter und begreift, warum wir immer auf Fremdquartier angewiesen sind. Da wir einen Hausschlüssel für die Pension haben, sind wir keiner Zeit unterworfen.

3. Tag: Sonnabend, der 09. Oktober

Einiges über die Kleinstadt BROTTERODE

Der neue Tag wird mit einem zünftigen Frühstück bei meiner Mutter begonnen. Danach machen wir einen kleinen Einkaufsbummel. Zu lange darf er nicht andauern, denn wir wollen heute Vormittag noch die Kreisstadt Schmalkalden besuchen. Da es in der kleinen Stadt am Inselsberg nicht allzuviel Sehenswertes zu betrachten gibt, reicht die zur Verfügung stehende Zeit gewiss auch aus. Wieder zeigt uns das Stadtbild, was wir in Ohrdruf und Friedrichroda bereits sahen. Fachwerkhäuser, schindelverkleidete Häuser und Steinhäuser wechseln sich in zwangloser Reihenfolge ab. Die Architekturformen zeigen uns, dass die Stadt schon bessere Zeiten erlebt hat. Einiges weist daraufhin, dass die Erbauer vieler Bürgerhäuser in gewisser Weise schon wohlhabend waren. Der Ort hat für seine Größe, es sind so um die 5000 Einwohner, recht viele Geschäfte. Vornehmlich Bäcker und Fleischer sind auffallend viele anzutreffen. Und sie leben alle. Ja, die Inselbergstraße kann man mit Fug und Recht als Einkaufsstraße ansehen. Das ist nicht in allen Kleinstädten so. Aber mit den gastronomischen Einrichtungen hapert es doch gewaltig. Auf diesem Sektor, wird die Stadt ihrem Bekanntheitsgrad keineswegs gerecht. Viele der ursprünglichen Gaststätten sind geschlossen. Wieder andere, wie der „Inselsberger Hof" sind zur Verpflegungsstätte des Feriendienstes degradiert. Bei wieder anderen, wie zum Beispiel „Zum Thüringer Wald", ist abzusehen, dass wegen des Alters des Gastwirtes die Schließung in greifbarer Nähe ist. Hotels gibt es drei in Brotterode. Alle müssen jedoch Feriengäste des FDGB bevorzugen. Lediglich das Hotel „Zur Krone" kann sich ein bisschen Freizügigkeit erlauben. Aber was ist das für eine Stadt, die sich den Beinamen „Luftkurort und Erholungsort" verpflichtet fühlt?

Ich sprach gerade vom Bekanntheitsgrad der thüringischen Bergstadt. Ja, vor dem Kriege hatte Brotterode tatsächlich eine beträchtliche Bedeutung. Das liegt aber keineswegs nur an dem berühmten Inselsberg oder dem Rennsteig, einem der wohl bekanntesten Wanderwege in Thüringen. Die Stadt war ehedem ein sehr bekannter Wintersportort. Davon zeugt unter anderem noch die Inselsberg-Sprungschanze, die heute nur noch von einer besseren Vergangenheit träumt und auf Wiederbelebung hofft. Die landschaftlichen Gegebenheiten sind geradezu ideal für einen Wintersport-und Erholungsort. Gewiss, als Erholungsort hat der FDGB die Stadt auch erkannt, aber publikumswirksam will er nichts dafür tun. Betrachtet man sich im Lichte der Geschichte vor zirka drei Jahrzehnten das Stadtbild, so kann man das an den Häuserfassaden gut ablesen. Aber das ist eben Historie, und dafür steht in unserem Staat kein Geld zur Verfügung. An urbaner Stadtentwicklung und Sanierung ist in diesem Ort überhaupt nicht zu denken. Aber zurück zu den landschaftlichen Gegebenheiten! Brotterode liegt in einem Gebirgskessel. Bereits die Randzonen sind an die Hänge der umgebenden Berge gebaut. In fast allen Richtungen findet der Erholungsuchende Ausflugsgaststätten mit teilweise bemerkenswerter Geschichte. Aber ein vernünftiges Vermarktungskonzept gibt es nicht. Der Grund ist sicherlich darin zu suchen, dass etliche dieser Restaurants in privater Hand liegen. Die Stadt versinkt in ihrer Bedeutungslosigkeit, und hat doch alle Voraussetzungen, sich gut, ja sehr gut zu vermarkten. Bürgermeister und Stadtrat haben aber diesbezüglich keinerlei Ambitionen. Brotterode hatte ursprünglich eine ganze Reihe von Hotels und Pensionen. Den Häuserfassaden kann man es noch ansehen, wo sie sich befanden. Was ist davon geblieben? Schade! Ja, geradezu frevelhaft ist es zu bezeichnen, wie die Stadtväter mit dem Marktkapital umgehen, wie sie wichtige wirtschaftliche Resourcen schlummern lassen. Geldverdienen ist nicht gerade das rechte Ding der Ortsoberen.

Zum Schluss der Betrachtungen zu Brotterode sollten noch einige Worte zu seiner Geschichte gesagt werden. Über neunhundert Jahre ist der Ort schon alt. 1039 ist er erstmals urkundlich genannt worden. Von der Bebauung aus dem Mittelalter ist nichts auf uns überkommen. 1895 legte eine verheerende Feuersbrunst die Stadt in Schutt und Asche. Lediglich drei Gebäude sollen erhalten geblieben sein: die Schule in der Ortsmitte, der Gasthof „Zum Adler" und eine kleine Kate am Burgberg. Jedoch hatte die Katastrophe auch eine gute Seite. Um den Wiederaufbau schnell voranzutreiben, wurde Brotterode an das Eisenbahnnetz angeschlossen. Einstmals war es eine Bergarbeiterstadt. Das Bergbauemblem ist auch im Wappen der Stadt zu finden. Dazu kam die nebenberufliche Landwirtschaft, wie sie im Thüringer Wald recht üblich war und noch ist. Der Bergbau hat in dieser Gegend des Gebirges eine lange Tradition. Vornehmlich nach Eisen-Mangan-Erz wird hier gegraben. In der näheren Umgebung der Inselsbergstadt sind allerdings keine Gruben mehr in Betrieb. Nach dem Wiederaufbau begann man, die Stadt dem Fremdenverkehr zu öffnen. Ich sprach bereits davon. Aber ein anderer Industriezweig fasste hier, wie auch in anderen Orten der Umgebung, Fuß: die Zigarrenindustrie. Eigene Unternehmen dieser Art waren aber wohl nicht ansässig. Vornehmlich waren es Filialbetriebe von Firmen mit klangvollen Namen, die heute sogar noch bekannt sind. - Historische Sehenswürdigkeiten sind in der Bergstadt nicht anzutreffen. Aber mit ein wenig Fantasie kann man an den Straßenzügen heute noch den Charme der Vorkriegsstadt ablesen. Einer der am Ort aufragenden Berge wird Burgberg genannt. Archäologisch lässt sich aber wohl eine Burg auf diesem nicht nachweisen. Der Name wird sicherlich nur auf eine Legende oder Sage zurückgehen.

Wir fahren nach Schmalkalden

Der kurze Stadtrundgang ist beendet. Meine Mutter, mittlerweile mit ihren Hausarbeiten fertig, bittet, nach Schmalkalden mitfahren zu können. Es bleibt nur die Frage, fahren wir über Pappenheim oder durchs Trustal. Gottfried und meine Frau schließen sich der Meinung meiner Mutter an, hinwärts über das Trusetal und rückwärts über Floh zu fahren. In südlicher Richtung verlassen wir Brotterode. Am Drahtziehwerk verlassen wir den Ort und folgen nun der kurvenreichen Straße durch's Trusetal. Für mich ist es eines der schönsten Täler im Thüringer Wald. Und je tiefer es in das Trusetal hinein und dem gleichnamigen Ort entgegen geht, um so schöner und reizvoller wird es. Dann erscheint auf der gegenüberliegenden Seite auf einer Anhöhe der Betrieb der Aufbereitung. Hier wird das in der Nähe gewonnene Erz von den Abraumverschmutzungen gereinigt. Eine wahre Dreckschleuder ist dieses Werk, auch wenn die Aufbereitung vornehmlich mit Hilfe von Wasser erfolgt. Für den Transport des noch nicht aufbereiteten Erzes, man ent-schuldige mir meine unfachliche Beschreibung, aus den Höhen gegenüber des Tales wird eine Drahtseilbahn genutzt. Für den Schutz der Straße, die die Bahn überquert, ist eine Schutzdachbrücke errichtet worden, durch die wir nun fahren. Ein paar hundert Meter weiter kommt der bekannte und vielbesuchte Trusetaler Wasserfall auf der rechten Seite in unser Blickfeld. Er wurde Anfang unseres Jahrhunderts aus Gründen der Förderung des Fremdenverkehrs künstlich angelegt. Über beinahe vierzig Meter fällt das Wasser der Truse über den Porphyrfelsen. Aber eine Attraktion ist der Wasserfall gegenwärtig nun wahrhaftig nicht. Der Truselauf ist über die Aufbereitung umgeleitet worden. Und so hat er sich bei der Erzauswaschung selbstverständlich erdfarben braun gefärbt. Diese braune Brühe ergießt sich nun über den Felsen, kein erhebender Anblick. Rechter Seite schließt sich die Schwerspatmühle an. Kindheitserinnerungen knüpfen sich an sie, als ich unseren Hauswirt, einen nebenberuflichen Hersteller von Terrazzo-Grabeinfassungen, desöfteren beim Einkauf von Schwerspat begleiten durfte. Je tiefer man in den Ort hineinkommt, um so deutlicher wird, dass der Gemeinderat und der Bürgermeister für ihre Gemeinde viel mehr tun als die des fünf Kilometer entfernten Städtchens.

Nahe Trusetal und der eingemeindeten Dörfer wurden in früheren Zeiten mehrere Gruben betrieben, die heute wegen der zu mageren Ausbeute meist geschlossen wurden. Wir kommen auch an der Stelle des ehemaligen Bahnhofs der Kleinbahn von Wernshausen, dem Trusebähnchen, vorbei. Die Bahn war zum Transport von Baumaterial nach dem Brotteröder Brand gebaut worden. In Trusetal musste man sie enden lassen. Die Höhendifferenz zu der verwüsteten Kleinstadt konnte einfach nicht überwunden werden. So hatte das südliche Trusetal seine Attraktion. Das Bähnchen fuhr, besonders in den benachbarten Siedlungen streckenweise in unmittelbarer Nähe parallel zu der Straße. Ich selbst bin noch mit ihr gefahren. Gegen Ende der sechziger Jahre hat man das Trusebähnchen eingestellt und die Trasse abgerissen. Schade! Ob sich die Verantwortlichen heute mit ihrer damaligen Entscheidung noch glücklich fühlen?

Es geht weiter durch die einstigen Bergarbeitersiedlungen Wahles und Winne. Dann nimmt uns die F19 in Richtung Meiningen ein Stück auf. Auf der rechten Seite erscheint ein umfriedetes Gelände. Das Markannte und Besondere daran ist, dass die Mauer, die das Gelände umgibt, aus Bruchsteinen errichtet wurde. Der Sage nach soll hier ein Kloster gestanden haben. Wollte man mit der Mauer das Gedenken an die vermeintliche monastische Einrichtung wachhalten? Dann zwingt uns eine Ampelkreuzung zum Halten. An dieser Kreuzung macht die „Zwick", eine große und weitbekannte Kammgarnspinnerei durch ihre Architektur auf sich aufmerksam. Es ist einer der berühmten Industriebauten aus der Gründerzeit. Über die Dörfer Niederschmalkalden und Mittelschmalkalden nähern wir uns der Kreisstadt. Eigentlich sind wir schon in ihr, denn die ehemals selbstständigen Gemeinden wurden vor ein paar Jahren eingemeindet. Dem Zentrum näherkommend suchen wir einen Parkplatz. Gar nicht weit von der Georgskirche entfernt können wir unseren Trabi abstellen. Die Gegend hier, Teile der Altstadt, noch vielfach Fachwerkbauten mit Lehm-und Strohausfütterung bietet keinen guten Eindruck. Zu sehr verfallen sind die Häuser. Zudem macht sich leichter Modergeruch breit.

Die Stadtpfarrkirche St. Georg zu Schmalkalden
Nur wenige Meter und wir stehen vor der bekannten zweitürmigen gotischen Stadtkirche. Wie nicht anders zu erwarten, ist sie verschlossen. Das schreckt uns allerdings nicht ab. Ich wende mich ans Pfarramt. Der Pfarrer hat leider keine Zeit für mich, aber er händigt mir den Schlüssel mit der Bitte aus, innen, hinter uns wieder abzuschließen. Das hatten wir ja bereits öfters erfahren. Wenn wir damit erst einmal zufrieden sein könnten? Natürlich bin ich es und bedanke mich für die Freundlichkeit. Wieder an der Kirche bei den anderen drei angelangt beschließen wir, uns als Erstes den Innenraum anzusehen. Ich möchte den Schlüssel nicht länger behalten als unbedingt notwendig. - Dass wir eine Hallenkirche vor uns haben, konnten wir schon an dem einheitlichen, hohen Satteldach erkennen und stellen uns darauf ein.

Durch das Südportal, auch teilweise Marktportal genannt, betreten wir das Gotteshaus. Uns empfängt eine vierjochige spätgotische Hallenkirche. Wie immer lassen wir uns in einer Bankreihe nieder. Der Sakralraum strahlt Ruhe und Erhabenheit aus. Er lässt unmittelbar die Andacht aufkommen, die man in einer Kirche haben sollte. Uns umblickend lassen wir den Raum auf uns wirken. Wir sind uns wohl bewusst, uns in einer historisch bedeutsamen Kirche zu befinden. War sie doch gewissermaßen die zweitwichtigste Kirche der Reformation neben der Wittenberger Schlosskirche. Das ist allerdings mehr politisch gemeint als pastoral. St. Georg war schließlich Hauptkirche des Schmalkaldischen Bundes. Dieses nicht nur religiös-politische Bündnis von protestantischen Fürsten, Adligen und Stadträten gründete sich 1531 hier, verpflichtete sich zu gegenseitigem Beistand und hielt desöfteren seine Beratungen in diesem Sakralraum ab. Bei der Beschreibung der Stadt werde ich näher darauf eingehen. Der Kircheninnenraum, durch den auch schon die Predigten des Reformators Martin Luther hallten, wird der Pastoraltheorie der Reformation vollauf gerecht. Alles für die neue Religion störende Bildwerk wurde entfernt. Man kann den Raum schon spartanisch streng bezeichnen. Und doch übt er seinen Reiz auf uns aus.

Schlichte achteckige Pfeiler schließen sich in Längsrichtung kämpferlos zu Scheidebögen. Man könnte es schon fast für einen Rest von Referenz an die basilikale Bauweise halten. Etwa in Zweidrittelhöhe der Pfeiler ruhen die Gewölbedienste auf kleinen Konsolen. Diese sind als Kopfkonsolen gestaltet. Die sich aus den Diensten entwickelnden Gewölbe sind typisch spätgotisch. Im südlichen Seitenschiff weist jedes Joch ein anderes Gewölbe auf. Bis auf das westlichste sind es modifizierte Sterngewölbe, jedes vom anderen mit unterschiedlichen künstlerischen Zierformen. Das westliche Joch sowie das ganze nördliche Seitenschiff zeigt nur Netzgewölbe. Die Mittelschiffjoche tragen Gewölbe, deren fachspezifische Beschreibung mir als Laien recht schwer fällt. Sie erscheinen mir eindeutig mit dem Zirkel konstruiert zu sein. In eines der allgemein bekannten Gewölbemuster passen sie überhaupt nicht hinein. Von den Diensten kommend verdichten sich die Gestaltungslinien der Rippen nach dem Scheitel hin und geben somit ein beeindruckendes Bild ab. Solche Gewölbeformen habe ich nocht nicht gesehen. Unterstützt wird die Wirkung durch die Proportionen der Mittelschiffjoche. Die Schiffbreite ist doch um einiges größer als die Jochlänge. Doch trotz dieser hat das Langhaus nur vier Joche. Manchmal überkommt mich das Gefühl, es sei zwischen Türme und Chor hineingezwängt worden. Vornehmlich in den Seitenschiffen hat der Baumeister Neuland betreten. So sehr auch die Gewölbeformen die Sprache der Spätgotik sprechen, so wenig beachten sie den sonst üblichen Drang nach dem Einheitlichkeitsgedankens der Kunstepoche.

Die großen Langhausfenster sind alle mit unterschiedlichen, sehenswerten Maßwerken geschmückt. Auch hier lässt sich die Gestaltungsfreudigkeit der Spätgotik unmittelbar ablesen. An den Außenwänden sind Emporen eingebaut, deren schwarze Holzbrüstungen kassettenförmig gestaltet sind. Schöner, sich dem betrachtenden Blick nicht aufdrängender ornamentaler Schmuck belebt diese Emporen. Wie in Weiterführung des Gedankens ist die Renaissancekanzel gestaltet, die sich an den Südpfeiler des Triumphbogens anschmiegt. So werden Emporen und Kanzel zu einer gestalterischen Einheit. Ihr Zustand lässt vermuten, dass sie in den sechziger Jahren bei der Restaurierung des Bauwerkes mit überarbeitet wurde. Die Kassettengestaltung der Brüstung ist aber im Kirchenraum nicht einheitlich. In den westlichenen Brüstungsfeldern ist noch die sogenannte Bilder-oder Armenbibel zu sehen. Es ist zu vermuten, dass vor der Reformation alle Kassettenflächen bildhaft mit der Heilsgeschichte bzw. Heiligenszenen gestaltet war. - Der Kirchenraum macht einen guten Eindruck auf uns. Die farbliche Neufassung während der erwähnten Restaurierung zeigt noch sehr gut ihre Wirkung. Wände und Gewölbeflächen sind hell geputzt. Damit stehen sie in einem farblichen Kontrast zu den Pfeilern und Scheidebögen einerseits und den Gewölberippen andererseits. Unterscheidet sich die farbliche Gestaltung der Pfeiler und Scheidebögen nur mäßig von den Putzflächen, so sind die Rippen dagegen in wesentlich dunkleren natürlichen Steinfarben belassen. Diese farbliche Abstufung ist es, was den ganzen Raum so anziehend macht, die Gewölbe zur rechten Wirkung bringt. Die Denkmalpflege der DDR ist wieder einmal mit viel Kunstverstand und Einfühlungsvermögen zu Werke gegangen.

Die Gewölbescheitelhöhe des Chores ist niedriger als die des Langhauses. Wir haben also eine Kirche mit einem eingezogenen Chor vor uns. Abgeschlossen wird der dreijochige Raum von fünf Flächen eines Oktogons. Axialzentrierte Netzgewölbe zieren die Wölbung. Etwas ungewöhnlich für einen gotischen Chor. Ich vermisse die Gewölbezentrierung im Polygon auf den Standort des sakralen Höhepunktes, des Altars. Die Chorfenster sind in der Gestaltung denen im Langhaus recht ähnlich. Wieder beeindrucken vornehmlich die Maßwerke. Die drei Scheitelfenster des Polygons sind zudem mit Glasmalerei geschmückt. Obwohl aus dem 20. Jahrhundert zeigen sich die figürlich erkennbaren Konturen nicht dem sonst üblichen Expressionismus verpflichtet. Ansonsten ist der Raum ziemlich schmucklos gehalten. Als Altar dient eine einfache Mensa. Blickfang ist das Metallkreuz. Schöne Kunstschmiedearbeit macht es so sehenswert. Ob die wohl schon der Reformationszeit entstammt? Einen schönen spätgotischen Schnitzaltar könnte ich mir in diesem Altarraum noch besser vorstellen. Erwähnenswert ist auch das Chorgestühl, das wie die ganze Kirche einfach gehalten ist. Alles in allem eine bescheidene, typisch evangelisch ausgerichtete Altarraumgestaltung. Aber, was das Ausschlaggebende für mich ist: der Chor ähnelt in seiner architektonischen Gestaltung dem einer Reichs-, Stifts-oder Klosterkirche. Lange Chöre mit mehreren Jochen haben es mir angetan. Dieser hier ist dreijochig, wie ich schon bemerkte. Die Wirkung des langen Altarraumes ist irgendwie erhaben, majestätisch. Die Konzentration auf den heiligen Höhepunkt des Gotteshauses fällt mir da viel leichter.

Uns nach Westen umwendend haben wir nun ein ganz anderes Bild von dem Langhaus. Der gute Eindruck, den wir schon vorhin gewonnen hatten, bestätigt sich nun. Die Empore im Westen des Raumes hat eigentlich alle Merkmale einer Orgelempore. Eine Orgel sieht man aber nicht in der Mitte der Empore. Dafür hat man einen schönen Blick zu dem großen Westfenster, das wie die im Polygonal mit moderner Glasmalerei ausgestatet ist. Die Orgel, eine recht moderne, sogar mit einem kleinen Rückpositiv, befindet sich an der Westwand des nördlichen Seitenschiffes.

Wir haben gesehen, was zum Kennenlernen von St. Georg wichtig und notwendig ist und wenden uns nun wieder dem Südportal zu. Bleiben noch ein paar Fakten der Baugeschichte zu erwähnen. In der ersten Hälfte des 15. Jahrhunderts wurde der Bau begonnen. Allein schon sein Plan zeugt von dem Reichtum und dem großen Selbstbewusstsein der Bürgerschaft der thüringischen Kleinstadt. Der Eisen-Mangan-Erzbergbau und die weitverbreitete Eisenwarenfertigung bescherten Schmalkalden einen unerhörten wirtschaftlichen Aufschwung. Waren aus Schmalkalden gingen in viele Länder, und auch heute noch ist der Export hier in dieser Gegend eine stabile Größe. Eine Kirche, wie St. Georg ist dazu angetan, diese wirtschaftliche Größe der Stadt in augenscheinlicher Weise zu präsentieren und zu dokumentieren. Für 1500 ist die Weihe des Chores belegt. Doch erst 1509 ist die Kirche fertiggestellt worden. An der Gestaltung der sakralen Ausstattung haben die Zünfte aktiv mitgewirkt. Nach der Reformation, die bereits sehr früh hier Einzug hielt, wurden leider fast alle Ausstattungsstücke aus der Kirche verbannt. Ein Faktum, das aus kunsthistorischer Sicht heute auch von evangelischen Geistlichen bedauert wird.

Vollkommen befriedigt verlassen wir das Gotteshaus durch das Südportal. Jetzt erst nehmen wir uns die Zeit, dieses näher zu betrachten. Eine kleine Vorhalle schützt den Eingang. Es fällt unwillkürlich auf, dass die Vorhalle von einem Rundbogen abgeschlossen wird. Das Portal selbst ist typisch spätgotisch. Der Tympanon ist mit Maßwerk ausgestaltet. Der sich darüber erhebenden Spitzbogen in Gewändeabstufung läuft in einem Blendkielbogen aus. Im Gewände sind zwei leere Tabernakel zu sehen. Es ist anzunehmen, dass die ehemals darin befindlichen Heiligenstatuetten nach der Reformation entfernt wurden. - Zum Abschluss unseres Besuches von St. Georg betrachten wir uns noch die Außenfassade. Die Türme im Westen des Bauwerkes sind sehr markant. Sie sind sein eigentliches Erkennungsmerkmal. Über mehrere Geschosse werden die beiden Türme in gleicher Weise aufgeführt, lediglich von Gesimsbändern gegliedert. Diese sollen wohl die einzelnen Geschosse abgrenzen. Auf quadratischem Grundriss aufgeführt, wirken die Türme, als ob sie bereits zu einem romanischen Vorgängerbau gehört haben könnten. Während der nördliche nur von einer Barockhaube abgeschlossen wird, zeigt sich unter einer ähnlichen am Südturm ein Umgang mit Stahlgeländer. Der Turm kann also bestiegen werden und hatte früher wohl auch eine Türmerwohnung. Neben den bereits erwähnten Gesimsbändern sind in allen Geschossen kleine, nicht viel mehr als schiessschartengroße Fenster zu sehen. Die obersten Geschosse aber haben große Schallfenster. Das Geläut der Kirche ist sehr schön anzuhören. Ich erinnere mich noch des Klanges, den wir bei günstigem Wind sogar in dem fünf Kilometer entfernten Floh noch vernehmen konnten.

Zwischen den beiden Türmen ist das Westportal eingefügt, das nach allem Anschein schon längere Zeit nicht mehr geöffnet wurde. Darüber befindet sich das mit moderner Glasmalerei ausgestattete Westfenster des Langhauses. - Nachdem ich den Kirchenschlüssel wieder ins Pfarramt gebracht habe, sehen wir uns noch die Fassade der Marktseite an. Wie oft hatte ich als Kind hier gestanden und diesen gotischen Bau bewundert. Heute allerdings habe ich das Gotteshaus auch von innen betrachten können, zum ersten Mal. In meiner kindlichen Vorstellung musste man in einer solchen Kirche Gott näher sein, als wir das in dem kleinen katholischen Kirchlein am anderen Ende der Stadt sein konnten. Irgendwie hatte ich immer schon ein besonderes Verhältnis zu St. Georg. Meine Mutter erzählt, dass in den letzten Jahren diese Kirche hin und wieder von der katholischen Gemeinde genutzt wird, vor allen Dingen bei ökumenischen Gottesdiensten und Andachten. So sei sie schon etliche Male hier gewesen, aber die Kirche sei ihr zu schlicht und zu nüchtern. Vor allen Dingen fehlen ihr das Ewige Licht und die Seitenaltäre, aber doch zumindest ein Marienaltar.

Die Außenfront der Georgskirche ist hier an der Marktseite gefällig gegliedert. Die Strebepfeiler am Langhaus enden in filigranen Fialen, was den ehrwürdigen Eindruck noch verstärkt. An der um die Tiefe des Seitenschiffes zurückgenommenen Südwand des Chores ist Fassadenschmuck erkennbar. Die Strebepfeiler enden hier in kleinen Wimpergen, wenn ich das so sagen darf. An einem dieser Strebepfeiler ist eine eigentümliche plastische Gestaltung zu sehen. Ein Fensterladen scheint aufgeklappt und in dem quadratischen kleinen Blendfenster betrachtet ein Manneskopf das Geschehen vor der Kirche. Allgemein wird angenommen, dass sich hier der Baumeister selbst dargestellt haben könnte. Etwa in gleicher Steigung wie am Langhaus erhebt sich das hohe Satteldach des Chores über der Traufe. Im Westen, fast direkt an das Langhaus herangebaut, trägt es einen Dachreiter mit einer Kirchenuhr.

Im Hinblick auf unser heutiges Programm hier in der thüringischen Kleinstadt, verabschieden wir uns von St. Georg und wenden uns der Stadt selbst zu. Aber zunächst soll das Schloss Wilhelmsburg an die Reihe kommen.

Das Zentrum der thüringischen Kleinstadt SCHMALKALDEN

St. Georg liegt nun hinter uns. Wir befinden uns auf dem Marktplatz, bisweilen auch Altmarkt genannt. Der schließt sich im Süden an das Gotteshaus an. Über die weitere Vorgehensweise in Schmalkalden sind wir uns schnell einig. Zunächst werden wir einen Spaziergang durch das malerische und märchenhafte Zentrum machen. Mit einer Besichtigung des Schlosses soll dann der Besuch in der Kleinstadt abgeschlossen werden. Aber noch stehen wir auf dem Altmarkt. Eigentlich teilt er sich ja in zwei Plätze. Die Ausfall_ straße nach Wernshausen durchschneidet ihn fast diagonal. Der Rundblick von unserem Standort nach allen sich bietenden Richtungen ist schon dazu geeignet, das Auge zu verwöhnen. Die Bebauung zeigt anschaulich die historische Entwicklung der kleinen Stadt am Rande des Thüringer Waldes. Sie ist ein Gemisch von bezaubernden Fachwerkhäusern und Steinbauten aus der Vergangenheit bis hin in unsere neuere Epoche. Vor uns, auf der westlichen Seite des Platzes, erhebt sich das mittelalterliche Rathaus. Es besteht nunmehr schon aus drei Gebäuden: dem alten Rathaus, dem neuen und einem Wohnhaus an der Ecke zum Kirchhof, das sich der Rat der Stadt kurzerhand angeeignet hat. Alle drei Gebäude haben ihren Reiz. Das alte Rathaus ist ein Giebelbau, in Grün gehalten, mit Staffelgiebel. Es ist eines der ältesten Gebäude in der Stadt und deutet in die gotische Erbauungszeit. Unmittelbar schließt sich das neue Rathaus, ein Traufenhaus an. Das Gebäude, in weißer Farbe, zeigt augenscheinlich, dass es in der Renaissance geschaffen wurde. Bereits damals wurden die Stuben des Rates offenbar zu eng, so dass eine Erweiterung hermusste. In der ersten Etage wird der Bau durch ein großes Segmentbogenfenster gekennzeichnet. Hinter ihm verbirgt sich sicherlich der neue Ratssaal, so vermuten wir. Das Paterre wird durch den Ratskeller, einer HO-Gaststätte genutzt. Ein Blick in diese historische Gaststätte zeigt uns, dass die städtische Denkmalpflege von dem staatlichen Handel nicht mitgetragen wird. Sie ist vernachlässigt und schmuddelig. Meine Mutter fragt ganz entsetzt, ob wir uns etwa hier hinsetzen wollten. Wir können sie beruhigen, dass es uns nur um die Räumlichkeiten an sich ging. Uns nach Süden wendend erblicken wir in der Auergasse schöne Fachwerkhäuser, allesamt Giebelhäuser mit Geschäften im Erdgeschoss. Links von ihnen erhebt sich bis über die Platzecke hinaus ein Neubau aus den fünfziger Jahren, die Post. Die alte Post war gegen Kriegsende durch westalliierte Bomben zerstört worden. Den Fortgang der Bauarbeiten habe ich damals eifrig verfolgt. Heute muss ich der Stadt zugestehen, dass sie den Lückenbau zwar modern aber doch angepasst errichtet hat. Er passt sich in das Ensemble des Altmarktes gut ein. Sicherlich trägt das Nachbargebäude mit dazu bei, ein mehretagiger Steinbau, der bestimmt noch keine hundert Jahre alt ist. In ihm waren und sind zahnärztliche Praxen und Dentallabore der Poliklinik untergebracht. Es sollte noch erwähnt werden, dass hier am Altmarkt die Fußgängerzone beginnt.

Nun wenden wir uns der Mohrengasse zu. Rechter Hand gilt es die Torwarthsche Kemenate zu bestaunen, ein typisch spätgotisches Geschäftshaus. Bei diesem Gebäude handelt es sich um ein Steinhaus, und die wurden in gotischer Zeit als Kemenate bezeichnet. Es flößt einem schon Ehrfurcht ein. Auch Gottfried äußert sich in dieser Richtung. Der Kopf zur Mohrengasse wird durch ein kleines Fachwerkgebäude gebildet, das ganz reizend aussieht. Meine Frau lässt sich zu der Bemerkung verleiten, das sei ja ein richtiges kleines Hexenhäuschen. Es sieht auch allerliebst aus. Nur schreit es nach ein wenig frischer Farbe. Das Haus auf der Gegenseite der Gasse ist die ehemalige Mohrenapotheke. Das graue Putzhaus stammt aus dem Jahre 1935. So sagt es zumindest die Jahreszahl an der Hausfront. Auch dieses Haus sieht anheimelnd aus. Über dem Eingang zu dem heute hier beheimateten Kunstgewerbegeschäft erhebt sich ein Erker. Mit dem Rundbogen des Portales, den winzigen Schaufenstern im Gewände und dem vorkragenden Erker ergibt sich ein wirklich romantisches Eckchen, ein wahres Kleinod. Vervollständigt wird der Eindruck durch die Mohrenstatuetten an der Hausfront. Diesen sieht man allerdings die Entstehungszeit an, den Heroen-Realismus, wie ich ihn immer für mich bezeichne. Natürlich müssen wir in das Geschäft hinein. Und das gleich mit vier Personen. Der Verkaufsraum ist recht klein. Man kann sich gar nicht vorstellen, dass hier einmal eine Apotheke ihr Zuhause hatte. Meine Mutter erklärt aber, dass sie früher hier öfter Medikamente besorgt habe. Es bleibt nicht nur beim Hineinschauen, jeder kauft auch eine Kleinigkeit.

Ein paar Meter in der Mohrengasse weiter öffnet sich der Blick nach beiden Richtungen. Der Platz der uns jetzt aufnimmt, wird als Salzbrücke bezeichnet. Der Name erinnert daran, dass Schmalkalden einst auch das Salzhandelsrecht besaß. Hier wird wohl das eigentliche Zentrum der einstigen mittelalterlichen Stadt gewesen sein. Wunderschöne Fachwerkbauten umgeben den länglichen, quer zur Mohrengasse liegenden Platz. Nach links den Blick wendend gewahren wir ein paar ganz prächtige Bürgerhäuser, natürlich im Fachwerkstil. Im Erdgeschoss sind, wie in allen Gebäuden der Salzbrücke, Geschäfte eingerichtet. An ganz dominanter Stelle zieht ein Bau die Blicke auf sich. Er scheint sogar restauriert zu sein. Als wir die Schilder am Portal lesen, ist uns alles klar: Kreisleitung der SED. Die Partei hat sich natürlich eines der schönsten Häuser für ihre Leitung in Schmalkalden genommen.

Gegenüber, in der weitergehenden Flucht der Mohrengasse, verläuft die Steinstraße. Diese durchschreiten wir nun. Hier sind teilweise die Häuser schon etwas moderner, meist aus Stein erbaut. Der Name der Gasse sagt es ja schon. Die Straße ist nicht breiter als die Mohrengasse. Ich kann mich noch gut erinnern, welch beklemmende Gefühle mich beschlichen, wenn ein LKW die Straße befuhr. Dann drückte ich mich an die Häuserwände in der Furcht, ich könnte mitgerissen werden. Und tatsächlich war es gefährlich, wenn große Fahrzeuge hier fuhren, nochzumal die Bürgersteige ja auch nicht gerade breit sind. Heute beherrscht der Fußgänger die Gasse, die „die" Einkaufsstraße der Stadt ist. Etwa in der Mitte bleibt meine Mutter vor dem Stadtcafe stehen und fragt mich, ob ich mich denn noch an das Cafe erinnern könne. Natürlich kann ich das. Hier hatte die, ich glaube man kann sagen weitbekannte Nougatfabrik „Viebahn" ihr eigenes Cafehaus. Die Fabrik gibt es heute noch, das Viebahn-Cafe nicht mehr. Der HO-Gaststättenbetrieb hat es übernommen. Als ich ansetze, die Tür zu öffnen, warnt mich meine Mutter, ich wäre sicherlich sehr enttäuscht. Aber ich bin schon durch die Tür gegangen. Gottfried und meine Frau folgen. So bleibt denn meiner Mutter nichts anderes übrig, als es uns nachzutun. In dem Konditoreigeschäft hat sich nicht allzuviel geändert, wenn man mal darüber hinwegsieht, dass es hier schmuddelig zugeht. Dann noch die paar Stufen zum eigentlichen Cafe hinauf, und ich stehe in dem Raum, der so viele Kindheitserinnerungen birgt. Tatsächlich bin ich sehr enttäuscht. Was hat die HO aus dem Cafe gemacht? In dem ehemals wunderschönen Palmen-Glaspavillon im Jugenstil herrschen nur noch Verfallserscheinungen. Die Teppichläufer sind total zerschlissen und werden wohl deswegen auch nicht mehr gesäubert. Fensterscheiben in Dach und Spiegelscheiben an den Wänden wurden zwar, soweit erforderlich, erneuert, aber vordem waren sie ja mit Jugendstilmotiven geschmückt. Dafür gibt natürlich die Leitung des HO-Gaststättenbetriebes kein Geld aus. Der Kachelbrunnen steht noch, ist aber an vielen Stellen lediert, die Wasseraustritte mit Grünspan besetzt. Die Palmen auf ihm sind auch noch da. Aber man hat doch Schwierigkeiten sie als solche zu erkennen, so vernachlässigt und vertrocknet sind sie. Meine Mutter hat recht. Ich hätte das Cafe so in Erinnerung behalten sollen, wie ich es von früher kannte. Zudem sind die Räume ziemlich verräuchert. So kehren wir schnell um, es hatte sich ohnehin niemand um uns gekümmert. Wieder auf der Straße, kichert meine Mutter schadenfroh.

Wir setzen unseren Weg in der Steinstraße fort. Nach ein paar Metern macht ein gotisches Steingebäude, wieder eine Kemenate, auf sich aufmerksam. Es ist die historische Rosenapotheke. Beim Betrachten merkt man unwillkürlich, das Haus erzählt stumm von seiner Jahrhunderte währenden Geschichte, flößt einem Ehrfurcht vor den gotischen Erbauern ein. Symmetrisch, nach den Gewohnheiten der Gotik, ist das Haus gegliedert. Links und rechts vom zweitorigen Eingangsportal sind segmentbogige Schaufenster angeordnet. In unserem Jahrhundert hat man sie verkleinert, um Platz für je eine Geschäftstür zu bekommen. Über dem großen Portal wirkt ein Segmentbogenfenster als Blickfang. Wir zwingen uns, den Blick von dem Haus zu nehmen. Und dann sind wir schon am Lutherplatz. Unsere Blicke fallen unwillkürlich auf zwei malerische Fachwerkgebäude. Zwischen ihnen verläuft steil der Weg zum Schloss hinauf. Rechts des Weges die Martin-Luther-Buchhandlung oder einfach Lutherhaus genannt. Hier nahm der Reformator bei den Tagungen des Schmalkaldischen Bundes stets Quartier. Damals barg das Haus schon eine Buchhandlung. Man kann diese also mit Fug und Recht als historisch bezeichnen.

Spätestens an dieser Stelle wird es nun erforderlich, dass ich auf die Geschichte von Schmalkalden eingehe. Erstmals wird der Ort 874 urkundlich genannt. Vor zwei Jahren feierte die Stadt ihr elfhundertjähriges Bestehen. Gut zweihundert Jahre später legt der deutsche Gegenkönig Rudolf von Schwaben nach der Schlacht von Mellrichstadt, wo er Kaiser Heinrich IV. unterlag, bei seiner Flucht die Stadt in Schutt und Asche. Das Gleiche ereignet sich 1203 nochmals, diesmal unter Philipp von Schwaben. Die Stadt gehörte damals den Thüringer Landgrafen. Wann Schmalkalden das Stadtrecht erhielt, ist nicht zweifelsfrei zu ermitteln. Es gibt zwar eine Urkunde von 1272, in der von der civitas, der Stadt, gesprochen wird. Aber bereits 1227 zieht von hier aus Landgraf Ludwig IV., der Heilige, und Gemahl der Heiligen Elisabeth, „aus seiner Stadt Schmalkalden" in den Kreuzzug, von dem er nicht mehr zurückkehren sollte. Seine Gemahlin soll ihn bis hierher begleitet haben. Wenn das so gemeint ist, wie es überliefert ist, hätte Schmalkalden also bereits um diese Zeit das Stadtrecht besessen. Ich komme noch einmal darauf zurück. Im thüringischen Erfolgekrieg fiel die Herrschaft Schmalkalden an die Grafen von Henneberg, eines der mächtigsten Grafengeschlechter seinerzeit östlich der Rhön. Sie kamen aus Franken und hatten zeitweise große Bedeutung im Reich. Durch die in der Nähe der Stadt erschlossenen Eisenbergwerke gewann Schmalkalden sehr schnell an Bedeutung. Es war die Zeit der wirtschaftlichen Blüte. Das eisenverarbeitende Gewerbe brachte Geld und Ruhm in die Stadt. Das Handwerk schloss sich in Zünften zusammen.

Die Augustiner entdeckten 1320 die Stadt für sich und errichteten am Fuße des heutigen Burgberges ein Chorherrenstift. Heute erinnern nur noch Haus-und Gassenbezeichnungen, wie Pfaffenwinkel und Heiliggrabbehausung an diese Zeit. Außer ein paar Mauerresten ist von dem Kloster nichts mehr nachweisbar. Der Orden errichtete auch ein Hospital, aber davon später mehr. Die folgende Zeit gab der Stadt die Möglichkeit zur weiteren wirtschaftlichen, aber auch politischen Entwicklung. Die Stadtbefestigung wurde errichtet. Doch dann kam die Zeit, wo den Hennebergern die männlichen Nachkommen ausblieben. Die komplizierten Erbstreitigkeiten führten zu einer Zerstücklung der Grafschaft. Für ein wenig mehr als ein Jahrzehnt kam Schmalkalden an die Burggrafen von Nürnberg, die Hohenzollern. Ein Henneberger aus einer Zweiglinie kaufte gemeinsam mit dem hessischen Landgrafen die Herrschaft zurück. Das war 1360. So kam es zur Machtteilung mit den Landgrafen von Hessen. Von nun an gehörte Schmalkalden teilweise zu ihnen und nach dem Aussterben der Henneberger 1583 dann ganz.

Schon sehr früh, nämlich bereits 1525 bekannte sich Schmalkalden zur protestantischen Lehre Martin Luthers. Bald wurde den protestantischen Fürsten bewusst, dass sie ohne ein politisches Bündnis der Kirche und dem Papst nicht widerstehen konnten, nochzumal letzterer zu einem Feldzug gegen die Abtrünnigen blies. Der hessische Landgraf bot den Fürsten Schmalkalden als Tagungsort für ein solches Bündnis an. 1537 wurde es dann geboren: der Schmalkaldische Bund. In ihm waren Fürsten und freie Städte zusammengeschlossen, die der Reformation, wenn nötig auch mit Waffengewalt, zum Durchbruch verhelfen wollten. So werden die Kämpfe zwischen den Protestanten und den Kaiserlichen auch als der „Schmalkaldische Krieg" bezeichnet. Häufig tagte das Bündnis in der Stadt, wohl zehn Mal. Meist war auch Martin Luther zugegen und predigte in St. Georg. Ich sprach bereits davon. Die wichtigste und letzte Beratung war 1543. In ihr sollte die von Luther ausgearbeitete Bekenntnisschrift der Fürsten und Städte verabschiedet werden, bekannt als die „Schmalkalder Artikel". Luther kam mit Melanchthon, Jonas und Bugenhagen in die thüringische Stadt. Er selber konnte aber leider an der Beratung nicht teilnehmen. Ein Steinleiden hielt ihn im Lutherhaus ans Bett gefesselt. 1547 unterlag das Heer der Protestanten dem Kaiser. Schmalkalden sollte daraufhin als „Ort der üblen Ketzerei" vollständig geschleift werden. Der Fürbitte des Henneberger Grafen Georg Ernst beim Kaiser ist es zu danken, dass der Plan nicht ausgeführt wurde.

Etwa um 1550 zählte Schmalkalden 4500 Einwohner. In und um die Stadt bestanden 225 Werkstätten des eisenverarbeitenden Handwerks, darunter zehn Eisenhammerwerke. Die Stadt wurde durch ihre Produkte weit über Thüringen hinaus bekannt. Fast ganz Europa kaufte die Schmalkalder Eisenwaren. Die wirtschaftliche Entwicklung wurde durch zwei Ereignisse noch begünstigt und beschleunigt: 1874 durch den Anschluss an das Eisenbahnnetz und 1902 durch die Gründung der Königlich Preußischen Fachschule, der heutigen Ingenieurschule für Maschinenbau. Noch heute hat Schmalkalden eine ganze Reihe von Werkzeug- und Besteckfabriken. Die bedeutendste unter ihnen arbeitet mit dem Markennamen „smalcalda" vornehmlich für den Export in alle Welt. Leider hatte die Stadt gegen Ende des Zweiten Weltkrieges auch unter Bombeanangriffen zu leiden, aber keinesfalls so intensiv wie viele andere. Hauptziel der Angriffe waren die feinmechanische Fabrik mit dem Namen „Feinprüf", die für die Luftwaffe arbeitete. Gemessen an anderen zerstörten Städten ist die thüringische Kleinstadt einigermaßen glimpflich davongekommen. Es waren hier ja auch keine Kasernen zu verzeichnen. Heute ist Schmalkalden Kreisstadt im Bezirk Suhl. 17000 Einwohner bewohnen heute den historischen Ort am Rande des Thüringer Waldes.

Soweit der geschichtliche Abriss. Keineswegs sollte hier ein genaues historisches Abbild von Schmalkalden abgegeben werden. Vielmehr sollten lediglich einige Hintergründe beleuchtet werden, die unter anderem bei der Betrachtung der urbanen Architektur von Nutzen sein können. - Wir befinden uns noch immer am Lutherplatz. Links des Aufganges zum Schloss ist das ehemalige Hotel „Zum Hessischen Hof". Ebenfalls ein prächtiger Fachwerkbau. Vor dem Eingang erstreckt sich bis an den Platz heran eine Terasse, die zu früheren Zeiten zum Verweilen im Freien einlud. Heute, zu HO-Zeiten, ist an so etwas nicht zu denken. Auch an dieses Restaurant verbinden sich Kindheitserinnerungen. Einmal die Woche durfte ich hier ein kleines Malzbier trinken, bevor mein Bus mich nachhause brachte. Wir gehen weiter, nunmehr in der Weidebrunner Gasse bis zum Platz der DSF, früher einmal der Hessenplatz. Hier interessiert uns eines der ältesten Gebäude der Stadt, der Hessenhof, ein ehemaliges Regierungsgebäude der hessischen Landgrafen. Sehr schönes Fachwerk ziert es. Das Gebäude ist allerdings viel älter. Es diente bereits den Thüringer Landgrafen als Absteige bei Aufenthalten in dieser Gegend. Bis hierher begleitete die Heilige Elisabeth ihren Heiligen Gemahl, als er zum Kreuzzug aufbrach. Ob es damals schon in Fachwerkbauweise errichtet wurde, entzieht sich unserer Kenntnis, ist aber wohl eher unwahrscheinlich. Das heutige Fachwerk geht jedenfalls auf einen Umbau zu Hessenzeiten zurück. Bekannt wurde das Doppelhaus durch seine Kellergewölbe mit den Wandmalerein über die Iweinsage. Sie sind nicht zu besichtigen, zumindest nicht bis die Denkmalpflege einen Weg gefunden hat, sie zu konservieren und vor weiterem Verfall zu schützen. Linker Hand des kleinen Platzes ziehen einige äußerst schmale Fachwerkhäuser unsere Aufmerksamkeit auf sich. Gottfried meint, das seien ja richtige schmale Handtücher. Das schmalste unter ihnen hat gerademal ein Fenster, und dazu noch ein kleines, in einer Etage.

Gegenüber dem Hessenhof, an der Weidenbrunner Gasse, ist wieder eine Kemenate zu bewundern, das Liebaugsche Haus. Es ist eines der größten und höchsten Häuser an der nördlichen Ausfallstaße von Schmalkalden. Wir treten durch den großen Torbogen der es gestattete, mit einem Fuhrwerk durchzufahren. Die Halle, in der wir nun stehen, zeugt von der gotischen Vergangenheit. Das Haus steht selbstverständlich wie alle anderen Kemenaten unter Denkmalschutz. So kann man die ehemaligen Eingänge zu den mittelalterlichen Läden und Werkstätten noch erkennen. Das ist Architekturgeschichte pur. Die Monumentalität der gotischen Halle versetzt uns unwillkürlich in Ehrfurcht vor der Geschichte. So sah also ein gotisches Geschäftshaus aus. - Mutter schlägt vor, dass wir im Cafe Liebaug einen Kaffee trinken. Wir nehmen den Vorschlag gerne an. Wieder empfängt uns zunächst ein Konditoreigeschäft, von dem aus man in das Cafe kommt. Nunmehr Schmalkaldens erstes Cafe weiß es sich auch zu präsentieren. Fast schon ein Stilcafe, so ist unser erster Eindruck. Behaglichkeit und Wärme macht sich in uns breit. Allzu lange können wir hier nicht verweilen. Auf uns wartet schließlich noch Schloss Wilhelmsburg.

Schloss Wilhelmsburg in Schmalkalden mit seiner schönen Schlosskapelle

Nach dem kurzen Aufenthalt im Cafe Liebaug schlendern wir zurück zum Lutherplatz und die steile Zufahrtsstraße hinauf zum Schloss. Die Häuser, an denen wir vorbeikommen, erwecken in uns irgendwie den Eindruck an einen Malerwinkel. Warum eigentlich? Wahrscheinlich ist das Spitzwegsche Flair daran schuld, das wir hier zu spüren meinen. Aber dann sind wir auch schon am Zufahrtsportal zu dem Gelände des Schlosses. Der Blick wird freigegeben und fängt die gesamte Westfassade des riesigen Renaissancebaues ein. Ein beeindruckender Anblick! Ein Bau über zehn Achsen und an der südwestlichen Ecke der Turm, der ganz der kirchlichen Tradition verhaftet ist. Die Renaissance brachte schon Monumentalbauten hervor. Gottfried wendet sich zurück, geht an dem Wächterhäuschen, einem an Wieckhäuser erinnernden kleinen Bau, vorbei zu der Söllerbrüstung. Wir folgen ihm und genießen den Blick auf die Altstadt von Schmalkalden. Die Georgskirche prägt das Stadtbild. Im Vordergrund der Pfaffenwinkel mit den einstmals geistlichen Häusern. Dieser Vordergrund unter uns, die Häuser hinter der Liebaugschen Kemenate bis an den Schlossberg, sieht schon recht trübe aus. Von wenigen Ausnahmen, wie zum Beispiel dem Gebäude der Heiliggrabbehausung, abgesehen, wird das Bild nur durch Verfall geprägt. Bei einem solch trostlosen Anblick sinkt die Stimmung unwillkürlich.

Doch dann begeben wir uns zum Schlossportal, das etwa in der Mitte des gewaltigen Bauwerkes liegt. Einer Torhalle gleich zieht sich der Eingang bis zum Schlosshof. Ist die Außenfront recht freundlich, so wirkt die Ansicht des Vierflügelbaus um den nahezu quadratischen Hof etwas düster. Bevor wir uns dem Schloss selber widmen, durchqueren wir den Hof und verlassen ihn wieder durch eine Torhalle. Hohe Mauern umgeben den Adelssitz in einer solchen Nähe, dass man meinen könnte, das Schloss würde durch sie erdrückt. Unser Weg führt uns zu einer Gartenpforte in der Umfassungsmauer, hinter der die Schlosstreppe hinab zu dem Schlossteich führt. Unter uns liegt der riesige Bau der Hermann- Danz-Schule, in der ich einige Zeit Schüler war. Viele Erinnerungsbilder steigen in mir auf: die Schneeballschlachten mit Eroberung der Gartenpforte, der Einbruch in das zu dünne Eis des Schlossteiches und vieles mehr. Aber dann reiße ich mich denn doch von den Erinnerungen los, unsere Zeit in Schmalkalden sollte rationell genutzt werden. So begeben wir uns zurück in den Schlosshof. Gottfried will noch wissen, ob die Mauern am Schloss zu diesem oder zur Stadtbefestigung gehören. Das letztere ist der Fall. Vom Hof fällt unser Blick durch die westliche Eingangshalle und das Schlossportal. Die Torhalle verläuft genau in der Richtung der St. Georgskirche. Ein wahrlich idyllischer und romantischer Ausblick wird unseren Augen geboten: die Umrahmung des inneren Torbogens und in ihm das Bild der entfernt liegenden Stadtkirche.

An der Kasse erkundige ich mich, wie man in die Kapelle gelangt. Zu meinem Leidwesen kann man das nur im Rahmen der Museumsbesichtigung. Gottfried würde schon gerne in die Kapelle, ich natürlich auch. Die beiden Frauen sind da schon anderer Meinung. Aber sie kommen unter dem Zugeständnis mit, dass der Museumsbesuch nicht zu sehr ausgedehnt wird. Das versprechen wir hoch und heilig. Das Schlossmuseum beinhaltet zwei vollkommen verschiedene Abteilungen, einige Wohnräume aus der Zeit der hessischen Landgrafen und das Heimatmuseum. Hier, an dieser Stelle wird es notwendig, ein paar Bemerkungen über die Entstehungsgeschichte zu verlieren.

Etwa an der Stelle des heutigen Schlosses stand früher die Burg Waltaff sowie eine Stiftskirche, die den Heiligen Egidius und Erhard geweiht war. Sie war ein Rittersitz und später Sitz der Henneberger Grafen. Bereits zuzeiten der Doppelherrschaft planten die Landgrafen aus Hessen, hier in Schmalkalden ein Schloss zu errichten. 1585, nur zwei Jahre nach der alleinigen Machtübernahme, erfolgte die Grundsteinlegung. Es sollte ein Zeichen der Macht und Präsenz gesetzt werden. Zwar war keine Residenz geplant, doch aber ein Lust-und Jagdschloss, das im Laufe der Jahre immerhin zu einer Sommerresidenz aufstieg. Landgraf Wilhelm IV. war der Bauherr. Nach ihm wurde das Schloss auch benannt. Die Bauarbeiten wurden 1592 unterbrochen. Der Tod des Herrschers war die Ursache. 1618 waren dann die wesentlichsten Arbeiten abgeschlossen. Vorbild für die Anlage soll Schloss Aschaffenburg gewesen sein.

Unser Rundgang beginnt. Einiges ist mir aus Kindheitstagen noch in Erinnerung geblieben, als ich mit der Schulklasse das Schloss besuchte. Wir kommen durch Räume mit den Zeugnissen des Eisenerzbergbaues, der Entwicklung der Eisenverarbeitung bis hin zu den Werkzeug-und Besteck-Manufakturen. Natürlich darf auch eine Abteilung der Entwicklung der Arbeiterklasse im Raum Schmalkalden nicht fehlen. Dann wandeln wir durch Räume, die noch die Einrichtung aus der Erbauungszeit haben. Am meisten aber interessieren uns die Ausmalungen der Räume, ganz besonders die Fensterumrahmungen. Für diese ist die Wilhelmsburg bekannt. Diese Wandmalereien wirken bisweilen richtig plastisch. Rechts und links der Fensterwangen sind Figuren zu sehen, meist Allegorien. Sie scheinen wie die griechischen Karyatiden und Atlanten den Fensterüberbau zu tragen. Auch sie wirken plastisch. Eine tolle Leistung! Die Deckengestaltungen in einigen Räumen ist schon eine absolute Sehenswürdigkeit, so unter anderem im Tafelgemach. Einer Kassettendecke ähnlich sind die einzelnen Deckenfelder mit vielfältigem Schmuck, meist in goldverzierten Ornamenten versehen. Besonders sehenswert ist allerdings die Decke des Riesensaales. Und das nicht nur wegen der Ausgestaltung, sondern wegen der architektonischen Lösung. Bei der Größe des Raumes im ersten Stockwerk wurde auf stützende Bauelelemente verzichtet. Stattdessen wurde die ganze Decke im Dachstuhl aufgehängt und lagert auf den Umfassungsmauern des Saales. Diese architektonische Lösung ist nicht gerade häufig anzutreffen. In Thüringen gibt es meiner Ansicht nach nur noch eine solche Saaldecke, und zwar im Schloss Burgk in Südostthüringen. Hier, in diesem Saal, in dem die gesellschaftlichen Höhepunkte durch die Landgrafen bei ihrer Anwesenheit in Schmalkalden begangen wurden, wird heute musiziert. Meist sind es Kammerkonzerte oder solche mit historischen Instrumenten. Die Akkustik des Raumes wird allgemein gelobt. Über einer Tür kann man das Konterfei des Bauherrn, Landgraf Wilhelm IV. sehen, wenn es bei den bisher erfolgten Restaurierungen nicht verfälscht worden ist.

Zum Schluss des Rundganges kommen wir in die Schlosskapelle, oder Schlosskirche, wie sie hier genannt wird. Wir betreten die kleine Kirche in Höhe der zweiten Empore. Ein Hinabsteigen in den Kirchenraum ist leider nicht möglich. Warum man das den Besuchern nicht gestattet, ist nicht einzusehen und wird das Geheimnis der Museumsleitung bleiben. Einerseits ist die Kirche ein ganz typischer Renaissance-Sakralraum. Andererseits hat sie alle Merkmale des evangelischen Kirchenraumes. Wir blicken nach Westen und finden die drei protestantischen Hauptelemente übereinander angeordnet: der Altar, die Kanzel darüber in der ersten Empore und letztlich, in der gleichen vertikalen Achse, die Orgel in unserer Höhe, der zweiten Empore. Den Prämissen der Raumgliederung des Schlosses folgend, konnte wohl eine Ostung des Kirchenraumes nicht erfolgen. Die Wände sind hell, aber doch warm, geputzt. Der durch die Emporen gegliederte recht hohe Kirchenraum ist sehr sparsam mit gestalterischen Schmucklementen und farblichen Konturen versehen. So wirkt er sehr beruhigend auf den Betrachter, strahlt eine Erhabenheit und eine Harmonie aus, die den Besucher wie den Betenden unwillkürlich gefangen nimmt. Dazu trägt natürlich auch die Gestaltung der Emporen bei. Die umlaufenden Emporen weisen Arkaden aus Segmentbögen auf. Das hebt den feierlichen Charakter des Raumes ungemein. In unserer Höhe haben wir einen guten Blick auf die Renaissanceorgel, die Ende des 16. Jahrhunderts eingebaut wurde und uns für die Raumdimensionen ziemlich groß erscheint. Unter ihr, in der ersten Empore, ist, wie bereits erwähnt die Kanzel eingebaut. Sie ist das einzige wirklich aufwendige Ausstattungsstück der Schlosskirche. Wenn wir die Reliefgestaltung am Kanzelkorb richtig deuten, dürfte hier die Ausgießung des Heiligen Geistes abgebildet sein. Das Relief mit den dargestellten Aposteln und Maria weist alle Formen vom Halbrelief bis hin zu fast voll ausgearbeiteten Figuren auf, ein wirklich bedeutendes Kunstwerk. Der Altar ist ebenfalls erwähnens-und beschreibenswert. Eine einfache Mensa wird getragen von den vier Evangelistensymbolen und einer Mittelstütze. Ganz in Weiß gehalten, lenken keinerlei farbliche Ausschmückungen von der liturgischen Bedeutung des Altartisches ab. Bleibt am Ende der Besichtigung nur noch das Deckengewölbe zu erwähnen. Ein fast elliptisches Tonnengewölbe überdeckt den Sakralraum. Es ist mit angedeuteten Rippen und Ornamentausmalungen recht aufwendig geschmückt und steht damit im Kontrast zu der sonstig strengen Gestaltung. Dieser Kirchenraum ist beispielgebend für andere evangelische Schlosskirchen der Renaissance gewesen. Ob der Reformator hier auch gepredigt hat? Er hätte es bestimmt, wenn der Sakralraum noch zu seinen Lebenszeiten fertig geworden wäre.

Damit nähert sich unser Rundgang durch das Schmalkalder Schlossmuseum seinem Ende. Wir begeben uns wieder in den Schlosshof. Beim Verlassen des Komplexes betreten wir noch den Turnierplatz, an dem gebaut wird. Von der Brüstung blicken wir hinab auf den Küchengarten und unter diesem auf den ehemaligen Marstall, der heute das Kreisgericht beherbergt. Zudem macht der Pulverturm auf sich aufmerksam, ein Teil der auf uns überkommenen Reste der ehemaligen Stadtbefestigung.

Beim Durchschreiten des Eingangstores wendet sich meine Mutter bedeutungsvoll lächelnd an uns und verkündet, dass sie uns nunmehr zum Mittagessen einladen würde. Dazu steuert sie die in unmittelbarer Nähe gelegene Gaststätte „Pfalzkeller" an. Wir nehmen die Einladung mit Freuden an. Die Gaststätte ist ganz nach unseren Vorstellungen. Sie hat romantische Platzbeleuchtung und an Wänden und Pfeilern Leuchten, die an Fackeln erinnern sollen. Schemenhaft treten die Kellergewölbe hervor und unterstützen die romantische Wirkung. Zudem hat man sich bei den Kellnerinnen etwas einfallen lassen. Die jungen Damen tragen an die historische Mode erinnernde Kleider. Unsere Gastgeberin meint von einem Burgfräulein bedient zu werden. Das Angebot kann sich sehen lassen. So erleben wir einen schönen Abschluss unseres Schmalkalden-Besuches.

Zurück nach Brotterode und eine kleine Wanderung zum Inselsberg

Unser Weg führt uns zurück zu St. Georg, in deren Nähe ja unser Töff-Töff steht. An der Schmalkalde entlang fahren wir dann in Richtung Weidebrunn, vorbei an der schon erwähnten Nougatfabrik. Die Weidebrunner Gasse ist die Ausfallstraße in Richtung Friedrichroda, die wir nun befahren. Zu mittelalterlicher Zeit war sie hier bereits außerhalb der Stadtmauer. Unmittelbar vor der Befestigung und dem Weidebrunner Tor, von dem nichts mehr existiert, wurde das Hospital errichtet. Der Henneberger Berthold VII. ließ es erbauen. An ihm und seiner gotischen Stiftskapelle fahren wir vorbei. In diesem Bereich Schmalkaldens ist das Hospital mit seinem Dachtürmchen das höchste Haus. Es dient heute als Altenpflegeheim, ist also seiner historischen Bedeutung treu geblieben. Die Häuserzeile rechterhand von eingeschossigen kleinen Putzhäusern gibt ein romantisches, märchenhaft farbig anmutendes Bild ab, wenn auch die Verfallserscheinungen nicht zu übersehen sind. Die Häuser werden die „Neue Reihe" genannt und entstammen der Zeit nach dem Dreißigjährigen Krieg. Zu meiner Kindheit war vor der Häuserreihe noch ein gefasstes Bächlein, das allerdings schon damals nahezu trocken war. Trotzdem verstärkte es den idyllischen Eindruck. Das Bächlein suche ich vergebens. Es ist verschwunden. Auf der Gegenseite, also nach dem Hospital macht auch eine Häuserzeile auf sich aufmerksam. Ebenfalls Putzhäuser, die allerdings auf mich den Eindruck machen, als seien sie verputzte Fachwerkhäuser. Wir nähern uns der Schwemmbrücke über die Schmalkalde, jenem Flüsschen, das der Stadt einstmals den Namen gab. Es ist eine der wenigen noch intakten mittelalterlichen Flussbrücken in Thüringen. Man kann sie getrost in die Reihe von historischen Brücken, so etwa über die Werra bei Creuzburg und bei Vacha einordnen.

In Höhe jener feinmechanischen Fabrik, der gegen Ende des Krieges die amerikanischen Luftangriffe galten, kommen wir in das kleine Dörfchen Weidebrunn, das schon seit einigen Jahren in die Kreisstadt eingemeindet ist. Es war einst ein typisches thüringisches Hauptstraßendorf. Am Ende des Ortes taucht rechts vor uns das Sägewerk auf, durch das ich als Kind auf dem Heimweg von der Schule öfters gestromert bin. Man kann es mit Fug und Recht historisch nennen. Es wurde schließlich früher bereits mit Wasserkraft über ein Wasserrad betrieben und ist es wert, als Technisches Denkmal erhalten zu werden. Der Betrieb scheint geschlossen zu sein, denn nichts deutet darauf hin, dass das Gatter in Betrieb ist. Aber schließlich ist ja heute Sonnabend. - Ein Stück des Weges weiter grüßt uns linkerhand die Neue Hütte, auch Happelshütte genannt. Hier halten wir kurz an. Die Hütte wurde einst ihrem Namen vollauf gerecht, denn es handelt sich um einen historischen Hochofen, in dem mit Hilfe von Holzkohle das in der Gegend gewonnene Eisenerz erschmolzen wurde. Um den Schmelzofen wurde ein klassizistisches Fachwerkgebäude als tragendes Gerüst errichtet. Im Erdgeschoss wurden, ebenfalls in Fachwerkbauweise die Werkstätten, Bedienräume und ähnliches angefügt. Die Anlage stammt aus dem 18. Jahrhundert. Ein Schmalkalder Industrieller namens Happel ließ sie errichten. Um den Hof gruppieren sich noch weitere Gebäude, sicherlich Verwaltungsgebäude, Lager und Remisen. Wirkt das Hüttengebäude nun schon als sehr vernachlässigt, so sind die übrigen Häuser als total verfallen zu bezeichnen. Als Kinder haben wir hier herumgetollt. Die Anlage hatte auch ein Wasserrad als Antrieb für diverse Maschinen. Während meine Mutter im Auto bleibt, gehen wir drei Anderen über den Hof. Eigentlich ist der Zutritt laut Hinweisschild gesperrt, aber schließlich ist das Zufahrtstor offen. Zu unserer Freude stellen wir nämlich fest, dass hier Bauarbeiten begonnen haben. Es wäre auch unverantwortlich, dieses Technische Denkmal, und als solches ist es auch erklärt, total verrotten zu lassen.

Da es hier für uns nichts weiter zu erkunden und entdecken gibt, und in die Gebäude zu kommen, gelingt uns ohnehin nicht, gehen wir zurück zum Auto. Ein paar hundert Meter weiter animiert mich meine Mutter, doch über Floh, meinen Geburtsort, zu fahren. So biegen wir denn ab und gelangen in das Dorf. Begrüßt werden wir wiederum von einem Sägewerk, das einen bemerkenswerten Einbaumverladekran hat. Fast jeder Ort hat einen solchen Betrieb zur Herstellung von Brettern, Balken und Bohlen. Schließlich ist die Holzgewinnung und Holzverarbeitung im Thüringer Wald ein angestammtes Gewerbe. - Da die Zeit doch schon etwas fortgeschritten ist, einigen wir uns, hier in Floh, nicht nochmals anzuhalten. Aber es ist ja immerhin wieder einmal schön, durch den Ort zu fahren und das Geburtshaus betrachten zu können. Das taucht nach der letzten Kurve auch vor uns auf, das zweigeschossige Putzhaus mit dem Mansarddach. In der Mansardetage habe ich meine ersten Schreie versucht. Ein schmuckes Haus, das mit seiner Erscheinung dem Ort alle Ehre macht. Wir biegen ab, überqueren ein Flüsschen, es ist immer noch die Schmalkalde, und fahren in Richtung Seligenthal. Gottfried stellt mit Genugtuung fest, dass Floh ein sehr sauberes Dorf ist. Mit stolzgeschwellter Brust vernehme ich das Lob. Uns in Richtung Friedrichroda haltend, durchfahren wir Seligenthal und das Nachbardorf Hohleborn, alles Namen, die viele Erinnerungen in mir wecken. Dann unterqueren wir das Eisenbahnviadukt der Bahnlinie Schmalkalden - Brotterode und sind schon in Pappenheim. Dieser Ort hieß früher Kleinschmalkalden, wurde jedoch nach dem Zweiten Weltkrieg nach einem hier gebürtigen und in einem KZ umgekommenen Antifaschisten umbenannt. Eine Besonderheit war das Dorf früher schon, lief doch die Kleinstaatengrenze von Kurhessen und Sachsen-Coburg-Gotha mitten durch das Dorf. So kam es, dass es zwei Kirchen, zwei Dorfschulzenämter, zwei Schulen besaß. Eine Groteske der deutschen Kleinstaaterei vergangener Zeiten.

In der Ortsmitte biegen wir in Richtung Brotterode ab. Die Straße führt hier durch das Wiebachtal, ein landschaftlich sehr schönes Tal. Die kurvenreiche Straße schlängelt sich entlang dem Bächlein und zwingt uns auch ein paar Haarnadelkurven zu folgen. Und dann sind wir auf dem Kamm des Berges. Im Tal vor uns liegt Brotterode und bietet einen faszierenden Anblick. Rechts grüßt uns der Inselsberg, unser nächstes Ziel. Zunächst fahren wir in das Städtchen, um in der Ortsmitte in Richtung Tabarz abzubiegen. Jetzt befinden wir wieder auf der Straße, über die wir gestern nach Brotterode kamen, eben jetzt nur in umgekehrter Richtung. Am Kleinen Inselsberg stellen wir unseren Trabi auf dem Parkplatz ab.

Zu Fuß folgen wir nun dem Rennsteig, der recht steil dem Inselsberggipfel zustrebt. Es geht vorbei an dem ehemaligen Berggasthof. Heute ist in ihm ein Betriebsferienheim untergebracht. Zu dieser Jahreszeit ist er geschlossen, da es sich angeblich für den Trägerbetrieb nicht lohnt. Auch so eine Ungereimtheit unserer Zeit! - Unsere ältere Begleiterin hält sich wacker, die Arme auf dem Rücken verschränkt, steigt sie unermüdlich den Weg empor, und der ist bisweilen schon sehr steil. Uns begegnen recht viele Wanderer. Das macht deutlich, wie beliebt der Berg aber auch der Rennsteig sind. Kleine Lichtungen wechseln sich mit dichten Wald ab. Dann weitet sich der Weg, die Reitsteine sind erreicht. Von hier an nimmt die Steigung noch einmal zu. Zur Unterstützung und zur Sicherheit, denn rechts des Weges geht es ziemlich steil bergab, begleitet von hier ab ein aus dünnen Baumstämmen bestehendes Geländer den Bergpfad. So gelangen wir auf die Fahrstraße, die zum Gipfel führt. Vor uns erhebt sich majestätisch der Berggipfel mit seiner Bebauung. Zuerst wird der Turm sichtbar, der als Rundfunkstation von der Post genutzt wird. Und dann werden die beiden Berggasthöfe sichtbar, zuerst der Gothaische, dann der der Familie Stöhr, eigentlich der Hessische. Man erkennt daraus, dass zum wiederholten Male die ehemalige, schon ein paarmal erwähnte Landesgrenze ihre Zeichen gesetzt hat.

Gottfried gibt laut denkend von sich, man könnte fast annehmen, der Berg sei ein erloschener Vulkan gewesen. Er hat recht. Wir stehen auf dem Porphyrfelsen eines ehemaligen Vulkans. Das Wetter ist gut, was sich positiv auf die Aussicht auswirkt. Diese wäre noch besser, könnte man noch den Turm besteigen. Als Kind habe ich zweimal von der Plattform ins Thüringer Land blicken können, einmal mit der Schulklasse und einmal mit meiner Mutter. Seit aber die Post hier das Sagen hat, ist der Turm dem Publikum versperrt. Aber auch von dem Gipfelfelsen hat man einen sehr guten Ausblick in den Thüringer Wald und die nordthüringische Ebene. Die grünen Berge und Täler, und dazwischen immer wieder die Dörfer mit ihren roten Dächern sind schon ein herrliches Bild. Ein einzigartiges Panorama lädt uns ein, weit in das Thüringer Land zu blicken. Immerhin ist der Berg 916 Meter hoch. Wenn auch nicht die höchste Erhebung des Thüringer Waldes, so bildet er doch eine herausragende Insel in dem grünen Meer von Wäldern. Der Versuch, sich in allen Richtungen an den Bergen und den Orten zu orientieren, gelingt nicht zur vollen Zufriedenheit. Jetzt, hier wieder einmal zu Besuch, muss ich erkennen, dass die Bezeichnung „Grünes Herz Deutschlands" für den Thüringer Wald keineswegs übertrieben ist. Im Westen erkennen wir die Wartburg. Im Norden kann man bei guter Sicht sogar den Brocken erkennen. Das gelingt uns heute aber nicht.

Der Nachmittag ist schon recht weit vorangeschritten und meine Mutter mahnt uns, nicht erst die Abenddämmerung für den Abstieg abzuwarten. So verabschieden wir uns von dem König der Thüringer Berge. Auf dem Parkplatz am Kleinen Inselsberg wartet unser Auto brav auf uns. - In der Gaststätte „Deutsches Haus" verleben wir einen sehr schönen und gemütlichen Abend zu viert. Meine Mutter habe ich selten so gelöst und fröhlich gesehen. Allzu spät wird es nicht. Dann gehen wir in der Pension zu Bett.

4. Tag: Sonntag, der 10. Oktober

Der Aufbruch in Brotterode und der Abschied vom Thüringer Wald

Der vierte Tag unserer Reise ist angebrochen. Unser Trabi wird gepackt. Nach der Bezahlung der Zimmer kommt der Abschied von unseren Wirtsleuten. Und der ist wie immer so herzlich und mit Abschiedsweh, als gehörten wir zur Familie. Sogar Gottfried wird da mit einbezogen, was ihm sichtlich peinlich ist. Danach erwartet uns aber ein mit viel Liebe zubereitetes Frühstück bei meiner Mutter. Mit einem lachenden und einem weinenden Auge meint diese, zum Abschied müsste schon ein Essen auf dem Tisch sein, an das man sich gerne erinnert. Natürlich dreht sich das Gespräch um unsere Reise und die Frage, warum wir nicht länger in Brotterode bleiben können. Aber morgen um diese Zeit sind wir alle Drei wieder an unseren Arbeitsplätzen. Dann hat uns der Alltag wieder. Das Programm des letzten Tages muss erläutert werden. Dabei meldet sich Gottfried und meint, eigentlich sei ja auch die Besichtigung der Brotteröder Stadtkirche vorgesehen gewesen. Natürlich! Das muss noch vor der Abfahrt erfolgen. Sofort meldet sich meine Mutter, sie würde aber mitkommen. Da wir nach der Kirchenbesichtigung gleich auf die Fahrt in Richtung Schmalkalden gehen, nehmen wir das Auto mit.

Die Kirche liegt am Rande der Stadt und am Südhang des Inselsberges. Mit ihrem markanten Turm prägt sie somit die Ansicht der Stadt, egal von welchem der umgebenden Berge man auf diese schaut. In unmittelbarer Nähe der Kirche stellen wir das Auto ab. Ich begebe mich zum Pfarrer, denn um diese Zeit ist die Kirche noch nicht geöffnet. Der Sonntagsgottesdienst beginnt erst später. Da wollen wir aber schon auf Fahrt sein. So trage ich dem Pfarrer meinen Wunsch vor. Der hätte uns zwar lieber bei seiner Predigt gesehen, kann unser Vorhaben aber nachvollziehen. Da er selber leider keine Zeit habe, werde uns seine Tochter in die Kirche begleiten. Stolz übernimmt diese, etwa zehn Jahre alt, die ihr gestellte Aufgabe. An der Kirchenpforte warten meine anderen Drei. Artig begrüßt sie die übrigen Besucher. Sofort beginnt sie auch schon einiges über die Kirche zu erzählen. Das Gotteshaus, das wir nun betreten, steht noch keine achtzig Jahre. Bei dem verheerenden Brand im Jahre 1895 war die Vorgängerkirche in Schutt und Asche gegangen. Ich kann mich noch gut an die Erzählungen des zweiten Ehemannes meiner Mutter erinnern, der die Katastophe im Alter von sieben Jahren miterlebt hat. Die Kirche habe voll in Flammen gestanden. Plötzlich hätten die Glocken wie von Geisterhand bewegt angefangen zu läuten. Danach sei der Turm in sich zusammengefallen. Das heutige Gotteshaus sei ebenso groß wie die alte Kirche, erklärt uns das Mädchen. Die neue Kirche wurde auf den Fundamenten der Brandruine errichtet. Bereits im Jahre 1900 sei die Kirche geweiht worden. Wir befinden uns in einer Saalkirche. Der ganze Innenraum ist in warmen Tönen gehalten. Getreu den evangelischen Grundsätzen ist sie schlicht ausgestattet. Eine Empore umläuft drei Seiten des Saales. Naturbelassen zeigt sie sich in brauner Holzfarbe. Fast gleichfarbig ist der offene Dachstuhl. Das gibt dem Raum eine gewisse Weite und Höhe. Anders als sonst nehmen wir uns hier nicht die Zeit, uns in einer der Bankreihen niederzulassen. Zu der Ausgestaltung des Kirchenraumes weiss unsere kleine Führerin nichts zu sagen. Geradezu ins Auge fallen die herrlichen Farbglasfenster im Altarraum. Die letzte Kaiserin habe sie gestiftet, so erfahren wir. Der ganze Kirchenraum macht einen sehr guten Eindruck auf uns. Lange halten wir uns aber hier nicht auf. Wir bedanken uns bei dem Mädchen. Von jedem bekommt sie eine Münze in die Hand gedrückt. Dabei strahlt sie über das ganze Gesicht und bedankt sich artig. Wir verlassen die Kirche und sehen uns den Bau noch von außen an. Am markantesten wirkt natürlich der Turm. Er erhebt sich stolz über dem Kirchenschiff. Fast gar nicht gegliedert strebt er dem steilen Pyramidenhelm entgegen. Lediglich die Schallfenster beleben die grauen Putzflächen. Auch die Außenansicht, ebenfalls grau geputzt, kann sich sehen lassen. Wie der Innenraum ist auch die Außenfassade sehr gut erhalten.

Das Unvermeidliche naht. Am Trabi angekommen, verabschieden wir uns. Meine Mutter steht etwas hilflos mit Tränen in den Augen da und winkt uns nach, als sei dies der letzte Abschied von uns in ihrem Leben. - In Richtung Schmalkalden verlassen wir die Kleinstadt. Die Dörfer Pappenheim und Floh werden nochmals passiert. In letzterem biegen wir in Richtung Tambach-Dietharz, Ohrdruf ab. Am Ortsausgang fahren wir an meiner früheren Grundschule, einer ehemaligen Zigarrenfabrik vorbei. Ein Stück hinter der kleinen Siedlung Nesselhof kommen wir an einer Köhlerei vorbei. Hier wird kurz angehalten. Wir finden allerdings nicht die bekannten Meiler vor, sondern schon modernere in Stahlblechbauweise. Mit einem der Köhler kommen wir kurz ins Gespräch. Ja, er könnte schon die Touristen verstehen, dass dieser Betrieb hier vieles von der Köhler- Romantik gegenüber den früheren Holzmeilern mit der Erdabdeckung verloren habe. Auch der typische Geruch sei etwas anders geworden. An der Verkokung von Holz zu Holzkohle habe sich nichts geändert, aber die Arbeit sei leichter geworden, und die Effektivität gegenüber den herkömmlichen Meilern sei doch um einiges gestiegen. Nicht weit von hier erreichen wir den Nesselberghof, früher auch Försterhaus. Irmgard bittet, kurz die Gaststätte aufzusuchen. Ihr Betrieb habe doch in Nesselhof einen Bungalow. Die Wirtin bedient selber. Nach dem Geschäft gefragt, erzählt sie uns, man könne sich nicht beklagen. Durch die vielen Bungalows sei der Berggasthof gut ausgelastet. Jetzt allerding sei Ruhe eingekehrt. Wir sind ja auch die einzigen Gäste um diese Tageszeit.
Weiter geht unsere Fahrt. Als nächstes durchqueren wir das Bergdorf Tambach-Dietharz. Für den FDGB-Feriendienst hat der Ortsname einen sehr guten Klang. Der Ort hat dabei aber keinesfalls seinen Bergdorfcharakter mit der entsprechenden Sprödigkeit eingebüßt. Von hier ist es nicht weit nach Georgenthal, Ohrdruf und Gotha. Die Höhnberge und der Große Buchenberg sind in nächster Umgebung zu finden. Es geht die Legende um, dass hier ein kleines Filialkloster der Benediktinerinnen von Ohrdruf gestanden haben soll. Tatsächlich hat der Ort auch zwei Kirchen. Die am Berge könnte die Nachfolgerin einer Klosterkirche sein.
Unser Weg führt uns weiter über Georgenthal, Ohrdruf und Plaue. Der Thüringer Wald liegt hinter uns. Über Landstraßen zweiter Ordnung nähern wir uns der Kleinstadt Stadtilm. Im Nachherein müssen wir erkennen, dass der Umweg über Arnstadt doch der schnellere Weg gewesen wäre.

Die Stadtpfarrkirche Unser Lieben Frauen zu Stadtilm

Über die Fernverkehrsstraße F87 nähern wir uns Stadtilm von Südwesten her. Die Türme der Stadtkirche künden schon von weitem die Stadt an, prägen das Stadtpanorama. Das, was da aus der Entfernung zu sehen ist, wäre schon dazu geeignet, eine Reichskirche anzukündigen. Wir sind wirklich gespannt, was für ein Bauwerk uns erwartet. Immerhin hat Stadtilm einen guten Klang. Als wir in die Stadt einfahren, gibt Gottfried zu bedenken, ob es nicht besser wäre, auf kürzestem Wege zu der Kirche zu fahren. Dabei deutet er auf die Uhr. Der Gottesdienst sei bestimmt schon längst vorüber. Wir sollten uns tunlichst an Liebfrauen einfinden, bevor wieder abgeschlossen würde. Recht hat er. Hoffentlich ist es nicht schon zu spät.

Die Ilm überquerend gelangen wir in die Stadt. Sie hat ihren Namen von dem Fluss, an dessen linken Ufer sie liegt. Das, was sich hier unseren Augen bietet, ist einerseits das Bild einer Ackerbürgerstadt, andererseits wirkt es auf uns urbaner, als vor ein paar Tagen Ohrdruf. Mit 6000 Einwohnern gibt der Touristatlas Stadtilm an. Das Bild, das die Stadt bei unserer Fahrt durch die Straßen zeigt, erinnert in keiner Weise an die lange Geschichte, auf die sie zurückblicken kann. Bereits 1114 wird „Ilmine" erstmals genannt. Damals handelte es sich um eine „villa". 1274 wird das Zisterzienser-Nonnenkloster aus Saalfeld, das auf die Grafen von Schwarzburg zurückgeht, hierher verlegt. In unmittelbarer Umgebung der Zisterzienserinnen entwickelte sich der Ort wohl recht schnell. Von dem Kloster ist nichts mehr zu sehen, sieht man einmal von einem Klausurgebäude ab, wenn es überhaupt ein solches war, das sich der Rat der Stadt als Rathaus umgestaltet hat. Als besonders sehenswert und beschreibenswert empfinden wir es allerdings nicht. Wie bei vielen Klöstern, so sollen auch bei diesem hier Teile zu einem Schloss umgebaut worden sein. Wie bei anderen Klöstern erfolgte dies Anfang des 17. Jahrhunderts, wohl durch die Schwarzburger. Aber von diesem haben wir während der Fahrt nichts bemerkt. Vielleicht ist auch nichts mehr von ihm erhalten. Eine gewisse Zeit teilte Stadtilm das gleiche Schicksal mit Schmalkalden: eine Doppelherrschaft. Ende des 14. Jahrhunderts endet die gemeinsame Herrschaft der Schwarzburger und der Käfernburger Grafen über das Gemeinwesen. Aber wir wollen zunächst Unser Lieben Frauen aufsuchen.

Die Turmsilhouette hilft uns bei der Wegsuche. Als die Stadtkirche in unmittelbarer Nähe des sauberen und gepflegt wirkenden Marktplatzes dann ins Blickfeld kommt, macht sich schon etwas Enttäuschung in uns breit. Das, was wir zu sehen bekommen, hatten wir so nicht erwartet. An die stolze Zweiturmfront, die wie schon gesagt, einen Dom zieren könnte, schließt sich ein ziemlich gedrungenes Langhaus an. Die Proportionen zwischen den beiden Bauteilen scheinen überhaupt nicht zu stimmen. In der Nähe von Liebfrauen gelingt es uns zu parken. Der erste Weg führt uns zum Eingang. Und hier müssen wir feststellen, dass wir doch schon zu spät kommen. Die Kirche ist bereits wieder verschlossen. Wir überlegen, ob es Sinn macht, jetzt, um die Mittagszeit am Sonntag den Pfarrer oder den Küster in ihrer wohlverdienten Wochenendruhe zu stören. Schnell sind wir uns einig, uns die Kirche zumindest von außen anzusehen.

Indem kommt ein älterer Herr vorüber, sieht uns am Eingang diskutieren, gesellt sich zu uns und fragt freundlich, ob er uns helfen könne. Wir seien nach dem Autokennzeichen zu urteilen ja nicht von hier. Nein, auf die Schnelle, könne er uns den Zugang zu dem Gotteshaus nicht ermöglichen, entgegnet er bedauernd auf unseren Wunsch. Ja, heute abend würde die Kirche noch einmal zu einer Andacht geöffnet. Aber da wollen wir schon beinahe zu Hause sein. Nun möchte der Herr gerne etwas mehr über unsere Rundfahrt wissen, und so kommen wir miteinander ins Gespräch. Dabei gibt er sich als Mitglied des Kirchengemeindevorstandes zu erkennen. Über unsere Enttäuschung muss er lächeln. Wir wären nicht die einzigen, denen es so erginge. Jedoch würden wir der Kirche unrecht tun. Gewiss, die Größenproportionen wären etwas aus den Fugen geraten, aber immerhin würde es sich um ein frühgotisches Bauwerk handeln. Und auf dieses sei die Gemeinde wie auch der Pastor sehr stolz. Wir wollen wissen, ob ein Bauplan bestand, eine wesentlich größere Kirche zu errichten, und dieser Bau nicht über die Türme hinaus realisiert wurde. Nein, davon wüsste er nichts, erhalten wir zur Antwort. Er vermutet, dass der Kirchenraum unsere Erwartungen auch nicht erfüllen würde. Das Gotteshaus habe keine Gewölbe, sondern eine Balkendecke. Das würde sich bei einer Saalkirche gut ausnehmen, auch wenn der Raum recht niedrig sei. Durch die Stützen der Emporen würde zwar auf den ersten Blick eine Schiffeinteilung vorgetäuscht, die aber gar nicht wirklich existiere. Aber, ob das uns gefallen würde? Er sagte Saalkirche! Das hatten wir nicht erwartet. Bedenkt man allerdings die Größenverhältnisse, so hätten wir auch selber darauf kommen können. Es würde vermutet, dass Meister einer Maulbronner Bauhütte die Kirche errichtet hätten. Diese Hütte sei den Zisterziensern verpflichtet gewesen, und da das hiesige Kloster den Zisterzienserinnen gehörte, sei man schon der Ansicht, dass die Meister auch an die Stadtpfarrkirche gerufen worden seien. Unser Gesprächspartner ist in der Geschichte seines Heimatortes recht bewandert. Er versucht uns diese etwas näherzubringen, soweit das in der kurzen Zeit und im Stehen vor der Kirche überhaupt möglich ist. Einiges davon habe ich bereits wiedergegeben. Dann verabschiedet er sich jedoch unvermittelt auf seine Armbanduhr weisend und wünscht uns noch viel Erfolg und Vergnügen für den Rest des Tages.

Für uns gibt es nun leider nichts anderes zu sehen als die Außenansicht der Stadtilmer Pfarrkirche. Natürlich beginnen wir im Westen, an der wahrhaft stolzen Westturmgruppe, an der wir uns gerade befinden. Die mächtigen Türme im Westen sind zu einem Riegel gearbeitet. Das heißt, zwischen ihnen erhebt sich ein Mittelteil, der im zweiten Geschoss in einem Spitzgiebel endet. Durch die Strebepfeiler, die diagonalen an den Ecken sowie die geraden an der Westseite des Mittelteiles, erhält die ganze Front etwas Wehrhaftes. Die Mächtigkeit wird geradezu herausgestrichen. Über drei Geschosse werden die Türme mit sehr geringem Gliederungsaufwand geführt. Lediglich Ecklisenen und Gesimsbänder, die an ihrer Unterseite mit Rundbogenfriesen geschmückt sind, gliedern die Flächen. Ein viertes Geschoss ist in Vorbereitung der Turmabschlüsse schon stärker gegliedert. Obwohl die Türme viereckigen Querschnittes sind, scheinen ihre Abschlüsse für uns eine gewisse Verwandschaft zu der Liebfrauenkirche in Arnstadt und zum Naumburger Dom zu haben. Ein fünftes Geschoss zeigt sehr schöne Schallfenster in frühgotischer Bauweise, überdacht von aufwendigen, mit Krabben geschmückten Wimpergen. Die Ecklisenen der unteren Etagen werden hier als Fialen weitergeführt. Den Abschluss bilden Pyramidenhelme, die hinter den Wimpergen zu beginnen scheinen. Der Mittelbau zwischen den beiden Türmen nimmt das romanische Gewändeportal auf. Das Gewände ist dreifach eingeschnitten. Einfache Säulen mit schönen Kelchkapitellen tragen die romanischen, schmucklosen Archivolten. Der Tympanon ist schlicht, fast ohne bildlichen Schmuck.

Das Langhaus ist in Joche eingeteilt, die durch die Strebepfeiler markiert werden. Die schönen zweibahnigen Fenster sind horizontal unterteilt. Sollte sich hier die eingebaute Empore bemerkbar machen? Während die oberen Fenster mit einfachen Mehrpassmaßwerken geschmückt sind, zeigen die unteren nur Stufenbögen. Ein großes Satteldach schließt das Bauwerk ab. Die Strebebögen sind recht einfach gestaltet. Lediglich Gesimse gliedern sie. Gegen Osten hin wird die Fassade aufgelockert. Zwei Anbauten springen einem an der nördlichen Außenfront sofort ins Auge: ein kleinerer Achteckturm mit einem gemauerten Spitzhelm der kaum über die Firsthöhe des Langhauses hinausreicht, möglicherweise ein Treppenturm zur Empore, und dann eine Portalvorhalle, die schon fast in den Ausmaßen an ein Querhaus erinnern könnte. Über dem großen gotischen Bogen ist das Giebelfeld aufwendig mit Blendmaßwerk gestaltet, darunter eine Blendrosette. Beiderseits wird die Vorhalle durch Strebepfeiler begrenzt, die ab den Giebelschrägen in bemerkenswerte Fialen übergehen. Aber das ist alles nichts im Vergleich zu der Ausgestaltung der Vorhalle selber. Für mich ist sie schon als prunkvoll zu bezeichnen. Bereits die Portaltüren sind eine Sehenwürdigkeit für sich. Die Angelblätter sind in sehr schöner Kunstschmiedearbeit ausgeführt, so dass man meint, die Türen seien mit Schmiedearbeiten überzogen. Über den Portaltüren erhebt sich ein frühgotischer Stufenbogen, der in der Art von Archivolten ausgebildet ist. Der Tympynon, wenn man die Fläche unter dem Bogen denn hier auch so nennen darf, ist nicht wie sonst üblich mit einem Relief, sondern mit einem Fresco versehen. Der segnende Christus oder der in den Himmel auffahrende Christus ist hier zu sehen. Im Scheitel des Stufenbogens erhebt sich eine Kreuzblume, die dem Portal einen noch würdigeren Abschluss verleiht. Das Gewände des Portals ist aber noch um ein erhebliches Stück höher. Und in dem freien Raum über dem Stufenbogen prangt ein Sechspassmaßwerk zur Freude des betrachtenden Auges. Eine recht eigenwillige Lösung für ein Portal und das dieses umgebende Gewände. In den Gewändeseiten machen zwei Heiligenfiguren auf sich aufmerksam, wie wir meinen wohl Apostel. Aber welche? Schöne Maßwerkbaldachine beschirmen die Figuren, während diese auf eigens dafür geschaffenen Säulenkapitellen anstelle von Konsolen stehen. Entlang der Innenwände der Vorhalle sind noch kleine Tabernakel mit eigenen Giebelbaldachinen zu entdecken. Allerdings suchen wir die Figuren vergebens. Das ganze Portal mit der vorgestellten kleinen Halle macht einen sehr feierlichen Eindruck, bereitet den Gläubigen in bemerkenswerter Weise auf den sakralen Raum und die heilige Liturgie vor. Der Gestaltung können auch wir uns nicht entziehen. Da beginnt denn doch eine gewisse Neugier auf den Innenraum in uns aufzukeimen. - Übrigens, die Südfassade weist eine etwa gleiche Vorhalle auf. Sie im Einzelnen zu beschreiben, würde in gewisser Weise eine Wiederholung bereits Beschriebenem bedeuten.

Die Ostpartie wird durch einen kleinen Chor mit geradem Abschluss gebildet. Die Breite, so würden wir einschätzen, ohne den Innenraum zu kennen, dürfte identisch mit dem freien Teil des Saales zwischen den Emporenstützen sein. Durch diese Stützen sollen ja, wie wir gerade erst erfuhren, eine Dreischiffigkeit vorgetäuscht werden. - Wir kehren zu der Turmpartie zurück. Sie fasziniert uns weiterhin. Aber auch die Langhausproportionen stören uns gar nicht mehr so stark. Sollten das die frühgotischen gestalterischen Details, wie die Portalvorhallen und die Fenstergestaltungen ausmachen? Es ist doch eigenartig, wie man seine anfängliche Meinung ändern kann, wenn man sich nur genügend lange mit einem Kunstwerk befasst. Als ich äußere, dass ich nun doch etwas traurig bin, nicht das Kircheninnere kennenzulernen, pflichten mir meine beiden Anderen mit sonderbarem Lächeln bei. Meine Frau gibt allerdings zu bedenken, dass der Innenraum Ende des 18. Jahrhunderts einem Brand zum Opfer gefallen sei und danach barock umgestaltet wurde. Die frühgotischen Architekturlinien seien wahrscheinlich durch barocke Stuckelemente gar nicht mehr in ihrer schlichten Schönheit zu bewundern. Da dürfte sie allerdings Recht haben. Aber letztlich urteilen wir über etwas, das wir gar nicht gesehen haben. Wir belassen es dabei und setzen unsere Fahrt in Richtung Jena fort.

Der Universitätsstadt JENA entgegen

Mit der Fernverkehrsstraße F87 verlassen wir die Kleinstadt an der Ilm. Vielleicht tun wir Stadtilm ja unrecht, wenn wir uns ihr nicht weiter widmen. Vornehmlich die Sauberkeit der Straßen und Plätze hatte uns beeindruckt. So gravierend unterscheidet sich die urbane Architektur des Städtchens denn doch nicht von der anderer Thüringer Kleinstädte. Und trotzdem war sie uns urbaner erschienen. Dabei versucht Stadtilm gar nicht darüber hinwegzutäuschen, dass die Bürger in den letzten Jahrhunderten vornehmlich mit Ackerbau und Viehzucht beschäftigt waren. Die gelungene Kombination von Urbanität und ländlichem Leben ist es, die die Stadt für uns so interessant macht. Vielleicht sollten wir hier bei einer der späteren Fahrten doch noch einmal vorbeischauen.

Auf der F87 führt uns der Weg in nordöstlicher Richtung nach Kranichfeld. Wie die eben verlassene Stadt hat auch dieses Städtchen eine recht lange Geschichte aufzuweisen. Die Anfänge sind für die Mitte des 12. Jahrhunderts belegt. Da errichteten die Grafen von Kranichfeld hier ihre Residenz, die allerdings nur noch ruinös die Zeit überdauert hat. Ein Beleg, dass die spätere Entwicklung in Deutschland an der Kleinstadt vorübergegangen ist, ohne sie mit einzubeziehen. Auch die Kirche erscheint uns nicht interessant genug, um einen kleinen Zwischenhalt einzulegen. Weiter führt uns unser Weg. Wir durchfahren Tannroda und Bad Berka. Letzteres ist eines der bekannten Herzbäder in unserer Republik. Wir lassen das Bad hinter uns und biegen östlich von Weimar, in der Nähe von Umpferstedt in die F7 ein, die uns nach Jena bringt.

Die Stadtpfarrkirche St. Michael zu Jena

Von Westen her gelangen wir über die Erfurter Straße in die Stadt an der Saale, die sich den Namen der deutschen Dichterfürsten Goethe und Schiller verpflichtet fühlt. Die hiesige Hochschule hat ja auch den Ehrennamen „Friedrich-Schiller-Universität". Aber davon später mehr. Jena liegt in einem Talkessel, auf fast allen Seiten von Bergen umgeben, deren Hänge teilweise bis in die Stadt hineinreichen. Das ständig expandierende Jena leckt somit immer stärker und immer höher an den Berghängen. Es bleibt der Stadt auch nichts anderes übrig. Das macht den besonderen Reiz des Weichbildes der Saalestadt aus. Eine Erweiterungsmöglichkeit ohne steile Hänge gibt es dennoch: der Raum Lobeda. Die längst in Jena aufgegangene Gemeinde wird somit bis an die Autobahn ausgeweitet. - Das ostthüringische Bergland hält für den Touristen gegenüber dem Thüringer Wald eine ganz andere Landschaft bereit. Die Berge sind bei weitem nicht so hoch, wie in dem vor kurzem verlassenen Gebirge, aber dafür bisweilen doch um einiges steiler, was wir beim Fahren zu spüren bekommen. Es tun sich immer wieder äußerst reizvolle Ausblicke, vornehmlich in die romantischen Täler auf. Bereits mehrere Kilometer vor der Stadtgrenze durchfahren wir eine derart idyllische Landschaft, dass fast wie automatisch die Neugier und Erwartung auf Jena in uns zu wachsen beginnt. Vielfach wird die Stadt auch eine ostthüringische Perle genannt. Mir ist sie gut bekannt, habe ich doch hier vor zehn Jahren mein Studium an der Ingenieurschule abgeschlossen. Insofern werden hier und heute sicherlich eine Reihe Erinnerungen an vergangene Zeiten eine gewichtige Rolle spielen.

Der zentrale Parkplatz am Markt wird angesteuert. Heute, am Sonntag, ist es nicht allzu schwer, unseren Trabi für ein paar Stunden auf einem markierten Platz abzustellen. An Werktagen ist es indes fast aussichtslos, hier im Zentrum für sein Auto einen Parkplatz zu finden. Das Wetter meint es mit uns gut. Es ist trocken, aber etwas windig und bewölkt, aber gerade richtig, um in den Straßen entdeckend umherzuwandeln. Womit beginnen wir in der Universitätsstadt? Schnell sind wir uns einig, dass zunächst St. Michael, die hiesige Stadtpfarrkirche besichtigt werden soll. Sie liegt nur einen Steinwurf von unserem Standort entfernt. Auf dem Wege dorthin muss ich feststellen, dass sich im Stadtbild von Jena in den letzten zehn Jahren einiges verändert hat. So hatte ich meiner Frau immer wieder von dem Pferdemetzger vorgeschwärmt, bei dem ich regelmäßig einkaufte, wenn kein Heimfahrtwochenende vorlag, und ich für etliche Kommilitonen im Internat sonntags kochte. Vergeblich suche ich das Gebäude. Es existiert nicht mehr.

Und dann steht sie vor uns, die historisch bedeutsame Pfarrkirche. In den vergangenen Jahren haben sich Stadt und Denkmalpflege nicht durchringen können, dem Gotteshaus ihre ursprüngliche Turmbekrönung wiederzugeben. Noch immer trägt der Turm sein schon hässlich zu nennendes Notdach. Gegen Ende des Zweiten Weltkrieges hatte die Kirche noch Schaden genommen. Während das Langhaus wieder instandgesetzt wurde, entschloss man sich beim Turm zu einem Provisorium, das bis heute besteht und nach den Erfahrungen mit eben solchen, die schon fast Eigengesetze sind, wohl auch noch längere Zeiten überdauern wird. Schade! Das Langhaus mit seinen enormen Ausmaßen hat schon etwas Imponierendes an sich. Absoluter Blickfang ist an der dem Zentrum zugewandten Südfassade ein prunkvolles Doppelportal, das man über eine kleine Freitreppe erreichen kann. Es wird das Brautportal genannt. Eine kleine Vorhalle über die ganze Breite eines Joches überdacht den eindrucksvollen Eingang. Der Hallenvorbau, nicht mehr als ein Risalit, zieht sich hinauf bis in die Traufzone. Die Innenflanken der kleinen Portalvorhalle zwischen zwei Strebepfeilern, sind wie Gewände gestaltet. Das lockert ungemein den zweitürigen Eingang auf, konzentriert das Augenmerk wie automatisch auf die Personen, die hier aus dem Gotteshaus treten sollen. In dieser Art Gewände und an den Flanken entdecken wir auf jeder Seite fünf übereinander angebrachte Tabernakel, die allerdings leer sind. Haben hier einmal Heiligenstatuen gestanden? Sind diese etwa ein Opfer des Krieges geworden? Auch an den das Portal begrenzenden Strebepfeilern sind je eine Konsole und ein bemerkenswerter Baldachin zu sehen, wiederum ohne figürlichen Schmuck. Die Türen sind mit maßwerkgeschmückten Kielbögen überspannt. Das wertet den ohnehin schon feierlichen Eindruck des Portales noch besonders auf. Der gerade Abschluss des Vorbaues ist mit einem Maßwerkfries geschmückt, das etwas den Eindruck einer Gardinenborte erweckt. Der vor den Türen sich sammelnde Straßenstaub zeigt uns, dass dieses Portal wohl schon längere Zeit nicht mehr geöffnet wurde. Unser Blick wandert über das Portal hinaus bis in die Traufzone. Über dem Maßwerkgardinenfries, ich nenne es einfach einmal so, zeigt sich eine Art rundbogiger Tympanon. Der kommt uns allerdings stilfremd vor, und so vermuten wir seine Entstehung in der Epoche der Nachkriegsinstandsetzung. Die drei Kielbogenfenster, die sich aus dem Rundbogen entwickeln, stehen etwas im Kontrast zu den übrigen Langhausfenstern. Sie zeigen uns, dass das Brautportal einer späteren Bauepoche zu entstammen scheint als das Langhaus selbst.

Was an dem Langhaus sofort auffällt, ist die Gestaltung der nach außen gezogenen Strebepfeiler. Sie laufen bis in die Traufzone hinauf und enden in einer Art Kapitell, sodass man fast schon geneigt ist sie für Pilaster zu halten. Eine Gestaltung, die wir hier zum ersten Male kennenlernen. Die Langhauswände haben einen hohen Grad der Mauerauflösung. Sehenswerte dreibahnige Spitzbogfenster mit wechselnden Maßwerken zieren die Fassade. Drei Joche westlich des Brautportals ist ein weiterer Eingang, das sogenannte Fensterportal. Vielleicht hat das Portal seinen Namen von dem großen vierbahnigen Fenster, das sich aus dem Kielbogentympanon des Portals entwickelt. Auch zu diesem Portal führen einige Stufen hinauf. In diesem Moment wird eine der beiden Türflügel geöffnet, und einige Besucher verlassen die Kirche. Wir quittieren mit Genugtuung, dass das Gotteshaus geöffnet ist. Im Tympanon des Fensterportals entdecken wir den Patronatsheiligen des Gotteshauses, den Erzengel Michael.

St. Michael hat nur einen Turm. Der steht aber nicht in der Langhausachse mittig, sondern an der Südwestecke. Hatte es bei der Errichtung des Bauwerkes einmal einen Bauplan mit einer Zweiturmfront gegeben? Auf annähernd quadratischem Grundriss wächst der Turm über zwei Geschosse auf. Mit Ausnahme eines Gesimsbandes an der Geschossgrenze und ein paar Fenstern sind die unteren Turmquader nicht weiter gegliedert. Aus ihnen erwächst der achteckige Oberturm, wiederum in zwei Geschossen.

Dieser Teil ist schon etwas auffälliger gegliedert. Lisenen an den Ecken und ein Gesimsband lassen diesen Teil wesentlich gefälliger aussehen. An der Turmtraufe erkennen wir noch ein Rundbogenfries. Am markantesten sind jedoch die Schallfenster. Über diesen sind die Zifferblätter der Turmuhr zu sehen. Leider kennen wir keine Abbildung von dem früheren Aussehen des Turmes. Sicherlich hatte er einen Helm oder eine Barockhaube. Mit einem solchen Abschluss wäre natürlich St. Michael eine wahre Zierde des Stadtbildes. Wir wünschen der Saalestadt und dem Gotteshaus, dass der Turm seinen ursprünglichen Abschluss so bald wie möglich wiederbekommt. Für das Stadtpanorama wäre es schon günstig. Sind es doch gerade die Türme, die Stadtansichten ihr unverwechselbares Gepräge geben.

Wir gehen um die Kirche herum. Das einheitliche Satteldach verrät uns die Hallenkirche. Der in der Breite eingezogene Chor wird durch fünf Flächen eines Oktogons abgeschlossen. Schöne schlanke und hohe Fenster mit aufwendigen Maßwerken zieren ihn. Die Strebepfeiler kommen der sonst üblichen Form an gotischen Kirchen doch schon recht nahe. Unter dem Chor ist ein Durchgang erkennbar. Es spricht alles dafür, dass diese Kirche eine Krypta hat oder zumindest hatte. Für eine Stadtpfarrkirche ist das ungewöhnlich. Doch dann erinnere ich mich an einen Kirchenführer, in dem vermerkt ist, dass St. Michael aus einer Klosterkirche der Zisterziensernonnen hervorgegangen ist. Von der Klausur ist nichts mehr auf uns überkommen. Lediglich der Rest eines Bogens kragt aus der Nordostwand und bezeugt, dass sich hier einmal weitere Bauten angeschlossen haben. Unter diesen Voraussetzungen ist das Vorhandensein einer Krypta erklärlich. Aber auch drei schlanke Rundbogenfenster könnten Auskunft über den Vorgängerbau geben. Sie wirken jedoch so gar nicht romanisch auf uns. Sie sehen nach unserer Meinung aus, als seien sie aus dem vorigen Jahrhundert.

Am Außenbau haben wir genug gesehen. Wir begeben uns zurück zum Fensterportal und treten durch dieses in das Gotteshaus ein. Gleich beim Betreten sind wir überwältigt. Eine sehr geräumige, ja weitläufig wirkende dreischiffige Halle empfängt uns. Wie immer in Kirchen setzen wir uns erst einmal für eine kurze Weile in eine Bankreihe und lassen das Kircheninnere auf uns wirken. Ja, in diesem Sakralraum finden wir sofort die erforderliche Ruhe und Andacht, fühlen uns geborgen und wohl. Die Halle ist siebenjochig. Sehr schlanke gemauerte Achteckpfeiler gliedern sie in Schiffe und Joche. Sie bewirken den Eindruck der Weiträumigkeit des Kircheninneren. Die Konstruktion der spätgotischen Gewölbe lassen den Raum noch höher erscheinen, als er in Wahrheit ist. Wieder einmal bekommen wir vorgeführt, wie hervorragend die Baumeister der Spätgotik den Raumeindruck aufzuwerten verstanden. Ach, wenn das doch nur ein bisschen auf die Architekten der heutigen Zeit abgefärbt hätte. Der Blick in die Gewölbe belehrt uns, dass das Mittelschiff gegenüber den Seitenschiffen etwas überhöht ist. Die Scheidebögen entlang dem Hauptschiff wirken damit wie Arkadenbögen. Sollte hier etwa ein Rest von Referenz an die basilikale Bauform erfolgt sein? Aus den Pfeilern entwickeln sich die Gewölbedienste. Sie ruhen auf kleinen verzierten Konsolen, die aus den Pfeilern kragen. Die Gewölbe von St. Michael sind mit das Wertvollste, was die Kirche dem Betrachter zu bieten hat. Fast alle die spätgotischen Gewölbekonstruktionen unterscheiden sich von einander, sodass so gut wie keine Wiederholungen auftreten. Stilisierte Stern-und Netzgewölbe sind zu bewundern. Im Mittelschiff korrespondieren die Gewölbe jeweils über zwei Joche. Hell geputzte Wandflächen und Gewölbeflächen geben dem Innenraum eine wohltuende Schlichtheit. In den Gewölbeflächen zeigen sich allerdings Feuchtigkeitsflecken, und die Außenwände der Sakralhalle weisen verschiedentlich schon Nachdunkelungen auf. Dabei ist die Fertigstellung des Wiederaufbaues erst zwanzig Jahre her. Eine farbliche Erneuerung halten wir doch schon für notwendig. Da die Gewölberippen und die Dienste in ihrer Steinfarbe belassen wurden und die Pfeiler ihre gemauerte Struktur erkennen lassen, ergibt sich zu den geputzten Flächen ein schöner Kontrast. Auch das trägt unserer Meinung nach zu der enormen Raumwirkung bei.

Gottfried erhebt sich als Erster. Nun hält Irmgard und mich auch nichts mehr in der Bankreihe. Es schließt sich ein Rundgang durch die Hallenkirche an. Der Blick in den Chor, zeigt uns die schönen schlanken Fenster mit ihren Maßwerkarbeiten. Hierzu würde allerdings ein schöner spätgotischer Flügelaltar passen. Leider hat St. Michael aber nur eine ganz einfache Mensa als Opfertisch. Andererseits unterstreicht das aber den schlichten Gesamteindruck des Gotteshauses. Man kann es eben von verschiedenen Seiten her betrachten. Die vorgefundene Lösung entspricht natürlich erheblich besser der evangelischen Pastoralphilosophie. An der ersten Bankreihe endet auch unser Vorwärtskommen. Eine Kordel bittet den Besucher, das Sanktuarium, den Altarraum nicht zu betreten. Uns nach Süden drehend, fällt der Blick auf die schöne Kanzel. So richtig können wir sie stilmäßig nicht einordnen. Wir schwanken zwischen Renaissance und Frühbarock, kommen aber zu keinem Ergebnis. Vornehmlich der Schalldeckel scheint uns in die Renaissance zu gehören. Die Brüstungsfelder des Kanzelkorbes zeigen schöne gerahmte Pflanzenornamente und Ranken. Der Kanzelpfeiler ist nicht figürlich, sondern ganz schlicht als tragende Säule gearbeitet. Das Bemerkenswerteste ist jedoch die Farbgebung. Während der Korb, der Unterbau und der Schalldeckel sehr dunkel, eigentlich schon schwarz sind, heben sich die Ausschmückungen silbrig sehr schön ab.

Der Blick durch das Mittelschiff nach Westen zeigt uns, dass hier doch noch Zeugnisse des romanischen Vorgängerbaues vorhanden sind. Die Orgelempore und die sich im Nordschiff anschließende Empore über drei Joche sind mit Rundbögen versehen. Sie könnten tatsächlich aus der Romanik stammen. Einiges an den Emporen lässt aber nun doch auf ein jüngeres Datum schließen. Vielleicht rührt das auch von Instandsetzungsarbeiten nach dem Weltkrieg her. Wir haben über den Umfang des Wiederaufbaues so gut wie nichts gelesen. Es könnte sich um die früheren Nonnenemporen handeln. Und damit sind wir zum wiederholten Male bei dem Vorgängerbau gelandet. Die Pfarrkirche wurde in der ersten Hälfte des 16. Jahrhunderts fertiggestellt. Wie schon erwähnt, war der Vorgängerbau die Klosterkirche von Zisterzienserinnen. Die Lobdeburger Grafen sollen den Orden nach Jena geholt haben. Wann das Kloster errichtet und geweiht wurde, blieb wohl etwas im Dunkeln. Gegen Ende des 14. Jahrhundert begann die Bürgerschaft der Saalestadt mit dem spätgotischen Neubau. Das Kloster muss demzufolge zu dieser Zeit nicht mehr bestanden haben.

Wir setzen unseren Rundgang fort und stehen unvermittelt vor dem Original jener Grabplatte des Reformators Martin Luther, über die ich bereits in der ersten Rundfahrt berichtet habe. Zur Erinnerung sei nur soviel gesagt: Das Werk stammt aus dem 16. Jahrhundert und wurde vom Kloster Loccum für die Schlosskirche in Wittenberg gestiftet. In den Wirren nach dem Schmalkaldischen Krieg gelangte sie auf ihrem Weg in die Lutherstadt nach Jena und blieb hier. Der Bürgerschaft war das nur recht, hatte doch der Reformator in St. Michael gepredigt. So wurde ein Abguss angefertigt, der dann in der Reformationsstadt aufgestellt wurde. Fast lebensgroß, wahrscheinlich nach einer Vorlage Cranachs, ist Luther in seinem Talar dargestellt.

Unser Rundgang geht seinem Ende zu. Erst jetzt stellen wir fest, wie viele Menschen den Weg in das Gotteshaus gefunden haben. Wir freuen uns immer, wenn eine Kirche so frequentiert wird. Dabei ist uns bewusst, dass die wenigsten von ihnen zum Gebet das Gotteshaus betreten haben; wir ja auch nicht. Aber es zeigt, dass St. Michael lebt. Und das erscheint uns doch sehr wichtig.

Ein Rundgang durch das Zentrum der ostthüringischen Studenten-und Optikstadt

Durch das Fensterportal verlassen wir wieder die Stadtpfarrkirche. Es war gut, dass wir uns so viel Zeit für den historisch bedeutsamen Bau genommen haben. Gottfried und Irmgard plädieren jetzt für einen Gaststättenbesuch. Und da habe ich gerade das Richtige hier in Jena für sie. Eine kleine Treppenpassage, gegenüber der Kirche, wenn man sie überhaupt so nennen kann, passieren wir. Wir befinden uns an ihrem Ende in der Nordostecke des Marktplatzes und stehen unmittelbar vor einer historischen Gaststätte der Saalestadt: dem „Alt-Jena". Auf mich macht das kleine Gebäude, das nach Gottfrieds Meinung nicht viel mehr als ein schmales Handtuch ist, den Eindruck eines verputzten Fachwerkhauses. Der Gastraum ist bereits um diese Tageszeit ziemlich verräuchert. Trotzdem entlockt das Interieur des Gastraumes meinen Beiden einen Ausruf des Erstaunens. Wir befinden uns in einem urigen, rustikalen Schankraum, eben einer Studentenkneipe. Aber das macht ja noch nicht den Ruhm der Gaststätte alleine aus. Hier bekommt man das ganze Jahr über die beliebte und weit gerühmte Thüringer Rostbratwurst. Ostthüringen, und im Besonderen Jena, gelten ja als die Wiege der groben Rostbratwurst. So ist es denn in dieser Gaststätte ein Muss, sie auch zu genießen.

Wieder auf dem Marktplatz biegen wir in die Mühlgasse ein. Es ist eine derart enge Gasse, dass kaum zwei Personen nebeneinander gehen können. An ihrem Ende gelangen wir in die Oberlauengasse, die schon ein wenig breiter ist und stehen vor der nächsten Studentenkneipe, wiederum einer historischen Gaststätte. Sie trägt den eigenartigen Namen „Zur Noll". Hier werfen wir nur einen Blick hinein. Sie macht einen noch älteren

Eindruck als das eben besuchte „Alt-Jena". Die Kneipe hat keinen großen zentralen Gastraum, sondern mehrere kleine, die ebenfalls rustikal eingerichtet sind. Sie bilden die Möglichkeit, dass Studentengruppen für sich alleine feiern können, und Studenten haben immer etwas zu feiern. Das konnte ich während meiner Studiezeit selbst kennenlernen. Als man uns einen Tisch anbieten will, verziehen wir uns wieder. An dem Steinbau zieht sich ein Gässchen entlang, in das wir einen kurzen Blick werfen. Ein richtig romantischer Malerwinkel bietet sich unseren Augen: Schöne kleine verzierte Portale, die Hauswände mit Kletterpflanzen überrankt, eben einfach idyllisch.

Wir nehmen den Weg zurück, denn meine Frau möchte in der Gasse nicht weitergehen. Hinter dem malerischen Winkel machen sich die DDR-üblichen Verfallserscheinungen bemerkbar, und die zu betrachten, möchte sie sich nicht antun. Wieder in der Oberlauengasse, schwenken wir in Richtung des Unteren Marktes ein und begeben uns zum Rathaus der Universitätsstadt. Nach wenigen Metern präsentiert es sich stolz vor uns. Schlicht und doch beeindruckend gibt sich das Haus des mittelalterlichen Rates der Stadt. Der zweietagige Sechssachsenbau trägt in der Mitte der Schaufassade den Ratsglockenturm. Rechts und links von ihm beherrschen zwei Satteldächer die Ansicht. Während das Obergeschoss Sprossenfenster mit viereckiger Rahmung zeigt, sind die des Erdgeschosses mit Spitzbögen überwölbt. Nun einmal auf einer Kneipenbesichtigung, führe ich meine Beiden in die „Ratszeise", die Gaststätte in dem historischen Rathaus. Diese befindet sich wohl in in dem ehemaligen Ratssaal. Ein schöner mehrschiffiger, mit Kreuzgewölben ausgestatteter Raum, der schon etwas von einem Kapitelsaal hat, empfängt uns. An den Pfeilern prangen die Wappen der befreundeten Universitätsstädte. Leider wird die „Ratszeise" heute als Selbstbedienungsgaststätte geführt. Selbstverständlich zeigt sie damit auch alle sichtbaren Negativseiten solcher Einrichtungen in unserer Republik. Vor zehn Jahren war dies noch ein urgemütlicher Schankraum. So schön der sehenswerte Raum ist, einladend wirkt er keinesfalls. Wir verlassen ihn wieder. In gebührendem Abstand betrachten wir uns nochmals das erste Haus des Rates der Stadt. So schlicht, wie es errichtet wurde, so Ehrfurcht erheischend steht es vor uns. Der achteckige Turmaufbau ist mit einer wunderschönen Uhr geschmückt. Farblich steht der Ratsglockenturm in einem bemerkenswerten Kontrast zu dem Gebäude, dem die gemauerte Struktur anzusehen ist. An der Südseite zeigt sich eine überwölbte Kollonade, wie wir sie unter anderem am Tangermünder Rathaus fanden. Oder haben wir hier gar keine Marktkollonade vor uns, sondern die Gerichtslaube? Jena ist alt genug, und das Rathaus selber entstammt der Zeit um 1500; da waren öffentliche Gerichtsverhandlungen im Freien oder in Gerichtslauben noch üblich.

Unser Weg führt uns nun wieder in die Nähe unseres Autos, aber nicht ihm gilt nun unsere Aufmerksamkeit, sondern dem neuen Universitätsgebäude, einem hohen runden Turm, von dem ich nicht einmal weiss, ob er bereits fertig ist und genutzt wird. Dieser Turm prägt nunmehr in dem letzten Viertel des 20. Jahrhunderts das Panorama der Saalestadt. Der Kirchturm von St. Michael wirkt dagegen klein, nochzumal mit dem Notdach. Die Johannisstraße, heute eine Fußgängerzone, weist noch eine Reihe schöner Bürgerhäuser aus vergangener Zeit auf. Die Fassaden werden zum Teil restauriert. Leider wirkt das modern-monströse Turmgebäude in der Nähe nicht gerade aufwertend auf diese Häuser. Ein Gebäude lohnt es besonders betrachtet zu werden. Es trägt den Namen „Zur Rose" und war einmal ein Restaurant. Heute hat sich die Universität hier einen Studentenkeller eingerichtet. Durch das Johannistor verlassen wir die Altstadt. Es gehört zu den wenigen Zeugnissen der ehemaligen Stadtbefestigung. Und damit wird es Zeit, dass ich ein paar Worte über die Geschichte der Stadt verliere. Jena soll bereits im 9. Jahrhundert erstmals genannt worden sein. Wann genau und in welchem Zusammenhang konnten wir nicht in Erfahrung bringen. Es soll bereits damals von einer Stadt die Rede gewesen sein. In der ersten Hälfte des 13. Jahrhunderts wird ein planmäßiges Straßensystem angelegt. Der expandierende Weinbau machte es möglich, denn er brachte der Stadt an der Saale eine stürmische Entwicklung und wirtschaftlichen Aufschwung. Einiges spricht dafür, dass der Zisterzienserorden mit seinem Nonnenkloster daran wesentlich beteiligt war. 1301 wurde es der Stadtkirche St. Michael angegliedert. Vieles ist aus dieser Zeit nicht dokumentiert. 1523 wird in Jena die Reformation eingeführt. Luther hat in St. Michael öfters gepredigt. Die Saalestadt muss zu dieser Zeit eine reine Ackerbürgerstadt gewesen sein. Weinbau, Ackerbau und die dazu erforderlichen Handwerke ernährten die Bürger. Die politischen Wirren nach dem verlorenen Schmalkaldischen Krieg, die dem sächsischen Kurfürsten die Kurwürde kostete, brachten unter anderem das Ende des Kurfürstentums Sachsen-Wittenberg mit sich. Im Kapitel über Wittenberg bin ich darauf eingegangen. Die anhaltinische Stadt hat ihre Bedeutung verloren. Das gibt anderen Städten der Wettiner die Gelegenheit, mehr aus sich zu machen. 1558 gründet der Fürst Johann Friedrich in Jena die Universität, die von nun an die Geschicke der Stadt wesentlich beeinflussen soll. Die Saalestadt nennt den Fürsten etwas respektlos, aber vielleicht auch aus Dankbarkeit liebevoll Hanfried. Zum Gedenken an die Universitätsgründung wurde sein Standbild auf dem Marktplatz errichtet.

Aber noch einem Wettiner gebührt der Dank der Saalestädter: dem sächsisch-weimarischen Herzog Carl August, dem Schöngeist unter den Weimarer Sachsen. Während seiner Herrschaft beginnt sich Jena zu einem Brennpunkt der Kultur und der Wissenschaft zu entwickeln. Der Geheimrat wird auf die Stadt und die hiesige Bildungseinrichtung aufmerksam. Und das bekommt ihr sehr gut. Von nun an wird die Universität mit den berühmtesten Hochschulen Deutschlands verglichen, ja gehört zu ihnen. Prägt sie doch bis heute das Bild der Stadt. Sie hat über Jahrhunderte wichtige Persönlichkeiten in die Studentenmetropole gelockt. Sie alle hier aufzuzählen, würde den Rahmen der Schilderung sprengen.

Mit Ausbruch des Industriezeitalters sind es zwei Industrielle, wenn man sie denn schon so bezeichnen kann und ein Wissenschaftler, die ebenfalls der Stadt ihren Stempel aufdrücken. An ihnen kommt man nicht vorbei, wenn man über Jena spricht. Der Feinmechanikermeister Carl Zeiß gründet im 19. Jahrhundert eine Firma für optische Geräte. Die Universität begünstigte mit ihrem Bedarf die Begründung und Entwicklung des optischwissenschaftlichen Gerätebaues. Sehr schnell wuchs die Firma, entwickelte sich zu der führenden Fabrik ihrer Art in der Welt. Die Herausbildung der Zeißwerke aber wäre durch eine andere Persönlichkeit, nämlich Ernst Abbe, nicht möglich gewesen. Physiker von Hause aus, lieferte er für seinen Freund und Partner Zeiß die theoretischen Grundlagen des wissenschaftlichen Gerätebaues. Am Anfang der Produktforschung stand das Mikroskop. Heute wird die gesamte Palette der optischen Geräte gefertig bis hin zum Planetarium und dem 2,5-Meter-Spiegelteleskop. Als der geniale Feinmechanikermeister für immer das Werkzeug aus der Hand legen musste, führte der Partner das Werk weiter. Er war sich bewusst, dass er ohne die Beschäftigten das Werk seines Freundes nicht so weiterführen konnte, wie es dem Vermächtnis des Verstorbenen zukam. Er schuf 1891 die Zeiss-Stiftung, die fortan alleiniger Eigentümer der Zeiss-Werke war. So waren die Beschäftigten an ihrem Betrieb mit beteiligt. Zudem war die Stiftung für einen großen Teil der Gebäude der kommunalen Öffentlichkeit zuständig. Es ist für mich schwer zu sagen, ob dem Wissenschaftler oder dem sozialen Industriellen größerer Ruhm gebührt.

Im 20. Jahrhundert aber wurde bei Zeiß auch über den optischen Tellerrand hinausgeschaut. So konnte ich selber noch ein Produkt kennenlernen, auch wenn es zu der Zeit schon nicht mehr in Betrieb war. Ich spreche von dem Großrechenautomaten auf Basis von Relaistechnik: der „OPREMA". Wenn man den Dozenten in der Ingenieurschule glauben darf, so wurden durch den Rechenautomaten über 200 Mathematiker freigesetzt. Hauptverwendungszweck des Rechners war wohl die Berechnung von optischen Linsen. Der Automat wurde verschrottet. Ein technisches Denkmal sondergleichen ging unwiederbringlich für die Nachwelt verloren. Aber dieser Ausflug in andere Gefilde des Gerätebaues sollte nicht der einzige bleiben. In den sechziger Jahren schuf sich Zeiß einen neuen Rechner, nunmehr vollelektronisch, gegenüber dem Raumbedarf der OPREMA ein Winzling. Er hatte die Bezeichnung „ZRA 1". Eigentlich war die Fertigung dieses Rechners eine Kritik an der wissenschaftlich-elektronischen Entwicklungspolitik in der DDR. Zeiß konnte sich das erlauben. In der Folge verstand die SED-Politik denn auch diese kritischen Hinweise. Ein eigener Industriezweig für die Entwicklung der elektronischen Rechentechnik wurde geschaffen. Der Moloch ROBOTRON entstand, der sich bei der Forschungs-und Entwicklungsarbeit durch seine Größe und Unbeweglichkeit selber auf die Füße trat.

Aber einer dritten Persönlichkeit muss an dieser Stelle gedacht werden, ohne die der Traum von der Herstellung optischer Geräte nicht möglich gewesen wäre: der Chemiker Friedrich Otto Schott. Er schuf eine Glashütte, in der die Gläser für Zeiß hergestellt wurden. Aus ihnen gingen die Glaswerke Schott und Genossen hervor, die Weltruhm erlangten. In einem Laboratorium entwickelte Schott die Gläser, wie sie Abbe benötigte.

Zeiß, Schott und nicht zuletzt die Universität haben Jena geprägt. - Aber wir befinden uns ja auf einem Stadtrundgang. Eben haben wir das Johannistor passiert. Die Goethe-Allee führt uns bis zum Universitätsgebäude. Bevor wir jedoch an diesem vorübergehen, werfen wir einen kurzen Blick in eine kleine private Buchhandlung. Sie hat sich gegenüber der großen, in der Nachbarschaft befindlichen Uni-Buchhandlung zu behaupten verstanden. Eigentlich ist die Buchhandlung ein literarischer Kramladen, aber das mit soviel Charme und fachlicher Kompetenz, dass es ohne Übertreibung ein Kleinod der Universitätsstadt genannt werden kann. Gottfried ist begeistert, kann sich gar nicht von den Regalen trennen. In die große Buchhandlung muss ich natürlich auch einen Blick werfen. Zum Leidwesen meiner Frau komme ich mit ein paar Schallplatten aus dem Laden. Unser Weg führt uns weiter zu dem historischen Hotel „Schwarzer Bär". Bereits der Geheimrat hat hier sein müdes Denkerhaupt gebettet. Ein Gemälde im Foyer des Hotels gibt Auskunft über einen Besuch des Dichterfürsten.

Wir biegen rechts in den Ring ein und sind nach wenigen hundert Meter an einem Wohnturm aus rotem Backstein. Ob er noch ein Relikt aus Zeiten der Stadtbefestigung ist? Seine Funktion hat er allemal geändert. Links vor uns zeige ich meinen beiden Begleitern den recht schmucklosen Bau der ehemaligen Ingenieurschule, an der ich studiert habe. Sie wurde in starkem Maße von den Zeißwerken gefördert. Das war natürlich von Eigennutz bestimmt, kam doch allein in unserer Klasse ein Drittel der Studenten aus dem Großbetrieb. Die Ingenieurschule war so etwas wie die eigene Kaderschmiede. Kurz nach dem Ende meiner Studienzeit ging die Selbstständigkeit der Einrichtung ihrem Ende entgegen. Heute weist das Schild am Eingang darauf hin, dass hier die Technologische Fakultät der Friedrich-Schiller-Universität ihr Zuhause hat. Schöne Erinnerungen an die Zeit hier in Jena kommen in mir hoch. Aber das ist ein anderes Thema.

Jena ist zu Ende des Zweiten Weltkrieges noch recht stark in Mitleidenschaft gezogen worden. Dabei ist mir nicht ganz klar, ob dies aus der Luft oder im Rahmen von Bodenkämpfen erfolgte. Bei dem Wiederaufbau kümmerte sich weder die Stadt, noch der Industrieriese, noch die berühmte Bildungseinrichtung um das historische Bild des Zentrums mit Ausnahme der beschriebenen Gebäude. So hat die Saalestadt heute in ihrer Mitte ein Konglomerat von auf uns überkommenen und modernen Bauten. Jena ist zwar wieder „der" Wissenschaftsstandort der Republik, jedoch wird das Stadtbild seiner Bedeutung aus der Geschichte nicht mehr gerecht, kann es auch nicht und soll es wohl auch nicht. Der Funktionalismus und der Rationalismus der zweiten Hälfte des 20. Jahrhunderts haben sich des Zentrums bemächtigt, sieht man einmal von ein paar Bauten ab, die wie Streublumen in einer Wiese verteilt sind.

Unser Rundgang nähert sich allmählich seinem Ende. Das Hauptwerk von Zeiß soll nun noch in Augenschein genommen werden. Ein großer grauer Industriebau erhebt sich vor uns. Seine architektonische Gestaltung ist nicht monoton. Für einen solchen Zweckbau ist er auffällig stark gegliedert. Gottfried lächelt über einen Schriftzug an einem Eingang. Dort steht zu lesen: „Nur für Geschäftsangehörige". Üblich ist eigentlich: „Für Unbefugte verboten", oder „Nur für Betriebsangehörige". Hier spricht man aber von Geschäftsangehörigen. Das rührt von der Zeiß-Stiftung her. Die Beschäftigten waren ja Miteigentümer des Unternehmens. Das soll der Schriftzug zum Ausdruck bringen. Die Leute in der Firma sind schon ein eigenartiges Völkchen. Der Stolz auf das Unternehmen, an dem sie dank Ernst Abbe's Vermächtnis beteiligt waren bzw. sind, zeigt sich in der Art, wie sie sich mit ihm identifizieren. Sie bezeichnen sich durch die Bank als „Zeissianer", und sie werden ungemütlich, wenn man sich darüber lustig macht.

Wie bereits mehrfach auf dieser Reise festgestellt, reicht die Zeit nicht aus, um Jena wirklich gerecht zu werden. Gottfried ist deshalb der Ansicht, dass wir die Stadt an der Saale nochmals besuchen sollten. Er äußert die Erwartung, dass wir im „Schwarzen Bären" übernachten. Das Planetarium, der Botanische Garten, das Paradies und einiges andere mehr warten noch auf uns. Zum Abschluss suchen wir noch einen Fleischer in der Grietgasse auf. Vor Jahren führte er die wohl besten Thüringer Rostbratwürste in Jena. Die Hoffnung, dass es immer noch so sein könnte, lässt uns den Laden betreten. Die Frage, ob die rohen Würste die Autofahrt bis Potsdam überstehen, bejaht der Meister mit einem vielsagenden Lächeln auf den Lippen. Wieder auf der Straße stehend verabreden wir für den morgigen Tag zum Bratwurstessen bei uns zuhause. Durch die Passage am Kino gelangen wir auf den Holzmarkt. Nach wenigen hundert Metern endet der Stadtrundgang auf dem Parkplatz an unserem Trabi. Über die Fernverkehrsstraße F88 verlassen wir die Universitätsstadt. Es war schön, sich wieder einmal in Erinnerungen zu ergehen, und die Vorfreude auf einen weiteren Besuch macht sich in mir breit.

Heimwärts

Je weiter wir durch die nördlichen und nord-östlichen Außenbezirke von Jena kommen, um so mehr überwiegen Neubaublöcke das Bild der Stadt. Die Landschaft, die uns nun aufnimmt, ist das Saaletal, eine idyllische Landschaft. Bisweilen steigen linker Hand die Berge sehr steil an, zeigen auch rohe Felswände. Ein Stück hinter Jena erkennen wir über dem Tal die Dornburger Schlösser. Sie laden, über dem Steilhang gelegen, zu einem Besuch ein. Vornehmlich der Herr Geheimrat wird in einem der Schlösser gewürdigt. Während Gottfried und ich einen Abstecher dorthin machen wollen, zieht es meine Frau aber in heimatliche Gefilde. Die berühmten Schlösser werden in eine der nächsten Fahrten hierher in diese Gegend eingeordnet. Irmgard bittet uns, doch auf kürzestem Wege zur Autobahn zu gelangen, es sei doch immerhin schon fortgeschrittener Nachmittag. Ja, Jena hat doch einige Zeit in Anspruch genommen, und das obwohl wir etliches noch gar nicht berücksichtigt haben. Die Autobahn wird ab Osterfeld befahren. Der Trabi freut sich, mal wieder ausgefahren zu werden und schnurrt artig vor sich hin. Mit der Abfahrt Michendorf verlassen wir die ausgebaute Holperstrecke und nähern uns Potsdam. Meine Frau hat sofort mitbekommen, warum ich hier abfahre und nicht, wie sonst üblich bei Saarmund. Am Ortseingang von Potsdam lockt ein Restaurant, das „Templiner Eck". Bei wohlschmeckendem Schnitzel mit Champignons beenden wir unsere zweite Rundfahrt.

Noch in der Gaststätte setzen wir uns das Ziel, dass wir, so Gott will, gesund bleiben und unser Trabi keine Mucken hat zu Ostern 1977 zu einer dritten Fahrt aufbrechen. Wir bieten Gottfried an, die Vorbereitung zu übernehmen. Doch der winkt ab. Die Richtung gibt er als Vorschlag jedoch vor: der Norden, vielleicht beginnend in Havelberg, dann Stralsund, an der Ostsee entlang und über Neubrandenburg zurück. Wiederum sollen vier Tage veranschlagt werden.

Einige abschließende Bemerkungen

Zwei Fahrten liegen nun hinter uns. War die erste noch ein Abtasten, eben ein Versuch, so wurde die zweite unter anderen Gesichtspunkten geplant und durchgeführt. Das System der Studienfahrt hat sich allemale bewährt und soll auch künftig beibehalten werden. Der thematischen Vorbereitung muss künftig noch größeres Gewicht beigemessen werden. Wir wollen nicht wieder in Orten feststellen müssen, dass es mit einer Stippvisite nicht getan ist. Nicht das einzelne Bauwerk darf der alleinige Maßstab sein, sondern seine Einbindung in die Stadt, das Dorf, die ganze Gegend. Die Rundfahrten müssen eine andere Qualität bekommen. Eines aber haben uns die beiden Fahrten gezeigt, und ich wiederhole mich gerne: die Erfahrung über die ungeheure Anzahl von Sehenswürdigkeiten in unserer Republik hatten wir so nicht erwartet. Kein Erlebnis wollen wir missen. Ich pflichte Gottfried bei, der meinte, auch die negativen Erfahrungen wolle er nicht missen, gehörten sie einfach auch dazu. Sonst könnte sich eventuell zu schnell Monotonie in den Ablauf einschleichen. Der für eine solche Unternehmung erforderliche Kontrast wäre nicht vorhanden. Das Spannende an den Reiseunternehmungen war, dass man nie im Voraus wusste, was einen vor Ort erwarten würde.

Wenn es mir gelungen sein sollte, den einen oder anderen Leser neugierig zu machen, ihn zu animieren, Landschaften, Orte und Bauwerke für sich zu entdecken, wäre das schon ein Erfolg. Es ist mit der Reisebeschreibung keinesfalls vorgesehen, den Leser zu bestimmten Bauwerken zu locken. Dazu sind die Interessen der Menschen Gott-sei-Dank viel zu unterschiedlich. Anregungen möchte ich vielmehr geben, dem Leser unsere Erfahrungen mitteilen, wie wir an eine solche Studienreise herangegangen sind. Absoluter Negativposten in unseren Erlebnissen ist der bisweilen schlechte, ja katastrophale Bauzustand der Sehenswürdigkeiten. Obwohl wir uns von Beginn an mental darauf eingestellt hatten, was uns erwarten würde, waren wir dennoch bisweilen recht erschüttert. Dem heute Interessierten bleibt eine Vielzahl solcher Negativerlebnisse erspart, ist doch hier in Ostdeutschland bis heute schon vieles restauriert und saniert worden. Es hängt sicherlich auch vom Ziel einer solchen Unternehmung ab, ob der Bauzustand, die Gefälligkeit des Anblickes die dominierende Bedeutung hat. Keine Frage! Farblich intakte Fassaden lassen das betrachtende Auge schneller jubilieren als trieste, dem Verfall nahe. Aber dann hätten wir zu Zeiten tiefster DDR-Ära gar nicht erst beginnen dürfen, etwas Derartiges zu planen und durchzuführen.

Im Laufe der Zeit konnten wir uns bereits bei der Vorbereitung auf den zu erwartenden Zustand einstellen. Die Betrachtung, ob die Gegend, die Stadt, das Bauwerk in den Bemühungen der DDR-Politik eine hervorgehobene Bedeutung für die Herausbildung des internationalen Tourismus hatten, ließen uns schon einschätzen, ob eine Restaurierung und Sanierung zu erwarten sei. Das wichtigste Ergebnis unserer Fahrten aber war, dass wir ein viel intensiveres Verhältnis zu unserem Land, seinen Menschen und seiner Geschichte erhielten. Man sollte nicht verkennen, in welch starkem Maße Bauwerke, egal zu welchem Zweck errichtet, die Landschaften und die in ihnen lebenden Menschen beeinflussen und verändern. Ein bisschen hat mich schon Fontane mit seinen „Wanderungen durch die Mark Brandenburg" beeinflusst, auch wenn der Großmeister für mich niemals ein Maßstab sein sollte und sein kann. Es war eben die Methode, das Ziel, das mich bei dem märkischen Dichter interessierte. Und ich muss bestätigen, eine Gegend kann man nur kennenlernen, wenn man sich vor Ort mit ihr befasst. Die Erfahrungen des großen Märkers konnten wir für uns nachvollziehen.

Damit schließt sich der Kreis. Ich kann nur jedem, der an dem Land, in dem er lebt, interessiert ist, empfehlen, es für sich selber zu entdecken. Er wird Dinge erleben, die er sich vorher so nicht vorstellen konnte.

Sachworterläuterungen

Bei der Erläuterung der Fach-und Sachbegriffe wurde zum Teil das Wörterbuch der Architektur von Hans-Joachim Kadatz aus der Reihe Taschenbuch der Künste verwendet.

Achse   bei mehrgeschossigen Gebäuden ein Ausdehnungsmaß. Allgemein werden vertikal übereinanderliegende Fenster als eine Achse bezeichnet.

Altarretabel   vom Mittelalter bis in den Barock verwendeter Altaraufsatz zur Aufnahme der Altarbilder bzw. Altarschreine. Die Rückwand oftmals mit Gemälden.

Ambo   kanzelartiges Pult an mittelalterlichen Chorschranken und Lettnern.

Apsis   halbrunder Abschluss von mittelalterlichen Kirchen an der Ostseite, sind mit einer Kalotte bzw. Halbkugel überwölbt. Meist als Altarraum genutzt.

Archivolten   Rahmenleisten eines gestaffelten Rundbogens. Meist sind die Rahmenleisten mit rundem oder ovalem Querschnitt mit bildlichen Darstellungen geschmückt. Vornehmlich an Gewändeportalen findet man Archivolten oberhalb des Tympanon.

Arkaden   Aneinanderreihung von Bögen, die auf Säulen oder Pfeilern ruhen. Meist in Basiliken zur begehbaren Trennung von Mittelschiff und Seitenschiffen verwendet.

Atlanten   männliche Figuren der griechischen Mythologie, die als Himmelsträger an Bauwerken dienen. Sie ersetzen schmuckvoll Säulen, die am Bau Oberbalken tragen.

Attribut   in der bildlich darstellenden Kunst Beigaben von Personen, an denen man diese besser erkennen kann. Wurde vornehmlich im Mittelalter angewendet.

Baldachin   von den profanen Stoffhimmeln über dem Thron weltlicher Herrscher entlehnter Begriff für bauliche Überdachungen von Heiligenstatuen.

Basilika   von der altrömischen profanen Baukunst entnommene Bauform eines mehrschiffigen Kirchenbaues im Mittelalter, bei der das Mittelschiff höher als die beidseitig angefügten Seitenschiffe sind. Das Mittelschiff wird von den Seitenschiffen durch Arkadenbögen getrennt.

Bündelpfeiler   in der Spätromanik und Gotik verwendete Arkadenpfeiler, an denen Halb- oder Dreiviertelsäulen angesetzt sind. Diese bilden bereits gestalterische Varianten der Dienste für die Gewölbe.

Chor   Sakralraum für Priester in mittelalterlichen Kirchen. Von dem gemeinschaftlichen Gesang der Liturgie hat der Raum seinen Namen. Im Chor steht der Haupt-oder Hochaltar. Bisweilen auch als Gegenstück ein Westchor.

Dienste (Gewölbedienste)   in der gotischen Architektur Wand-und Pfeilervorlagen, meist in halb-oder dreiviertelrunder Stabform, auf denen die Gewölberippen lagern. Pfeilervorlagen bilden mit den Arkadenpfeilern sogenannte Bündelpfeiler.

eingezogener Chor   gotischer Chor, dessen Gewölbe- wie auch Firsthöhe niedriger als die des Mittelschiffes sind.

Epitaph   kunstvoll gestaltete Grabdenkmale, die meist an Kirchenwänden oder Pfeilern aufgestellt oder eingemauert sind. Seltener sind sie als Grabplatten.

Fiale bauliches Zierglied in Form von Türmchen. Oftmals reich mit Verzierungen bzw. Maßwerk geschmückt. Wurden vornehmlich in der Gotik verwendet.

Fries dekorativer horizontaler Flächenstreifen zur Schmückung und Gliederung von Mauerflächen. Es kann gemauert, reliefartig oder auch nur gemalt sein.

Gardinenfenster dekorativer spätgotischer Abschluss von Fenstern anstatt Maßwerk, erinnert an Gardinen.

Gauben Dachfenster mit eigener Überdachung. Sie können vielfältige Formen annehmen. Klassisch bei Mansarddächern. Im Mittelalter oft Froschaugengauben oder Fledermausgauben.

Gebundenes System Bauvorschrift der Hirsauer Bauschule für Klosterkirchen. Wurde zum Teil auch an Domen verwendet. Inhalt sind die proportionalen Maßbeziehungen zwischen Mittelschiff und Seitenschiffen in Basiliken. Die Joche und die Vierung sind an allen Seiten durch Scheidebögen abgeschlossen.

Gesimse waagerechtes Gliederungselement von Mauerflächen, das aus derselben hervortritt. Kann farblich oder plastisch gestaltet sein.

Gesprenge großflächiges und aufwendiges, meist geschnitztes Maßwerk an Altären, Chorschranken und anderen Ausstattungsstücken in Kirchen der Spätgotik

Gewände (Gewändeportal) schräge Einschnitte an Portalen und Fenstern in Mauern. Können mit Steinmetzarbeiten geschmückt sein (Staffelsäulchen, figurierte Staffelsäulchen, kleine Heiligenstatuen). Wurden vornehmlich in Romanik und Gotik verwendet, und hier hauptsächlich an Reichskirchen.

Giebelhaus Gebäude, das als Schaufassade einen Giebel zeigt.

Gnadenstuhl Bildliche plastische Darstellung des meist sitzenden Gott-Vaters mit dem Gekreuzigten in den Händen haltend. Oftmals ist die Taube als Sinnbild des Heiligen Geistes mit einbezogen.

Hirsauer Bauschule Bauvorschriften für Kirchen und Klausur von romanischen Klöstern des reformierten Benediktinerordens (Cluniacenser) in der zweiten Hälfte des 11. Jahrhunderts. Wurde im deutschen Mutterkloster der Cluniacenser in Hirsau (Schwarzwald) entwickelt. Wurde auch oftmals bei anderen Orden in Romanik und Gotik an Klosterkirchen und Domen angewendet. (siehe gebundenes System)

Joch Einteilung des Mittelschiffes bzw. der Seitenschiffe quer zur Längsrichtung entsprechend der Gewölbeeinteilung oder der Arkadenfolge.

Kämpfer oberste, Pfeiler und Säulen abschließende Platte, auf der Arkadenbögen oder Dienste ruhen. Können profiliert gestaltet sein.

Kalotte kugeliges Gewölbe an Apsiden.

Karolingische Kunst vorromanische Kunstrichtung und Kunstepoche zur Zeit Kaiser Karl des Großen und der Nachfolger aus seinem Kaiserhaus.

Karyatiden weibliche Figuren der griechischen Mythologie oder Allegorien, die wie Atlanten am Bau vorkragende Oberbalken oder Decken tragen.

Klausur abgeschlossener Gebäudebereich eines Klosters, der ausschließlich nur den Mönchen oder Nonnen vorbehalten ist. Sie darf von Laien nicht betreten werden.

Krabbe   Blattornament (Kriechblume) in der Gotik an Fialen, Winpergen, Giebeln.

kragen   hervortreten eines Baulementes, z.b. einer Konsole aus dem Mauerverband, oder auch Überragen des oberen Gebäudeteiles an der Geschossgrenze eines Holz-oder Fachwerkbaues.

Kreuzblume   vierblättriges Blüten- oder Blattornament in der Gotik an Türmen, Fialen und Wimpergen. Gestaltungselement des oberen Abschlusses.

Kreuzgang   Umgang eines Klosterhofes, meist überwölbt, an dem die Klosterkirche und die Gebäude der Klausur liegen.

Laibung   Innenfläche eines Bogens über die ganze Mauerbreite oder einer Fenster-bzw. Portalöffnung.

Laterne   Scheitelöffnung an Kuppeln und Turmhelmen. Kleiner Aufbau über diesen Öffnungen mit offenen Fenstern durch die Licht in die Kuppel bzw das Helmgeschoss fallen kann.

Lettner   Trennmauer zwischen dem Chor und der Laienkirche in Klosterkirchen und Domen. Trennte den Kirchenraum der Kleriker von dem der Laiengemeinde ab. Wurde sehr oft prunkvoll plastisch gestaltet. In der einfachsten Variante als Chorschranke.

Lisene   vertikales schmales hervortretendes Gliederungselement an Mauern.

Maßwerk   geometrisch konstruiertes Ornamentwerk in gotischen Fenster-und Portalbögen. In der Hochgotik wurde es mit dem Zirkel gemessen, daher der Ausdruck.

Mensa   der Altar oder nur die Altarplatte einer Kirche.

monastisch   klösterlich, mönchisch, Klöster betreffend

Obergaden   in Basiliken der Raum oberhalb der Arkadenbögen des Mittelschiffes bis zum Gewölbe oder der Balkendecke

Ostung einer Kirche   nach mittelalterlichen Bauregeln wurde die Längsachse eines Kirchenraumes immer in West-Ost-Richtung erbaut. Dabei wurde der Altar im Osten, der Richtung des Sonnenaufganges, aus der der Pankrator kommen wird, aufgestellt.

Ottonische Kunst   vorromanische Kunstrichtung zur Zeit der sächsischen Könige und Kaiser.

Pieta   in der bildenden Kunst die sitzende Mutter Gottes mit dem Leichnam ihres Sohnes auf dem Schoß.

Pilaster   an Wänden aufliegender Pfeiler, nicht freistehend. Wird oft nicht nur als statisches Trageelement, sondern auch zur Mauergliederung genutzt.

Portikus   von Säulen oder Pfeilern getragene Vorhalle von Portalen. In griechischer Manier meist mit einem dreieckigen Giebelfeld und Reliefschmuck abgeschlossen.

Predella   kastenartiker Unterbau des Altarretabels. Oftmals mit Bildschmuck.

Refektorium   Speisesaal der Mönche in der Klausur eines Klosters

Reichskirche   Bischofskirchen, Klosterkirchen und Stiftskirchen mit großer regionaler Bedeutung (öfters sogar nachträglich zu Domen erhoben)

Relief   halbplastische Darstellung in der bildhauerischen Kunst.

Risalit   vorspringender Teil eines symmetrisch angelegten Gebäudes. Meist zur Aufgliederung der Fassade.

Säkularisation die Einziehung von kirchlichem Kirchengut für weltliche Zwecke, in Deutschland vornehmlich durch den Deputationshauptausschuss 1803

Schmerzensmann Bezeichnung für die bildliche oder bildhauerische Darstellung des gegeißelten Christus im Mittelalter.

Söller sonnige Terrasse vor einen Haus, mit und ohne Einfriedung

Spiegelgewölbe Gewölbeform vornehmlich aus der Barockzeit. Die runden Übergänge zwischen Wänden und Decken enden in Flächen mit kreisrunden, elliptischen oder auch nur abgerundetem Abschluss, Spiegelflächen genannt.

Strebebogen Teil des Strebewerkes bei gotischen Basiliken. Er fängt den Schub des Gewölbes auf und leitet ihn über die Seitenschiffe auf den Strebepfeiler.

Strebepfeiler statisches Sicherungselement an gotischen Kirchen zur Aufnahme des Gewölbeschubes. Durch sie wird die statische Sicherheit der Kirchenaußenwände trotz der größeren Mauerauflösung gewährleistet.

Strebewerk Gesamtsystem von Strebepfeilern und Strebebögen einer gotischen Kirche.

Tabernakel in der bildhauerischen Kunst kleines Ziergehäuse der Gotik zur Aufnahme von Heiligenfiguren.

Traufe waagerechte Kante mit Dachvorsprung und Regenablaufrinne eines Hauses.

Traufenhaus Gebäude, das als Schaufassade eine Seitenfront mit Traufe und Dach zeigt.

Tryptichon dreigeteilte Gemäldegruppe, bei der die Seitengemälde das Thema des Hauptgemäldes weiterführen.

Tumba kastenartiger Unterbau für eine Grabanlage, der eine Grabplatte trägt. Die Seitenflächen oftmals mit Reliefschmuck.

Tympanon Fläche zwischen den Türen eines Kirchenportals und dem abschließenden Portalbogen oder den Archivolten. Wurde sehr oft mit Reliefgestaltungen ausgestaltet.

Vierung Teil des Innenraumes einer mittelalterlichen, kreuzförmigen Kirche. Der Raum der Durchdringung von Mittelschiff und Querhaus. Von besonderer sakraler Bedeutung.

Voluten plastisches Verzierungselement, spiralförmig und aufgerollt. vornehmlich in der Renaissance verwendet.

Wendelstein Bezeichnung für eine steinerne, meist offene Wendeltreppe an Bauten des Mittelalters

Wieckhaus in Befestigungsmauern an der Krone eingefügte kleine einetagige Häuser, die oftmals Wachstationen und Meldestationen waren.

Wimperg gotischer Ziergiebel an Portalen, Fenstern und Traufen, meist mit Krabben und Kreuzblumen geschmückt.

Zwickel bei aufeinderstoßenden Bögen und Gewölberippen sich ergebende Winkelflächen.

Literatur-Quellen-Verzeichnis

Zur richtigen Darstellung historischer Zusammenhänge sowie architektonischer Belange wurden folgende Literaturquellen zu Hilfe genommen:

Autorenkollektiv	Reiseführer DDR, 9. bearbeitete Auflage 1981
	Tourist Verlag Berlin/Leipzig
Badstübner, Ernst	Kirchen der Mönche 1. Auflage 1984
	Verlag Koehler & Amelang Leipzig
Badstübner, Ernst	Stadtkirchen der Mark Brandenburg 2. Auflage, 1983
	Evangelische Verlagsanstalt GmbH Berlin
Badstübner, Ernst	Stadtkirche und Schlosskapelle zu Schmalkalden
	Christliches Denkmal, Heft 83, 1. Auflage
	Union-Verlag Berlin, 1972
Baier-Schröcke, Helga	Die Schlosskapellen des Barock in Thüringen
	Christliches Denkmal, Heft 58, 1. Auflage
	Union-Verlag Berlin, 1962
Derksen, Johannes	Im verschlossenen Garten (vornehml. die Zeittafel im Anhang)
	St. Benno Verlag GmbH Leipzig 1965
Dolgner, Dieter	Schloss Weimar
	Baudenkmale, Heft 55 1. Auflage
	E.A. Seemann Buch-und Kunstverlag Leipzig 1983
Fait, Joachim	Dom und Domschatz zu Brandenburg
	Christliches Denkmal, Heft 20/20A, 3. Auflage
	Union-Verlag Berlin, 1988
Findeisen, Peter	Die Stephanskirche zu Tangermünde
	Christliches Denkmal, Heft 103, 1. Auflage
	Union-Verlag Berlin, 1976
Frenzel, Reiner	Der Dom zu Halberstadt,
	Christliches Denkmal, Heft 74/75, 1. Auflage,
	Union-Verlag Berlin, 1968
Hammer, Franz	Rings um den Inselsberg 1. Auflage 1960
	Sachsenverlag Dresden
Handy, Peter	Schmalkalden, Schloß Wilhelmsburg
	Baudenkmale, Heft 69 1. Auflage
	E.A. Seemann Buch-und Kunstverlag Leipzig 1989
Harksen, Sibylle	Die Marktkirche St Marien zu Halle an der Saale,
	Christliches Denkmal, Heft 67, 2. Auflage
	Union-Verlag Berlin, 1984
Harksen, Sibylle	Die Schlosskirche zu Wittenberg,
	Christliches Denkmal, Heft 71, 5. Auflage,
	Union-Verlag Berlin, 1989

Hintzenstern, Herbert v.	Dorfkirchen in Thüringen, 1. Auflage, 1979
	Evangelische Verlagsanstalt Berlin
Jacob, Frank-Dietrich	Rathäuser, 1. Auflage, 1987
	F.A. Brockhaus Verlag Leipzig
Kadatz, Hans-Joachim	Wörterbuch der Architektur
	aus der Reihe Taschbuch der Künste, 1. Auflage
	E.A.Seemann-Verlag Leipzig 1980
Kieling, Uwe und	Historische Stadtkerne, 1. Auflage 1989
Priese Gerd	Tourist Verlag Berlin/Leipzig
Killen, Renate	Die St Martini-Kirche zu Halberstadt, 1. Auflage, 1988
	Evangelische Verlagsanstalt GmbH Berlin
Leopold, Gerhard	Die Stiftskirche zu Quedlinburg,
	Christliches Denkmal, Heft 37, 1. Auflage,
	Union-Verlag Berlin, 1970
Lohse, Hans	Schmalkalden, Wanderung durch eine alte Stadt
	Hrsgb: Leitung des Heimatmuseums Schmalkalden
	5. Auflage 1958
May, Walter	Stadtkirchen in Sachsen/Anhalt, 2. Auflage, 1980
	Evangelische Verlagsanstalt GmbH Berlin
Menchen, Georg	Romantische Reise durch Thüringen 1. Auflage 1985
	F.A. Brockhaus Verlag Leipzig
Mertens, Klaus	Stadtkirchen von Thüringen, 2. Auflage 1984
	Evangelische Verlagsanstalt GmbH Berlin
Mertens, Klaus	Der Dom zu Erfurt,
	Christliches Denkmal, Heft 21/22, 7. neubearb. Auflage
	Union-Verlag Berlin, 1974
Mertens, Klaus	Die St.-Severi-Kirche zu Erfurt
	Christliches Denkmal, Heft 27, 7. Auflage
	Union-Verlag Berlin, 1974
Möbius, Friedrich	Stadtkirche St. Michael zu Jena
	Christliches Denkmal, Heft 38, 1. Auflage
	Union-Verlag Berlin, 1958
Möbius, Helga	Der Dom zu Magdeburg,
	Christliches Denkmal, Heft 50/51, 4. Auflage,
	Union-Verlag Berlin, 1974
Möbius, Helga	Das Liebfrauenkloster in Magdeburg,
	Christliches Denkmal, Heft 84, 1. Auflage
	Union-Verlag Berlin, 1972
Möbius, Helga	Die Stiftskirche zu Gernrode,
	Christliches Denkmal, Heft 68, 2. Auflage
	Union-Verlag Berlin, 1972

Müller, Hans	Fachwerkhäuser, aus der Reihe: Die Schatzkammer, Band 40, 1. Auflage 1986 Prisma-Verlag
Müller, Hans	Dome, Kirchen, Klöster 1. Auflage 1984 Tourist Verlag Berlin/Leipzig
Müther, Hans und Volk, Waltraud	Der Dom zu Brandenburg, Christliches Denkmal, Heft 20, 1. Auflage Union-Verlag Berlin, 1955
Nickel, Heinrich L.	Die Liebfrauenkirche zu Halberstadt, Christliches Denkmal, Heft 69, 2. Auflage Union-Verlag Berlin, 1973
Nickel, Heinrich L.	Der Dom zu Halle, Christliches Denkmal, Heft 63/64, 1. Auflage Union-Verlag Berlin, 1962
Ramm, Peter	Die Klosterkirche zu Jerichow Christliches Denkmal, Heft 36, 1. überarb. Auflage Union-Verlag Berlin, 1985
Regionalverband Harz e.V.	Kulturlandschaft Harz, Versuch einer Übersicht 3. Auflage 1996
Schmidt, Eva	Die Stadtkirche zu Weimar Christliches Denkmal, Heft 86, 1. Auflage Unionverlag Berlin 1973
Scholke, Horst	Romanische Architektur am Harz 1. Auflage 1987 E. A. Seemann Buch-und Kunstverlag Leipzig
Schubert, Ernst	Naumburg, Dom und Altstadt 1. Auflage 1983 Verlag Koehler & Amelang Leipzig
Schubert, Ernst	Der Dom zu Naumburg Christliches Denkmal, Heft 28/29, 1. Auflage d. Neubearb. Unionverlag Berlin, 1977
Schuder, Rosemarie	Der Ketzer von Naumburg 1. Auflage 1955 Verlag Neues Leben
Schulze, Ingrid	Die Stadtkirche St Marien zu Wittenberg, Christliches Denkmal, Heft 70, 2. Auflage, Union-Verlag Berlin, 1975

Inhaltsverzeichnis

3. Tag: Montag, der 22. März

UNSERE ZWEITE RUNDFAHRT IM HERBST 1976
1. Tag: Donnerstag, der 7. Oktober   129

2. Tag: Freitag, der 8. Oktober